大學
叢書

憲政論

憲政變遷與體制改革

黃炎東　著

臺灣商務印書館

董 序

　　近代國家，不論其為君主或共和，亦不論其為民主或獨裁，甚至是一個只有幾萬人口的所謂「袖珍」小國，亦均不能沒有一部屬於自己國家的憲法。因為有了憲法，始知國家領土疆界、政府組織權限、人民基本權益、以及治者與被治者的關係。一個沒有憲法的國家，等於是一個沒有政治秩序的無政府狀態，與自然社會無異，絕難稱其為國際社會中之國家。足見憲法之不可或缺，其與人民、領土、主權、政府四者已被公認為構成國家的五大基本要素，缺一不可，而且憲法的好壞又關係人民的福祉，影響國家興衰至為深遠，焉能忽卻，能不慎乎！

　　中華民國憲法自民國 35 年 12 月 25 日由國民大會通過，民國 36 年國民政府公布施行，不及一年，國共和談破裂，內戰再起，國家即進入緊急狀態。第一屆國民大會適於南京集會，鑑於當前情勢，憲法原賦予總統之職權祇能適應承平時期，亟待授與緊急應變之權，乃於憲法本文之外，增訂動員戡亂時期臨時條款，明定總統於動員戡亂時期，為避免國家或人民遭遇緊急危難或應付財政經濟上重大變故，得經行政院會議之議決，為緊急處分。38 年政府遷臺，臨時條款先後經過四次修訂，除增訂總統、副總統連選得連任，並予總統得設置動員戡亂機構，決定國家動員戡亂大政方針，調整中央政府人事行政機構，及辦理中央民意代表增補選與增額選等。民國 80 年 4月，第一屆國民大會為配合大法官釋字第 261 號解釋及因應國家統一前需要，於動員戡亂時期終止，臨時條款廢除後另行制訂「增修條文」，以為產生第二屆中央民意代表之法源。81 年第二、三屆國民大會至 89 年以及 94 年 6 月「任務型國民大會」最後一次修訂廢除國民大會與增修條文先後經過六次修

改，憲法本文已逾四分之一條款招致增修條文以「不適用」、「停止適用」、或「不受其某條文限制」之不同規定予以凍結，其修訂內容除總統、副總統選舉改由人民直接行使，以及副署權行使改予適當之縮限外，其餘引起最大爭議者莫過於「行政院長毋庸立法院同意，總統即可逕行任命」，破壞分權制衡，有違議會倫理；其次是國民大會及地方制度中之「省制」在憲法中徹底消失，國民大會原有職權全部轉移立法院行使，其中包括總統對立法院國情報告等，造成「立法獨大」，五院失去平衡等憲政亂象。憲政發展已走到十字路口，下一步何去何從，亟待朝野政黨及憲政學者專家，提供智慧、集體創思，尋找方向。

黃炎東教授是臺灣大學法學院三民主義研究所〈該所現已改為國家發展研究所〉法律組第一屆畢業。余承該所首任所長姚淇清博士邀聘，在該所講授「我國中央政府體制之研究」，有緣結識炎東。之後，他繼續深造，並獲得國家法學博士學位，現為中央警察大學專任教授，借調崇右技術學院擔任副校長兼財經法律系主任，並在臺大等校兼授法學相關課程，著作等身，近作「憲政論－憲政變遷與體制改革」，以我國憲政體制為背景，從總統之地位職權、產生之方式、以及與行政院長間之關係，用比較及歷史途徑為深入之探索與剖析，對我國當前憲政體制進行一次全面性的透視與檢查，並對若干爭議性的課題提出改進之道，對我國憲政發展之未來走向，極具助益，可喜可賀，特為序。

董翔飛　民國一〇一年十月七七

趙 序

憲法是國家的根本大法，亦是人民權利的保障書。政府成立的目的乃在於有效保障人民之基本人權，以符合當前自由、民主、人權的普世價值與潮流趨勢。而一個真正的民主國家，其民主政治體系之運作，是否能順暢，必須建構一個良好的憲政體制及良性的政黨制度，如此才能提升優質的憲政文化，以臻國家的長治久安。

中華民國憲法自民國 36 年公布實施以來，迄今六十五載，為因應國家面臨各種憲政情勢之演變，先後歷經多次修改，所謂「法與時轉則治」，我國的憲政體制制度究竟屬何種類型？總統的地位、職權及其與行政院等機關之關係為何，一向是法政學者所關切與探討之核心課題。憲法問題影響我國未來民主發展與兩岸關係之互動甚為重大。

黃炎東副校長係本人就讀臺灣大學政治學研究所的同窗摯友，在師長及同學印象中，他是一位勤於研究法政學術，且熱心公益的活躍人物。因此本人在擔任臺大研究生協會主席時，特邀其擔任副主席，在每次臺大研究生舉辦各種活動中，黃教授皆能與所有工作夥伴同心協力，使整個活動達成預期效果，因此深得教授及同學們的肯定與讚許。這也是奠定了黃教授後來學術研究或是各種行政主管工作皆能有傑出表現之基礎。

黃教授博學多才，熱中學術真理追求，自民國 74 年，獲得國家法學博士後，先後在臺灣大學、中央警察大學、崇右技術學院從事法學教學與研究工作，並擔任行政一級主管十餘年，民國 98 年自中央警察大學借調至崇右技術學院擔任副校長兼財經法律系主任，深得長官之器重與同學之敬愛。值此新世紀全球化來臨的大時代之歷史轉捩點間，黃教授深感我國憲

法之原理與實際運作關係，對我國未來政治發展與兩岸關係至為重要，以期發揮應有之「憲政功能」，為國家與人民做出最佳之貢獻，特將其多年來在這方面所做的教學研究之教材及發表於各相關學術期刊之論文，加以彙整成冊，擬於近期內予以出版。

有感於黃教授勤於法政學術之教學研究之毅力與決心，爰樂為其作序。

國立臺灣大學政治學系教授兼副校長

趙永茂 謹識

民國 101 年 10 月 31 日

《憲政論：憲政變遷與體制改革》讀後感

　　黃炎東教授新著《憲政論：憲政變遷與體制改革》讀後感採取「歷史與傳統制度途徑」、「比較研究途徑」、「政黨政治研究途徑」與「新制度主義研究途徑」研究我國總統職權的歷史演進與制度設計，對於瞭解我國憲政體制的發展與總統角色的變遷，有相當深刻之觀察與分析。書中特別強調「對於我國憲政體制與總統職權的研究，除了靜態的憲法規範外，動態面的憲政實踐也是重點」。個人研究我國憲政體制，也相當強調憲政規範與憲政實踐之比較，非常認同黃教授上述論點。蓋若忽略憲政運作，單憑憲政規範之研究，恐無法正確理解一國之憲政內涵。

　　美國政治學者 Samuel Huntington 認為，當一國最高領導人是透過公平、公正、公開的定期選舉方式產生，即可謂之民主國家（Samuel Huntington, 1991）。根據上述標準，我國總統自 1996 年起改由人民直選產生，至今已舉辦過五次總統選舉，並在 2000 年與 2008 年出現兩次政黨輪替，應已具備作為民主國家之要件。然而，民主政府另一特徵則是「有限政府」（limited government），亦即政府權力是有限的。憲法目的之一就是建構政府並賦予權力，然而有憲法並不保證憲法能被落實；有憲法不必然實施憲政主義（constitutionalism）。只有政府權力確實依憲法受到限制，人民權利依憲法受到保障，才是真正落實憲政主義的立憲政府（constitutional government）。我國憲政運作目前最大的問題，恐就在於政府權力未依憲法規範

受到有效限制。

1994 年修憲規定總統自第九任開始由人民直接選舉產生；也規定總統發布依法經國民大會或立法院同意人員之任免命令，無須行政院院長副署。此項調整雖削弱了行政院院長部分權力，惟並未將政府體制調整為總統制，行政院院長對總統公布法律與發布命令之副署權仍在，行政院院長對立法院負責的機制也未改變。總統直選後，有人認為政府體制已轉換為總統制，其實不然。總統改為直接民選後，憲法並未將政府體制調整為總統制。有人以為總統直選後政府體制就會變成總統制，總統所屬政黨就是執政黨。就他國經驗觀之，奧地利、愛爾蘭、冰島、新加坡與葡萄牙總統都是直選產生，但皆非總統制國家，此顯示選舉方式與總統權力大小或政府體制無關。總統改為直選，並不等於政府體制轉變為總統制。我國憲政體制運作之所以偏向總統制，恐係政黨政治運作之結果。

惟誠如黃教授所論，現行我國憲政體制雖定位為雙首長制，實際運作卻傾向總統制。1997 年修憲後，總統任命行政院院長不再需立法院同意，如總統與立法院多數黨同黨，政府運作傾向總統制並無問題。惟當總統與國會多數黨不同黨，總統又拒絕多數黨組閣時，政府運作就會出問題。如總統拒絕多數黨組閣，堅持偏向總統制，不但無法落實行政院對立法院負責的憲政精神，也將導致政府施政陷於癱瘓。少數政府時期，行政院重大政策不但難獲立法院支持，行政院也無法透過覆議反制立法院多數在野黨主導通過之決議。就憲政主義而言，偏向總統制運作的少數政府，並無法落實憲法規範之行政院對立法院負責的精神。

黃教授認為當前憲政困境，係源自中央政府體制未真正落實權責相符。1997 年修憲，破壞了制衡原理，導致立法院喪失對行政院的制衡功能，致使總統有權無責，行政院院長有責無

權。總統民選後，其所任命的行政院院長究竟應依憲法對立法院負責，抑或向任命渠之總統負責？黃教授也特別強調「無論是任何憲政體制的建構，皆必須符合權責相符之原則」。此議題確係我國憲政實踐中所面對之重大挑戰，值得作深入之探究。就憲政主義而言，政府官員權力來自憲法，與民意多寡並無直接關係。總統直選雖擴大總統民意基礎，惟強化的係總統行使憲法所賦予其權力的正當性基礎；其權力不會因直選變大，也不會因直選就變成實權總統。我國總統直選後，由於憲法並未在政府體制上配合調整，總統權力與直選前其實差異不大。若無立法院多數黨支持，直選總統的權力相當有限。根據司法院第 387 號解釋文，內閣人事由行政院院長主導，並對其負責，總統不應干預行政院院長人事權。若總統與行政院院長分屬不同政黨，總統就應尊重行政院院長之人事權，否則將破壞行政院對立法院負責的機制。即便總統直選後，此一原則並未改變。職是之故，總統固有權逕行任命行政院院長，仍需考量其任命是否能落實行政院院長對立法院負責之憲政規範。在我國憲政運作中，總統之所以有權，關鍵還在於期能掌握立法院多數黨所致，並非來自於憲法授權。

依上分析，總統直選後我國政府體制運作的重心仍應是立法院和行政院，只有在立法院多數黨黨魁擔任總統情況下，才會透過政黨政治使政府體制實際運作偏向總統制。換言之，總統直選後決定執政黨誰屬的選舉，依憲政規範之設計，應是立法委員選舉，而非總統選舉。根據憲法增修條文，總統直選後政府權力仍掌握在行政院與立法院，總統權力依憲法並未明顯擴張。任何試圖以「憲政實踐」造成事實，進而取代「憲政規範」之作法，其實都有違憲政主義之精神。個人同意黃教授的看法，在現行憲政運作下，基於不修憲的前提，應透過憲政慣例之建立進一步落實憲改理想。惟個人也堅決主張任何憲政慣

例之建立，必須符合憲政規範之精神。

　　整體而論，黃教授著作對於瞭解我國歷次修憲對憲政體制與總統職權之影響相當具有參考價值，其多項建議亦頗值朝野深思，爰為序。

國立臺北大學公共行政暨政策學系教授

周育仁

2013 年 11 月 1 日於臺北

王 序

　　自行憲以來，在絕大多數的時間裡，「總統」一職始終在我國實際的政治運作中居於核心的地位。從歷史制度論的角度觀察，此種「政治運作中核心地位」的建立，乃是有跡可循的。歷經中華民國憲法的制訂、動員戡亂時期臨時條款的實施到七次的修憲，總統的職權在制度面的規範、政治文化的孕育與政治人物的實踐下，其實際上「最高行政首長」的角色在臺灣已鮮少為一般民眾所懷疑。

　　然而「實然面」與「應然面」的不一致，也始終是國內學術界對於總統職權爭議的焦點，而此爭議又與憲政體制的設計息息相關。無論是過去、現在與未來，有關總統職權的討論，也必須與憲政體制配套思考，才會具有實質的學術意義與實務價值。而進入二十一世紀的今天，有關未來總統職權的思考與設計，更應考量如何因應兩岸政經關係快速的變遷與全球化複雜互賴的嚴峻挑戰。

　　憲政體制與總統職權雖然都是政治學中的重要議題，但在國內過去相關的學術著作中，將二者配套探討的專書並不算多，尤其是針對我國總統職權變遷，從法制規範面及實際運作面做有系統分析的書籍更是少見。本書的出版，得以填補上述學術界的缺漏，而本書更進一步針對全球化的時代，提出許多未來憲政運作與修憲一些具體而重要的建議，相信這些建議都將具有重要的學術意義與實務價值。

　　黃炎東教授著作等身，長期在臺灣大學、中央警察大學、崇右技術學院等校擔任法學教學研究與行政主管的工作，理論與實務經驗俱豐。本人有幸得以拜讀黃教授最新之大作，深感其憂國憂民之心情躍然紙上，故樂於為文引介。相信本書之出

版，對於欲瞭解我國憲政體制與總統職權的各界人士，將是重要的參考文獻。

臺灣大學政治學系教授兼系主任

王業立

2012 年 8 月 12 日

自 序

　　憲法制定的主要目的在於維護國家主權的完整，與保障人民的基本權利，並因應時代潮流趨勢與國家發展之需要而做適當之修改，以彰顯國家根本大法與人民權利保障書的核心價值。

　　不論一個國家的國體或政體屬於何種型態，都需要制定一部屬於自己的憲法，以利國家政府之運作。而憲政體制、政府的組織、職權的運作方式與彼此相互之關係，乃是憲法的主要內涵，因為這些基本架構是檢驗一個國家的憲法是否符合貫徹憲政主義之精神與實施民主政治的主要標準，因為有憲法未必能實現民主憲政，有政黨亦未必能實施真正良性的政黨政治。我國憲法自 1947 年公布施行以來，至今已屆六十五載，歷經動員戡亂時期臨時條款及戒嚴法的實施，直至 1987 年解除戒嚴、黨禁、報禁、開放大陸探親，1991年廢除動員戡亂時期臨時條款，並歷經七次憲法修改（1991-2005），以及二次政黨輪替、實施國會全面改選、總統直選等一連串國內政治環境的急遽變遷，在這段過程中，為因應這些大環境的重大發展，憲法的因時損益所彰顯之風貌已別具一番特色，尤其關係我國憲政運作至為重大的中央政府體制與總統在憲政上所扮演的角色，早已成為海內外關注我國憲政發展的主要核心課題。

　　尤其自 1996 年總統改為公民直選，1997 年行政院長改由總統提名，不須經立法院同意即可逕行任命。司法院正、副院長、大法官、考試院正、副院長、考試委員、監察院正、副院長、監察委員、以及審計長皆由總統提名，經立法院同意任命。而依憲法第 36 條規定，總統為三軍統帥；法院組織法第 66 條第 7 項，最高法院檢察署檢察總長由總統提名，經立法院

同意任命之，任期四年，不得連任；依憲法第 56 條規定，行政院副院長及各部會首長及不管部會之政務委員，由行政院院長提請總統任命之。

從以上的諸多變革中，我們可以從憲法之本文、增修條文及有關法律之規定中，充分瞭解總統的確是擁有很大的權力，正如林紀東大法官在其《中華民國憲法逐條釋義》一書中就很明確的指出：「中華民國的總統絕不是虛位的總統。」而依筆者多年來研究我國憲政制度變遷的過程中，無論是在實施動員戡亂時期臨時條款或戒嚴時期甚至是經過七次修憲後，總統的確一向掌握行政實權。無論是任何政黨人士擔任總統之職務，除了掌有憲法及增修條文及有關法律的法定職權外，尚可透過直接或間接任命政府文武官員的權力，或透過政黨政治的運作，發揮實質的影響權力。

從蔣中正總統、蔣經國總統時期起，總統在憲政運作上，因動員戡亂時期臨時條款之制定及戒嚴之實施，而擁有很大的權力；到了李登輝總統執政期間，即使在 1991 年間廢除了動員戡亂時期臨時條款，且實施六次的憲政改革，同樣享有很大的權力。而在 2000 年我國發生第一次政黨輪替，直至 2008 年的八年間，由民進黨籍的陳水扁總統執政時期，雖然在野的泛藍陣營掌握了國會多數席次，形成所謂「朝小野大」的政局，但組成少數政府的陳水扁總統在行政上仍享有很大的權力；不過，由於藍綠政黨間彼此之惡鬥，讓國力嚴重內耗。

2008 年政黨再度輪替，由國民黨重新取得政權，馬英九總統不但在憲法上是國家的元首，亦享有國家最高行政首長之權力。在 2012 年所舉行的總統、立法委員選舉，國民黨不但贏得了總統的選舉，而且在立法院 113 位立委的席次中，中國國民黨就擁有 64 席的絕對多數席次，形成政治學上所謂「一致政府」的局面。因此，我們回顧自 1947 年中華民國憲法公布

施行迄今六十五年期間，我國總統的職權，無論是採法定職務說或是實質影響說，無論是任何政黨的人士擔任總統這個職位，總統皆能享有相當大的行政實權，這是不可否認之事實。

我國現行的憲政體制歷經修憲後，已成為所謂的雙首長制或半總統制，總統所享有的行政實權的確很大。誠如蘇永欽教授在由高朗、隋杜卿編著的《憲政體制與總統權力》乙書中所發表〈總統的選擇〉乙文中所言：「我國憲法上的政府體制如何歸屬，從行憲開始就爭議不斷，民主化的過程一共修了六次憲法，最大的體制變革發生在 1997 年那一次，多數學者和朝野領袖一致的看法是，在那之後我們已經改為雙首長制。」

吳玉山教授在由沈有忠、吳玉山主編，林繼文、張峻豪、沈有忠、蔡榮祥、石鵬翔、郝培芝、陳宏銘、蘇子喬、李鳳玉、藍夢荷等學者所著《權力在哪裡？從多個角度看半總統制》乙書中，亦特別指出：「中華民國的憲政體制在 1997 年第四次修憲後，已經成為標準的半總統制，有直選的實權總統，也有行政院長率內閣對立法院負責的規定。」

從以上法政學界前輩所共同認定的我國政府體制，自1997年第四次修憲後，已經從原來所謂的「修正內閣制」轉變為「雙首長制或半總統制」。但依筆者看法，我們目前所實施之雙首長制，與世界上其他諸如法國等四十多個國家所實施的雙首長制，無論在憲政制度之設計、運作及其影響所呈現之格局風貌均有所不同，且具有其獨特之屬性，我們可以很肯定的說：「我國總統之權力至今仍是很大的。」因為依憲法第 53條規定，行政院雖然為國家最高行政機關，但依憲法增修條文第 3 條規定，行政院長由總統直接任命，不需經過立法院同意，且依同法規定，行政院仍須向立法院負責。加上本來已擁有很大行政實權的總統，又受到憲法第 52 條之特別保障：除了犯內亂或外患罪外，非經罷免或解職不受刑事之追訴。如此

一來，總統在憲政體制上，不論從法制面或實際運作上，皆享有很大的權力。

在歷經數次修憲後，的確我國政府體制雖已轉變為雙首長制或半總統制，總統在憲政上所扮演之角色，大多數民意也都傾向期望一個權能兼備的總統制。因此，當前我國的總統在憲政體制與實際政治運作中，除了要遵守雙首長制的憲法規定，更需發揮溝通協調與領導能力，去說服其所帶領之執政團隊有效貫徹總統的治國理念與政綱政策，並體察民主政治就是民意政治，亦是政黨政治之真諦，做好與國會議員與在野黨的政策說明工作。尤其是值此新世紀全球化的大環境中，為因應其所帶來政經教育文化負面衝擊所提出的政策，更須向朝野全民做更清楚、更明白的說明，以博得廣大民眾之信賴與支持。

換言之，處於當前我國雙首長制之總統所扮演的角色，除嚴守憲政體制之制約、府院分工合作外，更需運用靈活的政治智慧，去解決各項政經問題，這對總統來說，實在是一項嚴厲之考驗。因此，身為國家的最高主政者，處在國家最艱困的局勢中，更應該發揮說服、領導執政團隊、國會與在野黨的能力，否則，即使擁有憲法與增修條文的正式法制權力及國會絕對優勢的席次，亦難保證總統之權力能有效發揮。以美國這個民主先進國家為例，無論政府之組成是「一致政府」或「分立政府」，總統總是盡量做好政黨間及國會之溝通說服工作。如美國小羅斯福總統在任內不斷以爐邊談話（Fireside Chat）之方式，向社會大眾說明其所推動之各項政策，因而獲得美國不分朝野全民之全力支持。

按權力分立與制衡，權責相符乃是憲法之基本原理原則，因為誠如英國艾克頓公爵（Lord Acton）所言：「權力使人腐化，絕對的權力，絕對的腐化」（Power tends to corrupt; absolute power corrupts absolutely.）而美國制憲先賢麥迪遜（Madison）等在其所著之《聯邦論》中亦指出：「人類若是天使，就不需要任何政府統治，如果是由天使來統治人類，也不需要對政府有任何外在的或內在的控制了。」（If men were angels, no government would be necessary. If angels were to govern men, neither external nor internal controls on government would be necessary.）這更加彰顯憲政制度乃是以權力分立與制衡為其基本之原理原則與核心價值。我國的憲政體制採取五權分立制度，其憲政原理與核心價值當不會離開分立與制衡，然而，在分立當中亦應講求分工合作之精神，以防止有任何越權或濫權之現象發生。

　　值此新世紀全球化國家社會急遽變遷而兩岸互動關係頻繁的大時代，我們站在臺灣民主發展的歷史轉捩點上，為求國家的長治久安與民主人權的有效保障，筆者多年來，基於熱愛臺灣斯土斯民的情懷，以及知識分子文章報國的強烈使命感，一路走來始終如一，全心全力投入憲法及有關法律學術之教學研究工作，尤其對我國憲政體制與總統職權之運作等問題，更是筆者最為關切與鑽研之核心課題。因為憲政體制之良窳與總統職權在憲政運作是否得宜，關係國政之運作順暢與人民之福祉至為重大。

　　在民主憲政體制中，評量國家元首的主要標準，乃是基於他對憲法的認知與實踐，誠如美國總統傑佛遜所言：「執法比立法重要」，身為國家元首，不但要樹立守護憲法之典範，更要負起提升憲政品質之神聖天職。

　　因此，本書研究之重點乃是從我國總統之地位、職權、產生方式，以及總統與行政院等機關間之關係，以歷史途徑及比較方法對我國當前憲政體制做一次全面性的剖析與檢視，也就是從憲政原理透視我國憲政體制變遷的歷程，剖析國家元首與國人對憲法之認知與憲政實踐，以及針對總統之職務在憲法及

相關法律應然面及實然面之符合度及差異性，作一具體深入之探微，並且對若干爭議性之課題提出改進之道。諸如府院權責是否釐清、總統是否有責無權或有權無責、總統是否對行政院所屬的部會逾越憲政規範而直接指揮？總統對行政院所提請任命之各部會首長以及政務委員之任命所發揮之影響力如何？有關總統職權究竟採法定職權說或實質影響說、總統所負的政治責任與法律責任之界限如何？總統在政黨政治的運作中所扮演之角色與功能如何？筆者不揣淺陋，特將多年來在臺大、警大、崇右技術學院等學府，從事法政學術教學與研究工作所撰著的教材，及發表於各學術期刊之論文，彙整成冊，並以《憲政論：憲政變遷與體制改革》為名出版，以就教於諸博雅先進。

本書之出版，承蒙大法官暨國立臺北大學名譽教授董翔飛先生、臺灣大學教授兼副校長趙永茂先生、臺北大學公共事務學院前院長，現任公共行政暨政策學系教授周育仁先生、臺灣大學政治系教授兼系主任王業立先生等四位在法政學術領域具有傑出表現的權威學者不吝惠予賜序，為本書增添無比之光彩。

董翔飛大法官係筆者於 1974 年就讀國立臺灣大學法學院三民主義研究所法律組時期的恩師，當時董教授在本所開授「我國中央政府體制之研究」等法政專題課程，深受同學們之敬重，多年來對筆者提攜與關愛有加，這次筆者撰著本書的過程中，更是指導有加，師恩浩瀚，永銘五內。

臺大教授趙永茂先生係筆者就讀臺大研究所期間的同窗摯友，曾任臺大社會科學院院長，亦是現任臺大教授兼副校長，在筆者從事法政學術教學與研究生涯中，多年來不吝惠予指教有加。

周育仁教授曾任臺北大學教授兼公共事務學院院長，現任

公共行政暨政策學系教授，在公共行政學術領域享有盛名，其傑出之表現素為各界人士所景仰與敬重，多年來與筆者在法政學術研究上共同努力打拚，對筆者不吝賜予鼓勵與指教之處甚多。

王業立教授，現任國立臺灣大學政治系教授兼主任，筆者與王教授結緣於 1988 年應美國德州大學奧斯汀校區政府系聘為訪問學者期間，王教授當時正在政府系攻讀博士學位，筆者與其同是臺大人，他鄉遇故知，不勝喜悅之至。回國後，王教授曾任東海大學政治系教授兼主任，在法政學術教學與研究領域中，皆有頂尖卓越之表現。其公子王宏恩現就讀於美國杜克大學政治研究所博士班，在臺灣大學就學時，曾修習筆者所開授的憲法課程，表現甚為優異，所謂江山代有才人出，一門法政學術俊彥與筆者結下了兩代的學術良緣，彌足珍貴。

筆者不敏，有幸能榮獲以上四位良師益友不吝指教與厚植之鴻恩盛德，令筆者內心永懷感恩之情。俗云：「飲水當思源，吃果子當拜樹頭」，筆者自 1974 年起先後考入臺大及文大法學院三民主義研究所法律組就讀，深受恩師美國耶魯大學法學博士姚淇清所長〈曾任國立臺灣大學法學院院長、教育部常務次長、中華民國駐聯合國教科文組織（UNESCO）代表〉、秦孝儀教授、曾虛白所長、周道濟教授、周應龍教授、周世輔教授、鄔昆如教授、林桂圃教授、胡佛教授等人之大力培植，1985年獲得法學博士後，承蒙恩師周道濟教授、賀凌虛所長、孫震校長的厚植，得以在本所開授法政有關課程迄今已二十七載。自1974年迄今（2013 年 8 月）歷任所長為姚淇清教授、周道濟教授、賀凌虛教授、張志銘教授、周繼祥教授、葛永光教授、張志銘教授、陳春生教授、李炳南教授、邱榮舉教授、周繼祥教授、陳明通教授皆是學術界一時之選，對本所所務之推動績效卓著，甚得本所師生們之敬重與各界之肯定，他

們對筆者無論在教學研究或參與有關法政學術活動等之指導與關照有加，令筆者永懷感恩之情。直至 1997 年承蒙恩師前中央警察大學謝瑞智校長的大力拔擢，得以獲聘於中央警察大學擔任專任教授，先後歷經朱拯民校長、蔡德輝校長、謝銀黨校長、侯友宜校長、謝秀能校長的卓越領導下，開授法學等有關法政課程，並兼任行政一級主管十餘年。自 2009 年承蒙崇右技術學院董事長林金水先生、校長梁榮輝先生的提攜，在徵得中央警察大學長官同意下，借調至崇右技術學院擔任副校長兼財經法律系主任，為崇右邁向升格為科技大學做最佳之奉獻。因此，筆者特在本書出版前夕，謹以十二萬分感恩之心情，對多年來無論在學術方面指導我的恩師或是在工作崗位上提攜牽成之長官、恩師的鴻恩盛德，敬表內心永遠感恩不盡之微忱於萬一。

　　筆者學識淺薄，書中掛一漏萬之處在所難免，尚祈諸博雅先進能不吝惠予賜正，以匡筆者之不逮，實乃筆者最大之榮幸。

黃炎東 謹識

2013 年 8 月 1 日

目 錄

緒論：我國憲政體制實踐的回顧與前瞻

　　英國名法學者戴雪（A.V. Dicey）在其所著《英憲精義》一書中即開宗明義地指出：「憲法不是造成的，而是成長的。」（The constitution has not been made but has grown.）誠哉斯言。考諸歐美民主憲政國家其實施民主憲政的經驗皆各有其獨有的特色與風格，亦就是各國皆有不同的歷史背景、社會文化、制度演變，因此，研究任何一個民主憲政的發展模式，絕不可忽視其各自具有不同之主客觀條件，而適合甲國的制度未必適合乙國，否則，強行移植是很難達成塑造優質的憲政文化與建立良好的憲政制度。

　　我國憲法自 1947 年公布施行以來，至今已屆六十六載，歷經動員戡亂時期臨時條款及戒嚴法的實施，直至 1987 年解除戒嚴、黨禁、報禁、開放大陸探親，1991年廢除動員戡亂時期臨時條款，並歷經七次憲法修改（1991～2005 年），以及二次政黨輪替、實施國會全面改選、總統直選等一連串國內政治環境的急遽變遷，在這段過程中，為因應這些大環境的重大發展，憲法的因時損益所彰顯之風貌已別具一番特色，尤其關係我國憲政運作至為重大的中央政府體制與總統在憲政上所扮演的角色。

　　尤其自 1996 年總統改為公民直選，1997 年行政院長改由總統提名，不須經立法院同意即可逕行任命。司法院正、副院長、大法官、考試院正、副院長、考試委員、監察院正、副院長、監察委員、以及審計長皆由總統提名，經立法院同意任命。而依憲法第 36 條規定，總統為三軍統帥；法院組織法第 66 條第 7 項，最高法院檢察署檢察總長由總統提名，經立法院同意任命之，任期四年，不得連任；依憲法第 56 條規定，行

政院副院長及各部會首長及不管部會之政務委員，由行政院院長提請總統任命之。

從以上的諸多變革中，我們可以從憲法之本文、增修條文及有關法律之規定中，充分瞭解總統的確是擁有很大的權力，正如林紀東大法官在其《中華民國憲法逐條釋義》一書中就很明確的指出：「中華民國的總統絕不是虛位的總統。」而依筆者多年來研究我國憲政制度變遷的過程中，無論是在實施動員戡亂時期臨時條款或戒嚴時期甚至是經過七次修憲後，總統的確一向掌握行政實權。無論是任何政黨人士擔任總統之職務，除了掌有憲法及增修條文及有關法律的法定職權外，尚可透過直接或間接任命政府文武官員的權力，或透過政黨政治的運作，發揮實質的影響權力。

從蔣中正總統、蔣經國總統時期起，總統在憲政運作上，因動員戡亂時期臨時條款之制定及戒嚴之實施，而擁有很大的權力；到了李登輝總統執政期間，即使在 1991 年間廢除了動員戡亂時期臨時條款，且實施六次的憲政改革，同樣享有很大的權力。而在 2000 年我國發生第一次政黨輪替，直至 2008 年的八年間，由民進黨籍的陳水扁總統執政時期，雖然在野的泛藍陣營掌握了國會多數席次，形成所謂「朝小野大」的政局，但組成少數政府的陳水扁總統在行政上仍享有很大的權力；不過，由於藍綠政黨間彼此之惡鬥，讓國力嚴重內耗。

2008 年政黨再度輪替，由國民黨重新取得政權，馬英九總統不但在憲法上是國家的元首，亦享有國家最高行政首長之權力。在 2012 年所舉行的總統、立法委員選舉，國民黨不但贏得了總統的選舉，而且在立法院 113 位立委的席次中，中國國民黨就擁有 64 席的絕對多數席次，形成政治學上所謂「一致政府」的局面。因此，我們回顧自 1947 年中華民國憲法公布施行迄今六十六年期間，我國總統的職權，無論是採法定職務

說或是實質影響說，無論是任何政黨的人士擔任總統這個職位，總統皆能享有相當大的行政實權，這是不可否認之事實。

在歷經數次修憲後，的確我國政府體制雖已轉變為雙首長制或半總統制，總統在憲政上所扮演之角色，大多數民意也都傾向期望一個權能兼備的總統制。因此，當前我國的總統在憲政體制與實際政治運作中，除了要遵守雙首長制的憲法規定，更需發揮溝通協調與領導能力，去說服其所帶領之執政團隊有效貫徹總統的治國理念與政綱政策。

換言之，處於當前我國雙首長制之總統所扮演的角色，除嚴守憲政體制之制約、府院分工合作外，更需運用靈活的政治智慧，去解決各項政經問題，這對總統來說，實在是一項嚴厲之考驗。因此，身為國家的最高主政者，處在國家最艱困的局勢中，更應該發揮說服、領導執政團隊、國會與在野黨的能力，否則，即使擁有憲法與增修條文的正式法制權力及國會絕對優勢的席次，亦難保證總統之權力能有效發揮。以美國這個民主先進國家為例，無論政府之組成是「一致政府」或「分立政府」，總統總是盡量做好政黨間及國會之溝通說服工作。如美國小羅斯福總統在任內不斷以爐邊談話（Fireside Chat）之方式，向社會大眾說明其所推動之各項政策，因而獲得美國不分朝野全民之全力支持。[1]

在民主憲政體制中，評量國家元首的主要標準，乃是基於他對憲法的認知與實踐，誠如美國總統傑佛遜所言：「執法比立法重要」，身為國家元首，不但要樹立守護憲法之典範，更要負起提升憲政品質之神聖天職。

本書即為釐清憲政體制之下，總統所擔當的角色與權責問

---

[1] 參見 Charles S. Steinberg, C. S. (1980) The Information Establishment: Our Government and the Media, (N. Y: Hastings House, 1980) pp. 79-88。

題，從歷史文化、國際因素、實務運作、比較政治等各角度切入，輔以各家學者理論與司法解釋、判決的見解，提出來供社會共同思考，我國的憲政體制究竟應走向何方。

第一章討論憲政主義與我國憲法的變遷發展，並探討動員戡亂時期之總統職權變化過程；第二章從司法解釋與判決對總統職權的見解之釐清與再思考，並分別列舉大法官解釋與司法判決中對於總統職權與行政實權的分析與探討；第三章介紹憲法權力分立理論；第四章從比較觀點論世界各國中央政府體制的特色；第五章作我國總統職權與行政立法運作互動之分析；第六章為我國歷年憲政體制改革與變遷之檢討（1991～2005）；最末章作綜述說明，提出筆者一己關於我國當前憲政體制改革與展望。

世界各國之中央政府體制最多的是總統制與內閣制，另外亦有雙首長制（混合制）。總統制實施最多的國家為美洲，而實施最為成功的國家為美國，然因選舉制度的關係，中南美各國及其他國家實施的情形並不理想，誠如美國的憲法學者布魯斯‧艾克曼（Bruce Ackerman）所謂的「林茲夢魘」（Linz nightmare），亦就是採總統制的國家，加比例代表制的國會選制，乃是造成其民主轉型失敗的主因[2]。總統制之形成乃係美國憲政文化土壤的產生，而其他各國與之不同的憲政文化，就很難收割到像美國總統制之效果，如中南美、菲律賓、越南等是。

舉例來說，實施總統制最失敗的國家是從前（1955年）的越南共和國，當時在美國扶植之下的南越總統吳廷琰發動政變

② 張文貞，〈憲政主義與選舉制度：「新國會」選舉改革芻議〉，收錄於陳隆志主編《新世紀新憲政－憲政研討會論文集》，臺灣新世紀文教基金會，臺北：元照出版有限公司，2002年8月，頁492-497。

推翻法國推舉阮朝第十三代皇帝保大（阮福晪），建立越南共和國（南越）與以胡志明為首的北越政府對抗，但吳廷琰獨尊天主教而廢棄佛教和軍事統治措施，激起了當地民眾的強烈憤慨。1963 年美國政府為挽救敗局，又策動了陸軍首長楊文明政變。吳廷琰與其五弟吳廷瑾被政變軍隊亂槍打死於裝甲車內。其四弟吳廷儒後亦被政變軍隊處決。後越南經過十餘年的戰亂，越南共和國終於被消滅，取而代之的是越南社會主義共和國[3]。

德國於 1919 年所實施的威瑪憲法中，明定德國為雙首長制（混合制）的國家，它同時兼具總統制及內閣制的精神，但它雙首長制的精神終究被希特勒利用，後來他命令燒毀國會、逮捕反對分子、屠殺猶太人、發動戰爭及對外侵略，最後以自殺收場，並導致國家長期的分裂。

日本第二次世界大戰時之明治憲法是內閣制，而內閣成員皆為軍人把持，並且利用天皇的威信挾持國會向外擴張軍事實力引發世界大戰，在 1945 年戰後，日本宣布無條件投降，國家被美軍占領，當時日本的內閣首相兼內務大臣之東條英機自殺未遂，被捕入獄。1948 年 11 月 12 日，東條英機及其內閣成員，均被遠東國際軍事法庭以犯有發動戰爭、侵略別國等罪行判處死刑；同年被執行絞刑。

伊拉克於 1958 年推翻君主立憲建立共和國，並開始設立總統一職，但都為軍人執政，1979年海珊上任後屠殺國內庫德族人及伊斯蘭什葉派教徒，並發動對科威特的侵略，最終被以美國為首的聯合軍隊推翻政權並逮捕，後來被以違害人道等罪判處絞刑。

---

③維基百科，〈http://zh.wikipedia.org/wiki/〉。

以上例子證明，憲法不應單單只是紙上的憲法（paper constitution）而已，而是一定要使它的精神發揮並得以造福人民，而政府與人民都應該遵守它的規定，服從它的法律。或許有人一直迷信，以為一部完備的憲法可以使國家安定，事實上威瑪憲法與中華民國憲法同是混合制，而威瑪憲法何以被希特勒破壞而發動第二次世界大戰，造成千萬青年死亡及百姓流離失所；臺灣之所以有今日的自由、民主、人權的成就，2006年9月8日媒體報導表示[④]，我國已被美國人權組織（自由之家）（Freedom House）繼續列為自由國家，在政治權力及公民權利兩項指標上，更首度同時獲評為最高等級第一級。而根據法國「無疆界記者組織」所發布的全球新聞自由指標最新年度評比，臺灣從2005年的51名進步為43名，排名比日本的51名，美國的 53 名為前，此乃是我執政者及全民努力的結果，也是人為執行的關係。

　　美國憲法在開始時只有7條，後來增加了27條，一共只有34 條，美國實施的總統制為什麼可以使獨立二百多年的美國國力日益茁壯而完成憲政的任務？或許從第一任總統華盛頓的想法中可以看出端倪。當時華盛頓出任新國家第一任總統，並於 1792 年再度當選連任。因在當時沒有別人比華盛頓更受人民敬仰與尊重，在那個時空環境下，他毫無疑問地可以終身擔任總統，但是他認為擔任兩屆總統已經足夠，他說：「美國之所以從英國殖民地中獨立出來不是要做一人的總統，這個政府，是我們自己選擇的，不曾受人影響，不曾受人威脅，是經過全盤研究和縝密考慮而建立的，其原則和權力的分配，是完全自由的，它把安全和力量結合起來，而其本身則包含著修正

④中國時報，〈http://news.chinatimes.com/chinatimes/newslist/newslist-content/0,3546,110101+1120060 90801085,00html〉，2006 年 9 月 8 日。

其自身的規定。這樣一個政府有充分理由要求你們的信任和支持，尊重它的權力，服從它的法律，遵守它的措施，這些都是真正自由的基本準則所構成的義務。」從華盛頓的檄文內容之中，我們可以明白美國國力為何得以日益壯大的原因。就如同華盛頓所言：「人民有建立政府的權力與權利，這一觀念乃是以每人有責任服從所建立的政府為前提。」

英國的憲法之所以實施成功，乃是因為英國自上到下無論是君主或是人民百姓間，均謹守憲法所賦予的義務，尊重憲法的精神；美國總統制之所以成功，則是因為其國內政治上無分先來後到，無論是黑人或白人，或其他族群，均可在政府中任居國務卿或眾議院議長等要職。在臺灣，因為過去臺灣人民受日本殖民統治及第二次世界大戰後早期威權統治的陰霾仍未消除，因此至今仍尚未建立真正的民主憲政的核心價值，凝聚主權在民的正確民主觀念，建立符合國家發展需要與民意主流趨勢的憲政體制與良性的政黨政治體制。

按當前臺灣種種亂象，因素不只一端，若要求得根本有效的解決，依筆者的觀察，應該要在憲法的分權制衡上作適當地調整。我國的憲法體制依中華民國憲法起草人張君勱先生所言乃屬於修正式的內閣制，所謂修正式的內閣制中，總統雖是國家元首，但是沒有實權，所以依我國憲法來看，總統並沒有正式的實權。當時憲法在修訂時，因為蔣中正先生長期掌握了黨政軍大權，在經過各黨派的政治協商，才根據五五憲草的內容加以修正，訂定出這部內閣制的憲法。但在憲法才一公布，又於 1948 年因為共產黨作亂，國民大會依據憲法制定了動員戡亂時期臨時條款，並且凍結了憲法部分條文，以強化總統之實權，故只要總統能夠掌控國民大會、立法院及監察院等，就可以確保總統職位連選連任，因為掌握了立法院，所以法案得以順利通過，而且並透過大法官的解釋，使國民大會、立法院及

監察院等同於西方國家的國會⑤。

　　且由於釋字第 31 號解釋內容：「憲法第 65 條規定立法委員之任期為三年；第 93 條規定監察委員之任期為六年。該項任期本應自其就職之日起至屆滿憲法所定之期限為止，惟值國家發生重大變故，事實上不能依法辦理次屆選舉時，若聽任立法、監察兩院職權之行使陷於停頓，則顯與憲法樹立五院制度之本旨相違，故在第二屆委員未能依法選出集會與召集以前，自應仍由第一屆立法委員、監察委員繼續行使其職權。」致使民意代表長期不用改選，總統便永遠在固定的投票部隊的授權下持續並永久掌權，使得國家長期處在威權體制之下，如此一來，導致臺灣的省籍與族群產生嚴重的分歧，因此足見憲法中分權與制衡的落實，以及定期改選以符民意政治的原則是何等的重要。

　　1988 年李前總統主政以來，看到萬年國會對臺灣的民主政治傷害何等的嚴重，因此聯合當時在野的民進黨進行六次的憲政改革，實施國會全面改選，落實主權在民的理想。惟在憲法的修改當中，仍存在一些未能克服的問題。其中因憲法及增修條文規定，在五院內除立法院院長外，均須由總統提名經立法院的同意後才能任命，但在提名行政院院長時可能會遭受障礙，於是將總統提名行政院院長須經立法院同意之規定停止適用，並在 1997 年第四次修憲時，將該條文修正為行政院院長由總統直接任命之，如此一來使得憲法制衡的原理喪失殆盡，因而造成立法院對行政院的制衡功能喪失，產生總統有權無

⑤1957 年 5 月 3 日，大法官會議第 76 號解釋：「國民大會代表全國國民行使政權，立法院為國家最高立法機關，監察院為國家最高監察機關，均由人民直接間接選舉之代表或委員所組成。其所分別行使之職權亦為民主國家國會重要之職權。雖其職權行使之方式，如每年定期集會、多數開議、多數決議等，不盡與各民主國家國會相同，但就憲法上之地位及職權之性質而言，應認國民大會、立法院、監察院共同相當於民主國家之國會。」

責，行政院有責無權的現象。故我國中央政府體制實有再加以重新檢討之必要，建構一個真正達到權力分立與制衡的機制，以發揮憲法應有的功能。

　　依據筆者的觀點，當前我國的中央政府體制究竟應改為內閣制或總統制、或就現在所實施的雙首長制加以改良，如恢復憲法本文第 55 條之規定：總統任命行政院長須經立法院之同意，總統解散國會的權力由被動權改為主動權，以因應立法與行政部門發生僵局時能予以有效的解套，總統選制是否改為絕對多數制？而徹底從制度上根本防止政黨間的惡鬥，國會的選舉制度採取日本單一選區二票制後，經第七、八屆立法委員選舉後的結果是否票票不等值、選區是否有待加以重新劃分調整之問題，尤其修憲的門檻是否過高、如何重新建立權責相符，相互制衡，防止政治腐化的中央政府體制、建立民主多元化協商的制度，從根本上徹底解決臺灣人民的國家認同與族群和諧問題，是否制定政黨法使各黨能導入政黨政治運作之常軌，以建立良好的選舉制度與良性的政黨競爭體系，消除朝野對抗、化解行政與立法的僵局、避免權力惡性的互相牽制等等問題，均是我們全民應該加以面對及思考的方向，並有賴國人來加以關注，共同為我國的民主與現代化做出最大的貢獻。

第一章 憲政主義與我國憲法的變遷發展

第一節 民主政治與憲政主義之關係

第一項 憲政主義的意義

憲法之發生，始於十八世紀末期，其思想基礎以美國獨立宣言及法國人權宣言為其先驅，而促使近代憲法產生之思想原因乃以個人主義思想為起點，而產生的自由主義、民主政治、法治政治、權力分立、立法至上等各種思想為主軸，此亦為民主革命之產物，即由於工商階級反對君權及封建諸侯之專制，為伸張民權，防止專制，保護自由而制定。為此需要而產生了自由權之保障、私有財產制度之確立、門閥政治之禁止、職業自由之承認、選舉制度之確立、議會政治之確立等制度。惟自二十世紀第一次世界大戰之後，由於時移勢異之結果，憲法之發展，其立法精神及內容，均多不同之處，更強調社會國理念之保障：諸如私有財產交易自由之限制、生存權之保障、弱勢團體之照顧、直接民權之實現、文化教育之注重等制度，二次世界大戰後之趨勢，則更注重憲法之國際化及基本權利之保障①。

從憲法的產生及演進來看，不論是十八、十九世紀以個人本位主義為制憲基礎，或二十世紀轉變為自團體主義或社會本位主義出發，皆著眼於保障人民權利，防範專制極權之興起，1789 年法國人權宣言第 3 條：「主權之淵源，在於國民，不問

---

①林紀東，《中華民國憲法釋論》，臺北：大中國圖書公司，1980 年 9 月，改訂
　39 版，頁 38-47。

任何團體或個人，均不能行使國民所未賦予之權力。」第 16
條：「一個沒有權利保障，權力分立的社會，就不能說是有憲
法的社會。」等規定，即明白宣示了憲法制定之必要性及原理
精神，此亦為學者所指之「立憲主義」，亦稱為「憲政主義」[2]。
正如日本憲法權威學者蘆部信喜所指出的：「立憲主義本來的
目的，在於保障個人的權利與自由。」[3]

所謂「立憲主義」包括下列三個意涵：

一、立憲主義就是法治政治（rule of law）

亦即政府的活動不能依靠個人主觀的任意或擅斷，而必須
依靠客觀的法律規範。將政府權力的行使限制於一個更高的法
律底下，政府不能適其所好，為所欲為地公布法律命令，必須
遵守其權力的界限，並遵守這最高法律中規劃出來的程序，這
部「法」就是憲法。可以說，立憲主義乃欲確立一個具有永久
性的客觀的法律規範，來限制政府的活動範圍、保護人民的合
法權利[4]。

二、立憲主義也是民意政治

概言之，政府之決策必須直接或間接的根據被統治者的意
思。換言之，在採取立憲主義的國家，人民應有權利依據直接
民權的方式或依代議制度的方式，參與國家的統治作用[5]。

三、立憲主義也是保障、尊重少數人權利的政治

②林紀東，《比較憲法》，臺北：五南圖書出版股份有限公司，1989年5月，再
　版，頁113-116。
③蘆部信喜著，李鴻禧譯，《憲法》，月旦出版社，1995年，頁42。
④劉慶瑞，《中華民國憲法要義》，臺北：三民書局，1985年5月，頁1。
⑤同前註。

透過永久性的成文規定，以及較為困難的程序，以避免為暴民所操縱的政府，擅自破壞政治的基本規則。

　　立憲主義必須包含上述三個意義，若缺其一則難謂是完整的立憲主義。因為立憲主義不止於實現法治政治，且欲使人民自己來制定法律，更避免集體主義的多數暴力⑥。

　　美國政治學者安德魯・海威（Andrew Heywood）也指出憲政主義是指有限政府的行為，受到憲法的存在而獲得確認。因此，在這個意義下，當政府機關與政治過程受憲法的有效約束時，就存在憲政主義。更廣義而言，憲政主義是一套政治價值與願望，反映出人民希望透過內在和外在的牽制來規範政府權力，以保護對自由的欲求。在此意義下，憲政主義是一種政治自由主義。其典型形式表現於支持可達此目標的憲法條款，例如法典化的憲法、權利條款、權力分立等等。憲政主義強調民主理論規範下實行依法而治之有限政府原則。因此，憲政主義的國家必須實行權力分立，避免權力國家與人治領袖國家的出現。實行憲政的主要目的在於國家依據有限政府與法治主義的原則，建立起法律規範體系，使法律具備合法性，使政府權限受到規範以及使法律符合正義原則並受司法審查之約束，其最終目標在於保障人民之基本權利⑦。

　　綜上所述，吾人可知「立憲主義」目的在排除以國家為名的壓制及權力濫用，保障個人之生命財產自由，其常用的方式即為統治機構的權力分立，相互制衡以防止專制集權，並確立超國家的人權保障⑧。用立憲主義來檢視我國憲法，則可以發現，頗合乎立憲主義之三大精神，即法治政治、民意政治與尊

⑥趙中麒編，《中華民國憲法 Q&A》，臺北：風雲論壇，2000 年 2 月，初版，頁 17-18。

⑦Andrew Heywood 著，林文彬、劉兆隆譯，前引書，頁 451。

⑧許慶雄，《憲法入門》，元照出版公司，2000 年 9 月，頁 21-22。

重少數人權利的政治。

第二項　中華民國憲法的立國精神

立國精神係指一國之國民所願意共享並揭櫫之國家意義[9]。因此，每個國家的憲法都有其基本的政治理念與背景，就中華民國憲法而言，其最主要的立國精神來自於三民主義與五權憲法。立國精神可從國父遺囑理解：「凡我同志務須依照余所著，建國方略、建國大綱、三民主義……繼續努力，以求貫徹。」憲法前言所舉，鞏固國權係屬民族主義，保障民權屬民權主義，尊定社會安寧及增進人民福利為民生主義，故三民主義和五權憲法為我國憲法之立國精神[10]。

第二節　我國的憲政發展史

第一項　清末立憲運動

中國制憲運動之歷史，可追溯自清末之時，康有為、梁啟超諸先生鑑於外國的侵略日甚一日，即有變法自強的建議。康梁等維新派維新主張主要有以下幾點：一、在政治上學習西方，建立三權分立的君主立憲政體。二、開制度局，制定憲法。康有為認為「國家有憲法，猶船之有舵，方之有針，所以決一國之趨向，而定天下知從違者」。三、實行三權分立。康有為認為「近泰西政論，皆言三權，有議政之官，有行政之官，有司法之官。三權立，然後政體備也。」[11]不過，康梁等

---

⑨胡佛、沈清松、周陽山、石之瑜合著，《中華民國憲法與立國精神》，臺北：三民書局，1995 年 8 月，頁 1。
⑩謝瑞智，《憲法新論》，臺北：文笙，1999 年，頁 63。
⑪康有為傳，《戊戌變法》第 4 冊，上海人民，1953 年。轉引自殷嘯虎，《近代中國憲政史》，上海人民，1997 年 11 月，頁 16-17。

維新派等立憲之建議不為滿清政府所容納而告失敗。戊戌變法失敗以後，康有為、梁啟超流亡海外，依然堅持君主立憲的主張。與此同時，在海外的青年當中，也開始形成一股革命的思潮，特別是國父孫中山先生所領導的國民革命運動，滿清政府在立憲派與革命派雙重的壓力下，於 1906 年，宣布預備仿行憲政，並下令於中央籌設資政院，各省設立諮議局，使君主的大權有所限制，人民的權利有保障，得以緩和民眾的反抗。然清廷並無立憲之誠意，立憲派在失望之際，轉而支持當時民主革命運動，終於爆發辛亥革命，因此，滿清政府的君主立憲，並未成功⑫。

第二項　民主共和的憲政藍圖與袁世凱的毀憲

辛亥革命以後，各省紛紛獨立，為了鞏固革命的成果，一些省分的軍政府參照歐美國家的憲法，制定了本省的憲法性文件，即各省約法，其中最先制定的是湖北軍政府「中華民國鄂州約法」，鄂州約法制定以後，江蘇、浙江、江西、貴州等省軍政府也先後制定了約法或憲法大綱。此外，各省軍政府也要求建立一個統一的政權機構，1911 年 11 月，各省代表至武漢開會，會議中通過「臨時政府組織大綱」，共四章 21 條。臨時政府組織大綱從其內容來看基本上採用美國憲法的精神與制度，尤其是採美國的總統制，在總統的權限及其與參議院的關係上，與美國憲法也大體相同。

「臨時政府組織大綱」在制定之後，代表即著手選舉臨時大總統，結果孫中山先生當選為中華民國的臨時大總統，但後來孫中山先生為早日促成國家南北統一乃辭去大總統職務，並推舉袁世凱為大總統，為了制衡袁世凱，乃於 1912 年 3 月 8 日

⑫林紀東，前引書，頁 108-110。

通過「臨時約法」共七章 56 條。與「臨時政府組織大綱」相比，「臨時約法」對有關政權問題作了重大修改：一、實行內閣制。二、擴大立法權對行政權的監督。其最終的目的在於保障參議院的權力並限制總統的權力。

袁世凱在當選正式大總統以後，極力廢除「臨時約法」。1913 年 4 月 8 日國會成立，國會參、眾兩院組成憲法起草委員會，並起草憲法大綱，並於 10 月 31 日三讀通過草案全文，因為草案是在天壇祈年殿起草擬定，故又稱為「天壇憲草」。「天壇憲草」共 11 章，113 條，基本上沿襲「臨時約法」的精神，無論在國會方面、責任內閣制，人民的權利義務的規定更為具體明確。但由於袁世凱認為此一憲法草案對其約束太大，有礙其稱帝之野心，而有後來毀國會與廢憲草之舉。

袁世凱解散國會之後，組織中央政治會議代行國會職權，並組織約法會議，進一步修改約法，新修「中華民國約法」在 1914 年 5 月 1 日公布，世稱「袁氏約法」，原有的約法同時宣布廢止。與「臨時約法」比較，「中華民國約法」擴張了總統的權力並取消責任內閣制，此外，也廢除國會，代之以由總統控制的立法院與參政院。但是，袁世凱並不因此而滿足，進一步提倡帝制，後因護國軍起義討袁，各省紛紛響應，袁世凱乃撤銷帝制。然護國軍要求袁世凱下臺，袁世凱因而羞憤致死[13]。

第三項　軍閥的制憲與毀憲

袁世凱稱帝失敗羞憤致死以後，黎元洪繼任總統，但由於段祺瑞不斷的擴張權力與黎元洪發生衝突，並在對德參戰的問題達到頂點。後來由於張勳復辟，國會二度被解散。後來張勳復辟失敗，馮國璋繼任總統，段祺瑞為國務總理之後並未恢復

---

⑬林紀東，前引書，頁 108-110。

舊國會,反而另外召集新國會,孫中山先生乃親率海軍護法,形成南北對立的局面。1919年南北議和雖然沒有結果,但也促成聯省自治活動的產生。1920年以後,陸續發生直皖、直奉戰爭,直系軍閥控制北京政權,1922年6月黎元洪復職。但到了1923年,黎元洪被迫離職,繼而代之的是以賄選產生的曹錕。曹錕同時制定憲法,於10月份公布,世稱「曹錕憲法」,不過到了1924年第二次直奉戰爭發生時,馮玉祥發動北京政變,因此曹錕憲法並未真正施行過[14]。

第四項　從訓政到憲政

1928年北伐成功以後,國民政府奠都南京,並依據國父遺教,照建國大綱的規定將建國程序分為軍政、訓政、憲政三個時期,而訓政時期結束後,須公布憲法,實行憲政,因此國民會議乃先制定中華民國訓政時期約法,並於1931年6月1日施行。訓政時期約法施行後發生九一八事變,部分人士主張應該提早實行憲政,團結全民,以抵抗日本帝國主義的侵略,乃由立法院著手憲法的起草工作,經過數易其稿後,於1936年5月5日,由國民政府公布中華民國憲法草案(即五五憲草),此一憲草採取孫中山先生「權能區分」與「五權憲法」的理論作為組織國家的方式。國民政府原定於1937年11月12日召集國民大會,以此草案為藍本,制定憲法,但因1937年7月7日抗日戰爭發生,國民大會無法召集,而告停頓,1938年4月,國民政府決定組成「國民參政會」,成為戰時之中央民意機關[15]。

1945年9月抗戰勝利後,國民政府召集國民大會,制定憲法,但因當時中共勢力逐漸增大,國民政府為促進團結,重建

[14]同前註。
[15]耿雲卿,《中華民國憲法論》,臺北:華欣出版社,1989年9月,頁32。

國家秩序，乃於 1946 年 1 月 10 日，邀請各黨派及社會賢達人士，召開政治協商會議，就政府組織、施政綱領、軍事同盟、國民大會與憲法草案事項，分別作成決議。其中關於憲法草案之決議包括國民大會無形化，立法院由選民直接選舉，職權等於各民主國家之議會，行政院對立法院負責，立法院可對行政院提不信任案，行政院方得提請總統解散立法院，以及省為地方自治最高單位，省長民選，得制定省憲等十二項原則。由於前項決議中有關國民大會、立法院、行政院及地方制度各部分，都不合於國父遺教，國民黨二中全會乃於同年 3 月 16 日，通過對修改憲法原則的決議如下：

一、制定憲法，應以建國大綱為最基本之依據。

二、國民大會應為有形之組織，用集中開會之方式，行使建國大綱所規定之職權，其召集之次數，酌予增加。

三、立法院對於行政院，不應有同意權及不信任權。行政院不應有提請解散立法院之權。

四、監察院不應有同意權。

五、省無需制定省憲。

但由於以上決議並不能為國民黨以外的各個黨派所接受，所以國民黨又和各黨派代表協商，達成下列三點協議：

一、國民大會為有形組織行使四權。

二、取消立法院之不信任權，及行政院之解散權。

三、取消省憲，改為省得制定省自治法。惟立法院有對總統任命行政院院長的同意權，和監察院的同意權，迄未達成立協議。

政治協商會議於決定修改憲草的原則之後，國民大會於 1945 年 11 月 12 日召開。制憲國民大會即是以此草案為基礎制定中華民國憲法，所以政治協商會議所議決的原則，對於中華民國憲法的內容，可說具有相當關鍵的影響。到了 1946 年 11 月 15

日，國民大會於南京開幕，即就憲法草案加以討論，到了 12 月 25 日通過現行憲法共 175 條，並由國民政府於 1947 年 1 月 1 日公布，自同年 12 月 25 日施行⑯。

第五項　從制憲到臨時條款的制定與延長

　　中華民國憲法於 1947 年 1 月 1 日公布，自同年 12 月 25 日施行後，國共之間的內戰日趨白熱化，且國民政府逐漸居於劣勢，為了方便對於中共公開武裝叛亂的壓制，並且不影響對於憲法機制的變動，因而有「動員戡亂時期臨時條款」之提出。臨時條款經國民大會於 1948 年 4 月 18 日通過，5 月 10 日由國民政府公布。其主要內容在於授與總統緊急處分權。其規定總統在動員戡亂時期，為避免國家或人民遭遇緊急危難，或應付財政經濟上重大變故，得經行政院會議之決議，為緊急處分，不受憲法第 39 或第 43 條所規定程序之限制。

　　後來國民政府轉進來臺以後，1954 年 3 月 11 日首屆國大第二次會議第七次大會乃決議「臨時條款在未經正式廢止前，維持有效」。在此之後，在解嚴以前，臨時條款分別有四次修正。第一次在 1960 年 3 月 11 日，修正主要是為解除總統連任之限制，並研擬國民大會創制複決兩權之行使。

　　第二次修正在 1966 年 2 月 12 日，其中通過了國大在動員戡亂時期可以行使普通法律之創制、複決權。其規定動員戡亂時期，國民大會得制定辦法，創制中央法律原則與複決中央法律，不受憲法第 27 條第 2 項之限制。另外，在戡亂時期，總統對於創制案或複決案認為有必要時，得召集國民大會臨時會討論之。

　　到了 1966 年 3 月 22 日進行第三次修正，其主要目的在於

憲政論：憲政變遷與體制改革

---

⑯林紀東，前引書，頁 116-118。

對總統為戡亂時期之特別授權。其中規定在動員戡亂時期，本憲政體制授權總統得設置動員戡亂機構，決定動員戡亂有關大政方針，並處理戰地政務。另外，總統為適應動員戡亂需要，得調整中央政府之行政機構、人事機構及其組織。

　　臨時條款最後一次修正是在 1972 年 3 月 17 日關於充實中央民意代表機構之相關規定，其中包括：一、在自由地區增加中央民意代表名額，定期選舉，其須由僑居國外國民選出之立法委員及監察委員，事實上不能辦理選舉者，得由總統訂定辦法遴選之。二、第一屆中央民意代表，係經全國人民選舉所產生，依法行使職權，其增選、補選者亦同。大陸光復地區次第辦理中央民意代表之選舉。三、增加名額選出之中央民意代表，與第一屆中央民意代表，依法行使職權。增加名額選出之國民大會代表，每六年改選一次，立法委員每三年改選一次，監察委員每六年改選一次[17]。

---

[17]涂懷瑩，《中華民國憲法原理》，作者自刊，1977 年 9 月，頁 253-257。

第二章 司法解釋與判決對總統職權的見解與再思考

第一節 釋字第 387 號

第一項 解釋文

行政院設院長、副院長各一人，各部會首長若干人，及不管部會之政務委員若干人；行政院院長由總統提名，經立法院同意任命之；行政院副院長、各部會首長及不管部會之政務委員，由行政院院長提請總統任命之。憲法第 54 條、第 55 條第 1 項、第 56 條定有明文。行政院對立法院負責，憲法第 57 條亦規定甚詳。行政院院長既須經立法院同意而任命之，且對立法院負政治責任，基於民意政治與責任政治之原理，立法委員任期屆滿改選後第一次集會前，行政院院長自應向總統提出辭職。行政院副院長、各部會首長及不管部會之政務委員係由行政院院長提請總統任命，且係出席行政院會議成員，參與行政決策，亦應隨同行政院院長一併提出辭職。

第二項 理由書

依憲法第 57 條規定行政院應對立法院負責。民主政治以民意政治及責任政治為重要內涵；現代法治國家組織政府、推行政務，應以民意為基礎，始具正當性。從而立法委員因任期屆滿而改選時，推行政務之最高行政機關為因應最新民意，自應重新改組，方符民主政治之意旨。

行政院設院長、副院長各一人、各部會首長及不管部會之

政務委員若干人；行政院院長由總統提名經立法院同意任命之；行政院副院長、各部會首長及不管部會之政務委員，由行政院院長提請總統任命之。憲法第 54 條、第 55 條第 1 項、第 56 條定有明文。行政院有向立法院提出施政方針及施政報告之責；行政院移請立法院之覆議案，如經出席立法委員三分之二維持原決議，行政院院長應即接受該決議或辭職，憲法第 57 條亦規定甚詳。行政院院長由總統提名，經立法院同意任命，行政院院長對立法院負政治責任，此乃我國憲法有關總統、行政院、立法院三者間之制度性設計。行政院院長之任命，既須經由立法院同意，基於民意政治之原理，自應於每屆立法委員任期屆滿改選後第一次集會前提出辭職，俾總統得審視立法院改選後之政治情勢，重行提名新任人選，咨請立法院同意以反映民意趨向。行政院副院長、各部會首長及不管部會之政務委員，則係由行政院院長依其政治理念，提請總統任命，並依憲法第 58 條之規定，出席行政院會議，參與行政決策，亦應隨同行政院院長一併向總統提出辭職以彰顯責任政治。至於不具政務委員身分之行政院所屬機關首長，其辭職應依一般行政程序辦理，其中任期法律有明文規定者，不受上述行政院總辭之影響，乃屬當然。

第三項　小結

我國憲政體制究屬總統制抑或內閣制，從行政院長向立法院是否負責一事似可看出端倪，其中行政院長之辭職，是向總統抑或是立法院負責，以示尊重其職權行使，亦是觀察重點。近五十多年間，我國歷經陳誠、俞鴻鈞、嚴家淦、蔣經國、孫運璿、俞國華、李煥、郝柏村、連戰、蕭萬長十位行政院長，平均在位將近五年，辭職原因約可分為六類：⑴因職位變動而辭職、⑵因彈劾懲戒而辭職、⑶因健康而辭職、⑷因總統任期屆

滿而辭職、(5)基於政治考量而辭職、(6)隨立法院改選而辭職①。

　　「釋字第 387 號解釋，係針對立法委員所提『立法委員改選後，行政院院長及其閣員應否總辭』的憲政爭議作出了明確的答案，使得我國多少年來存有高度爭議的憲政體制大步向內閣制邁進了一步。大法官們認為行政院長既須經立法院同意而任命，且對立法院負政治責任，基於民意政治及責任政治之原理、立法委員任期屆滿改選後第一次集會前，行政院院長自應向總統提出辭職，確立了我國憲法上行政院長應隨立法委員任期屆滿改選而請辭的原則，不僅填補了憲法第五章第 55 條、第 56 條祇規定行政院院長及其閣員如何任命的程序而無如何退場的空白，同時也間接肯定了 1993 年郝柏村院長於『第二屆立法委員選出後集會前即自行率先請辭的憲政先例』，對我國民主憲政發展提供了正面的價值。」②

第二節　釋字第 419 號

第一項　解釋理由書

　　「關於憲法上職位兼任是否容許，憲法有明文禁止兼任者當然應予遵守，如憲法第 75 條及第 103 條之立法委員及監察委員兼職限制之情形是；此外，若兩種職務確屬不相容者亦不得兼任，迭經本院前引釋字第 20 號、第 30 號、第 207 號等著有解釋。副總統得否兼任行政院院長憲法未作任何規定，自無明文禁止可言，故本件所涉者要在兩種職務兼任之相容性問題。按所謂不具相容性，係指憲法上職位兼任違反憲政之基本原理

①董翔飛，《董翔飛大法官回憶錄—細數五十年公務生涯》，臺北：國史館，
　2010 年 9 月，頁 293-294。
②同前註，頁 300-301。

或兼任有形成利益衝突之虞而言。自從 1787 年美國聯邦憲法採嚴格之三權分立為其制憲之基本原則，以及法國 1789 年人權宣言第 16 條揭櫫：『任何社會中，未貫徹權利保障，亦無明確之權力分立者，即無憲法。』以還，立憲民主國家，莫不奉權力分立為圭臬，故就憲法上職位之兼任是否相容，首應以有無違反權力分立之原則為斷。一旦違反權力分立原則，除非憲法設有例外之規定（例如美國副總統之兼為參議院議長、內閣制國家之議員得兼任閣員），否則即屬違憲行為。依權力分立原則所區分之各個權力範圍（如立法部門、行政部門及司法部門），若因部門內之權限，依憲法之設計，必須由兩個機關不同之構成員分別行使者，亦在不得兼任之列，例如採兩院制之國會，其法案通過須分別經兩院議決，如由一人同時擔任兩院之議員，則與憲法將立法權分由兩院行使之本旨不符，其兼任自亦非憲法之所許，本院釋字第 30 號解釋以『若立法委員得兼國民大會代表，是以一人而兼具提案與複決兩種性質不相容之職務』為由，認立法委員不得兼任國民大會代表，即係本於同一意旨。又如在行政權範疇之內，國家元首與閣揆或閣員間職務相容性問題，則端視各國政制而定：在採內閣制之國家或雙首長制之國家，基於元首與閣揆間制衡之機制，一人當然不得同時兼任；在總統制國家（如美國及中南美諸國），通常國家元首即為最高行政首長，並無閣揆之設置，總統兼閣員（部長）固鮮有其例，但副總統則常兼任部長（如哥斯大黎加、巴拿馬等）；再如一般稱為委員制之瑞士，其行政部門聯邦委員會（Conseil Federal, Bundesrat），有部長七名，總統及副總統均由部長輪替兼任，蓋均祇涉及行政權之內部分工，而於權力分立之基本原則無違，自亦不生牴觸憲法問題。若就中央與地方之分權而論，更非所謂一遇職位互兼即為法所不許，以法國為例，內閣總理或部長兼任市長或其他地方民選職位，

亦非罕見。我國中央政制與前述各種制度均不盡相同，但於權力分立原則之堅持則不遜於其他各國，司法、考試及監察三權各自獨立行使職權，固無疑義。行政權與立法權亦截然劃分，並使其成員不得互兼，此為憲法第 75 條立法委員不得兼任官吏之所由設。而憲法對總統及副總統均缺位，或任期屆滿尚未選出，或選出後總統、副總統均未就職之情形，明定由行政院院長代行總統職權，其期限為三個月（憲法增修條文第 2 條第 8 項、憲法第 50 條、第 51 條），未如其他國家之憲法對總統或副總統均缺位時由國會議長繼任（如美國、法國第五共和及義大利等），或甚至規定最高司法機關首長亦得代理總統（如 1988 年 10 月 5 日之巴西憲法），蓋嚴守權力分立原則，屬於行政權體系內之權限行使，應由行政體系內輪替，不採制憲過程中由五院院長依次代理總統之建議。我國憲法規定行政院院長由總統提名經立法院同意任命之（第 55 條第 1 項），行政院對立法院決議之事項移請覆議時，須經總統之核可（第 57 條第 2 款及第 3 款），總統公布法律、發布命令須經行政院院長之副署，其屬緊急命令者尚須經行政院會議之通過（憲法第 37 條、增修條文第 2 條第 4 項），而行政院無論學理上及實際上皆係由院長主導之獨任制官署，論者以總統與行政院院長兩種職位互有制衡之作用，非無理由。是總統與行政院院長不得由一人兼任，其理甚明。副總統為總統之備位，若由副總統兼任司法、考試或監察三院之院長，其違反五權分立原則而為憲法所不許，實毋庸辭費。至於副總統兼任行政院院長則既不生顯然牴觸權力分立原則之問題，自難從權力分立之觀點遽認其為違憲。」

第二項　董翔飛大法官之不同意見書

第一款　不同意見書：（有關「副總統可否兼任行政院院長」部分）

　　總統為國家元首，地位崇隆，如於任期內缺位或因故不能視事，憲法若無規定繼任人選或指定適當人員代行其職權，則國家將會出現中樞無主之危險狀態。是以近代立憲國家例多有副總統之設置，或指定特定人員，以備總統缺位時繼任，或因故不能視事時代行其職權，以維繫憲政體制於不墜。我國憲法及其增修條文對於國家機關之設置、總統繼任與代行之秩序、以及機關間權力制衡之關係，原有制度性之整體設計與考量，其重要者有：總統為國家元首，對外代表中華民國。總統、副總統由中華民國全體國民直接選舉之，行政院為國家最高行政機關，行政院院長由總統提名經立法院同意任命之，對立法院負責。總統公布法律、發布命令，須經行政院院長之副署或行政院院長及有關部會首長之副署。行政院對立法院之法律案、預算案、條約案，如認為窒礙難行時，得經總統之核可，移請立法院覆議，覆議時如經出席立法委員三分之二維持原案，行政院院長應即接受該決議或辭職。總統遇國家發生天然災害、癘疫或國家財政、經濟上有重大變故須為急速處分時，得經行政院會議之決議，發布緊急命令，為必要之處置。總統缺位時，由副總統繼任，至總統任期屆滿為止。副總統缺位時，由總統於三個月內提名候選人，召集國民大會補選，繼任至原任期屆滿為止。總統、副總統均缺位時，由行政院院長代行其職權，並於三個月內，由全體國民補選，繼任至原任期屆滿為止。總統因故不能視事時，由副總統代行其職權，總統、副總統均不能視事時，由行政院院長代行其職權。總統於任滿之日

解職，如屆期次任總統尚未選出，或選出後總統、副總統均未就職時，由行政院院長代行其職權。行政院院長代行總統職權時其期限不得逾三個月等。觀其內容，總統、副總統、行政院院長在憲政架構體系中，分別處於國家元首、副元首或備位元首，及國家最高行政機關首長之核心地位，並各有一定之功能與職權，尤以總統為國家之象徵，不能一時或缺，故有副總統之設置，以備總統缺位或因故不能視事時隨即繼位或代行其職權。副總統既為備位，自亦不能一時或缺。第二屆國民大會有鑑於此，乃於憲法增修條文第 2 條中增列第 7 項「副總統缺位時，由總統於三個月內提名候選人，召集國民大會補選，繼任至原任期屆滿為止。」之規定，以補充憲法本文之欠缺，即為明證。總統、副總統均缺位或均不能視事時，由行政院院長代行其職權，旨在防範萬一總統、副總統均缺位或均不能視事時，可能導致政府權力真空之憲政危機，特許由國家最高行政機關首長，暫為代行總統職權以為過渡，並儘速辦理總統、副總統補選，以早日恢復憲政正常狀態。足見行政院院長代行總統職權，對於維繫國家永續，免於政府斷層，實有其不可忽視之安定功能，然其代行之前提，必須總統、副總統均缺位或均不能視事時始得為之，方符憲法之原意。

　　總統、副總統、行政院院長因均為憲法上之重要機關，且構成政府穩定之軸心，憲法特分章設置，並使其相互制衡，若副總統得兼任行政院院長，在憲政運作上，勢將招致如下之困惑與窒礙：

　　一、總統缺位時，依憲法第 49 條規定，係由副總統繼任，至總統原任期屆滿為止，並依增修條文第 2 條第 7 項規定，由總統於三個月內，提名候選人，召集國民大會補選，繼任至原任期屆滿為止。若副總統與行政院院長同為一人，副總統依規定繼任總統後，原所

兼任之行政院院長，依權力制衡之理論，自應不得再由其繼續兼任，而須依憲法第 55 條之規定，於四十日內咨請立法院召集會議，另提新任行政院院長人選徵求同意。惟新提名之行政院院長人選，於未獲立法院同意前，事實上已發生總統兼任行政院院長之情事。依憲法原來設計，總統缺位，由副總統繼任，原本不涉及行政院長之更迭，但副總統兼任行政院院長後，不僅須於三個月內召開國民大會補選副總統，同時復須於四十日內提名行政院院長人選，咨請立法院徵求同意，若新提名之行政院院長人選難獲立法院多數黨團同意，依增修條文第 2 條第 3 項之規定，則總統兼任行政院院長之情事勢將繼續存在，萬一在副總統及行政院院長均未產生前，再遇總統缺位或不能視事時，即會發生無人繼任或無人代行總統職權之無政府狀態，此種憲政危機對國家所造成之衝擊與震撼，將不堪設想。

二、總統因故不能視事時，由副總統代行其職權。由於副總統兼具行政院院長之身分，以致發生代行職權期限適用之爭議。憲法第 49 條對於副總統代行總統職權之期限並無限制，原則上得至總統不能視事之原因消失，甚或迄至總統任期屆滿為止，而行政院院長代行之期限則不得逾三個月。副總統兼行政院院長代行總統職權時究應如何適用，如何詮釋，亦必發生憲政運作上之困擾。

三、總統、副總統均缺位或均不能視事時，依憲法第 49 條、增修條文第 2 條第 8 項之規定，由行政院院長代行其職權，並於三個月內補選總統、副總統，以儘速恢復憲政體制之正常狀態。若於總統、副總統均缺

位，或均不能視事時，惟一能代行其職權之行政院院長即由副總統兼任，無異將居於第一順位之副總統與第二順位之行政院院長合而為一，如遇上述情事，亦會發生因無行政院院長可以代行總統職權造成國家元首或缺無人承繼之憲政危機，能不慎乎？

1949年1月，行憲後首任總統蔣中正，基於國內外政治情勢考量及營造國家和平統一環境，於首都南京正式宣示「引退」，離開總統職位，並依憲法第 49 條「總統因故不能視事時由副總統代行其職權」之規定，由副總統李宗仁代行其職權。未幾和談破裂，中央政府南遷，國家政治環境丕變，李代總統飛抵廣州，旋即稱病赴美就醫不歸，憲政史上首次出現「總統、副總統均不能視事」之憲政危機，所幸當時的行政院院長並非由副總統兼任，而是由閻錫山專任，始能依第 49 條後段之規定代行總統職權，以迄蔣總統不能視事之原因消失，於1950年3月1日在臺「復行視事」而化解此一憲政危難。設若是時之行政院院長係由副總統兼任，則必然發生無行政院院長可資代行，其嚴重性將難以想像。總統、副總統不能視事，尚可藉總統「復行視事」予以化解；而總統、副總統缺位，根本沒有行政院院長可以代行總統職權之無政府狀態所給國家帶來之憲政災難就不敢想像了。足見憲法原設計由副總統、行政院院長依序代行總統職權，係基於維繫國家元首不能一日或缺之安定考量，豈容恣意錯置與破壞？

依憲法分設國家元首與行政首長分權制衡意旨觀之，總統應不得兼任行政院院長已如上述。副總統與總統係為實踐同一政治理念，再聯名登記，同列一張選票，經由全國人民直接選舉而產生，平日雖無具體職權，然於總統缺位或因故不能視事，繼任總統或代行總統職權時，其擁有之權力即及於總統，若由其兼任行政院院長，則繼任總統者或代行總統職權者，已

非憲法原所設置之副總統，而是兼具行政院院長身分之副總統；於其繼任總統期間，不僅是總統，在新任行政院院長人選未獲立法院同意前，亦仍是行政院院長；於代行總統職權期間，不僅是副總統、也是代理總統、也是行政院院長，無異將國家元首與國家最高行政機關首長多種不同之憲政角色，皆集中於副總統一身，元首權與行政權掌握在一人之手，在憲政運作上勢將出現：總統公布法律、發布命令，送請總統自己副署；總統提名行政院副院長、各部會首長及政務委員，報請總統自己任命；總統核可自己向立法院之覆議案；總統以行政院院長身分，向立法院提出施政報告、答覆立法委員質詢，並對立法院負責；總統以行政院院長身分主持行政院會議，並以行政院會議決議，報請總統自己行使緊急命令權，對國家遇有天然災害、癘疫或國家財政、經濟上之重大變故為必要之處置；總統召集包括自己兼任之行政院院長及其他相關院長會商解決彼此間之爭議等脫序亂象。不僅有違憲法第 49 條之原旨，而憲法第 43 條、第 44 條、第 55 條、第 57 條及第 72 條所建構之制衡機制，亦均因副總統之兼任行政院院長而毀壞無遺。

　　憲法上之機關或職位，是否得以相互兼任，本院大法官向以「兩者職務之性質是否相容」為判斷之依據，且經一再援用而已形成共識。所謂是否相容，係指兩者兼任，顯已違反憲政之基本原理或在職權行使上有可能形成利益衝突、違背權力制衡之虞者而言，本院釋字第 30 號解釋「……國民大會複決立法院所提之憲法修正案並制定辦法行使創制複決權，若立法委員得兼任國大代表，是以一人而兼具提案與複決兩種不相容之職務，且立法委員既行使立法權，復可參與中央法律之創制與複決，亦與憲法第 25 條及第 62 條規定之精神不符，故不能兼任。」認立法委員不得兼任國民大會代表，即係本於此一意旨。雖國民大會創制複決兩權之行使遙不可及，或立法院提出

之憲法修正案亦屬罕見，然本院仍嚴守此「祇要有可能形成利益衝突之虞」之尺度，為不得兼任之解釋。副總統兼任行政院院長於繼任總統或代行總統職權時，既已明顯發生職務不相容且可預見足以形成利益衝突之虞如上述者，焉能謂為「尚未致顯然不相容之程度」？

再就彈劾程序觀之，監察院對於總統、副總統之彈劾，須向國民大會提出，如經國民大會代表總額三分之二同意時即予解職。對行政院院長之彈劾，則由司法院公務員懲戒機關予以懲戒，其懲戒處分包括撤職或申誡。監察院對於副總統兼任行政院院長行使彈劾權時，以其兼具兩種身分，究應適用何種程序，向何機關提出，雖或可依其職務行為為之認定，然仍難免滋生實作上之困惑與窒礙：例如副總統招致國民大會解職，副總統即已不復存在，其行政院院長之兼職是否亦一併解職，抑或仍舊存在？又如行政院院長招致懲戒機關撤職，其副總統之本職是否亦一併撤銷，抑或容其繼續在位？復以副總統、行政院院長之產生方式、負責對象不一，其去留進退，亦將涉及責任政治與民意政治之理念層次，在在均將損及憲政秩序之安定，豈能謂為憲法所容許。

近世成文憲法國家，不論其為何種政體，莫不奉分權制衡，建構政府架構以防範權力集中與濫用為鵠的。總統、副總統、行政院院長均為我國憲法上之重要機關，並處於權力核心領域，總統為國家元首，副總統為備位元首，遇總統缺位或不能視事時隨即代行其職權，兩者均為國家之表徵，不能一時或缺。行政院院長為國家最高行政機關首長，位居政府行政樞紐，並於總統、副總統均缺位或因故不能視事時代行其職權，以維繫國家永續、政府權力不致真空斷層，與總統、副總統構成政府之穩定軸心，功能繁重，地位崇隆，自應各設專人、分任斯職。若副總統得兼任行政院院長，顯與憲法國家元首不能

一日或缺、總統與行政院長應有區隔之制衡意旨相違，自應為憲法所不許。解釋文及解釋理由書對上述多項關鍵爭點，尤其遇總統、副總統均缺位或均不能視事時，何來行政院院長可以代行之部分，或輕描淡寫、或語意模糊、或避不觸及，爰提出不同意見如上。

第二款　部分不同意見書：（有關「總統改選就職，行政院院長應否總辭；總統對此總辭可否予以慰留」部分）

現代法治國家組成政府，推行施政，應以民意為基礎，始具民主政治之正當性。立法院為全國最高立法機關，立法委員經由人民選舉而產生，代表全國人民行使立法權。行政院為國家最高行政機關，行政院院長由總統提名經立法院同意而任命，並對立法院負行政與政策上之政治責任，此乃我國憲法有關總統、行政院、立法院三者間之制度性設計，亦為反映民意政治、責任政治之有效機制，依據本院釋字第 387 號解釋，行政院院長既須於立法委員任期屆滿改選後第一次集會前提出總辭，俾總統得審視立法院改選後之政治情勢及各黨派當選之席次比例，提名適當人選，咨請立法院同意任命，足見行政院院長之去留進退，悉依立法院之民意為依歸。總統提名權之行使，係於行政院院長出缺或基於憲法明定或司法解釋必須請辭時，依循既定程序，審視立法院民意趨勢，提名適當人選徵詢同意予以任命。行政院院長既須賴立法院多數席次之支持與認同，並對立法院負政策成敗之政治責任，自應隨同立法委員任期屆滿改選時提出總辭，方符民意政治與責任政治。依據憲法增修條文第 2 條第 1 項之規定，總統自第九任起雖已改由人民直接選舉而產生，惟行政院院長提名之程序及對立法院負責之關係並未因此而有所改變，以往多位行政院院長於總統任期屆滿

而總辭之先例，已因立法院第一屆資深立法委員自 1992 年起全面定期改選、1993 年 2 月行政院郝柏村院長於第二屆立法委員選舉後提出總辭，以及 1995 年 10 月本院針對立法院就行政院院長究應於下屆總統就職前提出總辭，抑或隨立法院立法委員任期屆滿改選而總辭，作出釋字第 387 號解釋後之憲政環境大幅變遷而不復存在，是以行政院院長既已依憲法正當程序，由總統提名經立法院同意而任命，依據憲法第 57 條「行政院對立法院負責」之規定，總統就職時應無再行提出總辭之必要，方符該條規範民意政治與責任政治之意旨。若行政院院長為示對新任總統提名權之尊重而提出總辭，係考量政治倫理所為之禮貌性舉措，即非履行其憲法上之辭職義務，總統基於政黨政治及對立法院多數民意之尊重與禮貌，批示慰留或予退回，與憲政體制及解釋旨意尚無不合，應非憲法所不許。解釋文及解釋理由書認為總統對此原本不應請辭之請辭，亦可視同行政院院長之其他辭職原因為適當之處理，包括核准辭職……等。顯已改變上開本院釋字第 387 號解釋意旨，與民意政治與責任政治之意旨亦有未合，爰提出部分不同意見如上。

第三項　小結

總統、副總統、行政院院長因均為憲法上之重要機關，且為構成政府穩定之軸心，憲法特分章設置並使其相互制衡，若副總統得兼任行政院院長，則勢必將導致多種困惑與窒礙，如：(1)總統、行政院院長二位合一、(2)總統、副總統、行政院院長三位一體、(3)攪亂代行順位製造無政府狀態、(4)憲政角色重疊解消制衡機制、(5)職務性質顯不相容、(6)彈劾程序招致窒礙、(7)背離憲法設官分職之本意[3]。

③董翔飛，《中國憲法與政府》，作者自行出版，2005 年 9 月修訂第 42 版，頁 245-249。

準此，總統之職權行使，自與備位之副總統以及職司日常政務推動之行政院院長有著密不可分的連帶關係，釐清我國總統之職權運作方式，其核心價值便在於使憲政體制的理論與實際運作相輔相成，而不致在國家重要事務上突有空白窒礙之處。

第三節　釋字第 627 號（總統之刑事特權）

第一項　解釋文節錄

一、總統之刑事豁免權

憲法第 52 條規定，總統除犯內亂或外患罪外，非經罷免或解職，不受刑事上之訴究。此係憲法基於總統為國家元首，對內肩負統率全國陸海空軍等重要職責，對外代表中華民國之特殊身分所為之尊崇與保障，業經本院釋字第 388 號解釋在案。

依本院釋字第 388 號解釋意旨，總統不受刑事上之訴究，乃在使總統涉犯內亂或外患罪以外之罪者，暫時不能為刑事上訴究，並非完全不適用刑法或相關法律之刑罰規定，故為一種暫時性之程序障礙，而非總統就其犯罪行為享有實體之免責權。是憲法第 52 條規定「不受刑事上之訴究」，係指刑事偵查及審判機關，於總統任職期間，就總統涉犯內亂或外患罪以外之罪者，暫時不得以總統為犯罪嫌疑人或被告而進行偵查、起訴與審判程序而言。但對總統身分之尊崇與職權之行使無直接關涉之措施，或對犯罪現場之即時勘察，不在此限。

總統之刑事豁免權，不及於因他人刑事案件而對總統所為之證據調查與證據保全。惟如因而發現總統有犯罪嫌疑者，雖

不得開始以總統為犯罪嫌疑人或被告之偵查程序，但得依本解釋意旨，為必要之證據保全，即基於憲法第 52 條對總統特殊身分尊崇及對其行使職權保障之意旨，上開因不屬於總統刑事豁免權範圍所得進行之措施及保全證據之處分，均不得限制總統之人身自由，例如拘提或對其身體之搜索、勘驗與鑑定等，亦不得妨礙總統職權之正常行使。其有搜索與總統有關之特定處所以逮捕特定人、扣押特定物件或電磁紀錄之必要者，立法機關應就搜索處所之限制、總統得拒絕搜索或扣押之事由，及特別之司法審查與聲明不服等程序，增訂適用於總統之特別規定。於該法律公布施行前，除經總統同意者外，無論上開特定處所、物件或電磁紀錄是否涉及國家機密，均應由該管檢察官聲請高等法院或其分院以資深庭長為審判長之法官五人組成特別合議庭審查相關搜索、扣押之適當性與必要性，非經該特別合議庭裁定准許，不得為之，但搜索之處所應避免總統執行職務及居住之處所。其抗告程序，適用刑事訴訟法相關規定。

總統之刑事豁免權，亦不及於總統於他人刑事案件為證人之義務。惟以他人為被告之刑事程序，刑事偵查或審判機關以總統為證人時，應準用民事訴訟法第 304 條：「元首為證人者，應就其所在詢問之」之規定，以示對總統之尊崇。

總統不受刑事訴究之特權或豁免權，乃針對總統之職位而設，故僅擔任總統一職者，享有此一特權；擔任總統職位之個人，原則上不得拋棄此一特權。

二、總統之國家機密特權

總統依憲法及憲法增修條文所賦予之行政權範圍內，就有關國家安全、國防及外交之資訊，認為其公開可能影響國家安全與國家利益而應屬國家機密者，有決定不予公開之權力，此為總統之國家機密特權。其他國家機關行使職權如涉及此類資

訊，應予以適當之尊重。

　　總統依其國家機密特權，就國家機密事項於刑事訴訟程序
應享有拒絕證言權，並於拒絕證言權範圍內，有拒絕提交相關
證物之權。立法機關應就其得拒絕證言、拒絕提交相關證物之
要件及相關程序，增訂適用於總統之特別規定。於該法律公布
施行前，就涉及總統國家機密特權範圍內國家機密事項之訊
問、陳述，或該等證物之提出、交付，是否妨害國家之利益，
由總統釋明之。其未能合理釋明者，該管檢察官或受訴法院應
審酌具體個案情形，依刑事訴訟法第 134 條第 2 項、第 179 條
第 2 項及第 183 條第 2 項規定為處分或裁定。總統對檢察官或
受訴法院駁回其上開拒絕證言或拒絕提交相關證物之處分或裁
定如有不服，得依本解釋意旨聲明異議或抗告，並由前述高等
法院或其分院以資深庭長為審判長之法官五人組成之特別合議
庭審理之。特別合議庭裁定前，原處分或裁定應停止執行。其
餘異議或抗告程序，適用刑事訴訟法相關規定。總統如以書面
合理釋明，相關證言之陳述或證物之提交，有妨害國家利益之
虞者，檢察官及法院應予以尊重。總統陳述相關證言或提交相
關證物是否有妨害國家利益之虞，應僅由承辦檢察官或審判庭
法官依保密程序為之。總統所陳述相關證言或提交相關證物，
縱經保密程序進行，惟檢察官或法院若以之作為終結偵查之處
分或裁判之基礎，仍有造成國家安全危險之合理顧慮者，應認
為有妨害國家利益之虞。

　　法院審理個案，涉及總統已提出之資訊者，是否應適用國
家機密保護法及「法院辦理涉及國家機密案件保密作業辦法」
相關規定進行其審理程序，應視總統是否已依國家機密保護法
第 2 條、第 4 條、第 11 條及第 12 條規定核定相關資訊之機密
等級及保密期限而定；如尚未依法核定為國家機密者，無從適
用上開規定之相關程序審理。惟訴訟程序進行中，總統如將系

爭資訊依法改核定為國家機密，或另行提出其他已核定之國家
機密者，法院即應改依上開規定之相關程序續行其審理程序。
其已進行之程序，並不因而違反國家機密保護法及「法院辦理
涉及國家機密案件保密作業辦法」相關之程序規定。至於審理
總統核定之國家機密資訊作為證言或證物，是否妨害國家之利
益，應依前述原則辦理。又檢察官之偵查程序，亦應本此意旨
為之。

第二項　理由書節錄

一、總統之刑事豁免權

　　刑事司法權之行使，係以刑事正義之實踐為目的。國家元
首不受刑事訴究之特權或豁免權，濫觴於專制時期王權神聖不
受侵犯之觀念。現代民主法治國家，有關總統刑事豁免權之規
定不盡相同。總統刑事豁免權之有無、內容與範圍，與中央政
府體制並無直接關聯，尚非憲法法理上之必然，而屬各國憲法
政策之決定。

　　憲法第 52 條規定：「總統除犯內亂或外患罪外，非經罷
免或解職，不受刑事上之訴究」，是為總統之刑事豁免權。其
本質為抑制國家刑事司法權，而賦予總統除涉犯內亂或外患罪
外，非經罷免或解職，不受刑事上訴究之特權，乃法治國家法
律之前人人平等原則之例外。此一例外規定，係憲法基於總統
為國家元首，對內肩負統率全國陸海空軍等重要職責，對外代
表中華民國之特殊身分，為對總統特別尊崇與保障所為之政策
決定。

　　1995 年 10 月 27 日公布之本院釋字第 388 號解釋文前段釋
示：「憲法第 52 條規定，總統除犯內亂或外患罪外，非經罷
免或解職，不受刑事上之訴究。此係憲法基於總統為國家元

首，對內肩負統率全國陸海空軍等重要職責，對外代表中華民國之特殊身分所為之尊崇與保障。」該解釋理由書第一段載明：「憲法第 52 條規定，總統除犯內亂或外患罪外，非經罷免或解職，不受刑事上之訴究。此係憲法基於總統為國家元首，對內肩負統率全國陸海空軍、依法公布法律、任免文武官員等重要職責，對外代表中華民國之特殊身分所為之尊崇與保障。藉以確保其職權之行使，並維護政局之安定，以及對外關係之正常發展。惟此所謂總統不受刑事訴究之特權或豁免權，乃針對其職位而設，並非對其個人之保障，且亦非全無限制，如總統所犯為內亂或外患罪，仍須受刑事上之訴究；如所犯為內亂或外患罪以外之罪，僅發生暫時不能為刑事上訴追之問題，並非完全不適用刑法或相關法律之刑罰規定」，就憲法第 52 條之規範目的，與總統刑事豁免權之性質、保護對象及效力等，已作成有拘束力之解釋。依該解釋意旨，總統不受刑事上之訴究，為一種暫時性之程序障礙，而非總統就其犯罪行為享有實體之免責權。

自 1995 年 10 月 27 日以來，歷經多次修憲，我國中央政府體制雖有所更動，如總統直選、行政院院長改由總統任命、廢除國民大會、立法院得對行政院院長提出不信任案、總統於立法院對行政院院長提出不信任案後得解散立法院、立法院對總統得提出彈劾案並聲請司法院大法官審理等。然就現行憲法觀之，總統仍僅享有憲法及憲法增修條文所列舉之權限，而行政權仍依憲法第 53 條規定概括授與行政院，憲法第 37 條關於副署之規定，僅作小幅修改。況總統刑事豁免權之有無與範圍，與中央政府體制並無必然之關聯，已如前述，而總統之刑事豁免權，乃抑制國家之刑事司法權而對總統特殊身分予以尊崇與保障其職權行使之本質未變，因此憲法第 52 條規定，尚不因憲法歷經多次修正而須另作他解，本院釋字第 388 號解釋並無

變更解釋之必要。

依本院釋字第 388 號解釋意旨，總統不受刑事上之訴究，既為一種暫時性之程序障礙，而非總統就其犯罪行為享有實體之免責權，是憲法第 52 條規定「不受刑事上之訴究」，應指刑事偵查及審判機關，於總統任職期間，就總統涉犯內亂或外患罪以外之罪者，暫時不得以總統為犯罪嫌疑人或被告而進行偵查、起訴與審判程序而言。因此總統就任前尚未開始以其為犯罪嫌疑人或被告之刑事偵查、審判程序，自其就職日起，不得開始；總統就任前已開始以其為犯罪嫌疑人或被告之刑事偵查、審判程序，自其就職日起，應即停止。但為兼顧總統經罷免、解職或卸任後仍受刑事上訴究之總統刑事豁免權之本旨，故刑事偵查、審判機關，對以總統為犯罪嫌疑人或被告之刑事案件，得為對總統之尊崇與職權之行使無直接關涉之措施，如檢察官對告訴、告發、移送等刑事案件，及法院對自訴案件，得為案件之收受、登記等；總統就任前已開始以其為犯罪嫌疑人或被告之偵查程序，於其就職之日，應即停止；總統就任前以其為被告之刑事審判程序，於其就職之日，應為停止審判之裁定等，俟總統經罷免、解職或卸任之日起，始續行偵查、審判程序。

總統之刑事豁免權僅係暫時不能為刑事上訴究之程序障礙，總統如涉有犯罪嫌疑者，於經罷免、解職或卸任後仍得依法訴究，故刑事偵查及審判機關，於總統任職期間，就總統涉犯內亂或外患罪以外之罪者，固然暫時不得以總統為犯罪嫌疑人或被告而進行偵查、起訴與審判程序，但就犯罪現場為即時勘察（刑事訴訟法第 230 條第 3 項、第 231 條第 3 項參照），不在此限。總統之刑事豁免權，僅及於其個人犯罪之暫緩訴究，不及於因他人刑事案件而於偵查或審判程序對總統所為之證據調查與證據保全。惟如因而發現總統有犯罪嫌疑者，雖不

得開始以總統為犯罪嫌疑人或被告之偵查程序，為避免證據湮滅，致總統經罷免、解職或卸任後已無起訴、審判之可能，仍得依本解釋意旨，為必要之證據保全程序，例如勘驗物件或電磁紀錄、勘驗現場、調閱文書及物件，以及自總統以外之人採集所需保全之檢體等。但基於憲法第 52 條對總統特殊身分尊崇及對其行使職權保障之意旨，上開證據調查與證據保全措施，均不得限制總統之人身自由，例如拘提或對其身體之搜索、勘驗與鑑定等，亦不得妨礙總統職權之正常行使。其有搜索與總統有關之特定處所以逮捕特定人、扣押特定物件或電磁紀錄之必要者，立法機關應就搜索處所之限制、總統得拒絕搜索或扣押之事由，及特別之司法審查與聲明不服等程序，增訂適用於總統之特別規定。於該法律公布施行前，除經總統同意者外，無論上開特定處所、物件或電磁紀錄是否涉及國家機密，均應由該管檢察官聲請高等法院或其分院以資深庭長為審判長之法官五人組成特別合議庭審查相關搜索、扣押之適當性與必要性，非經該特別合議庭裁定准許，不得為之，但搜索之處所應避免總統執行職務及居住之處所。其抗告程序，適用刑事訴訟法相關規定。

總統於他人刑事案件為證人之義務，並非憲法第 52 條所謂之「刑事上之訴究」，因此不在總統刑事豁免權之範圍內。惟以他人為被告之刑事程序，刑事偵查及審判機關如以總統為證人時，應準用民事訴訟法第 304 條：「元首為證人者，應就其所在詢問之」之規定，以示對總統之尊崇，但總統得捨棄此項優遇而到場作證。

依本院釋字第 388 號解釋意旨，所謂總統不受刑事訴究之特權或豁免權之規範目的，乃針對其職位而設，因此擔任總統職位之個人，就總統刑事豁免權保障範圍內之各項特權，原則上不得拋棄。所謂原則上不得拋棄，係指總統原則上不得事

前、概括拋棄其豁免權而言，以免刑事偵查、審判程序對總統之尊崇與職權之有效行使，造成無可預見之干擾。但總統之刑事豁免權，本質上為總統之憲法上特權，行使總統職權者，就個別證據調查行為，事實上是否造成總統尊崇與職權行使之損傷或妨礙，應有其判斷餘地。故除以總統為被告之刑事起訴與審判程序，或其他客觀上足認必然造成總統尊崇之損傷與職權行使之妨礙者外，其餘個別證據調查行為，縱為總統刑事豁免權所及，惟經總統自願配合其程序之進行者，應認為總統以個別證據調查行為，事實上並未造成總統尊崇與職權行使之損傷或妨礙而拋棄其個案豁免權，與憲法第 52 條之規範目的，尚無違背。總統得隨時終止其拋棄之效力而回復其豁免權，自不待言。至總統於上開得拋棄之範圍內，其刑事豁免權之拋棄是否違反本解釋意旨，若該案件起訴者，由法院審酌之。又總統刑事豁免權既係針對其職位而設，故僅擔任總統一職者，享有此一特權，其保障不及於非擔任總統職位之第三人。共同正犯、教唆犯、幫助犯以及其他參與總統所涉犯罪之人，不在總統刑事豁免權保障之範圍內；刑事偵查、審判機關對各該第三人所進行之刑事偵查、審判程序，自不因總統之刑事豁免權而受影響。

二、總統之國家機密特權

憲法並未明文規定總統之「國家機密特權」，惟依權力分立與制衡原則，行政首長依其固有之權能，就有關國家安全、國防及外交之國家機密事項，有決定不予公開之權力，屬行政首長行政特權之一部分，本院釋字第 585 號解釋足資參照，此即我國憲法上所承認行政首長之國家機密特權。

總統依憲法及憲法增修條文所賦予之職權略為：元首權（憲法第 35 條）、軍事統帥權（憲法第 36 條）、公布法令權

（憲法第 37 條、憲法增修條文第 2 條第 2 項）、締結條約、宣戰及媾和權（憲法第 38 條）、宣布戒嚴權（憲法第 39 條）、赦免權（憲法第 40 條）、任免官員權（憲法第 41 條）、授與榮典權（憲法第 42 條）、發布緊急命令權（憲法第 43 條、憲法增修條文第 2 條第 3 項）、權限爭議處理權（憲法第 44 條）、國家安全大政方針決定權、國家安全機關設置權（憲法增修條文第 2 條第 4 項）、立法院解散權（憲法增修條文第 2 條第 5 項）、提名權（憲法第 104 條、憲法增修條文第 2 條第 7 項、第 5 條第 1 項、第 6 條第 2 項、第 7 條第 2 項）、任命權（憲法第 56 條、憲法增修條文第 3 條第 1 項、第 9 條第 1 項第 1 款及第 2 款）等，為憲法上之行政機關。總統於憲法及憲法增修條文所賦予之行政權範圍內，為最高行政首長，負有維護國家安全與國家利益之責任。是總統就其職權範圍內有關國家安全、國防及外交資訊之公開，認為有妨礙國家安全與國家利益之虞者，應負保守秘密之義務，亦有決定不予公開之權力，此為總統之國家機密特權。立法者並賦予總統單獨核定國家機密且永久保密之權限，此觀國家機密保護法第 7 條第 1 項第 1 款、第 12 條第 1 項自明。其他國家機關行使職權如涉及此類資訊，應予以適當之尊重。惟源自於行政權固有權能之「國家機密特權」，其行使仍應符合權力分立與制衡之憲法基本原則，而非憲法上之絕對權力。

　　總統依其國家機密特權，就國家機密事項於刑事訴訟程序應享有拒絕證言權，並於拒絕證言權範圍內，有拒絕提交相關證物之權。立法機關應就其得拒絕證言、拒絕提交相關證物之要件及相關程序，增訂適用於總統之特別規定。於該法律公布施行前，就涉及總統國家機密特權範圍內國家機密事項之訊問、陳述，或該等證物之提出、交付，是否妨害國家之利益，由總統釋明之。其未能合理釋明者，該管檢察官或受訴法院應

審酌具體個案情形，依刑事訴訟法第 134 條第 2 項、第 189 條第 2 項及第 183 條第 2 項規定為處分或裁定。總統對檢察官或受訴法院駁回其上開拒絕證言或拒絕提交相關證物之處分或裁定如有不服，得依本解釋意旨聲明異議或抗告，並由前述高等法院或其分院以資深庭長為審判長之法官五人組成之特別合議庭審理之。特別合議庭裁定前，原處分或裁定應停止執行。其餘異議或抗告程序，適用刑事訴訟法相關規定。總統如以書面合理釋明，相關證言之陳述或證物之提交，有妨害國家利益之虞者，檢察官及法院應予以尊重。總統陳述相關證言或提交相關證物是否有妨害國家利益之虞，應僅由承辦檢察官或審判庭法官依保密程序為之。總統所陳述相關證言或提交相關證物，縱經保密程序進行，惟檢察官或法院若以之作為終結偵查之處分或裁判之基礎，仍有造成國家安全危險之合理顧慮者，應認為有妨害國家利益之虞。

法院審理個案，涉及總統已提出之資訊者，是否應適用國家機密保護法及「法院辦理涉及國家機密案件保密作業辦法」相關規定進行其審理程序，應視總統是否已依國家機密保護法第 2 條、第 4 條、第 11 條及第 12 條規定核定相關資訊之機密等級及保密期限而定；如尚未依法核定為國家機密者，無從適用上開規定之相關程序審理。惟訴訟程序進行中，總統如將系爭資訊依法改核定為國家機密，或另行提出其他已核定之國家機密者，法院即應改依上開規定之相關程序續行其審理程序。其已進行之程序，並不因而違反國家機密保護法及「法院辦理涉及國家機密案件保密作業辦法」相關之程序規定。至於審理總統核定之國家機密資訊作為證言或證物，是否妨害國家之利益，應依前述原則辦理。又檢察官之偵查程序，亦應本此意旨為之。

第三項　小結

　　總統之刑事豁免特權，於憲法第 52 條規定之：「總統除犯內亂或外患罪外，非經罷免或解職，不受刑事上之訴究。」另總統之機密特權如何行使、如何裁定等，則需更有細密審慎的運作機制，以茲運行，而非由總統恣意認定予以排除之範圍。總統固依憲法上之崇隆地位而享有上開特權，但具體之適用、援引等實施上之技術部分，仍有待憲政體制之運作來釐清與闡明。

第四節　高等法院 99 年度矚上重訴字第 77 號判決節錄

第一項　判決文節錄

　　我國憲政體制究採內閣制、總統制、雙首長制，學者間眾說紛紜，向無定論。而歷經七次憲法增修後，我國現行憲法之憲政體制為何，學者間亦見解分歧。諸如：學者湯德宗、董翔飛主張我國憲政體制為「類似半總統制的實質總統制」（形式上有總統與行政院院長作為雙行政首長，又保留「行政院對立法院負責」的用語，看似具備半總統制的要件；惟實質上，因為總統對於行政院院長有任免全權，使行政院院長相對於總統似無主張固有權力的空間，其實質上只對總統，而不向立法院負責）；學者吳東野、黃德福、吳玉山、彭錦鵬、黃錦堂、張嘉尹、郭正亮、葉俊榮、黃昭元則認為屬「半總統制（或稱雙首長制）」；學者法治斌、董保城則認為：有朝雙首長制方向移動之趨勢；學者許志雄傾向於「二元型議會內閣制或雙首長制」；學者黃維幸更主張係屬所謂的「1/4 的總統制」；學者

周育仁則認為我國政府體制係「總統制與內閣制間之換軌制」（在總統與立法院多數黨同黨時，體制偏向總統制；在不同黨時，則偏向內閣制）；學者蔡宗珍則主張為「混雜總統制、議會政府制與半總統制」；學者顏厥安則提出「浮動制」；學者李鴻禧則一貫主張為類似「總統制與內閣制」之「混合制」。

我國憲政體制究竟為何，此項憲政上爭議，應由有權解釋機關司法院大法官會議解釋，惟關於總統職權，依憲法及憲法增修條文所賦予如前所述之元首權等職權，依司法院大法官會議釋字第 627 號解釋理由，「總統於憲法及增修條文列舉之權限範圍，為憲法上之行政機關，為最高行政首長，負有維護國家安全與國家利益之責任。」此與行政院行政權範圍係採概括規定者，雖有不同，惟我國歷經七次憲法增修，憲政體制已往總統制偏移而擴張總統職權，基於總統為直接民選，具民意基礎，而憲法增修條文關於行政院院長由總統任命，無須經立法院同意（增修條文第 3 條第 1 項）、縮減行政院院長副署權範圍（增修條文第 2 條第 2 項）、總統得設國家安全會議（增修條文第 2 條第 4 項）、被動解散立法院（增修條文第 2 條第 5 項）等，總統實際上已擁有指揮監督行政院長之行政實權，並對行政機關具有高度影響力，此為不容否認之憲政事實。

再依總統得設國家安全會議，憲法增修條文第 2 條第 4 項規定：總統為決定國家安全大政方針，得設國家安全會議及所屬國家安全局，其組織以法律定之。依 2003 年 6 月 25 日修正公布之國家安全會議組織法第 2 條規定，國家安全會議，為總統決定國家安全有關之大政方針之諮詢機關。前項所稱國家安全係指國防、外交、兩岸關係及國家重大變故之相關事項。又依同法第 3 條、第 4 條規定，國家安全會議以總統為主席，出席人員為副總統、行政院院長、副院長、內政部部長、外交部部長、國防部部長、財政部部長、經濟部部長、行政院大陸委

員會主任委員、參謀總長、國家安全會議秘書長、國家安全局局長，及總統指定有關人員。因總統對於國家安全大政在會議上所作出的決策，勢必涉及行政院各部會事務，且由於總統在憲法上係擁有三軍統帥權，直接民選的民主正當性，會議出席人員行政院長又為總統所任命，且即使是國防、外交、兩岸關係事務，亦會牽涉經濟、財政等其他行政事務，總統因此具有強大行政實權。

在涉及「核四停建」案之大法官會議釋字第 520 號解釋理由：「民主政治為民意政治，總統或立法委員任期屆滿即應改選，乃實現民意政治之途徑。總統候選人於競選時提出政見，獲選民支持而當選，自得推行其競選時之承諾，從而總統經由其任命之行政院院長，變更先前存在，與其政見未洽之施政方針或政策，毋迺政黨政治之常態。」已說明總統得藉由任命行政院長來實現政見，行政院也是總統實現其競選承諾的工具。而憲法增修條文第 3 條第 1 項規定，行政院院長由總統任命之，憲法第 55 條之規定，停止適用。又行政院副院長、各部會首長及不管部會之政務委員，由行政院院長提請總統任命之。因此總統對於重要人事之任免，即具有實質決定權。總統對於部會首長之任命既有實質之決定權，則其要求各部會首長於行使職權時，應為如何之作為或不作為，自屬其職務範圍所得為之行為。如固守總統之職務僅限於憲法及增修條文所列舉之事項，其他逾越權限行為，概非屬其職務上行為而僅係影響力，乃狹隘界定法定職務，忽略了憲法增修條文擴張總統權限之實然面及大法官會議釋字第 613 號解釋理由所闡述之「行政一體」上下監督關係。

在行政體系中，上級具指揮監督命令之權限，下級則有服從之義務。上級機關雖不能逕行代替下級主管機關做處分，但卻可以以命令或行政指導方式使下級主管機關做處分。基於

「行政一體」之上下監督關係，總統對於行政院重大政策或各部會之行政行為，一旦親力親為，親身參與、影響、干預或形成特定結果或內容之決定時，均與其總統職務具關聯性，為其職務影響力所及，自應屬其職務上行為。

第二項　小結

　　總統之職權究竟範圍多深多廣，此不僅涉及憲政體制的內涵，亦與司法判決應如何裁判有密切關係。我國二次金改案件於陳水扁總統卸任後，在審判過程中，即遇到總統職權的內容究屬為何的前提問題，審判法官在判決中援引各界學說，普遍認知有(1)「類似半總統制的實質總統制」、(2)「半總統制（或稱雙首長制）」、(3)有朝雙首長制方向移動之趨勢、(4)「二元型議會內閣制或雙首長制」、(5)「1/4 的總統制」、(6)「總統制與內閣制間之換軌制」、(7)「混雜總統制、議會政府制與半總統制」、(8)「浮動制」、(9)類似「總統制與內閣制」之「混合制」，足見眾說紛紜、複雜重要。

　　惟總統畢竟由人民多數選出，其在憲政上的角色運作不可謂不重大，且行政院長由總統提名任命，此一人事決定權之貫徹，致使行政院長實質上已成總統之幕僚長、執行長之角色，其雖依憲法向立法院負責，惟總統之實際權力仍可透過黨政運作，超脫法定職權，以實質影響力滲透其中，不可不察。

第三章　憲法權力分立理論

第一節　權力分立理論

　　所謂的「權力分立」，係指透過國家機關間權力的合理分配、行使和監督，以權力制衡權力建構一國憲政權力結構，以實現國家權力的分散化。這種秩序的建立係將不同權力分配給各個權力主體，以建立穩定有序的權力運作體系。此外，保持各個權力機關間的制約與配合以及權力運行的動態平衡，防止權力濫用與腐化。近代以來，西方立憲主義國家大多建立了不同形式的權力分立的制度。現茲就權力分立制度加以闡述：

第一項　意義

　　「權力分立」也稱為「分權」與「制衡」，即將國家權力之作用，依其性質區分為若干單位，並由個別構成之獨立機關來行使，以形成相互制衡，藉以排除國家權力之集中與防止權力濫用，而保障國民主權與基本人權的政治原理，學者將「權力分立」與「基本人權的保障」同樣視為憲法核心概念[1]。

第二項　起源

　　「權力分立」的起源，係西方學者亞里斯多德（Aristotle）首先將政府權力區分為討論、執行、司法三要素。到了洛克（Locke）的《政府論》時，則將國家權力區分為立法、執行、外交三種權力，不過，在洛克的觀念當中，立法權優於其他權力，故實際上僅為二權分立。到了孟德斯鳩（Montesquie-

---

①許宗力，《法與國家權力》，臺北：月旦出版社，1996 年 2 月，頁 479-483。

u）時在其《法之精神》一書中，才倡議三權分立理論，成為現今權力分立理論的主要淵源。

首先，孟德斯鳩將國家權力區分為立法、行政與司法，主張由三個不同機關行使，使三權互相牽制與約束，保持三種國家權力的制衡。其次，孟德斯鳩也將國家任務區分為三：從作用上，指任何權力機關不得行使非其管轄權的權力。從組織上，指任何權力機關不得同時是其他機關的成員。從權力同等價值而言，指任何主體不得犧牲其他權力主體而擴張其權力，以至於涉及到其他權力主體的權限。依此，進一步將國家權力區分為行政、立法、司法三種權力，至此，權力分立理論才逐漸完備。

孟德斯鳩根據英國革命的實踐，系統的闡述了「三權分立」的學說，認為立法、司法、行政三種權力必須分立；主張三種權力應當「通過相互的反對權彼此箝制」以便協調前進。但孟德斯鳩並沒有對此一定義作更進一步的闡述與解釋。此一工作，後來由美國憲法起草人等完成，並在美國憲法中得到了體現。

1787 年 9 月，美國制憲會議根據孟德斯鳩的思想制定憲法，憲法從以下幾方面貫徹「制約」與「平衡」的原則：

一、規定立法權屬於國會，但總統對國會的立法有批准和擱置否決權。國會也可在一定條件下推翻總統否決。

二、行政權屬於總統，但總統任命部長和締結條約時，須經國會同意，國會有權對總統和部長的違法行為進行彈劾。

三、司法權屬於獨立行使審判權的法院，而法官只要行為公正和守法，即應終身任職，但法官須經總統任命，國會批准；最高法院有權審判經國會彈劾有罪的總統和官吏，乃至審查國會立法是否違憲[2]。

權力分立原則（the doctrine of separation of powers；或 the doctrine of separated powers）是憲法中相當重要的基本原則。1789 年法國人權宣言第 16 條提及：「國家若不保障人民的權利，並沒有採用權力分立的制度，可以視為沒有憲法。」③（劉慶瑞，1996:10）

　　美國開國元勳之一，也是美國獨立宣言起草人，Thomas Jefferson 曾言：「信任我們的代表，忘了我們的權利的安全問題，這是危險的事。信任（confidence）是專制之母，自由政府不是建立於信任之上，而是建設於猜疑（jealousy）之上，我們用限制政體（limited constitution）以拘束我們委託其行使權力的人，這不是由於信任，而是由於猜疑。我們憲法不過確定我們信任的限界，是故關於權力的行使，我們不要表示信任。我們須用憲法之鎖，拘束有權的人，使其不能做出違法的事。」④（薩孟武，1978:56）

　　美國制憲先賢 James Madison 在《聯邦論》第 47 篇文章中亦言及「當立法、行政、司法三個權力集中於同一人之手，不論該掌權者為一個人、少數人、或許多人，亦不論其為世襲的、自封的、或選任的，我們即可正確地宣告其已符合暴政之定義」。⑤而其在第 48 篇文章中，引用了 Thomas Jefferson 支持同樣的三權分立的主張：「如果政府的一切權力，立法、行政及司法，均歸於立法部門，權力這樣子的集中於同一人之手，正是專制政府的定義。……我們想爭取的政府，不僅是要以自

────────────
②M. J. C. 維爾，《憲政與分權》，香港：三聯書店，1997 年 10 月，1 版，頁 70-90。
③林子儀、葉俊榮、黃昭元、張文貞，《憲法：權力分立》，臺北：新學林出版股份有限公司，2006 年 10 月，1 版 4 刷，頁 105。
④林子儀、葉俊榮、黃昭元、張文貞，《憲法：權力分立》，臺北：新學林出版股份有限公司，2006 年 10 月，1 版 4 刷，頁 106。
⑤同前註，頁 107。

由原則為基礎，而且該政府的權力也必須平衡地分配給不同的政府部門，不能讓任何一個權力部門在超過其法律的限制時，不受到其他權力部門的有效牽制及限制。」⑥

第二節　五權憲法理論

　　五權分立與權能區分是孫中山先生的民權主義思想在憲政主張中的具體表現。其主要的立論在於將政治權力區分為「政權」與「治權」兩種，「政權」是管理政府的力量，「治權」是政府自身的力量。孫中山先生認為只要「人民有充分的政權，管理政府的方法很完全便不怕政府的力量太大，不能夠管理」。

　　權能區分的核心在於維護直接民權，即憲法必須規定和保障人民「直接管理國家」的權力。孫中山先生在總結西方的憲政體制的經驗後指出，要使人民有權，就必須在憲法中規定選舉、罷免、創制與複決權等四權，人民有此四種權利才是徹底的直接民權，才是真正的全民政治。

　　其次，關於權力分立方式，孫中山先生認為，人民要有權，政府要有能，人民掌握政權，但治權必須交給少數人去行使，由他們組織政府，治理國家。他並認為西方國家三權分立的憲政體制中三權各不相統，政客巴結選民，有極大的制度缺失。他指出：將來中華民國憲法要創作一種新的主義，叫做「五權分立」，即在立法、司法、行政三權獨立的基礎上，將立法權中的監督權及行政權中的考試權獨立出來。只有用五權憲法所組織的政府才是完全政府，才是完全的政府機關。

　　另外，學者桂崇基也持相同的看法認為，在三權分立的制

---

⑥同前註，頁107。

度下，考試與監察權隸屬於行政及立法之下，會產生很大的流弊。例如考試隸屬於行政而不獨立，最易受政潮的影響而失去考試的作用，西方政治先進國家美、法等國國家公務員皆受其苦，因此，若是考試制度不從行政權中獨立出來，與其原考試原則大相剌謬。又例如監察權若不從立法中獨立出來，賦予立法者糾彈官吏之權，則立法者將日處於政爭漩渦中，而放棄其制定法律的本職，甚焉者藉彈劾以遂其私圖，流弊更不堪設想[7]。

總之，孫中山先生認為五權分立與權能區分的根本目的在於「集合中外的精華，防止一切流弊」，藉由人民的四個政權來管理政府的五個治權，以建立一個完全民權的政治機關，充分實現主權在民。[8]

然而，這套孫中山先生之五權分立理論與當初我國憲法在制定時之精神確有所不同，按 1947 年國民政府在中國大陸所制定的憲法，乃充滿著濃郁的內閣制的精神，再加上國民政府來臺後，政治環境與時空背景皆與當時大不相同，在大時代環境的改變之下，以孫中山先生之五權分立理論為基礎組織而成的中央政府體制，具有總統制的精神，亦有內閣制的成分，迄今，中央政府體制的運作，在權力分立與制衡之上及是否符合權責相符等問題，皆一再產生各種爭議，有待更進一步加以釐清。

第三節　權力分立的現代意涵

現代意涵的權力分立係指國家權力具有不可分割性，統一

---

[7]張亞澐，〈五權憲法與其他憲法之比較研究〉，《比較憲法》，臺北：臺灣商務印書館，1987 年，2 版，頁 28-31。
[8]陳新民，《中華民國憲法釋論》，三民書局，2005 年 8 月，修正 5 版，頁 47-58。

國家權力與權力分立，彼此協調一致，而非孟德斯鳩所云各自獨立、彼此分割和互不從屬的權力概念。其次，國家權力適當分立並非權力分立主要目的，其最終目的在於保障個人自由權利，亦即權力監督。

其次，「三權分立」只是「權力分立」中廣為熟知的一種型態，並非等同於「權力分立」。因此，除了美國「嚴格型權力分立」，尚有英國「均衡型（議會內閣制）的權力分立」、瑞士「立法機關優勢型（議會政府式）」以及「行政機關優勢型（法國第五共和之半總統制）」等型態。

「均衡型的權力分立」強調行政立法合一與議會至上的概念，立法機關要求行政機關（內閣）之連帶責任，行政機關對立法機關有解散權的制度。一般認為這是在英國政治發展的過程中，由憲法習慣逐漸形成的制度，這種制度在很多國家，也有其他變型之出現[9]。「立法機關優勢型」強調行政與立法機關無權力分立之存在，而立法機關兼有行政權，行政機關全面從屬於立法機關的制度。「行政機關優勢型」是指議會在原則上擁有立法權，但議會之地位略受減弱，這是為了克服「立法機關優勢型」之缺陷，確保國家政治能迅速有效執行而產生的制度[10]。

有關權力分立之理論與運作，除此以上所述行政立法司法「水平式的權力分立」，亦有為實施地方自治，諸如地方制度、中央與地方權限的劃分，地方自治組織、地方自治規章、人事、稅收、財政等而發展出的中央與地方垂直式的權力分立關係，也就是說，現代實施民主憲政的國家皆依權力分立與制

---

⑨戴雪(Albeot Venn Dicey)著，雷賓南譯，《英憲精義》，臺北:帕米爾書店，1991年10月，1版，頁133-181。

⑩劉嘉甯，《法國憲政共治之研究》，臺北：臺灣商務印書館，1990年12月，1版，頁189-206。

衡之原理原則來組成政府，而權力分立又分為水平的權力分立與垂直的權力分立，前者乃是將某一層級的政府權力分配給同一層級之不同機關行使，而後者則是指將政府的權力，分屬二個層級以上的政府組織，分別行使⑪。

第四節　學者對於權力分立的相關見解

許志雄教授認為，「權力分立論之目的，本非積極增加政府效率，而是消極防止權力之濫用或權力之恣意行使。權力分立下，國家權力分配給各部門行使，藉著彼此間不可避免之摩擦，防止權力集中所可能造成之獨裁專制。其歷史意義實際上與其說是『分立』本身，毋寧是為防止權力集中。」⑫

湯德宗教授認為：「一般以為，權力分立原則之目的有二。一為追求效率，一為避免專權暴政，保障人民自由。前者以為，在不同的政府部門間進行分工，可提高政府效率。美國憲法將行政權由國會分離出來，並集中授與總統，主要即基於效率之考量。後者以為，權力分立結果，政府權力分散，專權機會減少，人民之自由因而獲得保障。……不容諱言地，追求效率與避免專權兩目的間存有相當程度之衝突或緊張。理論上，分權設計愈複雜，權力間的摩擦機會增加，發生專權之危險愈低，但政府效率亦相對減低，發生政治僵局之機率則相對增加。實際上，不同的權力分立制度則為對此兩者所為不同比重之組合。英國內閣制與美國總統制同屬三權分立制，一般以為前者較注重效率，後者較強調防止專權。」⑬

---

⑪林子儀、葉俊榮、黃昭元、張文貞，《憲法：權力分立》，新學林出版股份有限公司，2006 年 10 月，1 版 4 刷，頁 141-142。

⑫許志雄，〈權力分立之理論與現實〉收錄於《憲法之基礎理論》，臺北：稻禾，1992 年，初版。

⑬湯德宗，《權力分立新論》，臺北：元照出版有限公司，2000 年，增訂 2 版，頁 186-187。

學者林紀東則認為：「昔日之權力分立思想，自亦難以維持，而由諸權力協力思想，起而代之謂立法行政司法諸權，不宜消極的猜忌牽制，而應積極的協力合作。稽其根本原因，蓋昔日所希望者，為消極與無能之政府，俾人民不致再受專制之苦，故提倡權力分立；今日所需要者，則為積極與萬能之政府，俾能勝任錯綜複雜之公共事務，故轉盼諸權力之能協力合作也。」⑭

學者黃維幸認為：「權力分立本身不是目的，維護自由和某種程度的政府分工才是關鍵。與其不假思索地引用抽象的權力分立理論，最重要的是不能有一刻忘卻理論所要達到的效果。如果立法或設計沒有威脅權力分立想要達到的目的，不應該輕易以理論否定實際的需要。如今防範專制已不依賴權力分立的法律緊箍咒，因為政黨政治、司法審查、行政及行政規範的透明化、媒體及民意的監督、民主及權利價值經由內化及社會化深植人心，成為社會的共同價值，人人的共同信念，在很大的程度上消除了權力分立制度性設計的急迫性。」⑮

前大法官林子儀認為：「為了建構一個權力受到限制的有限政府，一般民主憲政國家均將政府權力分成三種，即制定法律的立法權，執行法律的行政權，以及依據法律判斷是非及解決紛爭的司法權等。並將該三種權力分別配屬三個不同的權力機關，讓這三種權力彼此間相互制衡監督。這種設計除了可以使政府的權力分散，不致集中在一個權力機關外，同時尚可防範政府的恣意專斷。政府各機關在行使職權時，不僅職權的實質內容，同時也包括行使職權的程序，均必須受到憲法的約

---

⑭林紀東，《中華民國憲法釋論》最新修訂版，臺北：大中國出版社。1992 年版。
⑮黃維幸，《權力分立與行政立法關係，《務實主義的憲法》，新學林出版股份有限公司，2008 年 10 月，初版，頁 107。

束。因此，立法機關必須依照憲法所宣示的理念及程序進行立法工作，行政機關必須依法行政，司法機關則必須依法審判。政府權力的行使不是依其主觀的好惡，而必須以客觀的憲法及法律規範取代主觀之判斷。」⑯

　　權力分立的原則，不僅是主張政府的權力加以分立，分屬不同的政府機關，同時，也主張權力彼此間必須制衡，亦即，政府權力不僅必須分屬於不同的政府機關，同時，權力彼此之間還須相互的監督與牽制。為了使權力彼此之間能相互的監督與牽制，在分散政府權力時，必須注意權力彼此之間在性質與大小上，維持一種平衡的狀態，才能相互的監督與牽制。權力如果失衡，權力較弱的政府機關將難監督與牽制權力較大的政府機關。⑰

第五節　從大法官解釋看權力分立理論

第一項　釋字第 3 號節錄

　　「考試院關於所掌事項，依憲法第 87 條，既得向立法院提出法律案，基於五權分治，平等相維之體制，參以該條及第 71 條之制訂經過，監察院關於所掌事項，得向立法院提出法律案，實與憲法之精神相符。」

第二項　釋字第 76 號

解釋文

　　「我國憲法係依據孫中山先生之遺教而制定，於國民大會

---

⑯林子儀，〈什麼是憲政主義？〉，自立早報，1992 年 3 月 28 日。
⑰林子儀、葉俊榮、黃昭元、張文貞，《憲法：權力分立》，臺北：新學林出版股份有限公司，2006 年 10 月，1 版 4 刷，頁 108。

外並建立五院，與三權分立制度本難比擬。」

第三項　釋字第 175 號

解釋文

「司法院為國家最高司法機關，基於五權分治彼此相維之憲政體制，就其所掌有關司法機關之組織及司法權行使之事項，得向立法院提出法律案。」

理由書

「查司法院關於所掌事項，是否得向立法院提出法律案，本院釋字第三號解釋，雖係就監察院可否提出法律案而為之解釋，但其第 3 段載有：『我國憲法依據孫中山先生創立中華民國之遺教而制定，載在前言。依憲法第 53 條（行政），第 62 條（立法），第 77 條（司法），第 83 條（考試），第 90 條（監察）等規定，建置五院，本憲法原始賦予之職權，各於所掌範圍內為國家最高機關，獨立行使職權，相互平等，初無軒輊。以職務需要言，監察、司法兩院各就所掌事項需向立法院提案，與考試院同，考試院對於所掌事項，既得向立法院提出法律案，憲法對於司法、監察兩院就其所掌事項之提案，亦初無有意省略或故予排除之理由。法律案之議決，雖為專屬立法院之職權，而其他各院關於所掌事項，知之較稔，得各向立法院提出法律案，以為立法意見之提供者，於法於理，均無不合。』等語，業已明示司法院得向立法院提出法律案。蓋司法院為國家最高司法機關，基於五權分治，彼此相維之憲政體制，並求法律之制定臻於至當，司法院就所掌事項，自有向立法院提出法律案之職責。且法律案之提出，僅為立法程序之發動，非屬最後之決定，司法院依其實際經驗與需要為之，對立法權與司法權之行使，當均有所裨益。

次按尊重司法，加強司法機關之權責，以保障人民之權

利，乃現代法治國家共赴之目標。為期有關司法法規，更能切合實際需要，而發揮其功能，英美法系國家最高司法機關，多具有此項法規之制定權；大陸法系國家，亦有類似之制度。晚近中南美各國憲法，復有明定最高司法機關得為法律案之提出者。足見首開見解，不僅合乎我國憲法之精神，並為世界憲政之趨勢。且自審檢分隸後，司法院所掌業務日益繁重，為利司法之改進，符合憲法第 77 條、第 78 條、第 82 條，設置司法院及各級法院，掌理民事、刑事、行政訴訟之審判，及公務員之懲戒；並由司法院行使解釋憲法，暨統一解釋法令之職權，以貫徹宏揚憲政之本旨，司法院就其所掌有關司法機關之組織及司法權行使之事項，得向立法院提出法律案。」

第四項　釋字第 461 號解釋理由書節錄

「立法院為國家最高立法機關，由人民選舉之立法委員組織之，代表人民行使立法權，有議決法律案、預算案、戒嚴案、大赦案、宣戰案、媾和案、條約案及國家其他重要事項之權，憲法第 62 條及 63 條分別定有明文。依憲法第 53 條規定，行政院為國家最高行政機關，憲法增修條文第 3 條第 2 項並規定，行政院應對立法院負責。憲法第 67 條又規定：『立法院得設各種委員會。』『各種委員會得邀請政府人員及社會上有關係人員到會備詢。』憲法增修條文就此未加修改。是憲法雖迭經增修，其本於民意政治及責任政治之原理並無變更；而憲法所設計之權力分立、平等相維之原則復仍維持不變。」

第五項　釋字第 499 號解釋理由書節錄
（權力分立具有本質之重要性）

「國民大會依正當修憲程序行使憲法第 174 條修改憲法職

權，所制定之憲法增修條文與未經修改之憲法條文係處於同等位階，惟憲法條文中具有本質之重要性而為規範秩序存立之基礎者，如聽任修改條文予以變更，則憲法上整體規範秩序將形同破毀，此等修改之條文則失其應有之正當性。我國憲法雖未明定不可變更之條款，然憲法條文中，諸如：第1條所樹立之民主共和國原則、第 2 條國民主權原則、第二章保障人民權利、以及有關權力分立與制衡之原則，具有本質之重要性，亦為憲法基本原則之所在。基於前述規定所形成之自由民主秩序（參照現行憲法增修條文第 5 條第 5 項及本院釋字第 381 號解釋），乃現行憲法賴以存立之基礎，凡憲法設置之機關均有遵守之義務。……涉及基於前述基本原則所形成之自由民主憲政秩序之違反者，已悖離國民之付託，影響憲法本身存立之基礎，應受憲法所設置其他權力部門之制約，凡此亦屬憲法自我防衛之機制。從而牴觸憲法基本原則而形成規範衝突之條文，自亦不具實質正當性。」

第六項　釋字第 520 號解釋理由書節錄

第一款　解釋文節錄

　　預算案經立法院通過及公布手續為法定預算，其形式上與法律相當，因其內容、規範對象及審議方式與一般法律案不同，本院釋字第 391 號解釋曾引學術名詞稱之為措施性法律。主管機關依職權停止法定預算中部分支出項目之執行，是否當然構成違憲或違法，應分別情況而定。諸如維持法定機關正常運作及其執行法定職務之經費，倘停止執行致影響機關存續者，即非法之所許；若非屬國家重要政策之變更且符合預算法所定要件，主管機關依其合義務之裁量，自得裁減經費或變動執行。至於因施政方針或重要政策變更涉及法定預算之停止執

行時，則應本行政院對立法院負責之憲法意旨暨尊重立法院對國家重要事項之參與決策權，依照憲法增修條文第 3 條及立法院職權行使法第 17 條規定，由行政院院長或有關部會首長適時向立法院提出報告並備質詢。本件經行政院會議決議停止執行之法定預算項目，基於其對儲備能源、環境生態、產業關聯之影響，並考量歷次決策過程以及一旦停止執行善後處理之複雜性，自屬國家重要政策之變更，仍須儘速補行上開程序。其由行政院提議為上述報告者，立法院有聽取之義務。行政院提出前述報告後，其政策變更若獲得多數立法委員之支持，先前停止相關預算之執行，即可貫徹實施。倘立法院作成反對或其他決議，則應視決議之內容，由各有關機關依本解釋意旨，協商解決方案或根據憲法現有機制選擇適當途徑解決僵局，併此指明。

第二款　理由書節錄

本件行政院為決議停止興建核能第四電廠並停止執行相關預算，適用憲法發生疑義，並與立法院行使職權，發生適用憲法之爭議，及與立法院適用同一法律之見解有異，聲請解釋。關於解釋憲法部分，與司法院大法官審理案件法第 5 條第 1 項第 1 款中段中央機關因行使職權與其他機關之職權，發生適用憲法之爭議規定相符，應予受理；關於統一解釋部分，聲請意旨並未具體指明適用預算法何項條文與立法機關適用同一法律見解有異，與上開審理案件法第 7 條第 1 項第 1 款所定聲請要件尚有未合，惟此部分與已受理之憲法解釋係基於同一事實關係，不另為不受理之決議。又本件係就行政院停止執行法定預算與立法院發生適用憲法之爭議，至引發爭議之電力供應究以核能抑或其他能源為優，已屬能源政策之專業判斷問題，不應由行使司法權之釋憲機關予以裁決，不在解釋範圍，均合先敘

明。

　　預算制度乃行政部門實現其施政方針並經立法部門參與決策之憲法建制，對預算之審議及執行之監督，屬立法機關之權限與職責。預算案經立法院審議通過及公布為法定預算，形式與法律案相當，因其內容、規範對象及審議方式與法律案不同，本院釋字第 391 號解釋曾引用學術名詞稱之為措施性法律，其故在此。法定預算及行政法規之執行，均屬行政部門之職責，其間區別在於：賦予行政機關執行權限之法規，其所規定之構成要件具備，即產生一定之法律效果，若法律本身無決策裁量或選擇裁量之授權，該管機關即有義務為符合該當法律效果之行為；立法院通過之法定預算屬於對國家機關歲出、歲入及未來承諾之授權規範（參照預算法第 6 條至第 8 條），其規範效力在於設定預算執行機關得動支之上限額度與動支目的、課予執行機關必須遵循預算法規定之會計與執行程序、並受決算程序及審計機關之監督。關於歲入之執行仍須依據各種稅法、公共債務法等相關規定，始有實現可能。而歲出法定預算之停止執行，是否當然構成違憲或違法，應分別情形而定，在未涉及國家重要政策變更且符合預算法所定條件，諸如發生特殊事故、私經濟行政因經營策略或市場因素而改變等情形，主管機關依其合義務之裁量，則尚非不得裁減經費或變動執行，是為所謂執行預算之彈性。

　　法定預算中維持法定機關正常運作及履行其法定職務之經費，因停止執行致影響機關之存續，若仍任由主管機關裁量，即非法之所許。其因法定預算之停止執行具有變更施政方針或重要政策之作用者，如停止執行之過程未經立法院參與，亦與立法部門參與決策之憲法意旨不符。故前述執行法定預算之彈性，並非謂行政機關得自行選擇執行之項目，而無須顧及法定預算乃經立法院通過具備規範效力之事實。預算法規中有關執

行歲出分配預算應分期逐級考核執行狀況並將考核報告送立法院備查（參照預算法第 61 條），執行預算時各機關、各政室及計畫或業務科目間經費流用之明文禁止（參照同法第 62 條），又各機關執行計畫預算未達全年度 90%者，相關主管人員依規定議處（參照 2000 年 8 月 3 日行政院修正發布之行政院暨所屬各機關計畫預算執行考核獎懲作業要點第 4 點第 2 款），凡此均屬監督執行預算之機制，貫徹財政紀律之要求。本院釋字第 391 號解釋係針對預算案之審議方式作成解釋，雖曾論列預算案與法律案性質之不同，並未否定法定預算之拘束力，僅闡明立法機關通過之預算案拘束對象非一般人民而為國家機關，若據釋字第 391 號解釋而謂行政機關不問支出之性質為何，均有權停止執行法定預算，理由並不充分。至預算法雖無停止執行法定預算之禁止明文，亦不得遽謂行政機關可任意不執行預算。矧憲法增修條文對憲法本文第 57 條行政院向立法院負責之規定雖有所修改，其第 3 條第 2 項第 2 款仍明定：「行政院對於立法院決議之法律案、預算案、條約案，如認為有窒礙難行時，得經總統之核可，於該決議案送達行政院十日內，移請立法院覆議。立法院對於行政院移請覆議案，應於送達十五日內作成決議。如為休會期間，立法院應於七日內自行集會，並於開議十五日內作成決議。覆議案逾期未決議者，原決議失效。覆議時，如經全體立法委員二分之一以上決議維持原案，行政院院長應即接受該決議。」從而行政院對立法院通過之預算案如認窒礙難行而不欲按其內容執行時，於預算案公布成為法定預算前，自應依上開憲法增修條文覆議程序處理。果如聲請機關所主張，執行法定預算屬於行政權之核心領域，行政機關執行與否有自由形成之空間，則遇有立法院通過之預算案不洽其意，縱有窒礙難行之情事，儘可俟其公布成為法定預算後不予執行或另作其他裁量即可，憲法何須有預算案覆議

程序之設。

　　預算案除以具體數字載明國家機關維持其正常運作及執行法定職掌所需之經費外，尚包括推行各種施政計畫所需之財政資源。且依現代財政經濟理論，預算負有導引經濟發展、影響景氣循環之功能。在代議民主之憲政制度下，立法機關所具有審議預算權限，不僅係以民意代表之立場監督財政支出、減輕國民賦稅負擔，抑且經由預算之審議，實現參與國家政策及施政計畫之形成，學理上稱為國會之參與決策權。本件所關核能電廠預算案通過之後，立法院於 1996 年 5 月 24 日第三屆第一會期第十五次會議，亦係以變更行政院重要政策，依當時適用之憲法第 57 條第 2 款規定決議廢止核能電廠興建計畫，進行中之工程立即停工並停止動支預算，嗣行政院於同年 6 月 12 日，亦以不同意重要政策變更而移請立法院覆議，可見基於本件核能電廠之興建對儲備能源、環境生態、產業關聯之影響，並考量經費支出之龐大，以及一旦停止執行善後處理之複雜性，應認係屬國家重要政策之變更，即兩院代表到院陳述時對此亦無歧見。是本件所關核能電廠預算案自擬編、先前之停止執行，以迄再執行之覆議，既均經立法院參與或決議，則再次停止執行，立法機關自亦有參與或決議之相同機會。法定預算已涉及重要政策，其變動自與非屬國家重要政策變更之單純預算變動，顯然有別，尚不能以所謂法定預算為實質行政行為，認聲請機關有裁量餘地而逕予決定並下達實施，或援引其自行訂定未經送請立法機關審查之中央機關附屬單位預算執行要點核定停辦，相關機關立法院執此指摘為片面決策，即非全無理由。

　　民主政治為民意政治，總統或立法委員任期屆滿即應改選，乃實現民意政治之途徑。總統候選人於競選時提出政見，獲選民支持而當選，自得推行其競選時之承諾，從而總統經由其任命之行政院院長，變更先前存在，與其政見未洽之施政方

針或政策，毋迺政黨政治之常態。惟無論執政黨更替或行政院改組，任何施政方針或重要政策之改變仍應遵循憲法秩序所賴以維繫之權力制衡設計，以及法律所定之相關程序。蓋基於以法治國原則，縱令實質正當亦不可取代程序合法。憲法第 57 條即屬行政與立法兩權相互制衡之設計，其中同條第二款關於重要政策，立法院決議變更及行政院移請覆議之規定，雖經 1998 年 7 月 21 日修正公布之憲法增修條文刪除，並於該第 3 條第 2 項第 3 款增設立法院對行政院院長不信任投票制度，但該第 57 條之其他制衡規定基本上仍保留於增修條文第 3 條第 2 項，至有關立法院職權之憲法第 63 條規定則未更動，故公布於 1999 年 1 月 25 日之立法院職權行使法第 16 條，仍就行政院每一會期應向立法院提出施政方針及施政報告之程序加以規定，同法第 17 條則定有：「行政院遇有重要事項發生，或施政方針變更時，行政院院長或有關部會首長應向立法院院會提出報告，並備質詢。前項情事發生時，如有立法委員提議，三十人以上連署或附議，經院會議決，亦得邀請行政院院長或有關部會首長向立法院院會報告，並備質詢。」所謂重要事項發生，即係指發生憲法第 63 條之國家重要事項而言，所謂施政方針變更則包括政黨輪替後重要政策改變在內。針對所發生之重要事項或重要政策之改變，除其應修改法律者自須向立法院提出法律修正案，其應修改或新頒命令者應予發布並須送置於立法院外，上開條文復課予行政院向立法院報告並備質詢之義務。如前所述，法定預算皆限於一定會計年度，並非反覆實施之法律可比，毋庸提案修正，遇此情形則須由行政院院長或有關部會首長向立法院院會提出報告並備質詢，立法委員亦得主動依同條第 2 項決議邀請行政院院長或部會首長提出報告並備質詢。上開報告因情況緊急或不能於事前預知者外，均應於事前為之。本件停止預算之執行，已涉國家重要政策之變更而未

按上述程序處理，自有瑕疵，相關機關未依其行使職權之程序通知有關首長到院報告，而採取杯葛手段，亦非維護憲政運作正常處置之道。行政院應於本解釋公布之日起，儘速補行前述報告及備詢程序，相關機關亦有聽取其報告之義務。

行政院院長或有關部會首長依前述憲法增修條文第 3 條及立法院職權行使法第 17 條向立法院提出報告之後，若獲多數立法委員之支持，基於代議民主之憲政原理，自可貫徹其政策之實施。若立法院於聽取報告後作成反對或其他決議，此一決議固屬對政策變更之異議，實具有確認法定預算效力之作用，與不具有拘束力僅屬建議性質之決議有間，應視其決議內容，由各有關機關選擇適當途徑解決：行政院同意接受立法院多數意見繼續執行法定預算，或由行政院與立法院朝野黨團協商達成解決方案。於不能協商達成解決方案時，各有關機關應循憲法現有機制為適當之處理，諸如：行政院院長以重要政策或施政方針未獲立法院支持，其施政欠缺民主正當性又無從實現總統之付託，自行辭職以示負責；立法院依憲法增修條文第 3 條第 2 項第 3 款對行政院院長提出不信任案，使其去職（不信任案一旦通過，立法院可能遭受解散，則朝野黨派正可藉此改選機會，直接訴諸民意，此亦為代議民主制度下解決重大政治衝突習見之途徑）；立法院通過興建電廠之相關法案，此種法律內容縱然包括對具體個案而制定之條款，亦屬特殊類型法律之一種，即所謂個別性法律，並非憲法所不許。究應採取何種途徑，則屬各有關機關應抉擇之問題，非本院所能越俎代庖予以解釋之事項。然凡此均有賴朝野雙方以增進人民福祉為先，以維護憲法秩序為念，始克回復憲政運作之常態，導引社會發展於正軌。

第三款　蘇俊雄大法官協同意見書節錄

憲政僵局的解決方式與憲法機關的忠誠義務

　　經由上述的分析說明，我們或許可對本件爭議的憲法性質能有更為清明而客觀的認識：本件爭議實為一種行政、立法兩院就重大政策存有重大歧見的憲政僵局問題，惟爭議雙方均未依循憲政體制上的制度性管道尋求僵局之解套。本件解釋要求儘速補行憲政規範上最為基本的政策溝通程序，當然並無法一舉解決此項爭議問題；畢竟，這項具有高度爭議性的政策問題，仍應由負政治責任之政治部門，於政治過程中作成評價決定。然而，透過此項處理要求之宣示，本件解釋毋寧也再次確認：憲法機關在憲政運作上負有「憲法忠誠」之義務，必須遵循並努力維繫憲政制度的正常運作，既不得僭越其職權，亦不容以意氣之爭癱瘓損害憲政機制的功能。此項「憲法忠誠」的規範要求，雖未見於憲法明文規定，但不僅為憲政制度之正常運作所必需，亦蘊含於責任政治之政治哲理，其規範性應不容置疑。故本件爭議於補行前述程序後，相關機關仍應本於此項忠誠義務之要求，以憲政體制所設機制，積極地尋求歧見與僵局的解決。

　　鑑於憲政制度上存有多種模式能夠處理本件爭議，且究應選擇何項機制的問題，應留待政治部門自行判斷決定，故本件解釋文就此並未多言。為明確解釋意旨，多數通過之解釋理由書末段另例示了可能之處理程序與選擇方案。此項解釋方法固有致使大法官「身兼裁判與教練」之疑義，惟考量我國憲法解釋傳統以及憲政運作仍未臻成熟等情節，本席不擬多表質疑。

　　於進一步檢討解釋理由所做例示之實質妥當性後，本席以為尚有二點問題值得再為澄清或斟酌檢討。首先，解釋理由中所提「若立法院於聽取報告後作成反對或其他決議，此一決議

固屬對政策變更之異議，實具有確認法定預算效力之作用，與不具有拘束力僅屬建議性質之決議有間……」等語，應係指該等決議具有「確認法定預算之授權仍然存在」的效力，尚非謂行政院即須受立法院之反對決議拘束而無持異見之餘地；解釋理由書就此所為之表述，恐易引致誤解，應有澄清之必要。其次，多數通過之解釋理由似認為立法院若進而制定要求興建特定電廠的「個別性法律」，尚非憲法所不許。惟公法學理上固未禁止「措施性法律」之存在，但對所謂之「個案性法律」（Einzellfallgesetz）仍多所質疑；解釋理由就此是否混同「措施法」與「個案法」之概念，恐有檢討的餘地。尤其，立法者雖得制定措施性法律，但不得因而侵及行政權之核心領域；故在未受理案件並依權力分立原則審查該等立法之具體內容以前，本席以為其合憲性恐不應遽予肯認。因此，立法院固得就興建或停建核電廠事宜制定措施性法律加以規範，但其具體規範內容之合憲性，仍應有受規範審查檢證控制之餘地。

「民主政治為民意政治，總統或立法委員任期屆滿即應改選，乃實現民意政治之途徑。總統候選人於競選時提出政見，獲選民支持而當選，自得推行其競選時之承諾，從而總統經由其任命之行政院院長，變更先前存在，與其政見未洽之施政方針或政策，毋迺政黨政治之常態。惟無論執政黨更替或行政院改組，任何施政方針或重要政策之改變仍應遵循憲法秩序所賴以維繫之權力制衡設計，以及法律所定之相關程序。」

第七項　釋字第 585 號解釋文節錄

「立法院為有效行使憲法所賦予之立法職權，本其固有之權能自得享有一定之調查權，主動獲取行使職權所需之相關資訊，俾能充分思辯，審慎決定，以善盡民意機關之職責，發揮權力分立與制衡之機能。立法院調查權乃立法院行使其憲法職

權所必要之輔助性權力，基於權力分立與制衡原則，立法院調查權所得調查之對象或事項，並非毫無限制。除所欲調查之事項必須與其行使憲法所賦予之職權有重大關聯者外，凡國家機關獨立行使職權受憲法之保障者，即非立法院所得調查之事物範圍。又如行政首長依其行政權固有之權能，對於可能影響或干預行政部門有效運作之資訊，均有決定不予公開之權力，乃屬行政權本質所具有之行政特權。立法院行使調查權如涉及此類事項，即應予以適當之尊重。如於具體案件，就所調查事項是否屬於國家機關獨立行使職權或行政特權之範疇，或就屬於行政特權之資訊應否接受調查或公開而有爭執時，立法院與其他國家機關宜循合理之途徑協商解決，或以法律明定相關要件與程序，由司法機關審理解決之。

　　立法院調查權行使之方式，並不以要求有關機關就立法院行使職權所涉及事項提供參考資料或向有關機關調閱文件原本之文件調閱權為限，必要時並得經院會決議，要求與調查事項相關之人民或政府人員，陳述證言或表示意見，並得對違反協助調查義務者，於科處罰鍰之範圍內，施以合理之強制手段，本院釋字第 325 號解釋應予補充。惟其程序，如調查權之發動及行使調查權之組織、個案調查事項之範圍、各項調查方法所應遵守之程序與司法救濟程序等，應以法律為適當之規範。於特殊例外情形，就特定事項之調查有委任非立法委員之人士協助調查之必要時，則須制定特別法，就委任之目的、委任調查之範圍、受委任人之資格、選任、任期等人事組織事項、特別調查權限、方法與程序等妥為詳細之規定，並藉以為監督之基礎。各該法律規定之組織及議事程序，必須符合民主原則。其個案調查事項之範圍，不能違反權力分立與制衡原則，亦不得侵害其他憲法機關之權力核心範圍，或對其他憲法機關權力之行使造成實質妨礙。如就各項調查方法所規定之程序，有涉及

限制人民權利者，必須符合憲法上比例原則、法律明確性原則
及正當法律程序之要求。」

第四章　從比較觀點論世界各國中央政府體制的特色

第一節　當今世界各國主要中央政府體制概述

第一項　總統制

　　總統制政府（presidential government）創始於美國。美國聯邦憲法中，第 1 條至第 3 條明文規定了立法權、行政權及司法權，分別由三個國家機構所掌控之國會、總統、聯邦最高法院及其下級法院行使之[1]。總統制在美國實行以後，後為拉丁美洲的阿根廷、巴西、墨西哥、亞洲的印尼、巴基斯坦、非洲的埃及、肯亞等不少國家所採用。就行政權的歸屬而言，總統總攬國家行政權，總統不僅是國家元首，更是實際的行政首長，內閣僅是總統的諮詢機關，由總統任免，向總統負責[2]。總統下設國務員多人，不屬於國會，其中以主管外交事務的國務卿列首席。就行政與立法機關的關係觀之，立法與行政（總統）兩部門地位平等，任期有一定規定，立法部門不能因政策問題，提出不信任投票，總統也不得解散國會，保持制衡原理，行政機關（總統）不對立法機關（國會）負責，而直接對人民負責。國會所通過的法案須送交總統簽署以後才能公布實施，總統如不同意，可以運用否決權加以否決。但是如果國會以三分之二多數再次通過，該法案即可通過成為法律。總統有

---

[1] 林子儀，《權力分立與憲政發展》，臺北：月旦出版公司，1993 年 4 月，頁 95。

[2] 黃炎東，《中華民國憲政改革之研究》，臺北：五南圖書出版股份有限公司，1995 年 3 月，頁 89-90。

向國會報告國情的義務。國會中的政黨對於總統並不直接產生影響，總統所屬的政黨也不一定是國會中的多數黨[3]。

總統制是一種出於「野心必須用野心控制」的考量下的設計。此制度的優點在於行政、立法權絕對分離，人民的權利較不易被侵害；其次是行政權穩定，不論國會生態如何，不會影響行政權的歸屬。它的問題則在於權力分立的結果恐將造成政府整體職能效率的低落，特別是總統與國會多數黨不相同時，由於總統可藉由否決權成為「首席立法者」，因此立法效率在二者互相掣肘下必定大受影響；而就國家行政而言，由於總統的主要施政皆必須有國會通過的法案及預算支持[4]，若總統與國會多數意見就預算分配的意見不同，施政恐將遲滯，甚至發生行政機關關門的問題。

第二項　內閣制

內閣制政府係以英國為典型，為現今多數民主國家採行的民主政制[5]，是一種議會政府或責任政府。在當代世界中，有許多國家採取內閣制，如日本、義大利、印度、以色列等。其特色在於政府行政權由內閣總攬，歸屬於內閣首相或總理，國家元首垂拱無為，不負實際政治責任。內閣總理之產生，須由國王提名與國會多數黨領袖討論，經國會同意任命；國務員則由內閣總理任命之。內閣總理由國會議員兼任。國務員亦多由國會議員兼任。內閣對國會負責，故國會對內閣，有決議不信

---

③參照湯德宗著，〈美國國會與權力分理論－我國採行總統制可行性的初步評估〉，收錄於湯德宗等，《美國國會之制度運作》，中研院歐美所出版，1992年6月，頁45-50。

④相關的討論參照 Walter J. Oleszek 著，湯德宗譯，《國會程序與政策過程》，立法院秘書處發行，1992年，頁79-85。

⑤見劉慶瑞著，《比較憲法》，臺北：大中國圖書公司，1966年12月，頁291-293。

任投票，或否決信任決議案之權利，內閣亦有解散國會之權。元首有關國事之行為，均須經內閣副署。內閣總理或首相，由元首任命之。其人選係選擇國會能信任者，所以通常為多數黨領袖，一切重要行政政策，概由內閣會議決定，以元首的名義行之[6]。

「一黨內閣」係指由一個在國會中超過半數以上席次的政黨所組成的內閣；「聯合內閣」係指由幾個無法單獨組閣的政黨聯盟組成的內閣；「影子內閣」係指國會中的反對黨比照內閣的組成方式所組成的一個隨時準備上臺執政的準執政團隊，其主要任務是領導和組織下議院中本黨議員的活動。

內閣制政府強調多數民主，行政立法兩權合一，二者之間通常處於和諧的狀態，內閣提出的法案，容易於議會中通過，此一特點在運作順利的內閣制國家中，表現出效率政府的優點，亦即國家政策可以有效的推動[7]；至於權力的制衡（checks and balances），事實上並不存在於內閣制國家的行政、立法兩權之間，傳統的權力分立原則及制衡關係，僅能從國會中在野黨對執政黨的監督制衡，以及司法權對兩權的制衡上發現。內閣制的最大缺點恰為其優點的反面，由於行政權由國會中多數產生，在兩黨政治的國家中，因為採多數決，因此少數族群的權益容易被忽視；而在多黨或小黨林立的國家中，會有因為執政多數不穩定而經常發生內閣不穩定的危機，甚至造成政府變更頻仍的後果，在政策的推動及維繫上本應有效率的政府，反而變得更缺乏效率，例如法國第三、第四共和及現在的義大利等民主國家[8]。

---

[6]黃炎東，前引書，頁89-90。
[7]參照薩孟武，《政治學》，臺北：三民書局，1993年8月，增訂5版，頁185。
[8]Georg Brunner著，鄒忠科、黃松榮譯，《比較政府》，臺北：五南圖書出版股份有限公司，1995年，初版，頁72；許志雄，〈權力分立之理論與現實及其構造與動態之分析〉，臺大法研所碩士論文，1982年，頁144-151。

第三項　委員制

委員制的政府又稱為合議制的政府,起源於十九世紀中葉的瑞士。它的最大特色在於國家的行政權並非集中於國家元首或者政府首腦手中,而是由國會所產生並對其負責的七人聯邦行政委員會所組成,總統僅擁有虛名。七人委員會作為國會執行機關的政府,行政權係位於國會之下,因此,行政權與立法權既不分離也不對抗。聯邦行政委員會委員,則由兩院(國民議會及聯邦院)聯合選舉,其委員一經產生即不得兼任國會議員,任期四年,可連選連任。政府一切決策經由七名委員以多數決的原則集體合議之。委員會的主席由七名委員輪流擔任,兼做國家元首與政府首腦,對外代表國家,對內主持委員會會議,但不得行使委員會的集體職責,並無權否決議案與解散國會,也無權任免政府官員。委員會委員都身兼一部之部長,但無權對於本部重大問題作單獨決定,而必須由經由委員會指定的三名委員研究決定。委員會委員可以隨時出席國會並參加討論,並有向國會提出議案權,但無權表決。凡經國會通過的法案或決定,委員會都必須執行,國會有權改變或撤銷委員會的決定與措施,故聯邦行政委員會僅為國會之執行機關。

委員制的優點在於強調專家政治、防止公共事務過度政治化,亦能有效防止專制;但他的缺點在於責任不明,不夠敏捷,只能在小國寡民與政治爭議較不強烈的情形下表現其長處[9]。憲法學者劉慶瑞即對瑞士的委員制有相當之批評:「聯邦行政委員會,以合議制行使職權,事無巨細,均須開會決定。這種制度在政務簡單之時,固無問題,一旦政務繁雜,則必感覺侷促不靈。惟瑞士由於小國寡民,國情遠較其他國家簡單,而又

---

[9] 任德厚,《政治學》,臺北:三民書局,1997 年 5 月,4 版,頁 283-284。

由於永世中立，無須捲入國際政治糾紛之漩渦，致使其政治有一顯著之特色，即政治性之問題少，而行政性與技術性之問題多，因此，合議制之行政機關，不管其在學理上有許多缺點，仍能在瑞士產生良好的結果。但政情複雜之國家，則不能輕易模仿之。今日，除南美洲之烏拉圭外，似無其他國家採用瑞士之委員制，其故在此。」⑩

第四項　雙首長制

雙首長制一般係指有兩位行政首長分享行政權的體制，與內閣制、總統制等單一首長制不同。法國因昔日政黨林立，各行其是，內閣無多數黨為其後盾，致使變動頻繁，政治效率低落，為振衰起敝，乃加強總統之權力，降低內閣之責任，於是第五共和憲法改採現行之雙首長制，即總統由人民直接選舉產生，負責國防、外交和憲政政策，其他政策及施政由總統任命之總理負責。而總統之職權具有：

一、任免總理。

二、主持國務會議。

三、要求國會覆議法律。

四、法律提付人民複決。

五、主動解散國民議會。

但若干措施，仍須經內閣副署，而國會對內閣有不信任之權，此即為法國第五共和制之特徵，其與內閣制及總統制類似規定如下：

一、類似內閣制

（一）內閣向國會負責（第 20 條）。

---

⑩劉慶瑞，前引書，頁 388。

（二）內閣總理有法律提案權（第 39 條）；內閣閣員得列席兩院並陳述意見。

（三）內閣總理須得議會之信任（第49條）；惟國會對「政府」之不信任案，有條件限制（第50條）。

（四）總統除任免內閣總理、公布公民複決案、解散國會、頒布緊急措施、送國會之諮文、將法律或條約送憲法委員會審核、任命憲法委員會委員外其他須經由內閣總理副署，必要時並由負責部長副署之（第19條）。

（五）總統於諮詢內閣總理及兩院議長後得解散國會（第12條）。

二、類似總統制

（一）總統在1962年前由選舉人團選舉之，其後由人民直接選舉之，任期七年（第 6 條）（後修改為 5 年）。

（二）總統係超越三權之實體存在，行政首長的內閣總理由總統任命之（第 8 條），內閣總理決定並執行國家政策（第20條）。

（三）國會議員不得兼任國務員。

判定總統與國務總理的權力多寡，可由兩者如何產生？憲法如何規範職權？國務總理是否有副署權？兩者是否同黨？如果同黨何者擔任政黨領袖？凡此等等作為制定基準。奧地利總統由人民選舉產生，任免總理不必由總理副署，但是總理由國會多數黨領袖出任，總理擔任主席的國務會議可以否決總統的決定，因此傾向內閣制。前幾年才修憲的新加坡，本是典型的內閣制，總統改由人民選舉產生，總統有條件行使政府動用國

家儲備金的同意權、政府預算案同意權、政府重要人事任命同意權。法國第五共和被視為典型的雙首長制，總統負責國防、外交、憲政政策，國務總理負責其他政策，國務總理由總統任命，憲法雖未規定須由國會同意，目前則由國會行使同意權，總統則由人民直接選舉產生。總統有權解散國會，將法案交付公民投票，行使部分權力時不必總理副署。法國第五共和實施以來迄今曾發生過三次左右共治局面。法國總統必須任命國會多數黨派人士出任總理，因此，可能出現總統與總理不同黨派。雖然憲法明定總統與總理的職權，可是實際上有些職權無法完全區分，例如外交與經濟密不可分，無法一分為二。總理所屬政黨如果在國會占了多數，與總統不同黨派，總統的權力式微，總理權力上升。總統與總理同一黨派，總統的權力則高度集中。法國雙首長制，被部分學者視為一種在總統制與內閣制之間擺盪的體制，必須視國會政黨分配而定。芬蘭憲法明定總統為行政首長，又由人民選舉產生，總統可以要求總理所主持的國務會議執行他的命令，但是國務會議認為牴觸法律，可諮詢司法總長意見，加以變更命令。總統指揮軍隊，也須由國務會議發布命令。此種含有雙首長分權體制，雖與法國第五共和不完全一致，但是也被學者稱為介於內閣制與總統制之間的體制[11]。

　　雙首長制理論上有兩大困難：第一為行政首長之間的職權區分不易釐清；第二為兩位行政首長何者須向國會負責，不易設計，形成權責不一的弊端。從比較政府的觀點分析，包括內閣制或總統制等單一行政首長制，應較雙首長制為佳，行政部門由單一行政首長領導，並向代表民意的國會負責，比較符合政治權力的運作邏輯。分別設有總統與總理的國家，不一定就

是雙首長制，例如德國是典型內閣制，韓國則傾向總統制。設有總統與總理的國家，必須檢視憲法對總統與總理如何授權，總理產生方式是否經國會同意，總統是否由人民直接選舉產生，總理是否對總統公布法律命令有副署權，總統或總理向國會負責。

世界上民主國家對於中央政府體制的採行，大抵上可分為總統制、內閣制及雙首長制等三大類，亦有學者除上述三種外，另外再細分出委員制及共產黨之民主集中制等二大類[12]，但其畢竟為少數，在此並不列入本文討論範圍。本章依上述這三種分類，再個別依所採行的國家、選舉的方式、元首（總統）的職權及其與國會間的互動等四個面向來探討世界各國憲法之中央政府體制。其中並舉典型且具有代表性的國家來做說明，藉以讓讀者能從這些讓人眼花撩亂的中央政府體制中，瞭解世界各國是如何經由他們的憲法來運作政府。

第二節　總統制

第一項　採總統制的國家

從歷史上而言，首先採強勢總統制之國家為美國，其後在歐洲因市民革命，陸續產生共和國，其元首也稱總統，雖亦由選舉產生，但其地位因中央政府體制採強勢內閣，轉化成虛位元首制，迨 20 世紀混合體制之誕生，總統之地位也分成實權制與象徵制兩種，前者如 1919 年-1933 年的德國威瑪共和、法國第五共和，後者為奧地利共和國，雖同是總統，但因國情的不同，而各有不同的性質。

[12]謝瑞智，《比較憲法》，臺北：地球出版社，1992 年，頁 719-723。

在現今世界上 100 多個國家中，無論是君主立憲之政體或是共和國之政體，採總統制的國家約有 55 個，在亞洲國家有尼泊爾、蘇丹、韓國、菲律賓、印尼、巴基斯坦、孟加拉及中東的沙烏地阿拉伯、伊拉克等各國，歐洲則有摩納哥、西班牙、葡萄牙等國，而非洲國家則有南非在內的 22 個國家採用總統制。美洲部分則以美國為首，其餘則有墨西哥等 15 國亦採總統制。在此舉美國為例，說明其所產生的方式、職權及與國會間的互動等三部分來做進一步的探討。

第二項　總統制的特色

總統制的特色，是嚴守行政、立法及司法三權分立互相制衡的設計，而總統為國家元首及最高行政首長，總攬一切行政大權，負實際行政責任。在其政府官僚體系中之閣員為總統的幕僚，均不兼任國會議員，因此總統公布法令，不須閣員副署，而閣員不列席國會發言。

在制衡方面，總統（行政）可以咨請國會開會提出咨文，可否決在國會中提出的法案權限，但是最後卻無法阻止國會通過法案，另外，總統亦可提名聯邦法院之法官及改造法院之結構以制衡司法。而國會（立法）則是掌握預算權、同意權及調查與彈劾權等，以制衡司法與行政。在司法權部分，則是運用憲法解釋權及司法審核制度來制衡國會（立法）與總統（行政）[13]。

---

[13]苗永序，《各國政府制度及其類型》，臺北：專上圖書公司，1997 年 4 月，頁 120。

第三節　美國總統制

第一項　美國總統制的由來

一、受學者論述之影響

　　孟德斯鳩（Charles de Secondat, Baron de Montesquieu, 1689-1755）是法國啟蒙時期思想家及社會學家，也是西方國家學說和法學理論的奠基人，1748年出版費時二十七年光陰的《論法的精神》（De l'esprit des lois, 1748），全面分析及闡揚三權分立原則。

　　當時孟德斯鳩起草此書，乃是希望藉由描述英國憲政制度中「立法」、「行政」二權由分立制衡走向互相結合之弊端，以此來影響其祖國當時之專制政治[14]。他指出，為保障政治自由的實現，必須實行立法、行政、司法三權分立，同時進一步詮釋十八世紀英國哲學家暨思想家洛克所提出的三權劃分（分工）理論。他除讚揚英國的君主立憲制，主張由資產階級掌握立法權並監督行政權，行政權由君主掌握；君主有權否決立法，但無權立法，只能按法律辦事；司法權由獨立的專門機構來行使，這樣一來，三權分立，並相互制約，就可以保障人民的政治自由及權力[15]。

　　而這種模式，是當時殖民地之制憲代表所夢寐以求所要建立的聯邦政府，因而參考孟氏理論的藍圖與架構，制定一部與英國政府體制截然不同的制度。

---

[14] 同上註，頁 62。
[15] 維基百科，〈http://zh.wikipedia.org/wiki/〉。

二、受到英王的壓迫

英國早期對美國殖民地的政策為放任政策，只作輔導而不過於干涉，也因此於十七世紀末葉，英王喬治三世為籌措長期對法戰爭之軍費，不斷的以種種不合理的方式向殖民地榨取高額稅收，加上殖民地及英國國會議員對渠等所享有之政治權力及義務上之看法分歧。殖民地人民忍無可忍，在幾經向英國請願交涉無結果，終於迫使北美 13 州聯合起來向英國公開對抗，進而走向獨立⑯。並且在之後其中央政府體制的改革，亦未蕭規曹隨完全仿造英國當時的內閣體制，而改採行總統制之中央政府體制。

三、缺乏有效管理的政府

當殖民地 13 州聯合向英國宣布獨立時，其中央只有一個邦聯議會，沒有總統，也沒有法院，在這樣脆弱的政府結構下，中央即無權力執行決議之能力外，也不能向各州徵稅，導致當時政府運作的困難，尤其以軍、警力量過於薄弱，中央政府隨時均有瓦解之可能，是為當時最大之隱憂。

各州代表有鑑於此，在費城召開第二次會議，要求加緊制憲迅速改善情況，並草擬一部史無前例的成文憲法，其內容中分別說明：立法權屬於國會、行政權屬於總統、司法權屬於聯邦最高法院及各級法院，並且依照這個三權立法之憲法，成立了三權分立的政府。

由於總統即是國家的元首，又兼行政首長；既有任命權、外交權、經濟權及兼任陸海空軍元帥，因此，是一位實權在握的領袖，更因為總統不對國會負責，在其任期屆滿前國會也無

⑯王育三，《美國政府》，臺北：臺灣商務印書館，1998 年 12 月，頁 12-15。

權請其下臺等等，其與英國虛位元首之內閣制，乃為截然不同的制度⑰。

第二項　總統的選舉方式

在美國，總統係人民間接選舉而產生，所謂間接選舉，是由各州人民先投票選出「總統選舉人」，再由總統選舉人投票選舉正副總統。而其選區採取單選區多數代表制，自 1950 年起，各州先後立法干涉政黨內務，規定其選擇候選人時必須採民主的方式⑱，直至今日，各州依法辦理直接初選（direct primary），而大多數的州舉辦總統初選（presidential primary）。由於總統選舉的投票日是定在 11 月的第一個星期一之後的星期二，因此每一屆的日期皆不同。

由於各州均有二名參議員及數目不等的眾議員，因此每州在選舉人團的力量並不一致，在 11 月完成投票後，各州的選舉人將選舉人票在 12 月分別寄到華盛頓特別區對總統選舉結果作最後的確認，總統當選人方產生，次年 1 月 20 日，新任總統在美國最高法院首席大法官及新舊政府官員及兩院國會議員的觀禮下，宣示就職美國總統⑲。

而究竟美國總統選舉是採絕對多數或相對多數？有人認為各州選舉人採贏者全得而主張其總統選舉係採相對多數者，更有人認為總統選舉人必須取得過半數選舉人票才能當選，故美

---

⑰苗永序，前引書，頁 63。

⑱美國憲法第 2 條規定：「美國總統由選舉人選舉，總統選舉人則由公民直接選舉產生。」後來第 12 條憲法修正案有了小幅修改，要求各州得以決定它所產生的方式，選出它跟國會代表團人士相等的選舉人（Electors），制憲者原意是要讓總統選舉人依據自由意志選舉總統，根本沒有提到政黨的角色，但是透過憲法解釋，最高法院不僅保障個人選擇政黨、共同促進政治信念及理想的權利，更避免讓政黨過分受到各州規範的權利。—李國雄，《比較政府與政治》，臺北：三民書局，2006 年，頁 504。

⑲李國雄，《比較政府與政治》，臺北：三民書局，2006 年，頁 504-505。

國總統的選舉方式係採絕對多數，也有主張其為選舉人團制。其實美國之總統選舉制度，是經過一番爭辯與調整而制定的。

美國制憲會議對總統選舉方法的討論，相當詳盡；各種方法歸納起來可以分為五種基本的類型：

一、由國會選舉。

二、由人民選舉。

三、由選舉人選舉。

四、由各州議會選舉。

五、由各州州長選舉[20]。

以上五種建議方法，以前三種討論最多，經過多次辯論以後，最後決議主要方法以「由各州州議會所指定之選舉人在各州選舉總統」，一旦這個方法未達成目的時，再由國會眾議院舉行選舉，仍然維持各州平等的原則。美國採總統選舉人制，因各州選舉人票以勝者全得，是以可能形成選民選票較多，而總統選舉人票反而較少的結果。例如，美國歷史上即曾在1876年，共和黨的海斯（Rutherford B. Hayes）雖然在選民總票數上落後民主黨的提爾登（Samuel J. Tilden）25萬多票，但卻因選舉人團票多1票（185票比184票）正好超過半數而當選美國第十九任總統。而在1888年共和黨的哈里遜（Benjamin Harrison）在選民總票數上落後民主黨的克里佛蘭（Grover Cleveland）9萬多票，也是因為選舉人團票超過半數（233票比168票）而當選美國第二十三任總統。在2000年的美國總統大選中，總投票率只有五成一，小布希（George W. Bush）得票率47.87%（在30州獲勝），高爾（Albert Gore）得票率48.38%

---

[20]參閱楊光中，〈美國總統選舉人制度之研究：制憲原因之探討〉，輯於中央研究院美國文化研究所編：《美國總統選舉論文集》，臺北：編者自刊，1984年，頁41。及〈總統、副總統選舉方式之研究─絕對多數制與相對多數制之探討〉，中央選舉委員會，1999年6月，初版，頁5。

（在20州及華盛頓特區獲勝）。但小布希卻贏得了271張選舉人票而當選了美國第四十三任總統[21]。從理性民主的觀點來看，總統應該是由人民直接選舉才符合「人民主權」的理想，但是從經驗民主的角度看問題，總統選舉人團制度是必要的，因為它符合現實的需要。所以理性民主輕視政治妥協，然經驗民主卻不能沒有它。因此其後，雖屢有建議修改為由人民直接選舉總統的呼聲，但是美國人基於對憲法與歷史傳統的尊重與珍惜，不願輕言廢止[22]。

美國之選舉制度是經過激辯與調整，加上美國人民對於憲法與歷史傳統的尊重與珍惜而樹立的，這是我們應該學習，而至於是採行「絕對多數」或者「相對多數」制度，在研擬法制時，則應廣泛討論與詳細思考，並納入國人共識作為參卓依據，吾人可就其中之優點與可能造成的缺失先行瞭解與分析。

就「絕對多數」的產生而論，其優點至少有下列幾項：

一、有強勢的民意基礎，利於總統日後的權力運作，足以與立法權、司法權相抗衡。如 1936 年美國總統大選，羅斯福以懸殊的票數差異打敗對手藍登，在強大的民意基礎支持下，順勢推出「新政」，使美國聯邦政府權的大幅調漲，影響至今，即為一顯著例子。

二、有助於凝聚國民意識，形成「生命共同體」意識，透過此種方式產生的總統能夠進一步強化「民主國家主義」。

三、有助於強化政府的效能，甚至造成萬能政府的出現。

至於可能造成的缺失，則包括：

---

[21] 王業立，《比較選舉制度》，臺北：五南圖書出版股份有限公司，2007年，頁222-223；張金鑑，《美國政府》，臺北：三民書局，1992年9月，頁101。
[22] 陳毓鈞，《美國民主的解析》，臺北：允晨，1994年3月，頁222-223。

一、若總統挾其強盛的民意基礎，要求大幅度修憲擴權，則憲政主義所強調的「有限政府」、「權責合一」等制衡理念，將面臨嚴重威脅，對憲政民主的穩定成長，則是十分不利㉓。

二、如果第一輪選舉時未能產生絕對多數的總統當選人，勢需進行第二輪選舉，如果第二輪選舉時仍採全民直選的方式，則選舉情勢將更為緊張，甚至可能出現暴亂危機，其代價甚高。

另一方面，「相對多數」的總統選舉方式，也各有其利弊，就優點而言，有下列數項：

一、選務單純，一次選舉即可決定勝負，全民所付出的成本與代價都要少得多。

二、比較當前憲政體制的規範，我國於 1947 年開始實行的憲政制度，原本即為一種「修正式的內閣制」，現在為了採相對多數之總統直選方式，可以免除總統擴權太多，造成憲政體制的巨幅變動的流弊㉔。

但就其缺點而言，由相對多數產生的總統，有可能只具備「小部分」的民意基礎，甚至可能與其主要的對手差異十分有限㉕。

美國之所以當初不採單純之直接選舉制，乃是其在建國初期曾經過一番評估，一般認為如西歐成長之直接選舉議員制度，從民眾對政治之觀點而言，並不能完全適用於只選舉一人之總統之情形，因為選一人與選多數人不同，不能選拔真正優秀的人才，此外，採總統直選也會產生競爭運動之狂熱與激

㉓楊泰順，〈總統直選對政治生態影響與衝擊〉，聯合報，1994 年 6 月 14 日。
㉔張君勱，《中華民國憲政十講》，上海：商務印書館，1948 年，頁 71。
㉕周陽山，〈論絕對多數產生的條件與利弊得失〉，聯合報，1994 年 1 月 29 日，11 版。

情，一旦採由國會或其他選舉機關之間接選舉制，將使立法權凌駕於行政權之上，有違孟德斯鳩三權分立之原則。其次，自美國政黨組織之發展完固之後，總統的選舉完全決定於初選，蓋總統選舉人於競選時已表明將投票選誰為總統，及至其初選當選後正式選舉總統，不過是履行其競選承諾[26]，是以，美國總統選舉雖採間接選舉，惟實質上仍應歸屬於直接選舉制。

第三項　總統的職權

有關美國總統的職權部分國內有諸多學者加以描述，其中最詳盡之一者為何思恩所編之《美國》[27]一書中描寫的甚為深入，茲以節錄成以下二點來加以說明：

一、國家的元首及政府的領袖

美國總統事實上是扮演兩種角色，一方面他是國家元首，代表國家，另外一方面他是政府的領袖，負責國家政策之制定以及政府的領導。美國是西方國家中，惟一此兩種角色由同一個職位所扮演的。其他西方國家，這兩種角色是分開的。

身為國家的元首，此時總統扮演的角色是象徵性的，不具任何黨派色彩。既然是國家元首，為履行此角色的功能，他必須挪出部分時間來履行此方面的功能。

[26]1948 年美國總統大選結束後，南方阿拉巴馬州的民主黨總統選舉人拒絕支持杜魯門，轉而支持州權派的候選人賽蒙得（Strong Thurmond），美國最高法院在判決中，支持該州民主黨取消這些沒有承諾支持黨所提名總統候選人的選舉人資格，有趣的是在不同意見書中，大法官 William O. Douglas 及 Robert H. Jackson 卻認為這樣會大大地強化全國性政策的行動，結果將增加全國性政黨的影響力。雖然美國在 2000 年時，只有勉強過半數的州（26 州）有明文規定，總統候選人必須支持黨的總統候選人，但是真正違背黨的規定者，卻幾乎聞所未聞。──同前註。

[27]黃秀端，〈美國政治─政府機構─總統〉，何思因主編，《美國》，臺北：政治大學國際關係研究中心，1992 年 5 月，頁 1-35。

（一）全國最高行政首長

依據美國的憲法規定，行政權乃歸屬於總統一人的，然而美國憲法中對於有那些行政權卻未詳盡的列舉，因此產生了兩派不同的理論，美國第 27 屆總統塔虎脫（William Howard, Taft）認為：「除非是受到憲法的條文明確的授權，否則總統不能運用此一權力。」而相對的第 26 屆的羅斯福總統（Theodore Roosevelt）則認為：「只要國家有所需求，總統皆可以去做，除非是憲法或法律明文禁止的。」而聯邦最高法院的法官傑克森（Robert H. Jackson）則是認為：「當總統採取任何行動時，在缺乏國會授權或無任何拒絕授權時，這是一個不明確的地帶，在此種不明確的情況下，總統和國會有共同之權威。」[28] 另外，學者謝瑞智亦指出，美國總統的行政權在美國憲法賦予其諸項權力中，乃最為廣泛且不易確定其界限，而總統在其國內行使權力，多皆由此衍生而來[29]。在美國的歷史上，總統和國會之間的權力是皆有消長的，但是基本上有很多事，總統是必須和國會合作方可完成。

作為全國最高行政首長，他可以運用或行使任免權，來推行他的施政理念及企圖。

（二）任命權

依據美國憲法第 2 條第 2 項規定，總統可以提名大使、聯邦最高法院法官及其他政府之官員，但須經由國會（參議院）半數以上的同意。在 1883 年文官法案（Civil Service Act of 1883）未通過前，每次選舉過後聯邦政府所有的大小官員，上自部長，下至工友皆全盤撤換，而現今美國總統可任命的官員約二至三千名左右，白宮幕僚及次長以下官員不須經由參議院

---

[28]同前註，頁 6。
[29]謝瑞智，前引書，頁 499。

同意，但國會亦有權決定哪些職位須經由國會同意。

（三）免職權

美國憲法中，並沒有提到總統的免職權，在十八世紀中葉，賈克遜及詹森兩位總統亦曾對免職權的歸屬和國會發生衝突，美國國會更在1867年通過官員任期法案（The Tenure of Office Act），規定文官的免職，須經由國會同意，藉以牽制總統的行政特權，但後來在 1926 年的 Myers v. U.S.一案中聯邦最高法院之判決認定，針對性質上屬於「純行政官員」（purely executive officers）者，免職權乃是伴隨著任命權而來之權力，立法權不可限制行政首長之免職權，至此，美國總統對於政務官之免職權才獲得確認，因此，美國國會在 1867 年及 1876 年所通過官員任期法案均無效。但是對於獨立委員會之委員，因渠等並非純粹的行政部門官員，他們具有準司法和準立法之功能，總統不能因為其理念不合，便隨意加以免職[30]。

二、外交政策的主導者

依據美國憲法第 2 條規定，總統可提名駐外使節、接受他國派遣的使節及官員、與他國簽定條約或行政協定及行使承認與不承認權，基於以上種種行政特權，美國總統為該國之外交政策的主導者乃無庸置疑。

三、三軍最高統帥

美國憲法中規定，總統為國家最高統帥，此條文是在防止軍人控制文人政府，身為最高統帥，他可以決定將指揮權交給職業軍人，或是親自指揮三軍作戰。而不論是採取任何一種方式，他都保留了最終決定權。但為防止總統濫權，制衡總統的

---

[30]黃秀端，前引書，頁 8。

權力，憲法把對外宣戰權（power of declare war）交給國會，但是歷屆的總統不斷的挑戰這項權力。在越戰後，美國國會於 1973 年通過戰爭權力法案，限制總統對外的用兵權限，這個法案規定總統在用兵或增兵前，應儘可能事先諮詢國會，並在用兵四十八小時之內，必須向國會提出書面報告。若國會決議要求總統撤兵，總統不能否決這項決議[31]。雖然這項法案象徵了國會在宣戰權力的優越地位，但是還是有許多的學者並不抱持正面的想法，但從總統與國會在對外宣戰權的權力鬥爭史來觀察美國憲法的設計，無論用兵的理由如何堂而皇之，最後它還是將這項權力還給了國會及民意的支持。其權力與制衡的衍繹之奧妙，是值得我們去探討的。

四、政黨領袖

美國憲法並未提到「政黨」一詞，在制憲初期，制憲者反對任何政黨的組織，政黨被視為是造成國家衝突與分裂的禍端，因此現代的總統作為一個政黨的領袖很明顯的並非是來自於憲法的授權，而是傳統和事實上的需要。

在事實上，美國總統與政黨的關係是不確定且薄弱的，他在許多法案的通過往往是需要反對黨的支持，而他基於是全國的領袖的緣故，更喜歡被視為一位超越政黨政治的領袖[32]。

美國總統為同黨人員助選，並非當然為黨魁。而並非所有的總統都是心甘情願作為政黨領袖的，近年來歷屆的美國總統經常為同黨的競選同志助選，而其效果並非十分顯著。如總統的影響力及聲望高時，同黨的候選人皆希望由總統助選，而如果總統的聲望低落時，則大家避之惟恐不及。我國近來政黨政

---

[31] 同前註，頁 15-17。
[32] 同前註，頁 20-22。

治蓬勃發展，與總統同一政黨之候選人與總統間之互動情況，亦有如美國狀況一般，在總統聲望很高時，大家皆希望與總統沾到一點關係，但是如果總統聲望低落時，無不表明自己希望靠自己的實力贏得民眾的支持的，而與總統劃清界限。

五、立法的主導者

美國憲法第 1 條第 8 項明定，所有的立法權皆屬於國會，然因時勢所趨，現在的美國總統變身成為立法之主導者，若當年的制憲者地下有知，必然大為震驚。

美國總統之所以會從法律的執行者，搖身一變成為立法主導者，多數學者認為係他可以向國會發表咨文、召開特別會議及運用否決權、提案權等四項權力[33]：

（一）咨文權

依據美國憲法第 2 條第 3 項，總統提出咨文是其義務，亦是其權力，而實際上乃其對國會作立法建議的作用。另外美國國會亦制定了一些法案，要求總統提出具體的報告與建議，更進一步的助長了總統在立法上的影響力。

（二）召開特別會議

依據美國憲法第 2 條第 3 項，授權總統召開特別會議（special session），這個用意是當國會休會期間，總統可以要求國會議員回華府開會，考慮一些特殊的建議或計畫，而特別會議的召開，無疑是給國會行動上的壓力，但在今日已失去了以往的重要性，因為自 1930 年代以後，美國國會每年休會的時間都非常短暫，已無召開特別會議的必要了。

（三）運用否決權

美國總統執行立法領導角色另外一項重要的手段，是有效

---

[33] 同前註，頁 43。

利用憲法所賦予的否決權。美國憲法規定，法案在經過國會通過後便交由總統，而總統在收到法案之後十天內必須採取下列三者之一之行動：

1. 簽署法案，使該法案正式成為法律。

2. 否決法案，送回國會覆議：此時國會必須以三分之二絕對多數，方能推翻否決維持原議，否則該法案因此將被打消。

3. 不採取任何行動十天內該法案便自動成為法律。但若是正值國會休會期間，使得法案無法送回國會，而總統亦拒不簽署，則該法案便無效，此種狀況，便是一般學者稱之「口袋否決」或「袋中覆議」（pocket veto），在這種狀況被否決的法案，國會是無法覆議的。

在制憲者的設計中，國會是主要的立法者，否決權是為了消極防止國會越權，侵犯行政機關的權益，因此早期的美國總統對於否決權的運用頗為自制，但在詹森（Andrew Johnson, 1865-1869）在位時，採用較廣義的解釋，任何法案只要他認為不合理或是不公平、不恰當的，便加以否決。他一共動用了29次的否決權，否決權從此就被賦予新的政治性之意義，成為總統對抗立法有力工具。

由於美國總統已逐漸取得立法上的主導地位，因此哈佛大學教授杭廷頓（Samuel P. Huntington）認為，國會的立法角色，已被削減為僅是拖延和修改而已，至於法案的起草，法案的優先權設定，法案的支持者促成，以及法案最後內容之決定，已經移轉到行政部門而犧牲了立法部門的權力。但有許多學者不贊同杭廷頓的說法，他們認為與其他民主國家相比，美國國會可說是權力最大的國會[34]。

---

[34] 李國雄，《比較政府與政治》，臺北：三民書局，2006年，頁29。有些學者認為，美國總統的政策與計畫雖是決定國會議程極為重要的因素，但是國會透過撥款、修正及法案授權之重新審核等方式，可以對政策做經常性的修正與改變，總統提出的法案在國會並不能完全通過，即使通過，也經常被修改得面目全非。

第四項　總統與國會間的制衡

一、美國的國會

美國國會基於政治現實與妥協的結果採取了兩院制，分別是參議院及眾議院，制憲之初參議院是由各州州議會選出二名，代表各州的利益。但在 1913 年憲法第 17 條之修正案將參議員改為各州州民直選，每州不論人數多寡，均產生二名。任期為六年，每二年改選三分之一席次。

眾議院議員則是由州民直選，代表各州的選民，自 1911 年以後，眾議員總額固定為 435 名，任期兩年[35]。

（一）參議院（員）的權限

一般而言，參議員代表的選區較大，人數較少，資歷及聲望也較高，且享有許多眾議員所沒有的權限。依據美國憲法規定，參議院擁有總統所任命閣員、大法官、軍事將領及駐外使節之同意權，另外有關於總統對外國的宣戰、簽定條約等亦需要參議院參議員三分之二以上人數的同意。

另外因為參議員立法行為曝光的機會較眾議員高，相對的知名度也較高，易受傳播媒體的重視，是美國總統及副總統候選人的培養場所，故有雄心及資歷的眾議員及小州州長，往往會再角逐本州參議員，以期更上一層樓問鼎白宮。

（二）眾議院（員）的權限

眾議員與參議員同樣都採人民直選，眾議員的任期固定為兩年，以一選區內獲得多數票者為當選，而各州眾議員名額是依據聯邦政府每十年所作的人口普查結果作分配。依美國憲法規定，眾議員與參議員同樣都享有立法提案權，提出憲法修正

---

[35] 王國璋，〈當代美國國會的運作〉，何思因主編，《美國》，臺北：政治大學國際關係研究中心，1992 年 5 月，頁 45。

案及議決政府所提出之預算案。惟與參議院不同的是，眾議院（員）才有提出財政法案的權限，而參議院（員）對財政法案只享有否決或修改權。

在彈劾權的行使部分，眾議院（員）享有提出告發之權限，而審理部分則是由參議院（員）來行使。另外如總統選舉人無法選出正、副總統時，則眾議會負責在票數最高的三位候選人中選出一位任總統（美國憲法第 12 號修正案）。而副總統則由參議院在最高票數的兩位候選人裡選出。當副總統職位出缺時，總統可在得到參眾兩院同意後委派新人選㊱。

二、總統與國會的制衡

美國憲法明文強調美國為三權分立的國家，行政權與立法權是對立的，它強調的是分權與制衡，以防止政權的腐化。這種對立的精神表現在其制度上，總統雖然是行政首長，但卻沒有權限來解散國會，而國會也不能動用不信任投票來迫使總統去職。是故美國總統與國會的權力制衡設計，要從下列立法權、預算權、彈劾權、批准條約、行使同意權等五項權力來分別探討。

（一）立法權

依美國憲法的規定，法案的提出係由兩院國會議員提出，議員可以單獨提出法案，不必連署。而總統則無法提出法案，必須委由議員代為提出法案。

但今日因時勢所趨，美國總統時常運用他在憲法上所享有的咨文權、召開特別會議權及法案否決權等方式，成為立法之主導者，故雖然在形式上，立法權還是由國會掌控，照案通過的案件並不常發生，但是在實質上還是不免讓人產生行政主導

㊱王育三，《美國政府》，臺北：臺灣商務印書館，1998 年 12 月，頁 139-140。

立法的遐思。

（二）預算權

美國總統對於政策的問題，不須向國會負責，但總統要實行所提出的政策，勢必要有預算來推動，而規定行政經費的預算，必須提案交國會通過，因此國會如通過總統所提出之預算案，無異承認總統之政策，是故國會議員若要反對總統的某項計畫，在其院會議程中杯葛該法案，便是其不二法則。

而總統對於國會所通過之預算法案，若是認為其有不妥或是與其施政理念不符，仍然可依照立法程序退回覆議。此時，與一般的法案相同，如總統要強勢的主導各項預算案，則只要掌握三分之一加一的席次人數，便可成功的推翻該法案，使該法案無疾而終。另外亦有第三十七任美國總統尼克森（1969-1974 年）主張「行政特權」是不受任何立法機關監管的，他運用了「行政特權」凍結了聯邦資金，拒絕為國會通過的政府項目動用資金，更是美國總統與國會在預算權上制衡的最佳範例。

（三）彈劾權

彈劾案的提出，係由眾議院之議員提出告發後，組織一委員會調查其罪狀，再由院會出席過半同意，提出彈劾案。而彈劾案的審理，是由參議院為之。參議院在審理彈劾案時，有下列三項規定：

1. 參議院全體議員皆應宣誓，且非有出席議員三分之二以上之同意，不得裁決有罪。

2. 審判的程序依刑事訴訟的程序，有訊問、辯論證人及律師，最後才用表決來決定。

3. 審判一般文官由副總統任主席，審判總統時，則由聯邦最高法院法官為主席。

受彈劾的對象，除總統及副總統外，更包括聯邦一切文

官，又文官如在職時有違法情事，縱使已離職，亦可彈劾。而彈劾的罪狀依憲法規定為：「判國、受賄或是其他重大罪行」，其中之「重大罪行」為不確定的法律概念，故實際上凡是國會認為可以加以彈劾的，無論是私人違法或是職務上的違法，均可以彈劾。

（四）批准條約

條約的批准是參議院（員）特有的權限，美國總統對外雖代表國家，但是在與外國達成協議或是合作關係時，必須要有國會（參議院）的同意，方可在國內成為正式的法律，雖然在歷屆美國總統中，時常會故意繞過這個規定而與其他國家簽定法律效果較低的協定及備忘之類的文書，但是國會之批准權在相當程度上，還是牽制著美國總統對外關係的行政權之行使。

最佳的例子就是威爾遜（1913-1921年），在第一次世界大戰後，他任內積極的推動國際聯盟（League of Nations，簡稱國聯），宗旨是減少武器數目、平息國際糾紛及維持民眾的生活水準。但後來由於參議院否決而沒有加入，使得美國在第一次世界大戰後被迫採取孤立主義。

（五）行使同意權

同意權乃國會針對總統所提名之聯邦政府官員、大法官及駐外大使等人事佈局做最後同意之權力。總統如濫權或有私心提名不適當的人選，國會可以行使這個權力來制衡、牽制總統的濫權。例如，1951年民主黨總統杜魯門提名伊利諾州兩位地方法官，即因該州選出之參議員道格拉斯堅持不同意，而未獲參議院同意而作罷。換言之，總統的任命權不是絕對的，尚須對參議院議員先行禮貌性的照會，否則就會遭受參議院之杯葛與拒絕[37]。

---

③苗永序，《各國政府制度及其類型》，臺北：專上圖書公司，1997年4月，頁112。

依據美國憲法第 2 條第 2 項及國家安全法，總統為三軍統帥，他擁有遂行戰爭、指揮作戰之大權，然而卻沒有對外宣戰的權力，總統代表國家對外宣戰，須經國會的同意授權，方可獲得法律上支持。因此美國總統常為規避國會宣戰權的行使，宣稱這類的行動是維護和平的警察行動，並以軍事行動造成戰爭的結果，進而達成他在政治上的目的，例如，1950 年杜魯門在以聯合國之名義下，未獲得國會之同意，即派兵介入南北韓之戰爭，而杜魯門總統認為，韓戰不是戰爭，而是「警察行動」，所以美國國會始終未曾對北韓宣戰，就是一個很好的例子[38]。

第四節　內閣制

第一項　採內閣制的國家

世界上的國家組成的型態，大致可分為君主國及共和國等兩種國家型態，採內閣制的國家大約有 61 個，其中君主國部分以英國為首有 39 個，共和國部分以德國為首有 22 個。

第二項　內閣制的特色

英國式內閣是以內閣總理為首，與其他國務大臣所組成的內閣擁有實際的行政權，國家元首不過是形式上擁有虛位，其所公布的法律或發布的行政命令，均須內閣之副署始生效力。因此，國家元首並不負責實際政治責任，所有國家政策與行為都由內閣直接對國會負責。尤其在兩院制的國家，通常內閣是對有顯著之國民代表性格之眾議院負責，以間接的對全國選民負責為最大特徵。

在內閣制下，大多是由多數黨的領袖負責組閣，多數的閣

員具有議員身分，不論閣員是否具有議員身分，都應出席國會接受質詢，並可參與討論，如兼具議員身分者，並可參與表決。因此，行政權與立法權是緊密的連結在一起，並保持兩者之調和為目的[39]。

英國內閣制與美國總統制的設計重點，都注意到權力可能被濫用及其造成專制的後果，而英國內閣制所不同的是他們認為權力可以有其益處，強力政府是解決公共問題惟一的方法，是以，他們並不想要完全減弱政府的權力，反而是支持積極干預的政府，並要有權的人負起責任，且希望政府在社會福利及公共問題上多使點力。

世界上中央政府體制採內閣制的國家之代表，莫過於英國這個國家，它立憲的歷史最為久遠，可說為立憲制度的發祥地。以下針對英國之憲法、國王、國會、內閣等特色作一簡要的說明。

第五節　英國的憲政制度

第一項　英國的憲法

英國的憲法屬於不成文憲法（unwritten constitution），但其中仍有部分成文的規定[40]。而不成文的部分則由下列三個部分組成：

---

[38]同前註，頁 84-85。
[39]同前註，頁 39-40。
[40]其中包括憲章及制定法，憲章部分如 1215 年之大憲章和 1628 年的權利請願書（The Petition of Right）及 1689 年之權利法典（The Bill of Rights）。制定法部分則有 1701 年的王位繼承法、1911 年及 1949 年的國會法（The Parliament Act）、1918 年的人民代表法、及 1928 年的男女選舉平等法等重要法律，然而這些法律只占英國全部憲法中之一小部分，其餘大部分仍須依賴不成文之規定來加以補充。見謝瑞智，《比較憲法》，地球出版社，1992 年，頁 346。

一、判例

判例是最上級法院法官於判決書中所表示的意見，其後為下級法官所採用者，於相同的案件中具有拘束下級法院的效力。英國是海洋法系的國家，自然特別著重判例法，這些判例中，亦有許多關於憲法上人權和自由的判例，是故判例遂成為英國憲法的一部分。

二、政治傳統

所謂政治傳統，一般而言，係指政治先例而為後人予以遵守而成為傳統者。政治傳統在英國的憲法中，占非常重要的地位，英國不論是國會、內閣或是法院，皆深植悠久的政治傳統在內，諸如貴族不能擔任首相，國王必須完全同意國會通過的法案等。然而這些先例並非不能打破，這些效力是間接的約束而非直接的發生，違反政治傳統，並不會導致法院給予罰鍰或是處罰，雖然如此，亦絲毫未減損政治傳統在憲法中所占有的重要性[41]。

三、憲法學者之見解

憲法學者對憲法上重要課題所表示的見解，固然不具任何法律上的效力，但該等見解有時可助法官於具體案例中達成正確的判斷，特別是就二個以上的憲法原則難以調和為一致的看法時，更具實效性，若學者見解為法院採為判決的基礎時，亦可以成憲法的淵源。

[41]同前註，頁 347。

第二項　英國的國王

英國的國王係由繼承而產生，它有統領的地位，卻完全沒有政治權力，在政治上維持中立，所以它的行為並無政治上或法律上的責任，縱使其犯法，其身體不得予以逮捕，財產亦不得予以沒收，所以，司法權不得行使於宮中。然而，國王的權限在名義上擁有立法、行政及司法權，但在十七世紀後，立法權及司法權早已交由國會及法院來行使[42]，另外，國王在行使統帥權、締結條約、宣戰媾和等職權時，均須國務大臣的副署，而一切的政策係由國務大臣所組織的內閣來決定，非國王能左右之，所以在事實上，國王只是虛位的元首代表。

英國繼續維持君主之制度，除了有其歷史之緣故外，在現今的英國政治實踐上，國王具有一定的重要地位，他是非政治性的地位和公正的團結象徵，不但在國會與內閣的抗衡中扮演著超然的第三者，除可以居中協調外，更重要的是它是英國統一的象徵，是國家處於危機時的一項重要資產[43]。

第三項　英國的國會

大部分的學者均以英文直譯「巴力門」（Parliament）來稱呼英國的國會。與其他一般國家的國會不相同的特點是它享有最原始的權力及超然的議長制，茲分別說明如下：

---

[42]西元十七世紀英王查理二世在位時，就常與五位親信大臣在小閣樓共商國事，後來至十八世紀英王喬治一世時，更命閣員開會時推舉一位閣員主持會議，並負責向其報告開會的結果，一直演變至後來立法權及司法權交由國會及法院來行使。參閱苗永序，《各國政府制度及其類型》，專上圖書公司，1997 年 4 月，頁 31-32。
[43]許慶雄，前引書，頁 68-69。

一、享有最原始的權力

英國的國會權力與其他國家之國會權力來源不同，其他國家的國會的權力大都是來自憲法的授權，而英國的國會則不然，它的權力是原始的且無限制的，它可以延長自己的任期，亦可以廢舊王迎新王，故可以算是真正的國會至上。

二、超然的議長制

英國有國會之初，議長並不超然，不過隨著政黨政治發達後，議長必須在議會中指定發言，拒絕議員提案及維持院內秩序，他對會議程序之進行有相當操縱的作用，故不得不要求他居於公正之立場，以避免偏袒一方之情形產生，而為合乎他超然的立場，他們採取下列方式：

（一）議長必須於當選後退出政黨。

（二）議長遇到國會解散改組時，議長無可競爭的當選議員。

（三）議長在解釋議事規則時必須按著一套非常機械式的原則。

（四）議長的尊嚴及地位應為執政及在野兩黨所共同維持。

英國的國會分成兩院，一院為上議院（House of Lords），另一為下議院（House of Common），其組織分別介紹如下：

一、上議院

上議院的議員均為貴族成員，而其中更分為四大類，分別是宗教貴族、世襲貴族、法律貴族及終身貴族，而其中並以總理大臣所推薦給國王之大法官為議長，惟不以出身為貴族者為限，但依慣例，大法官一旦就任，國王均封其為貴族。

二、下議院

下議院之議員係由人民直接選舉產生，其任期在 1911 年後定為五年，但如實際有需要，可以自行決定延長其任期，依據 1944 年的議席調整法，確定全國採小選區制，劃分成為 625 個選舉區，因此現今的下議院議員共有 625 個人，而下議院議長係由議員互相選舉而產生，並經國王的批准就職。

英國國會的兩院在 1911 年以前立法權完全平等，在制定了國會法後，始對兩院職權作明確的劃分，規定關於與國民有直接利害關係的金錢法案由代表國民的下議院提出，上議院若於一個月內通過，則逕呈請國王批准該法案，更在 1949 年後規定其他法案如上議院不通過，在一年內（二個會期）下議院如連續通過該法案，則可逕呈請國王批准該法案，因此，上議院已不再是立法機關，而只是淪為牽制下議院的機關，英國國會雖有兩院制的形式，但其所呈現的卻是一院制的精神。

至於為何英國未將上議院廢除，則係因為上議院的設置歷經多年，況英國人較保守，自不肯廢除此一具有悠久歷史傳統的制度，加上成員大都是社會各方名流及精英，故其建議有其重要性存在，可以發揮貢獻意見的功能，是故兩院制的設計保留至今[44]。

第四項　英國國會制衡政府的方式

同上節所述，英國國會雖有兩院，但實質上國會之權限歸下議院所享有，在此所探討的國會，乃指下議院而言，並不包含上議院。

國會制衡政府的方式包括制定法律、預算決議、質詢、彈

---

[44]謝瑞智，《比較憲法》，臺北：地球出版社，1992 年，頁 356。

劾及不信任投票等五種方式，茲簡單說明如下：

一、制定法律

英國的國會於每年秋天時，所有議員會在上議院聆聽國王演說，由於英國的內閣成員亦為議員，政府就會經由具議員身分的官員向下議院提出法案開始立法程序。與我國相同的是立法會經三讀後才送國王批准成為法律，其一讀時只是形式而已，二讀的院會則針對整個法案的目的及實質加以辯論，第三讀則通常只作技術性的調整[45]。

而國會對內閣所提重要的法案，如故意不予通過，或是予以修改得面目全非，讓內閣難以接受，則內閣除奏請英王解散國會外，就只有辭職下臺一途，故「制定法律」是英國國會制衡內閣的一種常見的方式[46]。

二、預算決議

編制預算的權力是劃歸在政府的財政部，而決定權力是在內閣之會議，國會不過是討論及監督，甚至該討論可視為形式上而已，因為討論之目的在使內閣聽到各方面的批評而自動來修正原案，如預算發生問題，責任全應由內閣來擔當，國會則再決定倒閣與否，而否決內閣所提出的年度預算案，會使得內閣無法推動各項政策，亦是英國國會制衡內閣政府的一種方式[47]。

---

[45] 參見李國雄，前引書，頁 81-82；黃琛瑜，《英國政府與政治》，臺北：五南圖書出版股份有限公司，2001 年 5 月，頁 161-165。按在英國國會議員監督政府的主要方式乃是透過辯論、質詢及委員會審查為之，尤其是針對政府立法之監督，議案從二讀、付委報告到三讀之審議過程，議員就議案之原則旨趣、本文條文條件、以及即將通過的議案全面予以一一全盤討論，如此嚴謹之程序，不但能打消惡化，亦可使通過之法律更臻完善。

[46] 謝瑞智，前引書，頁 356。

[47] 參見謝瑞智，前引書，頁 352 及黃琛瑜，前引書，頁 84，在英國每年的預算日，由財政大臣對下議院發表財政演說後，議會即展開為期數天的辯論，成為反對黨監督政府財政政策之重要場合。

三、質詢

在法案送到下議院時，反對黨的議員會利用質詢的時間來攻擊內閣政策，質詢制度是議員們僅有的利器，也是英國國會制衡政府最廣為人知的手段。對於政府內閣各部部長的質詢，由議員先於二天前提出，並由具有專家背景的文官為所屬的部長來預作準備，但在部長回答後，議員可以再提出相關問題，此時就考驗著該部長的應變能力及業務熟悉度。如部長表現不佳，會影響他的聲譽，甚至危及到他的政治生涯。相對的議員們質詢內容及技巧，往往反映出他的才華及勤勉，會得到同儕的另眼相看，建立自我的聲望。

對首相的質詢，一般皆由在野黨的領袖出面，雙方短兵相接，在重大政策性議題上針鋒相對，政壇為之矚目，帶給全國的人民一場難得的政治饗宴，雙方唇槍舌劍激辯，成敗結果甚至可能影響政府的去留及政治生涯[48]。

四、彈劾

彈劾是國會監督國務大臣違法行為的方法，其發動權是屬於下議院，功能相當於刑事訴訟中之起訴，後交由上議院來審判認定。然而自 1805 年之後，迄今未再行使彈劾權，而此並非國務大臣皆無違法行為，而係國會利用不信任投票使其去職，而不必再經過冗長的彈劾程序。

五、不信任投票

英國的內閣政府在組閣後是否能夠繼續執政，全視國會之是否信任，國會若反對政府的政策，認為其有背於民意時，或

是認為某大臣不適任時，最常用的方式是不信任投票，通常不信任投票有分暗示不信任投票及明示不信任投票二種，暗示不信任投票就是國會議員在議程中否決政府重要法案（特別是預算案）或是加以修改等，均屬這種方式。而明示不信任投票則是攻擊某位大臣，課其單獨責任（彈劾或去職）或整個內閣連帶責任，以迫使自動下臺[49]。

一旦國會正式通過不信任投票案時，則內閣就必須總辭，或是解散下議院。但是自從英國出現政黨之後，決策中心已從下議院轉移到內閣，下議院的權力在黨鞭的貫徹執行下，漸漸的式微，議員們為著政治前途考量，少有違背黨紀的行為。

但在 1970 年代以後，英國社會的分裂程度逐漸增高，黨內的議員對重大政策又常出現歧見，造成幾次內閣所提之重大法案被推翻的紀錄，而這種情形一旦出現，跟不信任投票獲得通過一樣，都會造成政府的總辭或解散國會，因此不信任投票，成為迫使內閣總辭的惟一途徑[50]。

第五項　英國的內閣

一、內閣的形成歷史因素

內閣為英國政府的核心機構，內閣由英國樞密院（Privy Council）外交委員會發展而來。十七世紀初，由於樞密院人數眾多，英王常在王宮的內室召集外交委員會的部分親信討論決定重大政務。十七世紀後期，外交委員會便有「內閣」之別稱，並逐漸代替樞密院，成為實際最高行政機關。它由英王主持，並對英王負責。1688年「光榮革命」後，威廉三世時期，

---

[49]謝瑞智，前引書，頁 356-357。
[50]李國雄，前引書，頁 84。

內閣改由下院多數黨組成，並開始轉向對議會負責。1714年德意志漢諾威選侯喬治一世繼承英國王位。他不懂英語，自1718 年後就不再參加內閣會議，而指定下院多數黨領袖沃波爾主持。從此，國王不參加內閣會議，而由下院多數黨領袖主持內閣便成為慣例。1742年輝格黨發生內訌，沃波爾內閣因失去議會支持而集體辭職，由此開創了組閣政黨必須在議會中占多數並集體負責的先例。1783年，托利黨人皮特出任首相，次年因得不到下院支持而提請國王解散下院，並提前大選，選舉中托利黨獲勝繼續組閣，這一作法也成為慣例。到十九世紀中期，英國的責任內閣制在憲政實踐中，通過憲法慣例的積累逐步完備而形成。

按照慣例，議會大選後，即由英王召見多數黨領袖，任命其為首相並授權組閣。該黨領袖與其黨內其他領導人會商後，從其黨內議員中提出閣員名單，請國王任命。根據 1937 年《國王大臣法》規定：大臣分閣員大臣和非閣員大臣。參加內閣的閣員大臣只是政府中的部分大臣，閣員人數由首相確定，組成人數經常變動。1939年前基本上全體大臣都參加內閣。第二次世界大戰後，內閣人數一般在 20 人左右。參加內閣的除首相外，通常有外交、國防、財政、內政等重要部門的大臣，不擔負某一具體部門首長的大法官、樞密院院長、掌璽大臣，主管地區事務的蘇格蘭事務大臣、威爾斯事務大臣、北愛爾蘭事務大臣等。

內閣會議之前，首相有時就重要政策方針先召集少數親近大臣開會討論，稱小內閣或內內閣[51]。

---

[51]參閱〈中國大百科智慧藏〉，http://wordpedia.pidc.org.tw/content.asp? ID=9526。

二、內閣的運作

英國的內閣是採合議制，凡經內閣所決定之政策，閣員對外必須盡力擁護，尤其對下議院更是如此，此外內閣須就其政策對下議院負連帶責任，使得內閣與下議院形成團體的對峙狀態，所以下議院對於內閣某一個部的個別否決，即是代表對整個內閣的否決。而內閣對於下議院負責的方式，具體表現在外的，就是透過副署制度來達成[52]。

三、國會解散權（Dissolution of Parliament）

國會擁有倒閣權，依據「國會主權」原則，乃是邏輯之必然，一如「頭家」可以隨時決定夥計的去留。可是民主政治另一個看法是：權力一定要有所制衡，如十九世紀末英國艾克頓勛爵（Lord Acton）云：「權力使人腐化，絕對的權力使人絕對的腐化。」

因此相對於倒閣權，必須有解散權，否則權力不平衡，必生流弊。可見解散權要相對於倒閣權，取得平衡，方成美事；反之倒閣權也要能與解散權保持平衡，自不待言。如此行政立法二權方能避免獨大，否則就違背了民主政治中，限制權力的原理。但是平衡機制的運作，最後是訴諸人民裁判的。

解散權，乃是將「法律的主權者」（Sovereignty of Parliament），也就是國會；轉而向「政治的主權者」（Political Authority），也就是人民的上訴。換言之，擁有最高主權的國會，當面對與內閣意見相左時，要由人民用選票加以審判。誠如 1877 年首相德布羅伊（des Deputés）所說：「我們沒有得到信任投票，你們也不能同我們在一起。」內閣制的特質如國會

[52] 謝瑞智，前引書，頁 359。

主權等等，最終勢必都要服膺民主政治之國民主權，以民意為依歸之鐵則；倒閣權與解散權之運作亦然，行政立法間權力制衡，最終勢必訴諸人民裁判[53]。

四、解散國會的時機

當國會（下議院）通過表決不信任投票時，英國內閣有解散國會的權力，內閣總理可奏請國王批准後，將國會解散。但是如國王認為目前國會仍有朝氣且足以稱職或大選有害於國家經濟（特別是在大選甫結束時），或是國王可以找到另一適當人選來接替現任總理大臣以繼續其政府，並在國會中維持多數時[54]，則該內閣不但無法順利解散國會，反而會造成該內閣的自行垮臺，故內閣發動解散國會時，必須對當時的政情有十足的掌控及把握方可發動，否則必將適得其反。

另外，雖然國會（下議院）並未行使不信任投票，內閣仍可以將之解散。這種情況有二種，第一為上議院與下議院發生衝突時，第二為在重大議題上內閣為探求真實民意時亦可發動解散國會。故此時解散國會權的行使並非在與國會抗衡，而是謀求內閣之基礎穩固，其乃具有公民複決的意涵在內[55]。

第六節　德國的憲政制度[56]

第一項　基本法的民主原則

二次大戰後的德國，在 1945-1949 年間，亦即尚未分裂形

---

[53]郭應哲，〈簡介英國內閣制及其憲政精神〉，《新聞深度分析簡訊第 29 期》，靜宜大學，通識教育中心編印，1997 年 6 月 14 日。
[54]謝瑞智，前引書，頁 360。
[55]同前註。

成東西德[57]前，實質經歷美國、英國、法國及蘇聯等四大戰勝國的占領管轄，而在西方占領區的西德議會委員會[58]於 1948 年 9 月 1 日在波昂（Bonn）首次集會舉行會議，商議有關國家憲政大法的「基本法（Das Grundgesetz）」[59]，其憲法的基本原則乃由同盟國所擬定，且必須具備民主、確保基本權利、合乎聯邦制，至於其他的項目，同盟國授權德國可廣泛且全權作主。在組成新國家政權時，德國各屆政治精英決心一致要避免重蹈威瑪共和（Die Weimarer Republik, The Weimar Republic）覆亡的命運，並認為國家社會主義（Nationalsozialistische Deutsche Arbeiterpartei, NSDAP）[60]專制政權的得勢，自始至終是為戰後聯邦德國揮之不去的噩夢，同時也認為威瑪共和的威瑪帝

---

[56]王贊焜，〈選舉課責與經濟投票對德國政黨政治的意涵及影響（The Significance and Influence of Electoral Accountability and Economic Voting for German Political Parties）〉，國立臺灣大學：碩士論文，2013 年。

[57]東德，其正式名稱為德意志民主共和國（Deutsche Demokratische Republik, DDR），或簡稱為「民主德國」。西德，其正式名稱為德意志聯邦共和國（Bundesrepublik Deutschland, BRD），或簡稱為「聯邦德國」。1990 年 10 月 3 日，兩德統一後的正式名稱為德意志聯邦共和國（Bundesrepublik Deutschland, BRD），仍簡稱為「聯邦德國」。

[58]議會委員會（Parlamentarischer Rat），或稱國會委員會，是由當時西方占領區 10 個邦（Länder）的市邦總理（Ministerpräsident）及西柏林特別行政區等所組成，認為蘇聯占領區會很快和西方占領區完成合併統一，但實際情況則是直到 1990 年 10 月 3 日兩德統一後，德國基本法才成為整個德國的憲法。

[59]《德意志聯邦共和國基本法》Das Grundgesetz für die Bundesrepublik Deutschland, Basic Law for the Federal Republic of Germany，簡稱 GG。德國基本法於 1949 年 5 月 23 日獲得通過，次日即 1949 年 5 月 24 日生效，乃標誌著德意志聯邦共和國的正式成立。

[60]全名為：國家社會主義德意志工人黨（Nationalsozialistische Deutsche Arbeiterpartei, NSDAP）。作為德國在十九世紀末至二十世紀上半葉的政治思潮與運動之「國家社會主義」（Nationaler Sozialismus）一環，納粹主義也可稱之為「國家社會主義（Nationalsozialismus）」，目前二十一世紀仍有納粹主義者，即新納粹（Neo-Nazi）於各國的活動，其否認與淡化大屠殺，並對納粹行徑進行宣傳，努力美化納粹政權的政策和行為，並以極端的民族主義、種族主義作為主要宣傳內容。納粹主義並非一個嚴格定義的意識型態，而是一些政治觀點的集合，諸如，極端愛國主義、種族主義、優生學、極權主義、反同性戀、反猶太與限制宗教自由。

國憲法（Reichsverfassung der Weimarer Republik）缺失，在於帝國總統（Reichspräsident）權力過大，帝國政府（Reichsregierung）一直存在著隨時有被推翻的危險，除此之外的公民意識教育也有瑕疵，有鑑於此，基本法乃成為純代表性的憲法，一般公民只能經由參加選舉間接實施自治。2012 年正好是德國基本法，即《德意志聯邦共和國基本法》（Das Grundgesetz für die Bundesrepublik Deutschland, GG）[61] 施行屆滿六十三週年（1949-2012 年），基本法不僅為德國統一前的德意志聯邦共和國[62]根本大法，同時也是一部臨時憲法，亦即作為原西德的法律與政治基石，特別是其中所包含的基本權利（Grundrechte），這對於曾經經歷過第三帝國（Drittes Reich）的納粹德國（Nazis Deutschland）統治歷程而論，至為重要。直到 1990 年 10 月 3 日兩德統一後[63]，德國基本法才成為全德國的正式憲法，雖然，德國基本法並不是由德國人民直接投票通過而產生，但其民主正當性（Demokratische Legitimität）在國際上並不受到懷疑，而且基本法從一開始就通過確定國家的基本憲政原則，符合實體憲政概念之要求，其基本憲政原則為：民主（Demokratie）、共和（Republik）、社會福利國家（Sozialstaat / Wohlfahrtsstaat）、聯邦國家（Bundesstaat）、以及實質的法治國（Rechtsstaat）原則，除上述國家政治體制的基本原

---

[61]德國基本法於 1949 年 5 月 23 日獲得通過，次日即 1949 年 5 月 24 日生效，乃標誌著德意志聯邦共和國的正式成立，後來經過多次修改，最近一次修改是在 2006 年 8 月 26 日，並於 2006 年 9 月 1 日生效。德國基本法於 1949 年只在西方占領區內生效，當初其並沒有被打算作為長期有效的憲法，因為當時聯邦參議院（Parlamentarischer Rat，由西方占領區 10 個邦的邦總理及西柏林特別行政區等所組成）認為蘇聯占領區會很快和西方占領區完成合併統一。但實際情況則是直到 1990 年 10 月 3 日兩德統一後，德國基本法才成為整個德國的憲法。
[62]此指當時的西德（Westdeutschland, West Germany）。
[63]統一條約（Einigungsvertrag, EV）。條約全文正式名稱為：Vertrag zwischen der Bundesrepublik Deutschland und der Deutschen Demokratischen Republik über die Herstellung der Einheit Deutschlands.

則外，基本法也規定國家機構保障個人自由，並建立其客觀的
價值體系[64]。

第二項　總理式民主
（Kanzlerdemokratie, Chancellor Democracy）

　　德國聯邦總理（Bundeskanzler, -kanzlerin, Chancellor of Fed-
eral Republic of Germany）在政府組織成員中具顯著的領導作
用，包括：組織建構政府、確定方針、組織權力。聯邦總理的
地位，使其成為政府最高行政首長（Regierungschef, -chef-
in），總理必須由國會（又稱聯邦議會或聯邦眾議院，Der de-
utsche Bundestag）[65]以多數票選出，總理必須以其掌握領導方
針的能力，將具有行政權的政府及內閣成員引導至其政策面
向，議會內閣制的總理將不再易於被推翻，倘果真如此，也必
須得在國會以多數決選出一位新聯邦總理時，才得以同時罷免
原有總理。

　　組織建構政府：聯邦總理是由聯邦議會選舉產生，且須僅
在聯邦議會選舉出繼任者時，才能終止其職務（《基本法》第
63 條和第 67 條）。聯邦各部會首長則由聯邦總理建議並經聯
邦總統任命和取消職務（《基本法》第 64 條）。聯邦政府內

---

[64]王贊焜，〈選舉課責與經濟投票對德國政黨政治的意涵及影響（The Significance
and Influence of Electoral Accountability and Economic Voting for German Political
Parties）〉，國立臺灣大學：碩士論文，2013 年。
[65]德國聯邦議會，或稱德國聯邦眾議院（Der Deutsche Bundestag），即德意志聯
邦共和國的聯邦議會，總部設在柏林。德國聯邦立法機構由聯邦議會和聯邦參
議院（Der Bundesrat）所組成。聯邦議會擁有設立歐盟事務委員會、外交事務
委員會、國防委員會與情願委員會及任命軍事專員的權利。聯邦議會及其委員
會有權要求聯邦政府任一成員出席其會議。德國聯邦議會聯邦議員產生方式為
採行單一選區兩票制之聯立制，又稱混合制，是一種結合比例代表制和多數代
表制（小選區制）的選舉制度，選民需要投兩票，一票選人，一票選政黨，用
來決定選舉最終的當選席次總數。德國也是採用此制度的主要代表國家。

部只有總理獨享大選產生的合法性，聯邦議會不能強迫總理接受某位部長人選或是使之出局。聯邦總理可依據《基本法》第68 條提出信任問題，並且在一定條件下解散聯邦議會，或是宣布立法緊急狀態。

確定方針：《基本法》第 65 條指出，聯邦總理確定政治方針，並承擔相對應的政治責任，因此，聯邦總理得以在聯邦政府內閣多數成員同意的基礎上，確立政府的方針。總理有權建議免去部長之職務，總理也能夠根據《基本法》第 65 條領導聯邦政府事務，並可採取一切相關措施和聽取部長們的報告，這些都強化聯邦總理確定方針的能力。

組織權力：根據聯邦政府的工作事務規定，聯邦總理確定政府部門部長人數與聯邦部長的管轄事務領域。

總理式民主有助於聯邦政府的團結與行動能力，然而，聯邦總理的權力與行動力，則取決於政治條件，包括：聯邦總理在其政黨內的地位、政府聯盟[66]之格局、總理個人處理政治事務之技巧。

第三項　聯邦議會多數制民主

總體而論，德國聯邦政府自己推動立法，在聯邦議會通過法案的成功率遠高於聯邦議會自己提出草案或者由聯邦參議院（Der Deutsche Bundesrat）所提出之法案，例如，在 1949-1998 年間通過法律案的 75.7%的立法動議是由聯邦政府所提出[67]。看似行政部門具有立法的主導作用，不過聯邦政府可以被理解為是多數派推動立法動議的機關，其實亦即政府與議會多數派在政治行動上是統一一致，像是很多政府政治動力來自於議會

---

[66]德國聯邦政府執政聯盟之政黨組合，一般皆為一個主要大黨（基民盟 CDU 或社民黨 SPD）及一個小黨（自民黨 FDP 或綠黨 Green）共組聯盟政黨。
[67]Schindler, Peter. Deutscher Bundestag 1980 bis 1998, in: ZParl. 1999, S.956ff.

多數派議會黨團，而且議會多數派黨團真正提出的立法動議也是在政府部門官員的諮詢協助下作出。

第七節　雙首長制

雙首長制又稱為半總統制或是混合制（Hybrid System），顧名思義它同時具備了總統制及議會內閣制的特徵，在這種制度之下，國家元首由人民直選而產生，因此擁有憲法上的實權，但是在這個制度之下，國家的行政首長卻必須要依照憲法規定由他來指定他人行之，總統不需向國會負責，而是由行政首長負責。另外特別之處是，總統可以主動的解散國會而得以在必要的時候掌控政治情勢，然而總統的權力大小，乃視他所掌控國會的席次多寡而定。如果他所掌握的國會席次少於在野黨，那麼他就必須要將這個實權轉讓給內閣總理，因此在雙首長制下的國家，政黨制度就顯得十分的重要了。

第一項　採雙首長制的國家

中央政府體制採雙首長制的國家莫過於是以法國為其代表，我國在某種角度來看，亦是採雙首長制的國家。而世界上採雙首長制的國家共約 40 多個國家，包括亞洲的印度、伊朗，歐洲的法國、德國、冰島、奧地利、芬蘭，美洲的秘魯及非洲的查德、奈及利亞等國，皆為採用雙首長制的國家。

而大部分的學者都以法國的第五共和為雙首長制國家之代表，在以下，則以法國第五共和為例，來說明雙首長制在憲法中其總統的權力、總理、國會及法國第五共和的左右共治等四大部分憲政制度的運作，簡略的說明法國的第五共和的中央政府體制。

第二項　雙首長制的特色

　　總統與總理這兩個角色同為國家的行政部門，卻可能不屬於同一個政黨，乃雙首長制的國家的特色。這個制度的形成的因素，端賴其國家之民主政黨政治及其選舉文化所孕育而成。

　　在選舉的法規所影響下，人民選舉選出總統，但依據憲法規定及現實政黨政治的運作，總統不得不依據憲政的慣例，來任命占國會的多數席次之政黨領袖，以穩定政局並推動國家之行政工作，而在總統與總理這兩個角色的行政分工上卻有輕重之不同。以法國為例，總統公布內閣任命、公民複決、解散國會等主要法令，無須總理副署，而任免文武官員、公布一般法律命令等，又需要總理之副署。

　　在制衡方面，總統有解散國會之權力，國會有倒閣之權力。內閣閣員不得兼為國會議員，國會議員亦不得為內閣閣員，惟可列席國會有關之會議發言討論⑱。

第八節　法國第五共和憲法

　　第五共和憲法為法國總統戴高樂所精心設計的一部憲法，於 1958 年經公民複決投票通過正式生效，這部憲法有別於法國以往的憲法，它反映出人民對第三共和之積弱不振與第四共和之政局變動頻繁之不滿，一反其民族政治文化，允許一個握有較大權力的行政中樞，並且限制立法部門的權限⑲。

　　法國憲法會議主席巴登特（Robert Badinter）在一場有關法國憲政的專題演講（法國第五共和的憲政發展）中更提到，

---

⑱苗永序，《各國政府制度及其類型》，臺北：專上圖書公司，1997 年 4 月，頁 175。

⑲謝瑞智，前引書，頁 423。

法國第五共和憲法是一個非常奇特的體制型態，很難在一般的體制界定範圍內去找到適當的位置，它結合了議會制與總統制的運作原理，一方面具備了政府需向國會負責，而國會可以推翻政府的議會制原則，另一方面又規定了總統擁有解散國會實權的總統制色彩，因此被學界稱之為混合制的政府體制[70]。更可說明這部憲法體制與其他制度所顯現出的獨特性。

第一項　法國總統

一、總統的產生

（一）間接選舉改為直接選舉

法國在第三共和、第四共和時代總統是經由國會兩院聯席會選出，於第五共和制憲之初，對總統的選舉方式乃改採「選舉團選舉」，由國會兩院議員、各省省議員、海外屬地議員及各區議會代表組成選舉團，其總人數達七萬人以上，而這些選舉團的組織中大多數是保守的區議會代表，約占全部選舉人之35%，反而占法國總人口八分之一的首都巴黎卻只能選出 7%之代表出來。如此一來，將來可能選舉出的總統，為較偏向於保守型人物[71]。當時總統戴高樂預見這個組織的缺陷，為使法國的民主更加落實及尋求總統行使權力的合法基礎，且乃主張總統改為直接民選。但他並未依照修憲的方式進行修改，而是將這個修正案於 1962 年 10 月直接提交公民複決並獲通過，因此現在的法國總統所產生的方式是由法國全體公民直接投票選出。

---

[70]姚志剛等著，《法國第五共和的憲政運作》，臺北：業強出版社，1994年，初版，頁 251。
[71]謝瑞智，前引書，頁 423。

在 1965 年他以這個選舉制度順利當選，他在自己的回憶錄中提到：「長久以來，我確信總統經由人民選舉才是惟一可行的途徑，如此一來，由全體法國人民所選出來的這位總統才是全國惟一的最高領導者，不但可以負起國家最高的責任，同時也符合憲法上的規定。」[72]從他的這段話中，可以很明白的看出他非常積極地將法國第五共和總統轉變成真正具有實權總統的決心。

（二）候選人的資格

法國總統候選人資格必須年滿 23 歲，為法國公民，始得被提名為候選人。候選人同時要取得全國 30 個不同郡[73]的 500 人連署，而且這 500 人身分需為國民議會、郡議會議員及城市的市長等方有資格，除完成連署外，每位候選人必須繳納一定之押金（一萬法郎），若候選人得票率超過 5%，則退回押金。但是即使提名候選人的程序如此繁瑣，歷年來總統候選人都超過八個，而且大部分的候選人押金都被沒收。

（三）二輪的投票制

依法國第五共和憲法第 7 條規定：「共和國總統須獲絕對多數之有效選票始為當選。若絕對多數無法在第一輪投票中獲得，則須於第十四天（星期日）舉行第二輪投票。僅有在第一輪投票中獲票最多之兩位候選人（票數雖高而自動退出之候選人不予計算）始得參加第二輪投票。」

（四）政黨的角色

法國自 1962 年舉行總統直選以來，從未有一候選人在第一輪選舉中獲得絕對多數票而當選，以兩輪投票制的方式產生

---

[72]張台麟，《法國總統的權力》，臺北：志一出版社，1995 年，頁 76。轉引自 Charles de Gaulle, Memoires d'espoir (Paris: Plon, 1970), p.326.

[73]法國行政區劃分為省（department）級者有 96 個，另外，還有 4 個海外大區（regions d'outremer）（視同省），總數 100 個，關於此，部分文獻亦記載為：「至少 30%以上省分的 500 名民選代表的連署支持。」

總統，其精神及意義跟國民議會的兩輪投票制極為類似。也因為這樣制度的設計，在第二輪投票時，各候選人極為依賴政黨的動員，如此一來，造成了法國政黨的兩極化（左派、右派），使得政黨的領導階層在意黨內總統候選人地位的建立及黨組織的加強，而較少去注意政黨對政策的選擇、新社會團體的整合及選民利益的代表，政黨被黨內各派系視為競選總統的踏板，而不再是吸收新血及團體和新觀念的管道[74]。

二、總統的權力

法國第五共和總統可以說是擁有完全獨立之行政權，其正當性來自於總統直選，雖然其憲法上明定的職權不多，但是實際上多透過總理來實行其政策。至於總統可以單獨行使且無須總理副署的權力，其中較重要的有任命總理權、公民複決權、解散國會權、緊急命令權及提名憲法委員會成員等五大項，茲分別簡述如下：

（一）任命總理權

依據法國第五共和憲法第 8 條規定：「共和國總統任命總理，並依總理提出政府總辭而免除其職務……」因此，在非共治時期，總理的任命是依總統的意志來決定的，其中「共和國總統任命總理」乃屬總統真正實權。

但是總統是否有權「希望」總理辭職呢？關於此，在憲法中似乎沒有詳細說明，但是在實際上，由於總理之民意基礎顯然遠小於總統，故其理應有權要求總理辭職，正如法畢士（Laurent Fabius）所云：「倘總統與總理屬同一黨派，總統要求總理提出總辭時，總理是不能予以拒絕的」[75]，而如政局無

---

[74] 謝瑞智，前引書，頁 101-102。
[75] 姚志剛等著，《法國第五共和的憲政運作》，臺北：業強出版社，1994 年，初版，頁 30。

法由總統所屬的政黨所掌握時（共治期間），總統則不能依照己意來任命總理人選，他必須任命與自己不同黨派的人為總理。

（二）公民複決權

依據法國第五共和憲法第 11 條：「共和國總統基於政府在國會開會期間所提建議、或國會兩院所提聯合建議而刊載於政府公報者，得將有關公權組織、國協協定之認可或國際條約之批准等任何法案，雖未牴觸憲法但可影響現行制度之運作者，提交人民複決。人民複決贊同該法案時，共和國總統於前條所規定期限內公布。」就實施的內容而言，可分為：1.有關公權組織的事宜；2.有關法國國協協定之認可；3.有關國協協定之認可或國際條約之批准等任何法案等三大部分，其中最大爭議部分就屬「有關公權組織的事宜」部分，因為在憲法中並沒有明確的規定，這也是戴高樂總統經過公民投票方式進行修憲但卻造成憲政爭議的原因。一般而言，公民投票乃是總統徵詢人民意志最直接的方法，亦是國家主權及人民主權之具體結合，但除此之外，第五共和憲法還有一直接探詢民意的途徑──總統所獨有的「解散國會權」[76]。

（三）解散國會權

依據法國第五共和憲法第 13 條：「共和國總統於諮詢總理及國會兩院議長後，得宣告解散國民會議。」此乃總統專屬的權力，不須經由總理之副署。總統發動解散國會的目的，可歸納出下列三點：

1. 解決憲政危機

也就是說當國會多數與總統為不同的黨派，且理念亦不同時，為避免立法權與行政權之嚴重衝突，總統可以行使解散國

---

[76]謝瑞智，前引書，頁34。

會權，以達到取得國會多數支持的目的，同時也可以再次顯示人民之意願。不過若是在解散國會之後仍然無法得到國會多數的支持時，理論上應辭去總統一職才是，但是法國在 1986 年國會改選時，密特朗並沒有這樣做，他選擇共治，而不願解散國會。

2. 制衡國會

當國會用不信任案來反擊總理之政策時，由於總理乃總統政策之執行者，對總理不信任案猶如對總統之不信任，故總統可使用解散國會重新改選的方式來探詢人民之意願及可能發生的政治危機。

3. 解決社會危機

解散國會權亦可以視為解決社會危機的一種手段，以 1968 年為例，當年 5 月法國發生非常嚴重的憲政危機，幾乎可以視之為一場革命。當時的危機無法解決，雖然當時國會並沒有很明顯的與總理或是總統發生衝突，但戴高樂仍以解散國會為手段，讓人民重新選擇政府及國民議會議員，並藉由人民授權來處理社會之動盪。

總之，解散國會權與其他內閣制國家之意義及功用迥然不同，除具解決危機之功能外，它還同時賦有探究人民的意志之功能及意義存在。

（四）緊急命令權

戴高樂鑑於 1940 年第二次世界大戰法國戰敗初期，政府無法採取緊急措施來有效的應付混亂的社會秩序，因此希望擁有像德國威瑪共和憲法中所規定的緊急應變措施的權力，但制憲者也擔心此項權力會受到執政者的濫用，因此在實施的條件及程度上給予若干的限制與規範，以下就緊急命令所實施的條件、程序及監督等三部分說明：

1. 實施的條件

依據法國第五共和憲法第 16 條規定：「在共和制度、國家獨立、領土完整或國際義務之履行，遭受嚴重且危急之威脅，致使憲法上公權力之正常運作受到阻礙時……」，據此，實施緊急命令的要件為第一：共和制度、國家獨立、領土完整或國際義務之履行，遭受嚴重且危急之威脅時；第二是憲法上公權力之正常運作受到阻礙時，則為總統實施緊急命令的要件。

2. 實施的程序

總統實施緊急命令的條件依同法條後段：「共和國總統經正式諮詢總理、國會兩院議長及憲法委員會後，得採取應付此一情勢之緊急措施。」

但由於「諮詢」乃聽取總理、國會等建議的性質，對總統並不具約束力，且這種諮詢意見並不公開，以權力制衡的角度來看，總統發布緊急命令實施的條件方面，似乎是較著眼於統治行為上的效能而缺少了監督的約束。

3. 監督

鑑於權力的制衡，防止總統利用這一職權專斷而演變成獨裁者，制憲者設計在總統發布緊急命令後，必須交由國會及人民來監督，如國會認為不可或甚至於違憲、叛國時，則可運用彈劾權來制衡總統，而在緊急命令期間，總統不得用任何理由來解散國會。

另外，總統亦須將緊急措施詔告國人，此舉一來是讓全國人民來監督外，二來可讓全國人民瞭解到國家的處境，爭取人民的認同，相對的來說，這也是選民對其信任的考驗。

綜上所述，法國第五共和憲法中關於總統發布緊急命令的規定，其實施的時機並未有嚴謹的規定，實施的期間、終止的方式等亦沒有規範，造成法國許多人士對此有諸多質疑，尤其

是當時的在野黨更是堅決反對，於是在 1993 年密特朗在國民議會改選前夕，亦正式提出廢止該條文之憲法修正案[77]。

（五）提名憲法委員會成員

依據第五共和憲法第 56 條規定：「憲法委員會設委員 9 人，任期 9 年，不得連任。憲法委員會委員，每三年改任三分之一。憲法委員中，3 人由共和國總統任命……」，且依同法第 19 條規定，對於此項提名任命，是無須經由總理副署的。因此，提名憲法委員會成員乃法國總統的專屬權力。

鑑於憲法委員在政治生態上可能扮演的角色愈來愈重要，總統可提名三分之一的人選，在共治期間，總統可根據該法第 61 條將法律案在未公布前提請憲法委員會審議，其對總理政策的制定及執行，有一定箝制的作用存在，而未來憲法委員會所扮演的角色可能對第五共和之政治生態有更大的影響力[78]。

三、總統與總理的關係

總理雖為總統所提名，但以第五共和憲法的精神來判別，負責全國性政策的人是以內閣總理為首的政府，總統並沒有行政實權。但在政治現實上，內閣的決策地位經常因為總統的干預而受到影響，不只是政策，甚至連內閣部長都常常跑到總統府，以總統的意見馬首是瞻。

話雖如此，被總統提名為內閣總理的人，多屬重量級政治人物或在黨內與總統同樣具有聲望之人，因此擔任總理的人很可能就是未來爭取總統職位的人選。因此兩者本身之間潛在著政治上的衝突。但基本上來說，他們二者是長官與部屬的關係，總理不但是總統在國會的代言人及政策的貫徹者，他更是

---

[77] 張台麟，《法國總統的權力》，臺北：志一出版社，1995 年，頁 49。
[78] 同前註，頁 53-55。

總統在政治上的危機防火牆，但總統政策失敗時，他必須要承受責任，「總統有權無責，總理有責無權」，正是這種現象的最佳寫照[79]。

第二項　法國總理

一、法國總理的歷史沿革

「總理」一詞之法文為「le Premier ministre」，其為「第一部長」或「首席部長」之意，但大家都較習慣用「首相」或是「總理」稱呼。在第三共和之前，總理的權責並不明顯，在第三共和時，該憲法中規定了「部長會議」的功能後，總理的職責才漸漸提升。但當時並未確立總理的職務，通常是由一位最重要的部長擔任，亦似乎是為了要因應政府須面對國會負責的憲法規定才加以任命的。

在 1935 年之後國會通過了一項設置總理職務的財政法後，總理始更改為單獨任命，且有自屬的廳舍，漸漸的總理府的編制及人員才愈來愈多。

二、總理產生的方式

根據第五共和憲法規定，總理一經總統提名任命，即可執行政策，並不需要經由國民議會的同意程序。而總統惟一要考慮的是國會會不會提出不信任案。一般而言，總統不太可能任命一位執政黨或國會多數無法接受的人選，反之國會鑑於總統擁有解散國會的權力，亦不太容易予以惡意杯葛。

由於憲法中規定了總理須對國會負責任，自 1974 年之後，幾乎每一次的政府改組，總理皆赴國會提出施政報告，以

[79]李國雄，前引書，頁 135-136。

強化其聲望及民意基礎。

三、總理之主要職權

總理要對國會負責，相對的來說，第五共和憲法亦賦予他在施政上的實權，藉以落實國會對政府的期望。依第五共和憲法中規定，總理擁有：法規的制定權、領導政府施政、任命文武官員權、提議權、副署權。茲說明如下：

（一）法規的制定權

法國第五共和憲法規定，立法權屬於國會，而凡是法律以外的事項，都屬於命令性質。同時又規定了總理有法規的制定權。換言之，憲法將制定法律的權限劃分為屬於立法權範疇及行政權的範圍。因此，總理在這方面的權力可以說是相當的廣泛且獨立的，故亦有學者稱總理為「第二號的立法者」。

（二）領導政府施政

總理為行政首長，除了有提議任免各部會首長的權力之外，主要是負責推動、協調及監督所有國家事務。他不但在各部會的矛盾之間作為仲裁者，同時可以召開小型部長會議，可以否決部長的行政命令，可以用書面及口頭的方式向各部會首長提出指示或命令。

（三）任命文武官員權

在 1985 年的一項行政命令中，確立了總理在人事方面的權力，總理依此規定可以任命各部會專門委員及各局、處、司之主管、警政主管、省教育廳廳長、海外省代表及代表中央之省長、縣長……等，由此觀之，總理的人事任免權可算是相當的龐大。

（四）提議權

依據第五共和憲法規定，總理除可提議任命各部會首長外，對於公民複決案、修憲案及國會臨時召開會議案，均須先

由總理來提議，而後再經總統發布實施。

（五）副署權

依據第五共和憲法規定，總統除了總理的任命、舉行公民投票、緊急命令、解散國會、向國會提出咨文、任命憲法委員會委員、請求憲法委員審議法律或國際條約的合憲性等八項事宜外，所有總統的命令，皆需要總理之副署。

就法律而言，總理可以拒絕副署總統所發布的命令，但通常總理不會以這種方式來作為制衡的手段，因如此一來，總理必定無法為總統或國會多數黨所接受，而他自身的地位亦可能因為如此而搖搖欲墜[80]。

第三項　法國國會

一、國會組成

法國的國會為兩院制，分為國民議會（L'Assemblée Natio-nale）及參議院（Le Sénat）所組成，國民議員由直接選舉產生，任期五年，有 557 個席次；參議員則由各級民意代表間接選舉產生，任期九年，有 321 個席次。雖然兩院皆參與立法過程，並對政府有監督之責，但因為參議員為間接選舉所產生，憲法對其職權上有諸多的限制。例如在立法的過程倘若兩院對於法案僵持不下無法獲得結論時，則由國民議會作最後決定，又如在審查財政法案時，國民議會有優先審查權，在對政府行政的制衡部分，只有國民議會擁有倒閣權，據此，參議院的角色實在無法與國民議會相提並論。

---

⑧張台麟，《法國總統的權力》，臺北：志一出版社，1995 年，頁 169-175。

二、國會的職權與功能

第五共和憲法採行「理性化議會制」，對於國會立法功能的履行，產生極大的影響，其中明列國會的立法範圍，並以憲法委員會來審查國會不會逾越立法的角色與功能，更凸顯出國會功能的萎縮。而這個現象可以從下面五點說明略見端倪：

（一）政府主導國會議程的安排

由於憲法中規定國會應優先審議政府提案，因此國會無法拒絕政府希望通過的法案，而由議員個人所提出的法案最後獲政府支持排入議程者所占比例亦屬少數。

（二）政府可以停止國會的穿梭立法

當總理召集成立兩院聯席會，就兩院之爭議來提出對策方案時，倘若聯席會議仍然無法達成共識及結論，則政府可要求國民議會逕自作成最後決定。這種機制，可以很有效的縮短國會立法審議的時間。

（三）政府可以進行包裹表決，阻斷國會繼續辯論

根據憲法的規定，政府可以要求國會對於正在辯論中的政府提案進行部分或一次表決，取代國會的逐條討論及一再的修正。並且除該修正案為政府所接受，否則表決的標的，是原來政府的提案。而這種方式多為左右共治時期，政府為取得國會的立法同意權，經常採用的手段。

（四）以信任案方式通過法案

依據第五共和憲法規定，總理得就通過某項提案為由，向國民議會提出信任案，以決定政府的去留，除非在 24 小時之內，有不信任案之提出並表決通過，則該法案即視同通過。由於不信任案的通過條件非常嚴苛，因此國民議會要以不信任案來對抗政府，是非常不容易的。

（五）政府要求國會立法授權

依據第五共和憲法規定，政府為執行施政計畫，得要求國會授權以行政命令來規定原屬法律範圍的事宜並採取措施。第五共和以來，歷任的政府皆有多次採取此種形式來推動政策的經驗。

除此之外，政府更可以一種迴避國會立法權的方式，亦即上述所提及的人民複決制度，以上種種說明了第五共和政府在國會立法過程中優越的地位，但國會尚有監督政府行政的功能，其監督的方式可分為質詢、委員會監督及上述所提不信任案的提起等三種方式。茲說明如下：

1. 質詢

質詢有四種方式，分別為書面質詢、帶辯論的口頭質詢、不帶辯論的口頭質詢及總質詢，以下就各種質詢的方式作簡要的說明：

⑴書面質詢

這種方式是議員以書面向政府提出質疑，並要求在一定的時間內答覆，由於書面質詢較不具時效性，多半是議員為回應選舉承諾或照顧選區利益者而提出，其重要性並不高。

⑵帶辯論的口頭質詢

此種方式是仿傚英國國會而來，它是用辯論的方式進行，惟與其所不同的是，在質詢完畢時並不舉行表決，換言之，這種方式不會引起倒閣的危機，不過自從國民議會引進總質詢後，已經停止此種質詢的方式，但是參議院仍然保留。

⑶不帶辯論的口頭質詢

此種方式是由國會議員提出兩分鐘的演說，由部長針對演說的內容進行答覆，再由議員進行五分鐘的演說，部長再作最後答覆。由於演說時間上的嚴格限制，加上質詢的內容必須要事先排入議程，因此無法對即時性或爭議性的問題來質詢。

(4)總質詢

　　此種質詢方式是 1970 年代中期由季斯卡（Valéry Giscard d'Estaing）總統任內引進的，首先施行在國民議會中，參議院在 1982 年才開始採行。這種方式相當於英國國會的質詢時間，在無任何預警的情況下，國會議員可以就議題直接向閣員開火，同時要求閣員即時答覆。在此種制度，在野黨議員可以分配到一定的時間來進行總質詢，而質詢的過程則由電視全程轉播。

2. 委員會監督

　　國會為提升對行政部門的監督效能，多半設立常設委員會和特別委員會，法國國會亦設有六個常設的委員會，惟其每個委員會皆有近百人參加，嚴重影響其議事效率，不僅無法有效的協助法案的審議，更無法有效落實監督行政部門之功能。

3. 倒閣權行使

　　法國國會與一般內閣制民主國家議會相同，均保留了對付行政部門的利器——倒閣權，但鑑於第三、四共和時期倒閣的戲碼不斷上演，導致政局不穩定，第五共和對於倒閣權的行使，有相當嚴格的限制[81]，造成不信任案的通過非常困難[82]。

三、小結

　　戴高樂對立法機關自始就沒有好感，因此在起草第五共和

---

[81] 法國第五共和憲法第 49 條第 2 項規定：「國民議會得依不信任案之表決，以決定政府之去留。此項不信任案須經國民議會至少十分之一議員之連署，始得提出。動議提出 48 小時之後，始得舉行表決。不信任案僅就贊成票核計，並須獲全體議員絕對多數始得通過。不信任案如被否決，原提案人在同一會期中，不得再提不信任案，但本條第 3 款所規定之情形不在此限。」同法條第 3 項：「總理得就通過某項法案為由，經部長會議討論審議後，向國民議會提出信任案，以決定政府之去留。在此情形下，除非在 24 小時內，有不信任案之動議提出，並依本條前款之規定進行表決，否則政府所提法案即視同通過。」
[82] 參閱姚志剛等，前引書，頁 177-188。

憲法時就要求不得讓國會有權力來阻礙國家的有效運作。事實上，第五共和憲法起草的主要目的之一，就是要清除國會的濫權，以防止第四共和時代政府癱瘓的再現。

基於這項動機，第五共和憲法對國民議會的權力大加限制，並以強化政府地位、規範立法範疇與程序、削減委員會的權限、限制辯論的權力及不信任投票門檻的提高等方式，防堵立法的濫權及提高第五共和憲法的行政優越，以有效提高政府效能[83]。

近代以來，每逢法國總統大選之際，又有許多候選人認為法國應再次修憲，進入第六共和時代，並主張重新加強國會的立法權及控制政府方面的行動自主權等等，雖然法國民眾不是很熱中這個議題[84]，但法國憲法上之國會、總理（內閣）的權力與制衡的議題，隨著法國社會不斷的變動，也將再展開另一戰場之角力，至於結果如何，且讓我們拭目以待。

第四項　左右共治的經驗

一、左右共治的形成因素

根據《憲法詞典》（Dictionnaire Constitutionnel）一書中解釋：法國的政治制度或是一個所謂半總統制的國家中，同樣經由人民直選而獲得多數的總統與國會是處於對立的狀態，稱之為「左右共治」[85]。

據此推論，左右共治的形成最重要的變因乃是人民，人民基於國會的信任與委託，並用投票的方式展現集體的意願，希

---

[83] 李國雄，《比較政府與政治》，臺北：三民書局，2006 年，頁 139-143。
[84] 蔡筱穎，〈第六共和憲改—新瓶舊酒不討好〉，中國時報，2007 年 4 月 21 日，A11 國際新聞版。
[85] 苗永序，《各國政府制度及其類型》，臺北：專上圖書公司，1997 年 4 月，頁 172-173。

望某人或某政黨來代表國家及領導法國政府執政。而由於總統及國會的職權其基本功能上是屬「行政」與「立法」的關係，有互相制衡的功能，若國會在野黨的席次多於總統所屬政黨時，總統不能違背民意的選擇，必須提名國會多數黨所同意之人選擔任總理來組成內閣[86]，就會形成左右共治。

二、法國各界對左右共治的看法

　　絕大部分法國學界的法政學者均認為，法國的第五共和憲法可以在「左右共治」的情況下正常運作，倒是法國的政治人物出現了正反兩極的看法。季斯卡總統（1974-1981 年）於 1985 年 5 月在其所著的《三分之二的法國人》中提到左右共治的重要性與策略性，他除了主張右派要團結起來贏得國民議會大選外，並且接受左右共治的局面。此外，社會黨的羅卡（Michel Rocard）亦撰文表示贊同，他認為，總統在國會改選中失利，即意味著總統已不再受民意的支持，是應該主動去職以示負責，但是總統任期七年（現已改為五年），總統依法可以在位至任期屆滿為止。因此，如果總統不提出辭職，任何人也不可能要求或迫使總統辭職，換言之，在相互妥協的「左右共治」之下才是最有利的。

　　不過巴赫總理（Raymond Barre, 1976-1981）則持反對的看法，他認為就憲法而言，一個總統可以和一個不同方針的國會多數黨共治，但實際運作而言，這是違反總統直選以來的憲政精神，因為總統、政府及國會多數黨是一體的，一旦出現對立的局面，那麼總統只有辭職或是解散國會進行改選，「左右共

---

[86] 密特朗在 1986 年共治前夕，向新國會之諮文談話中提到：「對於這個問題，我只有一個惟一可能、惟一合理、惟一切合國家利益的答案，那就是憲法、憲法、憲法。」參閱左雅玲，〈行政權二元化與左右共治經驗〉，收錄於姚志剛等，《法國第五共和的憲政運作》一書，頁 41。

治」乃是一個不正常的現象，即使付諸實行，雙方對立的情況勢必日益嚴重，因此也不可能持久。但是他後來在國會的信任投票時，在現實的政治環境考量下，還是投給了左派的席哈克政府。

在 1988 年 3 月的一項民意測驗顯示，52%的法國人民認為「左右共治」是具有正面意義的，也有 47%的人認為「左右共治」有助於權力的制衡，另外，也有 57%的人認為「左右共治」不要持續過久，在大體而言，法國人民多願意接受「左右共治」的局面[87]。

三、左右共治的次數

在第五共和的歷史上，總共發生過三次的左右共治，第一次發生在 1986-1988 年間，後來因為社會黨在國會選舉中獲勝而告結束，第二次因為保守派在 1993 年國會選舉中大勝，此次共治期間持續了二年直至 1995 年，第三次則是發生在席哈克任總統期間（1997-2002 年間），他解散了國會後，當時在野的社會黨勝利又發生了一次，此次的共治一共長達有五年之久，也是共治時期最久的一次。

四、總統與總理互動

因為總統與總理在性質上同屬於政府的行政體系，但在政黨背景上，卻互相屬於不同的理念的政黨，在這種左右共治時期之政治環境下，總統與總理互動模式就會顯得非常的微妙與弔詭。

共治期間各界所關注兩者的互動焦點，著重於兩者權力的消長，由於總統及總理間在職務關係上是長官與部屬，但在憲

---

[87]張台麟，前引書，頁 174-176。

法中亦規定了兩者的專有與共同之權限，並且總統可以動用國會解散權來制衡內閣總理所屬的政黨，因此，固然總理掌握了行政上的大部分實權，但也得依憲法的規範對於總統的意見表現出尊重與妥協。然而在檯面下，兩者還是會為了各自政黨的利益及發展作出較勁意味濃厚的政治動作，雖然如此，在法國人悠久的民主歷史及當權者的政治風範之下，三次的「左右共治」時期，還是未見兩者間有真實擦槍走火的狀況出現。

第九節　國內學者對中央政府體制類型的綜合比較

第一項　形似半總統制的實質總統制

　　大法官董翔飛先生認為「自美國獨立革命之後，二百年來，所有民主國家的中央政府，有採總統制、有採內閣制、也有採委員制的，而以總統制與內閣制兩者最為普遍。大凡採共和國政體的國家多採總統制，君主立憲的國家，則多屬內閣制。總統制與內閣制的分際，主要的在於元首是否握有實權。在總統制的國家，元首不僅是國家領袖，而且也是實際上的行政首長，不僅對外代表國家，而且對內負擔實際政治責任，是一個實權元首，如美國的總統就是典型的代表。反之，在內閣制國家，元首僅對外代表國家，而對內不負實際政治責任，僅是虛位的國家元首，也是象徵性的元首，而不是實際上的行政首長，國家的權力中心在內閣。內閣制主要特徵就是元首虛位，統而不治，如英國的國王，日本的天皇以及法國第三共和以前總統都是屬於虛位元首的類型。」[88]

[88]董翔飛，《中國憲法與政府》，作者自行出版，2005 年 9 月修訂第 42 版，頁227-228。

董翔飛先生又曰：「國父主張五權憲法，五權憲法中的中央政制，是國父本乎國情，考察歐美政治得失，並順應世界潮流，依據理想所創造出來的新的類型，似乎既不完全同於總統制，也不同於內閣制。根據建國大綱第 21 條規定：『在憲政開始時期，中央政府當完成設立五院以試行逼權之治。』五院院長皆歸總統任免而督率之。可見中山先生想像中的治權，是由總統一個人總攬，五院院長都由總統任免督率，顯然是實權元首。現行憲法的總統，似乎並沒有完全按照建國大綱的規定去設計，所以總統的權力也就沒有像美國總統那樣具有國家元首兼行政首長的實權，但也絕非像英國國王那樣僅對外代表國家，而對內不掌握實權的虛君。因為依照憲法的規定，總統公布法令權僅對外代表中華民國，同時還享有諸多實際的權力，諸如統帥權、戒嚴權、緊急命令權、公布法令權、提名權、覆議核可權、仲裁協調權、人事權以及主持國家安全會議、決定國家安全大政方針等，而這虛權力又絕非虛位元首所能享有。所以我國憲法中的總統，雖不是總統制下的實權總統，但也不是內閣制下的虛位元首，而是本乎中國國情的『修正的總統制』或『修正的內閣制』。1958年法國第五共和憲法，已將總統的職權擴大，並在總統之下，另設類似我國行政院之內閣，負責國家行政，已截取我國憲法之精神，中法兩國的政治架構，似已為二次大戰後新憲法的發展提供了另一種新的類型。」[89]

　　而在世界各國的比較政治之中，國家組織結構與政府行政體系中，總統究竟應該居於何種地位，扮演何種角色，在各國憲法中往往有不同的設計與界定：有規定為國家元首者，如義大利憲法第 87 條「共和國總統為國家元首，代表國家統

一。」日本憲法第 1 條：「天皇為日本國之象徵及日本國民統合之象徵。」亦有規定為行政首長者，如南韓憲法第 51 條：「總統總攬行政權，……」，印度憲法第 53 條：「聯邦之行政權，屬於大總統。」亦有規定元首兼行政首長者，如阿根廷憲法第 86 條：「總統為國家元首，綜理全國行政。」至於美國是三權分立的國家，總統是行政部門的首長，同時又是美利堅合眾國的元首[90]。

行政院之角色定位

行政院為國家最高行政機關，這是根據憲法第 53 條的規定，但事實上是不是「最高的」行政機關，學者持不同的看法。

(一)「國家最高行政機關」說[91]

行政院不僅是國家惟一的行政機關，而且是國家最高行政機關，所謂最高不僅國內一切行政機關都要受行政院的指揮監督，而且在行政院之上，沒有一個更高的行政機關，總統是國家元首，不是行政機關。憲法雖賦予總統有很多職權，但大多必須經由行政院會議之議決，況總統行使職權，須以「命令」的形式為之，而總統發布的命令，依法又必須行政院院長的副署，也就是必須獲得行政院院長的同意，重要行政政策，均須行政院院會議決，同時總統的命令，又須經行政院院長的副署，即此兩事，已可證明「行政院確是最高行政機關」了。

(二)「國家行政中樞」說[92]

根據權能劃分之理論，治權機關原應受政權機關的節制與監督，本無最高可言。憲法規定行政院為國家最高行政機關，

---

[90]董翔飛，前揭書，頁 253。
[91]薩孟武，《中國憲法新論》，三民書局，1980 年 5 月再版，頁 216。
[92]林紀東，《中華民國憲法釋論》，1980 年 9 月改訂 39 版，頁 212-213。

尤須視總統地位而定。各國總統之地位，有居於元首地位，垂拱觀成，毫不過問政事者；有以國家元首兼行政首長之身分，參與實際政事者。我國憲法上的總統，具有過問行政事務之權力，以國家元首兼具行政首長之地位，非內閣制國家統而不治之元首可比。總統既享有若干行政權，且對於行政院院長有相當之指揮權，則不應視行政院為國家最高行政機關，而只能視為行政中樞機關，承上啟下，操行政權行使之關鍵。

學者董翔飛教授認為，行政院之角色定位，應持「國家最高行政機關」說，較為中肯，茲摘錄其理由如下[93]：

(一)行政院為最高行政決策機關：

因為行政院握有最高的行政決策權，所以屬於國家行政的各種政策，只有行政院才有最後的決定權，也正因為行政院享有最高的行政決策權，所以行政機關向立法院提出的各種法案與政策，只有行政院才有權提出，其他行政機關不得為之。

(二)行政院具有最高命令權：

各級行政機關固均可本其職權，發布行政命令，但各級行政機關所發布之命令內容，如有不當，或與行政院命令牴觸違背者，行政院得命令糾正或撤銷之。

(三)行政院具有最高的處分權：

各級行政機關固可本其職權，為各種不同的行政處分，但此處分內容，如有瑕疵或違法情事，人民得依法向行政院提起訴願、再訴願，請求撤銷、變更或停止之。

董翔飛教授進一步表示：「我國憲法第 55 條、第 57 條規定，行政院院長由總統提名，經立法院同意任命，行政院對立法院負責，總統公布法律發布命令必須行政院院長副署，這是內閣制的主要精華，既已反映在憲法之中，則我國行政院應屬

---

[93] 董翔飛，前揭書，頁 309。

內閣制，或接近內閣制，至為明顯。」[94]又曰：「……制度是環境的產物，什麼樣的環境，必然產生什麼樣的制度，每個國家由於基本環境不同，所產生的制度，自亦不盡相同，事實上，每個國家的政治制度也沒有一個是完全相同的，國家也不必迷信內閣制或總統制在英美是成功的。所以我們就必須在這兩個制度中選擇其一，不是內閣制就是總統制，否則就是不對。有好多人之所以喜歡說，我們的行政院就是英國的內閣，我們的立法院就是英國的平民院；或者我們的行政院等於美國的國務院，我們的立法院等於美國的眾議院，監察院就是美國的參議院，可能就是基於以上的心態，事實上這是毫無意義的爭議。我國行政院是五權憲法的產物，它是惟一運作行政權的治權機關，與其他立法、司法、考試、監察四院，構成五院的中央政府。行政院就是行政院，它既不是英國的內閣，也不等於美國的國務院，在我國的治權系統中，屬於政府的軸心，扮演著國家最高行政機關的角色。」[95]

　　學者湯德宗教授認為歷經 1997 年第四次修憲後，我國中央政府體制已經成為「形似半總統制的實質總統制」，其理由略為：「依憲法增修條文第 3 條第 2 項第 3 款之規定，立法院通過不信任案後，行政院院長應於十日內提出辭職，並得同時呈請總統解散立法院。立法院對於行政院院長既無任命同意權，當不致只是為了使行政院院長去職，而承擔被解散之風險。形式上，總統與行政院院長作為雙行政首長，又保留『行政院對立法院負責』之用語，看似具備半總統制的要件；惟實質上，因為總統對於行政院院長有任免全權，使行政院院長相對於總統似無主張固有權力的空間，其實質上只對總統，而不向立法院負責。」[96]

---

[94]董翔飛，前揭書，頁 310。
[95]董翔飛，前揭書，頁 312。

第二項　總統制與內閣制間之換軌制

學者周育仁教授認為：「現行政府體制雖具有換軌機制，惟由於憲法並未明確規定，朝野政黨對政府體制應如何換軌，並無共識，當總統不屬立法院多數黨時，根據憲法精神，制度理應換軌為內閣制，但此種換軌顯然與多數人對民選總統所應扮演的實權角色有明顯落差，這也是為什麼陳總統得以訴諸民意的支持，來對抗立法院多數在野黨。影響所及，是憲政亂象不斷，朝野衝突，更使行政立法互動陷入僵局。在總統拒絕籌組多數黨政府，而在野黨又不倒閣的情況下，少數政府根本無法獲得立法院在野多數黨支持。結果少數政府不但無法主導政策與預算，也無法透過覆議推翻立法院所主導的政策，致使政府施政陷於停滯。」[97]

周育仁教授又曰：「政府體制貴在明確，應儘量減低政黨政治運作之負面影響，或其他因素對政府體制定位之影響。由於過去五十多年我國政府體制多偏向總統制特徵，致使民眾、政治人物與政黨多認為總統民選後，應具有實權，是以未來政府體制如完全調整為內閣制，恐怕不符眾人之期盼。至於往總統制方向調整，也未必合適。有鑑於修憲不易，現行雙首長制的設計雖或有不明確之處，惟朝野若能捐棄成見與一己之私，建立共識與憲政先例，順利化解換軌過程中所存在的障礙，還是有機會化解現有憲政亂象。」

周育仁教授進一步提出建議：「當總統與立法院多數黨同黨時，體制偏向總統制，總統掌握最高行政權，行政院院長由

---

[96] 湯德宗，《權力分立新論》，2000年，頁111-119。
[97] 周育仁，〈憲政體制何去何從？－建構總統制與內閣制換軌機制〉，收錄於明居正、高朗主編，《憲政體制新走向》，臺北：新臺灣人文教基金會，2001年，頁21-23。

總統任命該黨人士出任，行政院院長扮演總統行政執行長的角色，代表總統向立法院負責；不同黨時則偏向內閣制，總統應任命立院多數黨人士組閣（原則上以多數黨黨魁較宜）；若無政黨席次過半，則應透過政黨協商籌組聯合政府，或由多數黨聯盟支持者組閣。當政府偏向總統制時，根據過去的經驗，其運作問題較小，當體制偏向內閣制或雙首長制時，朝野應基於憲政體制的長治久安，與政府體制的有效運作，捐棄一黨、一己之私，儘速建立以下共識：（一）行政院院長負責的對象是立法院，總統應尊重行政院院長最高行政首長的角色。舉凡內閣人事與政策，總統皆須尊重行政院院長，不應干預。惟在偏向雙首長制時，國防部長、外交部長與陸委會主委人選，應由總統與行政院院長共同決定。（二）總統只有在行政院院長提出總辭後方能將其免職，且行政院院長不必配合總統改選總辭。惟有如此，方能防制總統以免職要脅行政院院長聽命於他，或是以權謀分化立院多數黨或多數黨聯盟；否則將嚴重影響內閣制或雙首長制之運作。（三）為免總統運用核可權，阻擾行政院向立法院提出覆議，總統應不得拒絕核可覆議案，否則將破壞行政院向立法院負責的機制。（四）行政院院長於被倒閣後呈請總統解散立法院，總統不應拒絕，否則將影響行政院與立法院二者之平衡關係，使行政院居於不利地位。（五）當政府體制偏向雙首長制時，總統得透過國家安全會議，參與制定國防、外交與兩岸關係政策。」

第三項　半總統制（或稱雙首長制）

　　學者吳玉山教授認為：「對於憲政制度應如何運作以及憲政體制應如何修正也宜有若干討論，大體而言，從規範面來看，可分為三個層次來說，第一個層次是目前的體制完全不變，朝野如何互動可以達到較為穩定的政治局面，第二個層次

是半總統制不變，如何做一些必要的制度改革，以增強政治穩定。第三個層次是檢討半總統制究竟是否適合我國，是否可以將其修改為其他的憲政制度。就第一個層次來說，在目前體制完全不變的情況下，對政治穩定和社會經濟最為有利的安排是朝野雙方相互妥協，在波蘭／芬蘭模式下尋求一個均衡點。第二個層次而言，如果在半總統制的框架之下可以做一些制度修正，則由於半總統制運行最成功的首推法國第五共和，因此我們可以以法國的模式，來改正我國的制度，最重要的制度修正是採行兩輪多數的總統選舉辦法，和給予總統在本身當選後解散國會以尋求府會一致的權力。第三個層次而言，我國的半總統制也可以嘗試向內閣制或總統制調整，以除去半總統制下可能產生府會分立的困難。」[98]

吳玉山教授又曰：「重點是不論總統制或是內閣制，行政權的終極歸屬都是很清楚的，而在半總統制的情況之下，權責歸屬不清，在府會分立時尤然，於是政治穩定不得不因此而犧牲。當然權責清楚和政治穩定不應該是惟一的考慮，代表性、自由的保障、政府效率等等許多其他的考慮也應該顧及，而臺灣的政治文化、中華民國的政治傳統等非制度性因素也應該予以考慮。最後現實政治上的可行性會決定中華民國的憲法可不可以做大幅度的調整。」[99]

學者彭錦鵬教授認為：「我國的憲政體制究竟為何種體制，自制憲、行憲以來即有不同的看法並形成激烈的爭辯。不幸的是，學者或政客經常以憲法之某些條文規定來證明我國憲法是什麼體制，並因之而推論我國憲法之實踐與解決應照總統

---

[98] 吳玉山，〈合作還是對立？半總統制府會分立下的憲政運作〉，收錄於明居正、高朗主編，《憲政體制新走向》，新臺灣人文教基金會，2001 年 8 月出版，頁 206-208。
[99] 同前註，頁 208-209。

制或內閣制的制度或慣例而為更張。事實上，我國憲法自制憲時起，既非內閣制，也非總統制，則只能將之歸類為雙首長制或混和制（其他名稱當然包括半總統制、總理總統制、雙軌制）。1997年修憲時，對於中央政府體制的改變幅度甚大，但修憲之主要政黨，中國國民黨及民主進步黨均以達成雙首長制的改良為修憲的核心目標，並因而達成修憲的各項條文。因此，目前我國憲法的定位為雙首長制，不論就制憲時，或1997年修憲後之憲政狀態及政黨、人民認知均無疑義。」[100]

學者黃錦堂教授認為：「臺灣雙首長制的內涵，有如下不精確性，首先，總統有無義務提名立法院之過半數政黨人士組閣或促成立法院內之多數統治？其次，新任總統得經由行政院長而就重大政策提出變更，這固然為釋字第 520 號解釋所明白指出，但立法院否決時之法律效果則未臻明確，行政院、立法院各自表述，學界人士亦分為兩派。若認為行政院之反對決議無拘束力而必須進行兩院協商，則總統權力將無比擴張，立法院權力乃相對萎縮。第三，若新一輪之國會大選結果顯示總統所屬政黨與所任命之政府未獲人心，則總統有無義務進行換軌？第四，總統得否隨時任免行政院長，抑或行政院長就職後便取得完全之獨立性？第五，總統新當選而就職時，原行政院有無總辭之憲法義務？」[101]

學者林佳龍教授認為：「在經過六次修憲之後，中華民國的憲政體制已經成為一種『半總統制』、『雙首長制』或『混合制』。在行政、立法關係上，此一體制的特色包括：總統由

[100] 彭錦鵬，〈總統制是可取的制度嗎？〉，收錄於明居正、高朗主編，《憲政體制新走向》，新臺灣人文教基金會，2001 年 8 月出版，頁 250-251。
[101] 黃錦堂，〈臺灣雙首長制的內涵——向總統制或向內閣制傾斜？〉，收錄於明居正、高朗主編，《憲政體制新走向》，新臺灣人文教基金會，2001 年 8 月出版，頁 318-319。

人民直接選舉產生；總統任命行政院長無須國會同意；總統有權決定國家大政方針；行政院為國家最高行政機關；行政院向立法院負責；行政院長有法案副署權；立法院可對行政院長行使不信任投票；總統可被動解散立法院；立法院可彈劾和發動罷免總統。」[102]

前大法官許宗力教授認為：「如果雙首長制指的是總統與行政院長各掌一定政治實權的制度，且如果人們不狹隘地把雙首長制等同於法國式的雙首長制看待，那麼答案當然是肯定的，也就是說我國是雙首長制的國家，並且是以涉及國家安全大政方針與否，作為劃分總統權與行政院長權的主要判準，換言之，有關國家安全大政方針事項，歸總統，無關者則歸行政院長。至於何謂國家安全大政方針，從李登輝總統主政八年來，自制地將總統權侷限於兩岸、國防與外交，所謂國家安全大政方針等於『兩岸、國防與外交』，似已蔚為一種國家的憲政慣例。此外，緊急命令權與宣布戒嚴，解釋上則是總統與行政院長分享與互相牽制之權。就此理論來論雙首長制，我們甚至可以說，早在臨時條款時代，中華民國的中央政府體制就已經是一種雙首長制。」[103]

學者張文貞教授認為：「從比較憲法的理論與實際看回臺灣，我們很輕易地可以找到學者眼中『總統制（或半總統制、雙首長制）』+比例代表制的『國會選制』所謂最糟糕搭配組合，在臺灣近年憲政實踐上的些許蛛絲馬跡。臺灣在 1994 年修憲之後，總統由全體人民以相對多數決選出，1997年修憲之

[102] 林佳龍，〈臺灣半總統制的缺失與改進：論總統、閣揆與國會的三角關係〉，收錄於明居正、高朗主編，《憲政體制新走向》，新臺灣人文教基金會，2001年 8 月出版，頁 330。

[103] 許宗力，〈發現「雙首長制」〉，陳隆志主編，《新世紀新憲政——憲政研討會論文集》，臺灣新世紀文教基金會，臺北：元照出版有限公司，2002 年 8 月，頁 186-187。

後，總統權限擴增，其任命行政院長無須經立法院同意，行政院長的部分副署權亦被取消，學者據而主張我國政府制度實已呈現半總統制或雙首長制的特色與定位。」[104]

第四項　總統制與內閣制之混合制

學者李鴻禧教授認為：「以國民大會 1997 年之所謂『一機關四階段修憲』而言，國大完全接受國、民兩黨之妥協案，在原就葛藤纏繞、錯綜複雜的中華民國憲法及其增修條文上，圓鑿方枘地接枝移植法國第五共和憲法之半總統制；強化原只是虛位總統之實際行政權力，並提升行政院長抗衡立法院之力量，而建立了立法院對閣揆不信任權，以及總統解散立法院之權。造成事實上貶抑國會制衡權能、強化行政專權體制之結果，確是有利於國民黨在立法院之議席減少，不易控制，卻需增加行政權力之政治生態環境。不過卻因而使整個憲法結構，變得破綻百出、治絲益棼，無法感覺到是國民黨自詡的『混合改良式雙首長制』。」[105]

第五項　二元型議會內閣制或雙首長制

學者許志雄教授認為：「所謂政府首長，於總統制（如美國）為總統；於一元型議會內閣制（如英國、德國、日本）為閣揆；於二元型議會內閣制（半總統制或國內俗稱的「雙首長制」，如法國）則依情況可能為總統或閣揆。一般認為，我國

---

[104]張文貞，〈憲政主義與選舉制度〉，陳隆志主編，《新世紀新憲政──憲政研討會論文集》，臺灣新世紀文教基金會，臺北：元照出版有限公司，2002 年 8 月，頁 496。

[105]李鴻禧，〈當前臺灣制憲修憲問題之試析〉，陳隆志主編，《新世紀新憲政──憲政研討會論文集》，臺灣新世紀文教基金會，臺北：元照出版有限公司，2002 年 8 月，頁 23。

體制接近於法國的雙首長制。」[106]

第六項　浮動制[107]

　　學者顏厥安教授認為：「只要沒有明確的規範界限，任何權力擁有者，都會尋求其權力之最大化，因此只要憲法規定不明（規範層次），憲政機關就會設法運用其各種資源與可能性來極大化其權力（實然層次）。因此現在這種制度，當然既不是總統制，也不是內閣制，也談不上法國的雙首長制，而是一種浮動制（floating system），或者如蘇永欽教授所描述的『擺盪於內閣/總統制的混合制』（或者可以稱之為『擺盪制』（pendulous system）。」

　　大法官蘇永欽教授認為：「在現行體制下，行政院施政的民主正當性還是來自立法院的支持，對於總統，則有基於政黨政治的憲政付託。當立法院的政黨形勢有利於總統時，府院一體決策不僅是政治的必然，也正是憲法的意旨。形勢不利時，總統就只能在政治可能的範圍內有所付託，因為行政院只有在立法院支持下，才取得施政根本的民主正當性。我們的體制不是內閣制，也不是總統制，學說所稱的『擺盪制』已經意在言外。」[108]

---

[106] 許志雄，〈政黨輪替在我國憲政發展上的意義〉，陳隆志主編，《新世紀新憲政──憲政研討會論文集》，臺灣新世紀文教基金會，臺北：元照出版有限公司，2002 年 8 月，頁 165。

[107] 顏厥安，〈憲法本文與中央政府體制〉，陳隆志主編，《新世紀新憲政──憲政研討會論文集》，臺灣新世紀文教基金會，臺北：元照出版有限公司，2002 年 8 月，頁 211。

[108] 蘇永欽，〈九七修憲後的新分權體制〉，《走入新世紀的憲政主義》，元照出版有限公司，2002 年 10 月，頁 175。

第七項　混雜總統制、議會政府制與半總統制[109]

學者蔡宗珍教授認為：「整體而言，我國現行政府體制混雜了總統制、議會政府制與半總統制的制度要素，卻均程度不一地欠缺各該類型的關鍵制度要素，因而形成了相當紊亂的權力結構，致使反而匯聚了三種體制類型的弊病，不利於政治權力良性互動，並製造出因制度要素銜接不良而生的特殊困境。」

第八項　四分之一的總統制[110]

學者黃維幸教授認為：「實證研究也顯示：少數政府要從立法院通過任何議案都較困難。反而總統認為不能實施的法案，立法院卻能強行通過。雖然如此，行政院長還是屹立不移，大出內閣向國會負責的半總統制的常態之外，除了事實上的困難，修憲的理論根據和邏輯也受到強力的聲討。據說，第六次修憲造成了『有權無責』的總統；『有責無權』的行政院長；以及『矮化』了的立法院。口號式的結論固然生動搶眼，便於記憶，但是稍不小心，容易以口號代替比較費心力的獨立分析。其實，就行政與立法院的互動而言，總統似乎不那麼『有權』；行政院長也不太『有責』；而立法院卻似乎是『高高』在上，只要不動用不信任案倒閣，看你少數政府能變出什麼花樣。困難重重，出路何在？由於很多憲法學者，把事實和理論上的難題，一股腦兒嫁禍給半總統制，一時中央體制只有

---

[109] 蔡宗珍，〈中央政府體制改革的選擇(法理篇)〉，葉俊榮等，《憲改方向盤》，行政院研究發展考核委員會，臺北：五南圖書出版股份有限公司，2006 年 4 月，初版 1 刷，頁 85。
[110] 黃維幸，〈半總統制及憲政改革〉，《務實主義的憲法》，新學林出版股份有限公司，2008 年 10 月初版，頁 110-111。

改弦更張為總統制的呼聲此起彼落。不但對半總統制素有研究的學者思想動搖，連一貫思想純正的內閣制專家，一夕之間也忽然成了總統制的忠實信徒。半總統制對行政與立法關係的安排，真的那麼差嗎？我看仔細分析以後，也許會發現我國憲法的設計雖是努力朝半總統制靠近，可惜只學了一半不到，好像不是真正可以套解總統制下的府會僵局的半總統制，頂多是四分之一的總統制，還有很大的改善空間。」

第五章　我國總統職權與行政立法運作互動之分析

第一節　總　統

第一項　地位與產生方式

一、地　位

憲法第 35 條規定：「總統為國家元首，對外代表中華民國。」

二、產生方式

（一）一般情形

憲法增修條文第 2 條第 1 項規定：「總統、副總統由中華民國自由地區全體人民直接選舉之，自 1996 年中華民國第九任總統、副總統選舉實施。總統、副總統候選人應聯名登記，在選票上同列一組圈選，以得票最多之一組為當選。在國外之中華民國自由地區人民返國行使選舉權，以法律定之。」

憲法增修條文第 2 條第 6 項規定：「總統、副總統之任期為四年，連選得連任一次，不適用憲法第四十七條之規定。」

（二）總統或副總統缺位的情形

憲法增修條文第 2 條第 7 項原規定：「副總統缺位時，由總統於三個月內提名候選人，召集國民大會補選，繼任至原任期屆滿為止。」亦即由國民大會行使補選副總統的職權，但在第六次憲法修改以後，補選副總統的職權改由立法院加以行使。憲法增修條文第 2 條第 7 項修正為「副總統缺位時，總統

應於三個月內提名候選人，由立法院補選，繼任至原任期屆滿為止。」

此外，增修條文第 2 條第 8 項規定：「總統、副總統均缺位時，由行政院院長代行其職權，並依本條第一項規定補選總統、副總統，繼任至原任期屆滿為止，不適用憲法第 49 條之有關規定。」

最後，關於總統解職時之代行職權，憲法第 50 條規定：「總統於任滿之日解職，如屆期次任總統尚未選出，或選出後總統、副總統均未就職時，由行政院院長代行總統職權。」第 51 條也規定行政院長代行總統職權之期限「行政院院長代行總統職權時，其期限不得逾三個月」。

三、與其他國家選舉方式的比較

自兩次世界大戰以後，有關民主改革運動所呈現出的一項特色，便是大部分的國家都以總統直選為整個改變的樞紐與焦點[1]。我國在 1992 年所公布的憲法增修條文第 12 條即確立總統公民直選的原則。惟產生方式是採相對多數或者絕對多數仍有許多爭議，世界各國總統選舉的方式，亦多有大同小異之處，有採絕對多數，亦有採相對多數〈見表一〉：

以美國總統選舉為例究竟是採絕對多數或相對多數？各家論點有異，有人認為各州選舉人採贏者全得而主張其總統選舉係採相對多數者，亦有人認為總統選舉人必須取得過半數選舉人票才能當選者則認為，美國總統的選舉方式係採絕對多數，也有主張其為選舉人團制[2]。其實美國之總統選舉制度，也是

---

① 楊泰順，〈總統直選對政治生態影響與衝擊〉，聯合報，1994 年 6 月 14 日，11 版。

② 中央選舉委員會，《總統、副總統選舉方式之研究──絕對多數制與相對多數制之探討》，中央選舉委員會，1999 年 6 月，初版，頁 5。

表一：各國總統選舉方式

國名	體制	總統選舉方式	絕對或相對	第二輪以後投票
美國	總統制	由選民投給選舉人，再由選舉人投給總統候選人	絕對多數	國會議員
法國	半總統制	全民直選	絕對多數	全民
芬蘭	半總統制	以全民直選為主，第二輪以後若仍無絕對多數，則由選舉人團行使投票權	絕對多數	全民 但若仍無法絕對多數則由選舉人團代替
德國	議會內閣制	由聯邦議會議員及根據比例代表制產生，與各邦議員同數的成員組成，行間接選舉	前兩輪係絕對多數，第三輪時係採相對多數	議員
葡萄牙	半總統制	全民直選	第一輪係絕對多數，第二輪係相對多數	全民
希臘	議會內閣制	議會選舉	第一輪、第二輪係三分之二多數，第三輪係五分之三多數，若仍無多數產生，則解散議會，舉行大選，再由新國會選舉總統	議員

表一：各國總統選舉方式（續）

國名	體制	總統選舉方式	絕對或相對	第二輪以後投票
義大利	議會內閣制	由國會兩院議員選舉產生	第一、第二輪須三分之二多數，第三輪後則為絕對多數（二分之一多數）	國會議員
愛爾蘭	議會內閣制	全民直選	相對多數，若只有一位候選人，則無須投票即告當選	
巴西	總統制	全民直選	絕對多數，第二輪為相對多數	全民
奧地利	議會內閣制	全民直選	絕對多數，第二輪為相對多數	全民
南韓	總統制	全民直選	相對多數	
埃及	總統制	先由國會提名，獲三分之二議員支持成為正式候選人，再交由公民投票，獲過半數即當選	相對多數	

（附註：本表錄自於周陽山：〈論多數總統產生的條件與利弊得失〉，聯合報，1994 年 1 月 29 日，一版。）

經過一番爭辯與調整。

　　美國制憲會議對總統選舉方法的討論，相當詳盡；各種方法歸納起來可以分為五種基本的類型：

　　(1)由國會選舉。

　　(2)由人民選舉。

(3)由選舉人選舉。

(4)由各州議會選舉。

(5)由各州州長選舉。其內容如表二③：

表二：美國制憲會議對總統選舉方式的討論

總統選舉方法	建議內容要點
由國會選舉	(1)由參院選舉。 (2)由一院制國會選舉。 (3)競選連任時，改由各州州議會指定之選舉人來選。 (4)由參眾兩院聯合投票。 (5)採每州一票方式，得過半數州票者當選。 (6)得出席議員過半數票者當選。
由人民選舉	(1)先由人民選舉；若無人得過半數票而當選時，改由國會選舉。 (2)每人投票選三人。 (3)每人投票選兩人，其中至少一人非為本州之人。 (4)先選出各州最佳人選，再由國會或由其指定之選舉人選舉其中之一。
由選舉人選舉	(1)劃全國為若干大選區，由合格選民選出若干選舉人。 (2)選舉人由各州州議會指定。 (3)各州選舉人數一至三人，全國共二十五人。 (4)選舉人數各州相等。 (5)選舉人數與各州國會參眾議員總數相等，未能選出總統時，改由眾院選舉，每州一票。 (6)選舉人由人民選舉，各州選舉人數為一至三人。 選舉人由各州州長選出。 選舉人由國會議員抽籤產生。
由各州州議會選舉	各州票數比例為一至三票，合計共二十五票。

（本表錄自於楊光中：〈美國總統選舉人制度之研究：制憲原因之探討〉，中央研究院美國文化研究所編：《美國總統選舉論文集》，1984 年版，頁 41。）

---

③楊光中，〈美國總統選舉人制度之研究：制憲原因之探討〉，輯於中央研究院美國文化研究所編：《美國總統選舉論文集》，臺北：編者自刊，1984 年，頁41。

以上五種建議方法，以前三種討論最多，經過多次辯論以後，最後決議主要方法以「由各州州議會所指定之選舉人在各州選舉總統」，一旦這個方法未達成目的時，再以由國會眾議院舉行選舉，仍然維持各州平等的原則。美國採總統選舉人制，因各州選舉人票以勝者全得，是以可能形成選民選票較多，而總統選舉人票反而較少的結果。例如美國歷史上即曾在1876年，共和黨的海斯（Rutherford B. Hayes）雖然在選民總票數上落後民主黨的提爾登（Samuel J. Tilden）25萬多票，但卻因選舉人團票多一票（185票比184票）正好超過半數而當選美國第十九任總統。而在1888年，共和黨的哈里遜（Benjamin Harrison）在選民總票數上落後民主黨的克里佛蘭（Grover Cleveland）9萬多票，也是因為選舉人團票超過半數（233票比168票）而當選美國第二十三任總統。在2000年的美國總統大選中，總投票率只有五成一，布希（George W. Bush）得票率47.87%（在30州獲勝），高爾（Albert Gore）得票率48.38%（在20州及華盛頓特區獲勝）。但布希卻贏得了271張選舉人票而當選了美國第四十三任總統[4]。從理性民主的觀點來看，總統應該是由人民直接選舉才符合「人民主權」的理想。但是從經驗民主的角度看問題，總統選舉人團制度是必要的，因為它符合現實的需要。所以理性民主輕視政治妥協，然經驗民主卻不能沒有它。因此其後，雖屢有建議修改為由人民直接選舉總統的呼聲，但是美國人民基於對憲法與歷史傳統的尊重與珍惜，不願輕言廢止[5]。

　　美國之選舉制度是經過激辯與調整，加上美國人民對於憲法與歷史傳統的尊重與珍惜而樹立的，這是我們所應學習者，

---

④王業立，《比較選舉制度》，臺北：五南圖書出版股份有限公司，2003年，3版2刷，頁203-210。
⑤陳毓鈞，《美國民主的解析》，臺北：允晨，1994年3月，頁222-223。

而至於採行「絕對多數」或「相對多數」之制度，則應視國人的共識建立而定，無絕對的優劣，在研擬法制時，則應廣泛討論與考慮，吾人可就其中之優缺點先行瞭解、分析。

就「絕對多數」的產生而論，其優點至少有下列幾項：

有強勢的民意基礎，利於總統日後的權力運作，足以與立法權、司法權相抗衡。如 1936 年美國總統大選，羅斯福以懸殊的票數差異打敗對手藍登，在強大的民意基礎支持下，順勢推出「新政」，使美國聯邦政府權的大幅調漲，影響至今，即為一顯著例子。

有助於凝聚國民共識，形成「生命共同體」意識，透過此種方式產生的總統能夠進一步強化「民族國家主義」。有助於強化政府效能，甚至造成萬能政府的出現。

至於其缺失，則包括：

如果第一輪選舉時未能產生絕對多數的總統當選人，勢須進行第二輪選舉，如果第二輪選舉時仍採取全民直選的方式，則選舉情勢將更為緊張，甚至可能出現暴亂危機，其代價甚高。

如果總統挾其強盛的民意基礎，要求大幅度修憲擴權，則憲政主義所強調的「有限政府」、「權責合一」等制衡理念，將面臨嚴重威脅，對憲政民主的穩定成長，是十分不利的[6]。

另一方面，「相對多數」的總統選舉方式，也各有其利弊，就優點而言，有下列數項：

選務單純，一次選舉即可決定勝負，全民所付出的成本與代價，都要少得多。

比較當前憲政體制的規範，我國 1947 年開始實行的憲政

---

[6]周陽山，〈論絕對多數產生的條件與利弊得失〉，聯合報，1994 年 1 月 29 日，11 版。

制度，原本即為一種「修正式的內閣制」，現在所採相對多數之總統直選方式，可以免除總統擴權太多，造成憲政體制的巨幅變動的流弊[7]。

但就其缺點而言，由相對多數產生的總統，有可能只具備「小部分」的民意基礎，甚至可能與其主要的對手差異十分有限[8]。

第二項　職　權

一、對外代表中華民國之權

憲法第 35 條規定：「總統為國家元首，對外代表中華民國。」

二、三軍統帥權〈軍令權〉

憲法第 36 條規定：「總統統率全國陸海空軍。」惟依本條規定，是否所指參謀總長即總統幕僚長，涉及長久以來眾所爭議之軍政、軍令是否一元化的問題。大法官釋字第 461 號解釋試圖說明我國軍政、軍令理論上應為一元化，俾符行政院為國家最高行政機關之意旨及符合民主潮流，以接受國會監督。在「國防法」及 2001 年 10 月 25 日立法院甫三讀通過之「國防部參謀本部組織條例」相繼公布施行後，已然確認我國乃一「軍政軍令一元化」之國家。

[7]張君勱，前引書，頁71。
[8]周陽山，前引文。

三、公布法律發布命令之權〈但須經副署，惟副署已受到限縮〉

憲法第 37 條規定：「總統依法公布法律，發布命令，須經行政院院長之副署，或行政院院長及有關部會首長之副署。」

四、任命閣揆與人事提名權

憲法第六次修改以前，由於國民大會原具有司法院、考試院與監察院相關人事之同意權。增修條文第 2 條第 2 項原規定：「總統發布行政院院長與依憲法經國民大會或立法院同意任命人員之任免命令及解散立法院之命令，無須行政院院長之副署，不適用憲法第 37 條之規定。」但是在憲法第六次修改以後，國民大會不再具備上述之同意權。因此，增修條文第 2 條第 2 項修正為「總統發布行政院院長與依憲法經立法院同意任命人員之任免命令及解散立院之命令，無須行政院院長之副署，不適用憲法第 37 條之規定。」

五、緊急命令權

緊急命令係指即國家於非常時期，由國家元首公布，其效力超過法律，甚且可以停止憲法若干條款效力之命令[9]。增修條文第 2 條第 3 項規定：「總統為避免國家或人民遭遇緊急危難或應付財政經濟上重大變故，得經行政院會議之決議發布緊急命令，為必要之處置，不受憲法第 43 條之限制。但須於發布命令後十日內提交立法院追認，如立法院不同意時，該緊急命令立即失效。」原憲法第 43 條規定：「國家遇有天然災

憲政論：憲政變遷與體制改革

[9]謝瑞智，《憲法新論》，臺北：正中書局，2000 年 2 月，增訂版，頁 619。

害、癘疫或國家財政經濟上有重大變故，須為急速處分時，總統於立法院休會期間，得經行政院會議之決議，依緊急命令法，發布緊急命令，為必要之處置，但須於發布命令一個月內，提交立法院追認，如立法院不同意時，該緊急命令立即失效。」

而立法院職權行使法第 15 條第 1 項也規定：「總統依憲法增修條文第 2 條第 3 項之規定發布緊急命令，提交立法院追認時，不經討論，交立院委員會審查；審查後提出院會以無記名投票表決。未獲同意者，該緊急命令立即失效。」

第 2 項規定：「總統於立法院休會期間發布緊急命令提交追認時，立法院應即召開臨時會，依前項規定處理。」

第 3 項規定：「總統於立法院解散後發布緊急命令，提交立法院追認時，立法院應於三日內召開臨時會，並於開議七日內議決，如未獲同意，該緊急命令立即失效。但於新任立法委員選舉投票日後發布者，由新任立法委員於就職後依第 1 項規定處理。」

過去在動員戡亂時期臨時條款規定下總統頒布緊急處分共有三次，分別為 1959 年 8 月 7 日拯救八七水災，其次是 1978 年中美斷交時蔣經國總統下令延期舉行選舉，第三次是 1988 年 1 月 13 日蔣經國總統逝世後李登輝總統發布緊急處分事項，其內容為：至 2 月 12 日止國喪期間，聚眾集會、遊行及請願活動，一律停止[10]。

為使九二一地震災後重建工作順利推動，李登輝總統根據行政院臨時院會的決議，依中華民國憲法增修條文第 2 條第 3 項規定，發布緊急命令，效期為半年，這是由總統正式發布我國憲法增修條文通過後首次的緊急命令。根據緊急命令的相關

---

[10]謝瑞智，前引書，頁 621-622。

條文，中央政府為籌措災區重建財源，將在八百億元限額內發行公債或借款，且不受預算法及公共債務法限制；中央銀行得提撥專款，提供銀行辦理災民重建家園所需長期低利、無息緊急融資。而為救災所需所採行的安置災民、緊急採購、徵用民間物資等措施，均得排除相關法令的限制。緊急命令只有簡單的十二個條文，扣除最後一條有關發布期限，其餘十一條辦理的機關包括行政院主計處、財政部、中央銀行、內政部、行政院工程會、經建會、交通部、農委會、環保署、衛生署、國防部、法務部及地方政府等單位。之後，立法院也於 1999 年 9 月 28 日追認通過總統頒布的緊急命令，這項緊急命令自 25 日公布後實施至 2000 年 3 月 24 日止。

　　緊急命令有下述四個界限，以防止行政權力之濫用：國家緊急權須以維持憲政體制，確保人民自由權利之明確目的為限。緊急權之行使，應以應付緊急事態，限一時性之必要的最小限度，故最好能明定時限。所謂緊急危難，應以使用憲法規定之正常手段無法適時解決問題，其情形為客觀而明顯者為限。回復常態之後，應受立法與司法體系之監督，對於因緊急命令而遭遇損害之人民應有萬全之恢復權利措施[11]。

六、設置國家安全會議及所屬國家安全局與國家安全大政方針決定權

　　憲法增修條文第 2 條第 4 項規定：「總統為決定國家安全有關大政方針，得設國家安全會議及所屬國家安全局，其組織以法律定之。」

憲政論：憲政變遷與體制改革 ──

[11]謝瑞智，前引書，頁 628。

七、宣布解散立法院之權

憲法增修條文第 2 條第 5 項規定：「總統於立法院通過對行政院院長之不信任案後十日內，經諮詢立法院院長後，得宣告解散立法院。但總統於戒嚴或緊急命令生效期間，不得解散立法院。立法院解散後，應於六十日內舉行立法委員選舉，並於選舉結果確認後十日內自行集會，其任期重新起算。」此一解散權限採被動之設計，須以立法院通過對行政院院長之不信任案為前提，與法國總統主動解散國會權限不同。

八、對外行使締結條約、宣戰、媾和之權

憲法第 38 條規定：「總統依本憲法之規定，行使締結條約及宣戰、媾和之權。」

九、宣布戒嚴權

憲法第 39 條規定：「總統依法宣布戒嚴，但須經立法院之通過或追認。立法院認為必要時，得決議移請總統解嚴。」

十、司法赦免權〈大赦、特赦、減刑、復權〉

司法赦免權包含了大赦、特赦、減刑、復權四種類型。憲法第 40 條規定：「總統依法行使大赦、特赦、減刑及復權之權。」

所謂赦免，赦免法第 1 條規定：「本法稱赦免者，謂大赦、特赦、減刑及復權。」

首先，關於大赦之效力，依據赦免法第 2 條規定：「大赦之效力如左：

一、已受罪刑之宣告者，其宣告為無效。二、未受罪刑之宣告者，其追訴權消滅。」因此，大赦不僅免除了刑罰的執

行，而且使犯罪也歸於消滅。換言之，經過大赦之人，其刑事責任歸於消滅。尚未追訴的，不再追訴；已經追訴的，撤銷追訴；已受罪、刑宣告的，宣告歸於無效。

其次，特赦係指對特定已受確定判決之刑事罪犯，免除其刑之執行。關於特赦的效力，赦免法第 3 條規定：「受罪刑宣告之人經特赦者，免除其刑之執行；其情節特殊者，得以其罪刑之宣告為無效。」

再次，減刑係指針對已受特定刑之宣告之特定犯罪行為，減輕一部分刑之執行。赦免法第 4 條規定減刑之效力「受罪刑宣告之人經減刑者，減輕其所宣告之刑」。

最後，復權係指對於因犯罪而被褫奪公權之人，使其恢復應有之公權。關於復權之效力，赦免法第 5 條規定：「受褫奪公權宣告之人經復權者，回復其所褫奪之公權。」

十一、依法任免文武官員之權

憲法第 41 條規定：「總統依法任免文武官員。」此係指總統依憲法及公務人員任用法之規定，任免文武百官。概言之，總統的任免權如下：

（一）由總統提名，經立法院同意後任命者

監察院審計長，由總統提名，經立法院同意後任命之（憲法 104）。

司法院長、副院長及大法官、考試院長、副院長及考試委員、監察院長、副院長、監察委員，由總統提名，立法院同意。

（二）由機關首長提請總統任命者

如行政院副院長、各部會首長及不管部會之政務委員，由行政院長提請總統任命。

（三）依資格任命

薦任以上的事務官，須依銓定資格及具有任用資格者，應經其所屬之最上級機關（五院）之請簡或呈薦，再由總統任命之[12]。

（四）由總統直接決定人選，逕行任命者

如行政院長由總統任命之。憲法增修條文第 2 條第 2 項規定：「總統發布行政院院長與依憲法經立法院同意任命人員之任免命令及解散立院之命令，無須行政院院長之副署，不適用憲法第 37 條之規定。」

十二、依法授與榮典權

憲法第 42 規定：「總統依法授與榮典。」

十三、院際調和權〈應限於政治性爭議〉

憲法第 44 條規定：「總統對於院與院間之爭執，除本憲法有規定者外，得召集有關各院院長會商解決之。」

十四、其他〈如派任使節之權〉

第三項　總統、副總統兼職的限制

有關我國副總統可否兼任行政院長一職的憲法解釋問題，無論從學理或實務，實見仁見智。以民主憲政的國家觀之，總統制的國家，總統具有實權，萬一總統發生缺位，對於政局影響重大，故有副總統之設[13]。但副總統為備位性質，並無特定職權，因此有些國家則與以兼職，以免閒置，如美國與巴拉圭

---

[12]謝瑞智，前引書，頁 628。
[13]李鴻禧，〈淺談副總統在憲法上定位問題〉，自立晚報，2000 年 8 月 16 日。

副總統兼參議院議長、菲律賓副總統可以被認命為內閣閣員；至於內閣制國家，因元首不負行政之責，即使總統缺位，對政局影響不大，故多無副總統之設。因此，不論從總統制或內閣制，副總統之設並非絕對必要。

我國自行憲以來，以由陳誠先生（1958 年）及嚴家淦先生（1966 年）兩位副總統兼任行政院院長之成例，期間達十一年，而前副總統連戰先生亦以副總統身分兼任行政院長，引起朝野間之爭論，後來提請司法院大法官做成釋字第 419 號解釋。

司法院大法官會議釋字第 419 號解釋文指出副總統與行政院院長二者職務性質亦非顯不相容，惟此項兼任如遇總統缺位或不能視事時，將影響憲法所規定繼任或代行職權之設計，與憲法設置副總統及行政院院長職位分由不同之人擔任之本旨未盡相符：

一、副總統得否兼任行政院院長憲法並無明文規定，副總統與行政院院長二者職務性質亦非顯不相容，惟此項兼任如遇總統缺位或不能視事時，將影響憲法所規定繼任或代行職權之設計，與憲法設置副總統及行政院院長職位分由不同之人擔任之本旨未盡相符。引發本件解釋之事實，應依上開解釋意旨為適當處理。

二、行政院院長於新任總統就職時提出總辭，係基於尊重國家元首所為之禮貌性辭職，並非其憲法上之義務。對於行政院院長非憲法上義務之辭職應如何處理，乃總統之裁量權限，為學理上所稱統治行為之一種，非本院應作合憲性審查之事項。

三、依憲法之規定，向立法院負責者為行政院，立法院除憲法所規定之事項外，並無決議要求總統為一定行為或不為一定行為之權限。故立法院於 1996 年 6 月 11 日

　　　　所為「咨請總統儘速重新提名行政院院長，並咨請立
　　　　法院同意」之決議，逾越憲法所定立法院之職權，僅
　　　　屬建議性質，對總統並無憲法上之拘束力。

就筆者之觀點，應以更宏觀之遠見評析釋憲問題：

一、憲法為國家根本大法，為富有高度政治性涵義的法
　　律，不可以一般法律視之。既然是富有高度政治性，
　　所以不可拘泥於文字解釋，必須要顧慮政治現實面，
　　依環境轉變而賦予新意，所謂「法與時移則治」。我
　　國憲法自 1946 年制定，即經各黨派、社會各階層代
　　表之妥協訂定，復經動員戡亂時期即解嚴後之增修過
　　程洗練，決不可以一管之見來看憲法。

二、我國中央政府體制雖然張君勱先生曾言為「修正式內
　　閣制」，但憲法自1947年施行以後，復經動員戡亂時
　　期及增修程序，幾經演變，實已非內閣制或總統制，
　　雖兼有兩種制度之精神，然已做因應國內政治環境變
　　遷之修正，不可以內閣制或總統制的框框來看，否則
　　將落入一偏之執。再者，以民主憲政國家觀之：總統
　　制之國家，總統具有實權，萬一總統發生缺位，對政
　　局影響重大，故有副總統之設。

三、按憲法第57條第1款規定，行政院有向立法院提出施
　　政方針及施政報告之責；立法委員在開會時，有向行
　　政院院長及行政各部會首長質詢之權。立法院在前
　　屆會期開議期間，雖有部分立法委員對副總統兼任行
　　政院院長之合憲性提出質疑，惟憲法原文並無禁止副
　　總統兼行政院院長之明文規定，副總統純屬備位性
　　質，並無特定職務。行憲以來，我國已有陳誠先生
　　（1958年）及嚴家淦先生（1966年）兩位副總統兼任
　　行政院院長之成例，期間逾十一年，達五分之一行憲

時間，且憲法精神仍未改變，是以副總統兼任行政院院長自無礙於行政院依憲法第 57 條規定對立法院負責之本旨。前副總統連戰先生於擔任行政院長時曾在立法委員任期屆滿改選後，依司法院大法官會議釋字第 387 號解釋提出總辭，並依憲法規定，經總統提名獲當時立法院院會同意，重新任命為行政院院長，除繼續推動行政政務外，亦負有向立法院提出施政報告及接受質詢之責任。

四、按我國憲法設置副總統的目的主要是為了總統缺位時，即由其代理總統之職到任期屆滿為止。而在正副總統同時缺位時則由行政院長代行職權。正副總統均不能視事時由行政院長代行職權。但是行政院院長代行職權不得超過三個月。在總統任滿解職，而次屆總統尚未選出或選出後，正副總統均未就職，行政院院長代行職權亦不得超過三個月代理期限。而依據憲法增修條文規定，正副總統缺位時，由行政院院長代行職權，並依本條第 1 項規定補選總統、副總統，繼任至原任期屆滿為止，不適用憲法第 49 條之有關規定。若副總統缺位時，總統應於三個月內提名候選人，由立法院補選，繼任至原任期屆滿為止。以上所述，總統、副總統、行政院長的繼位或代理關係是為了防止總統、副總統缺位時的處理方式，以加強種種保障的功能，使國家不可一日無元首，中斷國之大政。而若由副總統兼行政院長，則與憲法所設計的繼位或代行職權之本旨不符。因此，就我國憲法規定及大法官會議釋字第 419 號解釋文所指出的「副總統與行政院長二者職務性質尚非顯不相容，惟副總統及行政院長由一人兼任。如遇總統缺位或不能視事時，將

影響憲法所規定繼任或代行職權之設計，故由副總統兼任行政院院長，與憲法設置此二職位分由不同人擔任之本旨，未盡相符」。由此我們更可充分的理解到，我國副總統兼任行政院院長與憲法設計之法理與目的是有所相悖的。

第二節　行政院

第一項　地　位

行政院為國家最高行政機關。憲法第 53 條規定：「行政院為國家最高行政機關。」

第二項　組　織

憲法第 54 條規定行政院之主要人員有「行政院設院長、副院長各一人，各部會首長若干人，及不管部會之政務委員若干人」。茲敘述如下：

一、行政院院長

（一）產　生

由總統任命之，憲法增修條文第 3 條第 1 項前段規定：「行政院院長由總統任命之。」

無須行政院院長之副署，憲法增修條文第 2 條第 2 項規定：「總統發布行政院院長與依憲法經立法院同意任命人員之任免命令及解散立法院之命令，無須行政院院長之副署，不適用憲法第 37 條之規定。」

（二）任　期

行政院長為政治任命，並無任期限制。

（三）職　責

綜理院務：行政院組織法第 7 條前段規定：「行政院院長綜理院務，並監督所屬機關。」

主持行政院會議（憲法 58）。

(1)副署總統公布之法令權（憲法 37）。

(2)調和院際爭執權（憲法 44）。

(3)代行總統職權，但期限不得逾三個月（憲法 49、憲法 50）。

(4)行政院副院長及各部會首長之提名權（憲法 56）。

(5)移請覆議權（憲增法 3）。

(6)呈請總統解散立法院之權（憲增法 3）。

（四）因事故不能視事

行政院組織法第 7 條後段規定：「行政院院長因事故不能視事時，由副院長代理其職務。」

（五）辭職或出缺時

憲法增修條文第 3 條第 1 項後段規定：「行政院院長辭職或出缺時，在總統未任命行政院院長前，由行政院副院長暫行代理。憲法第 55 條之規定，停止適用。」

二、行政院副院長

關於行政院副院長及各部會首長之任命，憲法第 56 條規定：「行政院副院長、各部會首長及不管部會之政務委員，由行政院院長提請總統任命之。」

行政院組織法第 7 條後段規定：「行政院院長因事故不能視事時，由副院長代理其職務。」

三、各部會首長與不管部會政務委員

憲法第 54 條規定行政院之主要人員有「行政院設院長、

副院長各一人，各部會首長若干人，及不管部會之政務委員若干人」。

行政院組織法第 5 條規定：「行政院置政務委員七人至九人，特任。政務委員得兼任前條委員會之主任委員。」

憲法第 56 條規定行政院副院長及各部會首長之任命「行政院副院長、各部會首長及不管部會之政務委員，由行政院院長提請總統任命之」。

四、幕僚與發言機構

秘書處，包括秘書長一人與副秘書長二人。行政院組織法第 12 條規定：「行政院置秘書長一人，特任，綜合處理本院幕僚事務；副秘書長二人，其中一人職務比照簡任第十四職等，襄助秘書長處理本院幕僚事務。」同條第 2 項規定：「行政院置發言人一人，特任，處理新聞發布及聯繫事項，得由政務職務人員兼任之。」

五、行政院會議

憲法第 58 條第 1 項規定：「行政院設行政院會議，由行政院院長、副院長、各部會首長及不管部會之政務委員組織之，以院長為主席。」

行政院組織法第 11 條規定：「行政院院長得邀請或指定有關人員列席行政院會議。」

六、行政院所屬機關

行政院組織法第 3 條規定：「行政院設下列各部：一、內政部。二、外交部。三、國防部。四、財政部。五、教育部。六、法務部。七、經濟及能源部。八、交通及建設部。九、勞動部。十、農業部。十一、衛生福利部。十二、環境資源部。

十三、文化部。十四、科技部。」

　　同法第 4 條規定：「行政院設下列各委員會：一、國家發展委員會。二、大陸委員會。三、金融監督管理委員會。四、海洋委員會。五、僑務委員會。六、國軍退除役官兵輔導委員會。七、原住民族委員會。八、客家委員會。」

　　同法第 6 條規定：「行政院設行政院主計總處及行政院人事行政總處。」

七、獨立機關

　　行政院組織法第 9 條規定：「行政院設下列相當中央二級獨立機關：一、中央選舉委員會。二、公平交易委員會。三、國家通訊傳播委員會。」此外，同法第 7 條、第 8 條復規定：「行政院設國立故宮博物院。」「行政院設中央銀行。」

第三項　職　權

一、施政方針與施政報告之責

　　憲法增修條文第 3 條第 2 項第 1 款規定：「行政院有向立法院提出施政方針及施政報告之責。立法委員在開會時，有向行政院院長及行政院各部會首長質詢之權。」

二、法律案、預算案與決算案提出權

　　憲法第 58 條第 2 項規定：「行政院院長、各部會首長，須將應行提出於立法院之法律案、預算案、戒嚴案、大赦案、宣戰案、媾和案、條約案及其他重要事項，或涉及各部會共同關係之事項，提出於行政院會議議決之。」

　　憲法 59 條規定：「行政院於會計年度開始三個月前，應將下年度預算案提出於立法院。」

憲法第 60 條規定：「行政院於會計年度結束後四個月內，應提出決算於監察院。」

三、行政院副院長及各部會首長之提名權

憲法第 56 條規定：「行政院副院長、各部會首長及不管部會之政務委員，由行政院院長提請總統任命之。」

四、移請覆議權

憲法增修條文第 3 條第 2 項第 2 款規定：「行政院對於立法院決議之法律案、預算案、條約案，如認為有窒礙難行時，得經總統之核可，於該決議案送達行政院十日內，移請立法院覆議。立法院對於行政院移請覆議案，應於送達十五日內作成決議。如為休會期間，立法院應於七日內自行集會，並於開議十五日內作成決議。覆議案逾期未議決者，原決議失效。覆議時，如經全體立法委員二分之一以上決議維持原案，行政院院長應即接受該決議。」

五、呈請總統解散立法院之權

憲法增修條文第 3 條第 2 項第 3 款規定：「立法院得經全體立法委員三分之一以上連署，對行政院院長提出不信任案。不信任案提出七十二小時後，應於四十八小時內以記名投票表決之。如經全體立法委員二分之一以上贊成，行政院院長應於十日內提出辭職，並得同時呈請總統解散立法院；不信任案如未獲通過，一年內不得對同一行政院院長再提不信任案。」

六、總統之公布法令副署權

憲法第 37 條規定：「總統依法公布法律，發布命令，須經行政院院長之副署，或行政院院長及有關部會首長之副

署。」憲法增修條文第 2 條第 2 項則規定：「總統發布行政院
院長與依憲法經立法院同意任命人員之任免命令及解散立法院
之命令，無須行政院院長之副署，不適用憲法第 37 條之規
定。」

七、行政組織決定權

憲法增修條文第 3 條第 3 項規定：「國家機關之職權、設
立程序及總員額，得以法律為準則性之規定。」憲法增修條文
第 3 條第 4 項規定：「各機關之組織、編制及員額，應依前項
法律，基於政策或業務需要決定之。」

八、緊急命令、戒嚴令之議決權

憲法增修條文第 2 條第 3 項規定：「總統為避免國家或人
民遭遇緊急危難或應付財政經濟上重大變故，得經行政院會議
之決議發布緊急命令，為必要之處置，不受憲法第 43 條之限
制。但須於發布命令後十日內提交立法院追認，如立法院不同
意時，該緊急命令立即失效。」

九、行政監督權

憲法增修條文第 9 條第 1 項第 7 款規定：「省承行政院之
命，監督縣自治事項。」

十、其他（如行政執行權、受理訴願權等）

行政院組織法第 13 條規定：「行政院為處理訴願案件，
設訴願審議委員會，其委員由院長指派院內簡任人員兼任
之。」

第三節　立法院

第一項　地　位

立法院為全國最高立法機關，憲法第 62 條規定：「立法院為全國最高立法機關，由人民選舉立法委員組織之，代表人民行使立法權。」

其次，議會與人民的關係有委託說、代表說與國家機關說。委託說係指立法機關的各個組成分子，各為其本選舉區選民的受委託人，議員被選派到立法機關後，無言論、表決的自由，他們的言行應受到本選區選民的支配。代表說則認為立法機關整體是全國人民的受託人，因此立法機關整體意志與全體人民的意志相當。國家機關說係指選民團體與立法機關都是國家機關的一種機關，各有其職能。前者的職能在於選舉，後者的職權在於法定範圍內行使其議決之權；在法律上，兩者不具委託關係，他們的職權都源自於憲法[14]。

總之，立法院係由人民所選舉出的立法委員所組成，具有民主之正當基礎，憲法第六次修改以後，國民大會虛級化，更確立立法院未來是惟一具有常態性與普遍性之民主正當基礎之民意機關[15]。依自 2005 年 6 月 10 日總統令修正公布的增修條文規定，已廢除了國民大會，立法院已成為我國惟一的中央民意機關。

---

[14]李步云，《憲法比較研究》，北京法律出版社，1998 年 11 月，頁 773-777。
[15]蔡宗珍，〈論國民大會虛級化後，立法院之憲政地位〉，《月旦法學》，61 期，2000 年 6 月，頁 52-53。

第二項 組 織

一、立法委員

（一）人 數

第七屆起 113 人。

（二）產生方式

(1)區域：自由地區直轄市、縣市73人。每縣市至少1人。

(2)原住民：自由地區平地原住民及山地原住民各3人。

(3)政黨比例：全國不分區及僑居國外國民共34人。

憲法增修條文第 4 條第 1 項規定：「立法院立法委員自第七屆起一百一十三人，依左列規定選出之，不受憲法第 64 條之限制：一、自由地區直轄市、縣市七十三人。每縣市至少一人。二、自由地區平地原住民及山地原住民各三人。三、全國不分區及僑居國外國民共三十四人。」

憲法增修條文第 4 條第 2 項規定：「前項第一款依各直轄市、縣市人口比例分配，並按應選名額劃分同額選舉區選出之。第三款依政黨名單投票選舉之，由獲得 5%以上政黨選舉票之政黨依得票比率選出之，各政黨當選名單中，婦女不得低於二分之一。」

（三）任 期

每任四年；憲法增修條文第 4 條第 1 項規定：「立法院立法委員自第七屆起一百一十三人，任期四年，連選得連任，於每屆任滿前三個月內，依左列規定選出之，不受憲法第 64 條及第 65 條之限制：一、自由地區直轄市、縣市七十三人。每縣市至少一人。二、自由地區平地原住民及山地原住民各三人。三、全國不分區及僑居國外國民共三十四人。」

（四）限　制

不得兼任官吏；憲法第 75 條規定：「立法委員不得兼任官吏。」司法院大法官會議釋字第 1 號解釋文指出：「立法委員依憲法第 75 條之規定不得兼任官吏，如願就任官吏，即應辭去立法委員，其未經辭職而就任官吏者，亦顯有不繼續任立法委員之意思，應於其就任官吏之時，視為辭職。」

（五）罷　免

公職人員選舉罷免法第 69 條第 1 項規定：「公職人員之罷免，得由原選舉區選舉人向選舉委員會提出罷免案。但就職未滿一年者，不得罷免。」第 2 項規定：「全國不分區、僑居國外國民選舉之當選人，不適用罷免之規定。」

二、院長、副院長

（一）產　生

憲法第 66 條規定：「立法院設院長、副院長各一人，由立法委員互選之。」立法院組織法第 3 條也規定：「立法院設院長、副院長各一人，由立法委員互選產生；其選舉辦法，另定之。立法院院長應本公平中立原則，維持立法院秩序，處理議事。」

（二）任　期

立法院組織法第 13 條第 1 項規定：「立法院院長、副院長之任期至該屆立法委員任期屆滿之日為止。」

（三）院長與副院長之代理

立法院組織法第 13 條第 2 項規定：「立法院院長綜理院務。」第 3 項規定：「立法院院長因事故不能視事時，由副院長代理其職務。」

三、立法院會議

（一）常　會

每年兩次。

會　期

憲法第 68 條規定：「立法院會期，每年兩次，自行集會，第一次自 2 月至 5 月底，第二次自 9 月至 12 月底，必要時得延長之。」

立法院職權行使法第 2 條規定：「立法委員應分別於每年 2 月 1 日及 9 月 1 日起報到，開議日由各黨團協商決定之。但經總統解散時，由新任委員於選舉結果公告後第三日起報到，第十日開議。前項報到及出席會議，應由委員親自為之。」

主席人選

立法院組織法第 4 條規定：「立法院會議，以院長為主席。全院委員會亦同。院長因事故不能出席時，以副院長為主席；院長、副院長均因事故不能出席時，由出席委員互推一人為主席。」

開　議

立法院職權行使法第 4 條規定：「立法院會議，須有立法委員總額三分之一出席，始得開會。前項立法委員總額，以每會期實際報到人數為計算標準。但會期中辭職、去職或亡故者，應減除之。」

立法院職權行使法第 6 條規定：「立法院會議之決議，除法令另有規定外，以出席委員過半數之同意行之；可否同數時，取決於主席。」

（二）臨時會

憲法第 69 條規定：「立法院遇有左列情事之一時，得開臨時會：一、總統之咨請。二、立法委員四分之一以上之請

求。」

立法院組織法第 6 條規定：「立法院臨時會，依憲法第 69
條規定行之，並以決議召集臨時會之特定事項為限。停開院會
期間，遇重大事項發生時，經立法委員四分之一以上之請求，
得恢復開會。」

（三）秘密會議

立法院組織法第 5 條規定：「立法院會議，公開舉行，必
要時得開秘密會議。行政院院長或各部會首長，得請開秘密會
議。」

憲法增修條文第 4 條第 4 項規定：「立法院經總統解散
後，在新選出之立法委員就職前，視同休會。」

四、各種委員會

（一）程序委員會

立法院組織法第 7 條規定：「立法院設程序委員會，其組
織規程，另定之。」

（二）紀律委員會

立法院組織法第 8 條規定：「立法院設紀律委員會，其組
織規程，另定之。」

（三）修憲委員會

立法院組織法第 9 條規定：「立法院依憲法第 174 條之規
定，得設修憲委員會，其組織規程，另定之。」

（四）其他類型之委員會

立法院組織法第 10 條第 1 項規定：「立法院依憲法第六十
七條之規定，設下列委員會：一、內政委員會。二、外交及國
防委員會。三、經濟委員會。四、財政委員會。五、教育及文
化委員會。六、交通委員會。七、司法及法制委員會。八、社
會福利及衛生環境委員會。立法院於必要時，得增設特種委員

會。」同法第 12 條規定：「立法院各委員會之組織，另以法律定之。」

第三項　職　權

一、立法權

憲法第 63 條規定：「立法院有議決法律案、預算案、戒嚴案、大赦案、宣戰案、媾和案、條約案及國家其他重要事項之權。」因此，立法院具有立法權。

其次，法律的制定須經提案、審查、討論、議決、公布與施行等程序，敘述如下：

（一）提　案

立法委員

立法院議事規則第 8 條規定：「立法委員提出之法律案，應有十五人以上之連署；其他提案，除另有規定外，應有十人以上之連署。」同條第 2 項規定：「連署人不得發表反對原提案之意見；提案人撤回提案時，應先徵得連署人之同意。」

行政院

憲法第 58 條第 2 項規定：「行政院院長、各部會首長，須將應行提出於立法院之法律案、預算案、戒嚴案、大赦案、宣戰案、媾和案、條約案及其他重要事項，或涉及各部會共同關係之事項，提出於行政院會議議決之。」

司法院

司法院大法官會議釋字第 175 號解釋文指出司法院得向立法院提出法律案：「司法院為國家最高司法機關，基於五權分治彼此相維之憲政體制，就其所掌有關司法機關之組織及司法權行使之事項，得向立法院提出法律案。」

監察院

司法院大法官會議釋字第 3 號解釋文指出監察院關於所掌事項，得向立法院提出法律案：「監察院關於所掌事項，是否得向立法院提出法律案，憲法無明文規定，而同法第 87 條則稱考試院關於所掌事項，得向立法院提出法律案。論者因執『省略規定之事項應認為有意省略』以及『明示規定其一者應認為排除其他』之拉丁法諺，認為監察院不得向立法院提案，實則此項法諺並非在任何情形之下均可援用。如法律條文顯有闕漏，或有關法條尚有解釋之餘地時，則此法諺，即不復適用。我國憲法間有闕文，例如憲法上由選舉產生之機關，對於國民大會代表及立法院立法委員之選舉，憲法則以第 34 條、第 64 條第 2 項載明『以法律定之』。獨對於監察院監察委員之選舉，則並無類似之規定，此項闕文，自不能認為監察委員之選舉，可無需法律規定，或憲法對此有意省略，或故予排除，要甚明顯。

　　憲法第 71 條，即憲草第 73 條，原規定：『立法院開會時，行政院院長及各部會首長得出席陳述意見。』經制憲當時出席代表提出修正，將『行政院院長』改為『關係院院長』。其理由為：『考試院、司法院、監察院就其主管事項之法律案，關係院院長自得列席立法院陳述意見。』經大會接受修正如今文，足見關係院院長係包括立法院以外之各院院長而言。又憲法第 87 條，即憲草第 92 條，經出席代表提案修正，主張將該條所定『考試院關於所掌事項提出法律案時，由考試院秘書長出席立法院說明之』，予以刪除。其理由即為『考試院關於主管事項之法律案，可向立法院提送，與他院同。如須出席立法院說明，應由負責之院長或其所派人員出席，不必於憲法中規定秘書長出席』。足徵各院皆可提案，為當時制憲代表所不爭。遍查國民大會實錄，及國民大會代表全部提案，對於此項問題，曾無一人有任何反對或相異之言論，亦無考試院應較

司法、監察兩院有何特殊理由，獨需提案之主張。

我國憲法依據孫中山先生創立中華民國之遺教而制定，載在前言。依憲法第53條（行政）、第62條（立法）、第77條（司法）、第83條（考試）、第90條（監察）等規定，建置五院。本憲法原始賦予之職權，各於所掌範圍內，為國家最高機關獨立行使職權，相互平等，初無軒輊；以職務需要言，監察、司法兩院各就所掌事項，需向立法院提案，與考試院同。考試院對於所掌事項，既得向立法院提出法律案，憲法對於司法、監察兩院，就其所掌事項之提案，亦初無有意省略，或故予排除之理由。法律案之議決，雖為專屬立法院之職權，而其他各院關於所掌事項，知之較稔，得各向立法院提出法律案，以為立法意見之提供者，於理於法均無不合。

綜上所述，考試院關於所掌事項，依憲法第 87 條，既得向立法院提出法律案，基於五權分治，平等相維之體制，參以該條及第 71 條之制訂經過，監察院關於所掌事項，得向立法院提出法律案，實與憲法之精神相符。」

考試院

憲法第 87 條規定：「考試院關於所掌事項，得向立法院提出法律案。」

（二）審　查

由各委員會加以審查，憲法第 67 條規定：「立法院得設各種委員會。各種委員會得邀請政府人員及社會上有關係人員到會備詢。」

邀請官員與相關人員，憲法第 71 條規定：「立法院開會時，關係院院長及各部會首長得列席陳述意見。」

（三）議　決

立法院職權行使法第 7 條規定：「立法院依憲法第 63 條規定所議決之議案，除法律案、預算案應經三讀會議決外，其餘

均經二讀會議決之。」

第一讀會

立法院職權行使法第 8 條規定：「第一讀會，由主席將議案宣付朗讀行之。政府機關提出之議案或立法委員提出之法律案，應先送程序委員會，提報院會朗讀標題後，即應交付有關委員會審查。但有出席委員提議，四十人以上連署或附議，經表決通過，得逕付二讀。立法委員提出之其他議案，於朗讀標題後，得由提案人說明其旨趣，經大體討論，議決交付審查或逕付二讀，或不予審議。」

第二讀會

立法院職權行使法第 9 條規定：「第二讀會，於討論各委員會審查之議案，或經院會議決不經審查逕付二讀之議案時行之。第二讀會，應將議案朗讀，依次或逐條提付討論。第二讀會，得就審查意見或原案要旨，先作廣泛討論。廣泛討論後，如有出席委員提議，三十人以上連署或附議，經表決通過，得重付審查或撤銷之。」

立法院職權行使法第 10 條規定：「法律案在第二讀會逐條討論，有一部分已經通過，其餘仍在進行中時，如對本案立法之原旨有異議，由出席委員提議，五十人以上連署或附議，經表決通過，得將全案重付審查。但以一次為限。」第 10 條之一：「第二讀會討論各委員會議決不須黨團協商之議案，得經院會同意，不須討論，逕依審查意見處理。」

第三讀會

立法院職權行使法第 11 條規定：「第三讀會，應於第二讀會之下次會議行之。但出席委員如無異議，亦得於二讀後繼續進行三讀。第三讀會，除發現議案內容有互相牴觸，或與憲法及其他法律相牴觸者外，祇得為文字之修正。」

立法院職權行使法第 12 條規定：「議案於完成二讀前，

原提案者得經院會同意後撤回原案。法律案交付審查後，性質相同者，得為併案審查。法律案付委經逐條討論後，院會再為併案審查之交付時，審查會對已通過之條文，不再討論。」

（四）覆　議

憲法增修條文第 3 條第 2 項第 2 款規定：「行政院對於立法院決議之法律案、預算案、條約案，如認為有窒礙難行時，得經總統之核可，於該決議案送達行政院十日內，移請立法院覆議。立法院對於行政院移請覆議案，應於送達十五日內作成決議。如為休會期間，立法院應於七日內自行集會，並於開議十五日內作成決議。覆議案逾期未議決者，原決議失效。覆議時，如經全體立法委員二分之一以上決議維持原案，行政院院長應即接受該決議。」由上述增修條文之規定可知，交還覆議權屬於行政院，其條件為：

行政院移請立法院覆議

行政院對於立法院決議之法律案、預算案、條約案，如認為有窒礙難行時，得經總統之核可，於該決議案送達行政院十日內，移請立法院覆議。立法院職權行使法第 32 條也規定：「行政院得就立法院決議之法律案、預算案、條約案之全部或一部，經總統核可後，移請立法院覆議。」

立法院之處理方式

1. 集會議決

(1)**正常會期**：立法院對於行政院移請覆議案，應於送達十五日內作成決議。立法院職權行使法第 33 條規定：「覆議案不經討論，即交全院委員會，就是否維持原決議予以審查。全院委員會審查時，得由立法院邀請行政院院長列席說明。」第 34 條也規定：「覆議案審查後，應於行政院送達十五日內提出院會以記名投票表決。如贊成維持原決議者，超過全體立法委員二分之一，即維持原決議；如未達全體立法委員二分之

一，即不維持原決議；逾期未作成決議者，原決議失效。」

　　(2)**休會期間**：立法院應於七日內自行集會，並於開議十五日內作成決議。覆議案逾期未議決者，原決議失效。立法院職權行使法第 35 條規定：「立法院休會期間，行政院移請覆議案，應於送達七日內舉行臨時會，並於開議十五日內，依前二條規定處理之。」

2. 覆議效果

　　覆議時，如經全體立法委員二分之一以上決議維持原案，行政院院長應即接受該決議。

　　（五）公　布

　　憲法第 37 條規定：「總統依法公布法律，發布命令，須經行政院院長之副署，或行政院院長及有關部會首長之副署。」因此公布法律的權限屬於總統。

　　其次，憲法第 72 條規定：「立法院法律案通過後，移送總統及行政院，總統應於收到後十日內公布之，但總統得依照本憲法第 57 條之規定辦理。」

　　（六）施　行

　　中央法規標準法第 12 條規定：「法規應規定施行日期，或授權以命令規定施行日期。」

　公布日與施行日相同

　　中央法規標準法第 13 條規定：「法規明定自公布或發布日施行者，自公布或發布之日起算至第三日起發生效力。」

　　司法院大法官會議釋字第 161 號解釋文指出：「中央法規標準法第 13 條所定法規生效日期之起算，應將法規公布或發布之當日算入。」

　　其解釋理由書進一步說明：「按法規明定自公布或發布日施行者，自公布或發布之日起算至第三日起發生效力，中央法規標準法第 13 條定有明文，其所謂『自公布或發布之日起算

至第三日』之文義，係將法規公布或發布之當日算入至第三日
起發生效力，此項生效日期之計算，既為中央法規標準法所明
定，自不適用民法第 120 條第 2 項之規定。」

公布日與施行日不同

中央法規標準法第 14 條規定：「法規特定有施行日期，
或以命令特定施行日期者，自該特定日起發生效力。」

同一法律有不同之施行日期及區域者

中央法規標準法第 15 條規定：「法規定有施行區域或授
權以命令規定施行區域者，於該特定區域內發生效力。」

二、預算與決算審查權

憲法第 63 條規定：「立法院有議決法律案、預算案、戒
嚴案、大赦案、宣戰案、媾和案、條約案及國家其他重要事項
之權。」因此，立法院也具有預算與決算的審查權。

（一）預算審查

憲法第 59 條規定行政院提出預算案之期間「行政院於會
計年度開始三個月前，應將下年度預算案提出於立法院」。

其次，預算法第 48 條規定：「立法院審議總預算案時，
由行政院長、主計長及財政部長列席，分別報告施政計畫及歲
入、歲出預算編制之經過。」第 49 條規定：「預算案之審
議，應注重歲出規模、預算餘絀、計畫績效、優先順序，其中
歲入以擬變更或擬設定之收入為主，審議時應就來源別決定
之；歲出以擬變更或擬設定之支出為主，審議時應就機關別、
政事別及基金別決定之。」

（二）決算審查

憲法第 60 條規定行政院提出決算之期間「行政院於會計
年度結束後四個月內，應提出決算於監察院」。

憲法第 105 條關於決算之審核及報告也規定：「審計長應

於行政院提出決算後三個月內，依法完成其審核，並提出審核報告於立法院。」

決算法第 27 條對於立法院對審核報告之審議規定：「立法院對審核報告中有關預算之執行、政策之實施及特別事件之審核、救濟等事項，予以審議。立法院審議時，審計長應答覆質詢，並提供資料，對原編造決算之機關，於必要時，亦得通知其列席備詢，或提供資料。」

（三）預算停止執行──以大法官釋字第 520 號解釋為例

司法院大法官會議釋字第 520 號解釋理由書指出因施政方針或重要政策變更涉及法定預算之停止執行時，則應本行政院對立法院負責之憲法意旨暨尊重立法院對國家重要事項之參與決策權，依照憲法增修條文第 3 條及立法院職權行使法第 17 條規定，由行政院院長或有關部會首長適時向立法院提出報告並備質詢：「本件行政院為決議停止興建核能第四電廠並停止執行相關預算，適用憲法發生疑義，並與立法院行使職權，發生適用憲法之爭議，及與立法院適用同一法律之見解有異，聲請解釋。關於解釋憲法部分，與司法院大法官審理案件法第 5 條第 1 項第 1 款中段中央機關因行使職權與其他機關之職權，發生適用憲法之爭議規定相符，應予受理；關於統一解釋部分，聲請意旨並未具體指明適用預算法何項條文與立法機關適用同一法律見解有異，與上開審理案件法第 7 條第 1 項第 1 款所定聲請要件尚有未合，惟此部分與已受理之憲法解釋係基於同一事實關係，不另為不受理之決議。又本件係就行政院停止執行法定預算與立法院發生適用憲法之爭議，至引發爭議之電力供應究以核能抑或其他能源為優，已屬能源政策之專業判斷問題，不應由行使司法權之釋憲機關予以裁決，不在解釋範圍，均合先敘明。

預算制度乃行政部門實現其施政方針並經立法部門參與決

策之憲法建制，對預算之審議及執行之監督，屬立法機關之權限與職責。預算案經立法院審議通過及公布為法定預算，形式與法律案相當，因其內容、規範對象及審議方式與法律案不同，本院釋字第 391 號解釋曾引用學術名詞稱之為措施性法律，其故在此。法定預算及行政法規之執行，均屬行政部門之職責，其間區別在於：賦予行政機關執行權限之法規，其所規定之構成要件具備，即產生一定之法律效果，若法律本身無決策裁量或選擇裁量之授權，該管機關即有義務為符合該當法律效果之行為；立法院通過之法定預算屬於對國家機關歲出、歲入及未來承諾之授權規範（參照預算法 6-8），其規範效力在於設定預算執行機關得動支之上限額度與動支目的、課予執行機關必須遵循預算法規定之會計與執行程序、並受決算程序及審計機關之監督。關於歲入之執行仍須依據各種稅法、公共債務法等相關規定，始有實現可能。而歲出法定預算之停止執行，是否當然構成違憲或違法，應分別情形而定，在未涉及國家重要政策變更且符合預算法所定條件，諸如發生特殊事故、私經濟行政因經營策略或市場因素而改變等情形，主管機關依其合義務之裁量，則尚非不得裁減經費或變動執行，是為所謂執行預算之彈性。

　　法定預算中維持法定機關正常運作及履行其法定職務之經費，因停止執行致影響機關之存續，若仍任由主管機關裁量，即非法之所許。其因法定預算之停止執行具有變更施政方針或重要政策之作用者，如停止執行之過程未經立法院參與，亦與立法部門參與決策之憲法意旨不符。故前述執行法定預算之彈性，並非謂行政機關得自行選擇執行之項目，而無須顧及法定預算乃經立法院通過具備規範效力之事實。預算法規中有關執行歲出分配預算應分期逐級考核執行狀況並將考核報告送立法院備查（預算法61），執行預算時各機關、各政事及計畫或業

務科目間經費流用之明文禁止（預算法62），又各機關執行計畫預算未達全年度 90%者，相關主管人員依規定議處（參照 2000 年 8 月 3 日行政院修正發布之行政院暨所屬各機關計畫預算執行考核獎懲作業要點第 4 點第 2 款），凡此均屬監督執行預算之機制，貫徹財政紀律之要求。本院釋字第 391 號解釋係針對預算案之審議方式作成解釋，雖曾論列預算案與法律案性質之不同，並未否定法定預算之拘束力，僅闡明立法機關通過之預算案拘束對象非一般人民而為國家機關，若據釋字第 391 號解釋而謂行政機關不問支出之性質為何，均有權停止執行法定預算，理由並不充分。至預算法雖無停止執行法定預算之禁止明文，亦不得遽謂行政機關可任意不執行預算。憲法增修條文對憲法本文第 57 條行政院向立法院負責之規定雖有所修改，其第 3 條第 2 項第 2 款仍明定：『行政院對於立法院決議之法律案、預算案、條約案，如認為有窒礙難行時，得經總統之核可，於該決議案送達行政院十日內，移請立法院覆議。立法院對於行政院移請覆議案，應於送達十五日內作成決議。如為休會期間，立法院應於七日內自行集會，並於開議十五日內作成決議。覆議案逾期未決議者，原決議失效。覆議時，如經全體立法委員二分之一以上決議維持原案，行政院院長應即接受該決議。』從而行政院對立法院通過之預算案如認窒礙難行而不欲按其內容執行時，於預算案公布成為法定預算前，自應依上開憲法增修條文覆議程序處理。果如聲請機關所主張，執行法定預算屬行政權之核心領域，行政機關執行與否有自由形成之空間，則遇有立法院通過之預算案不洽其意，縱有窒礙難行之情事，儘可俟其公布成為法定預算後不予執行或另作其他裁量即可，憲法何須有預算案覆議程序之設。

預算案除以具體數字載明國家機關維持其正常運作及執行法定職掌所需之經費外，尚包括推行各種施政計畫所需之財政

資源。且依現代財政經濟理論，預算負有導引經濟發展、影響景氣循環之功能。在代議民主之憲政制度下，立法機關所具有審議預算權限，不僅係以民意代表之立場監督財政支出、減輕國民賦稅負擔，抑且經由預算之審議，實現參與國家政策及施政計畫之形成，學理上稱為國會之參與決策權。本件所關核能電廠預算案通過之後，立法院於 1996 年 5 月 24 日第三屆第一會期第十五次會議，亦係以變更行政院重要政策，依當時適用之憲法第 57 條第 2 款規定決議廢止核能電廠興建計畫，進行中之工程立即停工並停止動支預算，嗣行政院於同年 6 月 12 日，亦以不同意重要政策變更而移請立法院覆議，可見基於本件核能電廠之興建對儲備能源、環境生態、產業關聯之影響，並考量經費支出之龐大，以及一旦停止執行善後處理之複雜性，應認係屬國家重要政策之變更，即兩院代表到院陳述時對此亦無歧見。是本件所關核能電廠預算案自擬編、先前之停止執行，以迄再執行之覆議，既均經立法院參與或決議，則再次停止執行，立法機關自亦有參與或決議之相同機會。法定預算已涉及重要政策，其變動自與非屬國家重要政策變更之單純預算變動，顯然有別，尚不能以所謂法定預算為實質行政行為，認聲請機關有裁量餘地而逕予決定並下達實施，或援引其自行訂定未經送請立法機關審查之中央機關附屬單位預算執行要點核定停辦，相關機關立法院執此指摘為片面決策，即非全無理由。

民主政治為民意政治，總統或立法委員任期屆滿即應改選，乃實現民意政治之途徑。總統候選人於競選時提出政見，獲選民支持而當選，自得推行其競選時之承諾，從而總統經由其任命之行政院院長，變更先前存在，與其政見未洽之施政方針或政策，毋迺政黨政治之常態。惟無論執政黨更替或行政院改組，任何施政方針或重要政策之改變仍應遵循憲法秩序所賴以維繫之權力制衡設計，以及法律所定之相關程序。蓋基於法

治國原則，縱令實質正當亦不可取代程序合法。憲法第 57 條即屬行政與立法兩權相互制衡之設計，其中同條第 2 款關於重要政策，立法院決議變更及行政院移請覆議之規定，雖經 1997 年 7 月 21 日修正公布之憲法增修條文刪除，並於該第 3 條第 2 項第 3 款增設立法院對行政院院長不信任投票制度，但該第 57 條之其他制衡規定基本上仍保留於增修條文第 3 條第 2 項，至於有關立法院職權之憲法第 63 條規定則未更動，故公布於 1999 年 1 月 25 日之立法院職權行使法第 16 條，仍就行政院每一會期應向立法院提出施政方針及施政報告之程序加以規定，同法第 17 條則定有：『行政院遇有重要事項發生，或施政方針變更時，行政院院長或有關部會首長應向立法院院會提出報告，並備質詢。前項情事發生時，如有立法委員提議，三十人以上連署或附議，經院會議決，亦得邀請行政院院長或有關部會首長向立法院院會報告，並備質詢。』所謂重要事項發生，即係指發生憲法第 63 條之國家重要事項而言，所謂施政方針變更則包括政黨輪替後重要政策改變在內。針對所發生之重要事項或重要政策之改變，除其應修改法律者自須向立法院提出法律修正案，其應修改或新頒命令者應予發布並須送置於立法院外，上開條文復課予行政院向立法院報告並備質詢之義務。如前所述，法定預算皆限於一定會計年度，並非反覆實施之法律可比，毋庸提案修正，遇此情形則須由行政院院長或有關部會首長向立法院院會提出報告並備質詢，立法委員亦得主動依同條第 2 項決議邀請行政院院長或部會首長提出報告並備質詢。上開報告因情況緊急或不能於事前預知者外，均應於事前為之。本件停止預算之執行，已涉國家重要政策之變更而未按上述程序處理，自有瑕疵，相關機關未依其行使職權之程序通知有關首長到院報告，而採取杯葛手段，亦非維護憲政運作正常處置之道。行政院應於本解釋公布之日起，儘速補行前述

報告及備詢程序，相關機關亦有聽取其報告之義務。

　　行政院院長或有關部會首長依前述憲法增修條文第 3 條及立法院職權行使法第 17 條向立法院提出報告之後，若獲多數立法委員之支持，基於代議民主之憲政原理，自可貫徹其政策之實施。若立法院於聽取報告後作成反對或其他決議，此一決議固屬對政策變更之異議，實具有確認法定預算效力之作用，與不具有拘束力僅屬建議性質之決議有別，應視其決議內容，由各有關機關選擇適當途徑解決：行政院同意接受立法院多數意見繼續執行法定預算，或由行政院與立法院朝野黨團協商達成解決方案。於不能協商達成解決方案時，各有關機關應循憲法現有機制為適當之處理，諸如：行政院院長以重要政策或施政方針未獲立法院支持，其施政欠缺民主正當性又無從實現總統之付託，自行辭職以示負責；立法院依憲法增修條文第 3 條第 2 項第 3 款對行政院院長提出不信任案，使其去職（不信任案一旦通過，立法院可能遭受解散，則朝野黨派正可藉此改選機會，直接訴諸民意，此亦為代議民主制度下解決重大政治衝突習見之途徑）；立法院通過興建電廠之相關法案，此種法律內容縱然包括對具體個案而制定之條款，亦屬特殊類型法律之一種，即所謂個別性法律，並非憲法所不許。究應採取何種途徑，則屬各有關機關應抉擇之問題，非本院所能越俎代庖予以解釋之事項。然凡此均有賴朝野雙方以增進人民福祉為先，以維護憲法秩序為念，始克回復憲政運作之常態，導引社會發展於正軌。」

董翔飛大法官之「部分不同意見書」

（一）憲法權限爭議應循分權制衡機制解決

　　本件行政院聲請釋憲主旨係因其自行決議停止興建核四電廠預算與立法院職權之行使適用憲法發生權限爭議，自應循憲

政結構、分權原理以及兩院間之權限關係尋找答案。行政、立法兩院乃我國憲法上之重要機關，並位於權力核心領域，有關兩院之權限及相互制衡關係，原憲法第 57 條及增修條文第 3 條第 2 項均有周詳之設計，即行政院依下列規定，對立法院負責：行政院有向立法院提出施政方針及施政報告之責，立法委員在開會時有向行政院院長及各部會首長質詢之權；行政院對於立法院決議之法律案、預算案、條約案，如認為有窒礙難行時，得經總統之核可，於決議案送達行政院十日內移請立法院覆議，立法院並應於十五日內作成決議，逾期未議決者，原決議失效，覆議時如經全體立法委員二分之一以上決議維持原案，行政院院長應即接受該決議；立法院得經全體立法委員三分之一以上連署，對行政院院長提出不信任案，如經全體立法委員二分之一以上贊成，行政院院長應於十日內提出辭職，並得同時呈請總統解散立法院。解釋文及解釋理由既已肯認上開規定「行政院有向立法院提出施政方針及施政報告之責」乃行政院對立法院負責之主要憲法條款，停止執行核四電廠法定預算亦屬國家政策之變更，且係憲法第 63 條「立法院得議決之國家其他重要事項」以及立法院職權行使法第 17 條所稱之「重要事項發生及施政方針變更」，則不論依照上開任一條款之規定，行政院院長均有向立法院提出報告，並備質詢，藉以爭取立法院多數認同與支持，以踐行憲法應盡之義務至為明顯，而本案已經兩度覆議定案，並執行有年，行政院藉所謂政黨更迭或政黨政綱為由，逕自片面決議停止執行，已明顯違反憲法既定程序，未盡其應盡之憲法義務，行政院此種越過憲法「先斬不奏」的違憲行為，竟不見解釋文為「違憲」之宣示，甚至連「程序瑕疵」亦未出現，僅以「自屬國家重要政策之變更仍須儘速補正上開程序」輕描淡寫一語帶過，不免予人有「高舉輕放」之感。

（二）緊急命令尚須獲得立法院追認，國家重要政策變更，豈能不經國會同意

　　按總統為避免國家或人民遭遇緊急危難或應付財政經濟上重大變故所發布之緊急命令，尚且須於十日內送交立法院予以追認，如立法院不同意時，該緊急命令立即失效。而一個沒有民意基礎但須對立法院負責的行政院院長，竟可不依憲法及相關法律規定程序向立法院報告徵詢立法院同意，即可拒不執行涉及國家政策之法定預算，如此拒不執行憲法義務之行為尚不構成違憲，無異是默認行政院有不遵守憲法的特權。行政院既可不遵循憲政程序片面決定廢棄核能電廠法定預算，同樣亦可推及其他法定預算甚或一般法律，苟如此，行政權豈非變成獨大，而憲法秩序所賴以維繫的分權制衡機制，勢將瓦解無存。

（三）行政院負責的對象為立法院而非總統

　　總統、行政院院長在我國憲政架構中，分別扮演國家元首與國家最高行政首長角色，並各有一定的功能與權限，憲法賦予總統的職權大多屬於元首權的範圍，如戒嚴權、緊急命令權、赦免權，且須經由行政院院會的決議始得行使，行政院院長為國家最高行政首長，依據憲法第55條第1項規定，由總統提名經立法院同意任命，增修條文第3條雖將其改由總統單獨任命，但行政院院長對立法院負責之規定，始終沒有改變，從表面上看，總統似乎可以逕行任命，但依政黨政治理論，及本院釋字第387號解釋意旨觀之，總統則必須任命受立法院多數黨團歡迎之人物，否則很難走進立法院大門，可見總統有權任命行政院院長是一回事，總統候選人於競選期間提出之政見可否經由其任命之行政院院長落實其競選諾言，則又未必盡然，依議會政治經驗，總統任命之行政院院長不一定與其同一個政黨，即使同屬一個政黨，也不一定理念相同，尤其與在野黨組成的聯合政府即更明顯，是解釋理由所言「總統候選人於競選

時提出政見，獲選民支持而當選，自得推行其競選承諾，從而總統經由其任命之行政院院長，變更先前存在，與其政見未洽之施政方針或政策，毋迺政黨政治之常態」，是否「毋迺政黨政治常態」容由斟酌餘地，其後雖有「惟無論執政黨更替或行政院改組，任何施政方針或重要政策之改變仍應遵循憲法秩序所賴以維繫之權力制衡設計，以及法律所定之相關程序」補述，但總覺有欠妥適，或有被斷章取義之虞，本院釋字第 391 號解釋文中「預算案與法律案性質不同」一詞，原係指「尚不得比照審議法律案之方式逐條逐句增刪修改」而言，但卻被聲請機關斷章引用，並作為停止執行法定預算之有力依據，能不慎乎。

（四）協商解決非解決憲政爭議妥適途徑

司法解釋貴在依循憲法原理釐清憲政爭議，予聲請者乃至全國人民明確答案，俾有所遵循。解釋文末段「由有關機關依本解釋意旨，協商解決方案或根據憲法現有機制選擇適當途徑解決僵局」，而所謂適當途徑，解釋理由書所列各項，其中除由行政院接受立法院不同意決議，繼續執行興建核四電廠計畫為惟一選擇外，餘如由行政院院長以主要政策未獲立法院支持為由自動請辭，或由立法院提出不信任案迫使行政院院長去職，以及由立法院通過興建電廠之相關法案等，則均非憲法或法律規範之必然，而以上這些選項性質上已涉及政治問題，本屬立法、行政固有之職權，何時辭職，什麼時候倒閣，毋庸大法官解釋，本可自行斟酌。基於司法自制，政治性問題司法權本不宜輕易介入，否則真的就有越俎代庖之嫌。

憲政僵局如何打開，端賴司法解釋，而本號解釋竟以「朝野黨團協商解決」退回相關機關，如果朝野協商真能解決憲政上的僵持，又何必有勞大法官解釋，本席鑑於解釋文諸多論點尚待商榷，解釋結果稍嫌軟弱，並欠明確，期期以為不然，爰

提出部分不同意見如上。

三、議決戒嚴案、大赦案、宣戰案、媾和案、條約案與其他國家重要事項之權力

憲法第 39 條規定：「總統依法宣布戒嚴，但須經立法院之通過或追認。立法院認為必要時，得決議移請總統解嚴。」

憲法第 63 條規定：「立法院有議決法律案、預算案、戒嚴案、大赦案、宣戰案、媾和案、條約案及國家其他重要事項之權。」

憲法第 58 條第 2 項規定：「行政院院長、各部會首長，須將應行提出於立法院之法律案、預算案、戒嚴案、大赦案、宣戰案、媾和案、條約案及其他重要事項，或涉及各部會共同關係之事項，提出於行政院會議議決之。」

四、議決領土變更權

憲法增修條文第 4 條第 5 項規定：「中華民國領土，依其固有之疆域，非經全體立法委員四分之一之提議，全體立法委員四分之三之出席，及出席委員四分之三之決議，提出領土變更案，並於公告半年後，經中華民國自由地區選舉人投票複決，有效同意票過選舉人總額之半數，不得變更之。」

五、對總統、副總統制衡的權力

（一）聽取總統國情報告權

1997 年第四次修憲，憲法增修條文第 1 條第 7 項原規定：「國民大會集會時，得聽取總統國情報告，並檢討國是，提供建言；如一年內未集會，由總統召集會議為之，不受憲法第 30 條之限制。」但在 2000 年第六次憲法修改以後，此一權限轉移到立法院之下。憲法增修條文第 4 條第 3 項規定：「立法

院於每年集會時，得聽取總統國情報告。」此權到目前為止，立法院尚未行使過，惟依筆者之觀點認為此權若真正行使，將嚴重影響憲政制度之運作，而且破壞憲政秩序，因為依照憲法第57條或增修條文第3條第2項規定，可更加印證行政院向立法院負責乃是憲法原始的制度性設計，倘若總統以國家元首之身分前往立法院作國情報告，不知總統的國情報告內容與行政院長的施政報告內容如何區隔？莫非徒增憲政困擾[16]。

（二）對總統提名任命之人員行使同意權

憲法增修條文第1條第5項第6款原規定國民大會具有對總統提名任命之人員行使同意權。「依增修條文第5條第1項、第6條第2項、第7條第2項之規定，對總統提名任命之人員，行使同意權。」但在憲法第六次修改，此一條款已經廢除，此一權力轉移到立法院之下，其中包含：

1. 司法院院長、副院長、大法官任命之同意權

憲法增修條文第5條第1項規定：「司法院設大法官十五人，並以其中一人為院長、一人為副院長，由總統提名，經立法院同意任命之，自2003年起實施，不適用憲法第79條之規定。司法院大法官除法官轉任者外，不適用憲法第81條及有關法官終身職待遇之規定。」

2. 考試院院長、副院長、考試委員任命之同意權

憲法增修條文第6條第2項規定：「考試院設院長、副院長各一人，考試委員若干人，由總統提名，經立法院同意任命之，不適用憲法第84條之規定。」

3. 監察院院長、副院長、監察委員任命之同意權

憲法增修條文第7條第2項規定：「監察院設監察委員二

---

[16] 參閱董翔飛，《董翔飛大法官回憶錄：細數50年公務生涯》，國史館，2010年9月，頁269-273。

十九人，並以其中一人為院長、一人為副院長，任期六年，由總統提名，經立法院同意任命之。憲法第 91 條至第 93 條之規定停止適用。」

六、審計長任命同意權

憲法第 104 條規定：「監察院設審計長，由總統提名，經立法院同意任命之。」

七、緊急命令之追認權

憲法增修條文第 2 條第 3 項規定：「總統為避免國家或人民遭遇緊急危難或應付財政經濟上重大變故，得經行政院會議之決議發布緊急命令，為必要之處置，不受憲法第 43 條之限制。但須於發布命令後十日內提交立法院追認，如立法院不同意時，該緊急命令立即失效。」

憲法增修條文第 4 條第 6 項規定：「總統於立法院解散後發布緊急命令，立法院應於三日內自行集會，並於開議七日內追認之。但於新任立法委員選舉投票日後發布者，應由新任立法委員於就職後追認之。如立法院不同意時，該緊急命令立即失效。」

立法院職權行使法第 15 條第 1 項規定：「總統依憲法增修條文第 2 條第 3 項之規定發布緊急命令，提交立法院追認時，不經討論，交全院委員會審查；審查後提出院會以無記名投票表決。未獲同意者，該緊急命令立即失效。」第 2 項規定：「總統於立法院休會期間發布緊急命令提交追認時，立法院應即召開臨時會，依前項規定處理。」第 3 項規定：「總統於立法院解散後發布緊急命令，提交立法院追認時，立法院應於三日內召開臨時會，並於開議七日內議決，如未獲同意，該緊急命令立即失效。但於新任立法委員選舉投票日後發布者，由新

任立法委員於就職後依第 1 項規定處理。」

八、對總統、副總統彈劾的提案權

在我國憲法中，立法院並沒有彈劾權，此一權限專屬於監察院。憲法第 90 條規定：「監察院為國家最高監察機關，行使同意、彈劾、糾舉及審計權。」憲法第 100 條原規定監察院有彈劾總統、副總統之權力「監察院對於總統、副總統之彈劾案，須有全體監察委員四分之一以上之提議，全體監察委員過半數之審查及決議，向國民大會提出之。」憲法第五次修改以後，增修條文第 4 條第 6 項規定：「立法院對於總統、副總統犯內亂或外患罪之彈劾案，須經全體立法委員二分之一以上之提議，全體立法委員三分之二以上之決議，向國民大會提出，不適用憲法第 90 條、第 100 條及增修條文第 7 條第 1 項有關規定。」立法院職權行使法第 42 條規定：「立法院依憲法增修條文第 4 條第 5 項之規定，對總統、副總統犯內亂或外患罪，得提出彈劾案。」立法院職權行使法第 43 條規定：「依前條規定彈劾總統或副總統，須經全體立法委員二分之一以上提議，以書面詳列彈劾事由，交由程序委員會編列議程提報院會，並不經討論，交付全院委員會審查。全院委員會審查時，得由立法院邀請被彈劾人列席說明。」立法院職權行使法第 44 條規定：「全院委員會審查後，提出院會以無記名投票表決，如經全體立法委員三分之二以上贊成，向國民大會提出彈劾案。」因此，立法院對於總統、副總統犯內亂或外患罪也擁有彈劾權。

但是，憲法在第七次修改以後，國民大會已廢除，立法院的彈劾權擴大，而不再侷限於內亂罪與外患罪。憲法增修條文第 4 條第 7 項規定：「立法院對於總統、副總統之彈劾案，須經全體立法委員二分之一以上之提議，全體立法委員三分之二

以上之決議，聲請司法院大法官審理，不適用憲法第 90 條、第 100 條及增修條文第 7 條第 1 項有關規定。」

九、對總統、副總統罷免之提案權

在第六次憲法修改以前總統、副總統的罷免提案權原屬於國民大會，在國民大會虛級化以後，未來立法院提出總統、副總統的罷免案，須經全體立法委員四分之一提議，三分之二同意後提出，並經中華民國自由地區選舉人總額過半數的投票，有效票過半數同意罷免時，即為通過。第六次憲法修改後，憲法增修條文第 2 條第 9 項規定：「總統、副總統之罷免案，須經全體立法委員四分之一之提議，全體立法委員三分之二之同意後提出，並經中華民國自由地區選舉人總額過半數之投票，有效票過半數同意罷免時，即為通過。」

十、對行政院之制衡權

（一）聽取行政院報告與質詢權

憲法增修條文第 3 條第 2 項第 1 款規定：「行政院依左列規定，對立法院負責，憲法第 57 條之規定，停止適用：一、行政院有向立法院提出施政方針及施政報告之責。立法委員在開會時，有向行政院院長及行政院各部會首長質詢之權。」

立法院職權行使法第 17 條規定：「行政院遇有重要事項發生，或施政方針變更時，行政院院長或有關部會首長應向立法院院會提出報告，並備質詢。前項情事發生時，如有立法委員提議，三十人以上連署或附議，經院會議決，亦得邀請行政院院長或有關部會首長向立法院院會報告，並備質詢。」

立法院職權行使法第 18 條規定：「立法委員對於行政院院長及各部會首長之施政方針、施政報告及其他事項，得提出口頭或書面質詢。前項口頭質詢分為政黨質詢及立法委員個人

質詢，均以即問即答方式為之，並得採用聯合質詢。但其人數不得超過三人。政黨質詢先於個人質詢進行。」

（二）反覆議權

憲法增修條文第 3 條第 2 項第 2 款規定：「行政院對於立法院決議之法律案、預算案、條約案，如認為有窒礙難行時，得經總統之核可，於該決議案送達行政院十日內，移請立法院覆議。立法院對於行政院移請覆議案，應於送達十五日內作成決議。如為休會期間，立法院應於七日內自行集會，並於開議十五日內作成決議。覆議案逾期未議決者，原決議失效。覆議時，如經全體立法委員二分之一以上決議維持原案，行政院院長應即接受該決議。」

立法院職權行使法第 32 條規定：「行政院得就立法院決議之法律案、預算案、條約案之全部或一部，經總統核可後，移請立法院覆議。」

立法院職權行使法第 33 條規定：「覆議案不經討論，即交全院委員會，就是否維持原決議予以審查。全院委員會審查時，得由立法院邀請行政院院長列席說明。」

立法院職權行使法第 34 條規定：「覆議案審查後，應於行政院送達十五日內提出院會以記名投票表決。如贊成維持原決議者，超過全體立法委員二分之一，即維持原決議；如未達全體立法委員二分之一，即不維持原決議；逾期未作成決議者，原決議失效。」

立法院職權行使法第 35 條規定：「立法院休會期間，行政院移請覆議案，應於送達七日內舉行臨時會，並於開議十五日內，依前二條規定處理之。」

（三）倒閣權

以不信任案的方式取代已喪失之閣揆同意權。

憲法增修條文第 3 條第 2 項第 3 款規定：「立法院得經全

體立法委員三分之一以上連署，對行政院院長提出不信任案。不信任案提出七十二小時後，應於四十八小時內以記名投票表決之。如經全體立法委員二分之一以上贊成，行政院院長應於十日內提出辭職，並得同時呈請總統解散立法院；不信任案如未獲通過，一年內不得對同一行政院院長再提不信任案。」

立法院職權行使法第 36 條也規定：「立法院依憲法增修條文第 3 條第 2 項第 3 款之規定，得經全體立法委員三分之一以上連署，對行政院院長提出不信任案。」立法院職權行使法第 37 條規定：「不信任案應於院會報告事項進行前提出，主席收受後應即報告院會，並不經討論，交付全院委員會審查。全院委員會應自不信任案提報院會七十二小時後，立即召開審查，審查後提報院會表決。前項全院委員會審查及提報院會表決時間，應於四十八小時內完成，未於時限完成者，視為不通過。」

立法院職權行使法第 38 條規定：「不信任案於審查前，連署人得撤回連署，未連署人亦得參加連署；提案人撤回原提案須經連署人同意。前項不信任案經主席宣告審查後，提案人及連署人均不得撤回提案或連署。審查時如不足全體立法委員三分之一以上連署者，該不信任案視為撤回。」

立法院職權行使法第 39 條規定：「不信任案之表決，以記名投票表決之。如經全體立法委員二分之一以上贊成，方為通過。」

立法院職權行使法第 40 條規定：「立法院處理不信任案之結果，應咨送總統。」

立法院職權行使法第 41 條規定：「不信任案未獲通過，一年內不得對同一行政院院長再提不信任案。」

十一、對關係人員的備詢權

憲法第 67 條規定：「立法院得設各種委員會。各種委員會得邀請政府人員及社會上有關係人員到會備詢。」

十二、文件調閱權

司法院大法官會議釋字第 325 號解釋文指出立法院有文件調閱權：「本院釋字第 76 號解釋認監察院與其他中央民意機構共同相當於民主國家之國會，於憲法增修條文第 15 條規定施行後，監察院已非中央民意機構，其地位及職權亦有所變更，上開解釋自不再適用於監察院。惟憲法之五院體制並未改變，原屬於監察院職權中之彈劾、糾舉、糾正權及為行使此等職權，依憲法第 95 條、第 96 條具有之調查權，憲法增修條文亦未修改，此項調查權仍應專由監察院行使。立法院為行使憲法所賦予之職權，除依憲法第 57 條第 1 款及第 67 條第 2 項辦理外，得經院會或委員會之決議，要求有關機關就議案涉及事項，提供參考資料，必要時並得經院會決議調閱文件原本，受要求之機關非依法律規定或其他正當理由不得拒絕。但國家機關獨立行使職權受憲法之保障者，如司法機關審理案件所表示之法律見解、考試機關對於應考人成績之評定、監察委員為糾彈或糾正與否之判斷，以及訴訟案件在裁判確定前就偵查、審判所為之處置及其卷證等，監察院對之行使調查權，本受有限制，基於同一理由，立法院之調閱文件，亦同受限制。」

因此，依據現行憲法的規定，調查權仍專屬監察院，而該號解釋也創造出立法院的文件調閱權。

此外，立法院職權行使法第 45 條規定：「立法院經院會決議，得設調閱委員會，或經委員會之決議，得設調閱專案小組，要求有關機關就特定議案涉及事項提供參考資料。調閱委員會或調閱專案小組於必要時，得經院會之決議，向有關機關調閱前項議案涉及事項之文件原本。」

立法院職權行使法第 46 條規定：「調閱委員會或調閱專案小組之設立，均應於立法院會期中為之。但調閱文件之時間不在此限。」

立法院職權行使法第 47 條規定：「受要求調閱文件之機關，除依法律或其他正當理由得拒絕外，應於五日內提供之。但相關資料或文件原本業經司法機關或監察機關先為調取時，應敘明理由，並提供複本。如有正當理由，無法提供複本者，應提出已被他機關調取之證明。被調閱文件之機關在調閱期間，應指派專人將調閱之文件送達立法院指定場所，以供查閱，並負保管責任。」

立法院職權行使法第 48 條規定：「政府機關或公務人員違反本法規定，於立法院調閱文件時拒絕、拖延或隱匿不提供者，得經立法院院會之決議，將其移送監察院依法提出糾正、糾舉或彈劾。」

十三、聽證權

立法院職權行使法第 54 條規定：「各委員會為審查院會交付之議案，得依憲法第 67 條第 2 項之規定舉行公聽會。如涉及外交、國防或其他依法令應秘密事項者，以秘密會議行之。」

立法院職權行使法第 55 條規定：「公聽會須經各委員會輪值之召集委員同意，或經各委員會全體委員三分之一以上之連署或附議，並經議決，方得舉行。」

十四、行政命令審查權

立法院職權行使法第 60 條規定：「各機關依其法定職權或基於法律授權訂定之命令送達立法院後，應提報立法院會議。出席委員對於前項命令，認為有違反、變更或牴觸法律

者，或應以法律規定事項而以命令定之者，如有三十人以上連署或附議，即交付有關委員會審查。」

立法院職權行使法第 61 條規定：「各委員會審查行政命令，應於院會交付審查後三個月內完成之；逾期未完成者，視為已經審查。但有特殊情形者，得經院會同意後展延；展延以一次為限。前項期間，應扣除休會期日。」

立法院職權行使法第 62 條規定：「行政命令經審查後，發現有違反、變更或牴觸法律者，或應以法律規定事項而以命令定之者，應提報院會，經議決後，通知原訂頒之機關更正或廢止之。前條第 1 項視為已經審查或經審查無前項情形之行政命令，由委員會報請院會存查。第 1 項經通知更正或廢止之命令，原訂頒機關應於二個月內更正或廢止；逾期未為更正或廢止者，該命令失效。」

立法院職權行使法第 63 條規定：「各委員會審查行政命令，本章未規定者，得準用法律案之審查規定。」

十五、受理請願權

立法院職權行使法第 64 條規定：「立法院於收受請願文書，應依下列規定辦理：一、秘書處收受請願文書後，應即送程序委員會。二、各委員會收受請願文書後，應即送秘書處收文。三、立法院會議時，請願人面遞請願文書，由有關委員會召集委員代表接受，並於接見後，交秘書處收文。四、請願人向立法院集體請願，面遞請願文書有所陳述時，由院長指定之人員接見其代表。」

十六、解決中央與地方權限爭議權

憲法第 110 條規定：「除第 107 條、第 108 條、第 109 條及第 110 條列舉事項外，如有未列舉事項發生時，其事務有全國

一致之性質者屬於中央，有全省一致之性質者屬於省，有一縣之性質者屬於縣，有爭議時，由立法院解決之。」

十七、憲法修正案提出權

憲法第 174 條規定：「憲法之修改，應依左列程序之一為之：一、由國民大會代表總額五分之一之提議，三分之二之出席，及出席代表四分之三之決議，得修改之。二、由立法院立法委員四分之一之提議，四分之三之出席，及出席委員四分之三之決議，擬定憲法修正案，提請國民大會複決。此項憲法修正案，應於國民大會開會前半年公告之。」

憲法增修條文第 12 條規定：「憲法之修改，須經立法院立法委員四分之一之提議，四分之三之出席，及出席委員四分之三之決議，提出憲法修正案，並於公告半年後，經中華民國自由地區選舉人投票複決，有效同意票過選舉人總額之半數，即通過之，不適用憲法第 174 條之規定。」

第四項　立法委員身分保障與報酬待遇

一、言論免責權

如同前述，言論免責權即「議員在會議時所為之言論及表決，對會外不負責任」之意，此又稱為民意代表的「免責特權」。我國憲法對中央民意代表之「免責特權」究竟採「絕對保障」或「相對保障」並無明示，但對地方議會依據司法院院解字第 3735 號解釋，司法院大法官會議釋字第 122 號及第 165號解釋表示，地方議會議員在會議時，所為無關會議事項之不法言論，仍應負責，即採「相對保障」[⑰]。

憲政論：憲政變遷與體制改革

⑰參閱董翔飛，《董翔飛大法官回憶錄－細數五十年公務生涯》，國史館，2010年 9 月，頁 269-273。

關於立法委員的言論免責權，憲法第 73 條規定：「立法委員在院內所為之言論及表決，對院外不負責任。」而司法院大法官會議釋字第 401 號解釋理由書指出國民大會代表及立法委員經國內選舉區選出者，其原選舉區選舉人認為國民大會代表及立法委員所為言論及表決不當者，得依法罷免之，不受憲法第 32 條、第 73 條言論免責權規定之限制。

憲法第 25 條規定國民大會依本憲法之規定，代表全國國民行使政權。又憲法第 62 條規定立法院為國家最高立法機關，由人民選舉之立法委員組織之，代表人民行使立法權。二者均屬由人民直接選舉之代表或委員所組成之民意機關。憲法依民主憲政國家之通例，乃賦予國民大會代表及立法委員言論及表決之免責權，俾其能暢所欲言，充分表達民意，善盡監督政府之職責，並代表人民形成各該民意機關之決策，而無所瞻顧。憲法第 32 條規定國民大會代表在會議時所為之言論及表決，對會外不負責任；第 73 條規定立法委員在院內所為之言論及表決，對院外不負責任。其目的係為保障國民大會代表及立法委員，不因其行使職權所為言論及決議而負民事上之損害賠償責任或受刑事上之訴追，除其言行違反內部所訂自律之規則而受懲戒外，並不負行政責任，此乃憲法保障國民大會代表及立法委員之言論及表決，對外不負法律上責任。而憲法第 133 條規定被選舉人得由原選舉區依法罷免之，則係憲法基於直接民權之理念所設之制度。依上述條文，國民大會代表及立法委員於就任一定期間後，選舉人得就其言行操守、議事態度、表決立場予以監督檢驗，用示對選舉人應負政治上責任。至提議罷免之理由，自無限制之必要。其由全國不分區及僑居國外國民產生之當選人，因無原選舉區可資歸屬，自無適用罷免規定之餘地。1991 年 8 月 2 日修正公布之公職人員選舉罷免法第 69 條規定：「公職人員之罷免，得由原選舉區選舉人向

選舉委員會提出罷免案。但就職未滿一年者，不得罷免。」
「全國不分區、僑居國外國民選舉之當選人，不適用罷免之規
定。」即係本上開意旨而制定。綜上所述，國民大會代表及立
法委員經國內選舉區選出者，其原選舉區選舉人認為國民大會
代表及立法委員所為言論及表決不當者，得依法罷免之，不受
憲法第 32 條、第 73 條規定之限制。

　　因此，憲法雖賦予立法委員「免責特權」，但同時也賦予
選民責任以「罷免權」來作為監督與制衡之機制[18]。

　　司法院大法官會議釋字第 435 號解釋理由書第一段與第二
段也指出言論免責權之保障範圍，應作最大程度之界定；舉凡
立法委員在院會或委員會之發言、質詢、提案、表決以及與此
直接相關之附隨行為，如院內黨團協商、公聽會之發言等均屬
應予保障之事項。其中所謂對院外不負責任，係指立法委員不
因行使職權所為之言論及表決而負民事上損害賠償責任或受刑
事上之訴追，除因其言行違反內部所訂自律之規則而受懲戒
外，並不負行政責任。

　　憲法第 73 條規定：「立法委員在院內所為言論及表決，
對院外不負責任。」旨在保障立法委員受人民付託之職務地
位，並避免國家最高立法機關之功能招致其他國家機關之干擾
而受影響。立法委員得藉此保障，於無所瞻顧及溝通障礙之情
境下，暢所欲言，充分表達民意，反映多元社會之不同理念，
形成多數意見，以符代議民主制度理性決策之要求，並善盡監
督政府之職責。故此項言論免責權之保障範圍，應作最大程度
之界定，舉凡立法委員在院會或委員會之發言、質詢、提案、
表決以及與此直接相關之附隨行為，如院內黨團協商、公聽會
之發言等均屬應予保障之事項。其中所謂對院外不負責任，係

[18]謝瑞智，《憲法新論》，臺北：正中書局，2001年2月，增訂版，頁673-677。

指立法委員不因行使職權所為之言論及表決而負民事上損害賠償責任或受刑事上之訴追，除因其言行違反內部所訂自律之規則而受懲戒外，並不負行政責任，業經本院釋字第 401 號解釋釋示在案。

憲法保障立法委員之言論，使豁免於各種法律責任，既係基於維護其職權之行使，若行為已超越前述範圍而與行使職權無關，諸如蓄意之肢體動作等，顯然不符意見表達之適當情節致侵害他人法益者，自不在憲法上開條文保障之列。至於具體個案中，立法委員之行為是否已逾越範圍而應負刑事責任，於維持議事運作之限度內，司法機關依民主憲政之常規，固應尊重議會自律之原則，惟遇有情節重大而明顯，或經被害人提出告訴或自訴時，為維護社會及被害人權益，亦非不得依法行使偵審之權限。

二、不受逮捕權

憲法第 74 條原規定：「立法委員，除現行犯外，非經立法院許可，不得逮捕或拘禁。」憲法修改以後，此一權限僅侷限於「會期中」。憲法增修條文第 4 條第 8 項規定：「立法委員除現行犯外，在會期中，非經立法院許可，不得逮捕或拘禁。憲法第 74 條之規定，停止適用。」

三、報酬待遇

憲法第六次修改以後，憲法增修條文第 8 條修正為「立法委員之報酬或待遇，應以法律定之。除年度通案調整者外，單獨增加報酬或待遇之規定，應自次屆起實施」。

第四節　總統職權的其他面向關係

第一項　政黨運作

　　學者程敏道教授於其著作《我國總統職權及其實際之運作》中曾對總統職權有以下之論述[19]：

　　「總統以執政黨領袖地位，透過黨政關係，以實現其政策，似亦可視為其職權運作之方式。民主政治就是政黨政治，政黨政治不僅表現於選舉的參與和立法的程序，而尤其重要的是組織、參與和指導政府，推動政府決策與執行，及協調政府各部門的歧見、衝突和爭執；並且是民眾與政府之間的橋樑。這是政黨最重要的功能。政黨必須透過政府以實行其黨綱和政策，以兌現其候選人競選時許下的諾言。另一方面，如果沒有政黨，則政府可能癱瘓而運作維艱。我國執政黨為中國國民黨，依據中國國民黨黨章第 6 條規定：『本黨黨政關係，依主義制定政策，以政策決定人選，以組織管理從政黨員，黨之決策，應責成從政黨員貫徹實施。』由此可知執政的國民黨是透過黨政關係，介入政治歷程，影響或決定政府的政策與人事，責成從政同志去實行黨的主義、政綱、政策，這也是公共政策的制定歷程和民主政治的常軌。在國民黨的組織中，政黨領袖的地位是非常重要而具權威。依據黨章規定，總理與總裁均對全國代表大會之決議有交複議之權，對於中委責員會之決議有最後決定之權。至於主席一章，雖未規定享有上述權力，但其為國民黨之主要決策者，應無置疑，其在國民黨決策過程中的重要性可歸納三點：(1)他是全代會、中委會、中常會的主席，

---

[19]程敏道，《我國總統職權及其實際之運作》，臺北市中華少年雜誌社，1988 年 7 月 1 日出版，頁 123-125。

在重要決策上，他可以有所指示或建議，這些指示或建議往往是政策制定的主要泉源。(2)主席是黨對內外的法定代表，許多有關重大決策訊息，主席有機會接觸。訊息愈多，愈易於瞭解社會中所有的價值偏好，發現所有可能的取捨方案，及其可能產生的後果，然後從成本效益的觀點，選擇一個成本最低，獲益最多的政策方案。(3)國民黨黨章規定『以政策決定人事』，而黨的主席對重要幹部有提名權，因此在任免幹部的時候，也同時決定了政策方向。」

同時，又因為行憲後，歷年來我國總統通常均是兼任執政黨的主席，此觀蔣中正、蔣經國、李登輝、陳水扁、馬英九等歷任及現任總統均屬之，居於政黨領袖地位，往往均適時地將其總統的職權，透過黨政關係的運作，發揮以黨領政的功能[20]。

第二項　院際調解權

我國憲法第 44 條規定：「總統對於院與院間之爭執，除本憲法有規定者外，得召集有關各院院長會商解決之。」此為我國總統院際爭執調解權，學者林紀東稱之為「權限爭執處理權」。

林紀東大法官認為「五院間之關係，錯綜複雜，非尋常政府與議會之可比。政黨之運用，有時而窮；由司法院以解釋憲法之方式出之，雖可解決法理上之疑難，未必能疏理政治上之糾紛；我國幅員廣大，人口眾多，提付國民複決，又多困難；權衡利害之結果，宜由總統以國家元首之身分，斡旋聯繫於其間，召集有關各院院長，會商解決，以推動國政之進行。」[21]

[20]程敏道，《我國總統職權及其實際之運作》，臺北市中華少年雜誌社，1988 年 7 月 1 日出版，頁 123-125。
[21]林紀東，《大法官會議憲法解釋析論》，臺北：五南圖書出版股份有限公司，1983 年 11 月，初版，頁 123。

林紀東大法官又曰：「由於本條規定之結果，可以消除五院間之糾紛，加強五院間之聯繫。而總統就此國家機關之爭執，亦即國政上最重要之爭議，有集會協商處理之權，有斡旋排解之責，尤足見五權憲法上之總統，實具有聯繫協調各院之責任，不僅與內閣制國家，垂拱無為之元首不同，與總統制國家之總統，僅為行政首長之身分者，亦有差異。」[22]

　　學者程敏道教授認為：「此項總統之院際調解職權[23]，乃我國憲法所獨有，其用意乃在謀各院的協調與合作，免使五權分立，各自獨立行使職權的五院，造成五頭馬車，導致政治僵局，此不僅足以表現五權憲法之特色，尤能顯示我國憲法上總統之特殊地位，殊值注意。」

第三項　總統與國安會組織之職權運作與輔佐關係

　　依現行中華民國憲法增修條文第 2 條第 3 項之規定：「總統為決定國家安全有關大政方針，得設國家安全會議及所屬國家安全局，其組織以法律定之。」總統設置國安會，是否會有逾越行政權力分際之議？

　　學者程敏道教授認為：「我國總統具有廣泛職權，如事必躬親，不僅超出其個人精力、時間之許可；抑且不合行政組織原理。尤其一國元首，位高權重，日理萬機，對於其職權之運作，更須有適當的輔佐機構及人員，方能使其職權發揮充分圓滿的功能。國家元首，重在決斷國家大事，不宜涉及細務，古今皆然。機關組織，為求達成既定目標，每將內部活動加以分化，以求分工專業而共赴事功，總統所需者，是為輔佐總統職

---

[22]林紀東，《中華民國憲法釋論》，臺北：大中國圖書公司，1983 年 3 月，43 版，頁 205。
[23]程敏道，前揭書，頁 215。

權運作而設之幕僚機關，其地位是「輔佐機關而非權力機關，是事務機關而非實作機關，是調劑機關而非管轄機關，是參贊機關而非決定機關」。[24]

第五節　總統與行政院長的行政權競合關係

第一項　總統與行政院長的三種行政權力面向

　　從我國憲法本文及增修條文加以分析整理，可將我國總統及行政院院長之權限劃分為三類：一為總統所獨享之權力，專屬於總統一人，可獨力行使，無須他人配合；二為行政院院長所獨享之權力，專屬於行政院長，可獨力行使或由行政院會議通過後行使；三是總統與行政院院長所共享之權限，此類權限根據憲法規定，必須由行政院會議所通過，以及立法院議決或加以事後追認。

一、總統獨享之權力

	內容	憲法規定
總統獨享之權力	一、人事任命權：任命行政院院長無須立法院同意	增修條文第 3 條第 1 項
	二、三軍統帥權：指揮軍令之權限憲法	第 36 條
	三、國家安全、大政方針權：主持國家安全會議，決定國家安全有關大政方針	增修條文第 2 條第 4 項
	四、解散國會權：於立法院通過行政院長之不信任案後十日內，決定是否解散立法院	增修條文第 3 條第 5 項

---

[24]程敏道，前揭書，頁 333。

內容	憲法規定
五、人事提名權： 　1. 提名司法院正副院長、大法官 　2. 提名考試院正副院長、考試委員 　3. 提名監察院正副院長、監察委員、審計長	1. 增修條文第 5 條第 1 項 2. 增修條文第 6 條第 2 項 3. 增修條文第 7 條第 2 項
六、副總統缺位之提名權：於副總統缺位時，補提名人選	增修條文第 2 條第 7 項
七、院際爭執解決權：對於院與院間之爭執，除憲法另有規定外，得召集有關各院院長會商解決之	憲法第 44 條
八、赦免權：特赦、復權	憲法第 40 條
九、核可覆議權：行政院對於立法院決議之法律案、預算案、條約案，如認為有窒礙難行時，得經總統之核可，於該決議案送達行政院十日內，移請立法院覆議	增修條文第 3 條第 2 項

（左側直書：總統獨享之權力）

二、行政院院長獨享之權力

內容	憲法規定
一、最高行政首長之指揮監督權、行政執行權	憲法第 53 條
二、組閣權：部會首長人事提請總統任命 　1. 行政院副院長、部會首長與不管部政務委員 　2. 省主席、省府委員與省諮議員	1. 憲法第 56 條 2. 增修條文第 9 條第 1 項
三、預算案及決算提出權	憲法第 58 條、59 條、60 條
四、向立法院提出法律案	憲法第 58 條
五、副署權	憲法第 37 條、增修條文第 2 條第 2 項

（左側直書：行政院院長獨享之權力）

	內容	憲法規定
行政院院長獨享之權力	六、重要政策決定權（即向立法院負責）： 1.向立法院提出施政方針及施政報告 2.移請覆議權	增修條文第 3 條第 2 項
	七、調整各機關之組織、編制及員額	增修條文第 3 條第 3 項、第 4 項

三、總統與行政院院長共享之權限

	內容	憲法規定
總統與行政院院長共享之權限	一、宣布戒嚴案	憲法第 39 條 憲法第 58 條
	二、宣布大赦案與全國性減刑	憲法第 40 條 憲法第 58 條 赦免法
	三、締結條約案、宣戰案、媾和案	憲法第 38 條 憲法第 58 條
	四、發布緊急命令	增修條文第 2 條第 3 項

第二項　從憲政運作角度觀察：行政權的二元化

　　在我國憲法發展的過程當中，代表行政權的行政院院長與總統，從權力規範的角度觀察，在質與量上發生了此消彼長的變化。在量的部分，總統不斷從修憲中獲得原憲法所未曾賦予的權力，再者，部分憲法條文雖未被修正或僅有部分修改，但在歷史及現實政治的運作之下，行政院院長在憲法上的權力逐漸被架空，1996 年總統直選之後，其直接民主正當性遠遠高於行政院院長，國人與學界普遍形成這樣的認知：「行政院院長

係屬總統幕僚長/執行長」。但亦有論者以為憲法本文所規定之「行政院為國家最高行政機關」及「行政院須向立法院負責」等規範仍實際有效之存在，行政院院長應該仍屬於國家最高行政首長無疑[25]。

統而言之，迄至憲法制定時，總統之地位較傾向於總統制，而在職權方面則較取向於內閣制，但在動員戡亂時期臨時條款制定後，總統在地位方面雖仍然保留不變，但職權方面卻不斷持續擴張，其後，再經過多次憲法增修條文的修正演變，特別是在總統改為直接選舉之後，其職權增加更多[26]。

一、行政院院長為總統的執行長

2000 年前的國民黨以及 2000-2008 執政之民進黨，執政者對於憲法上對中央政府體制的詮釋與理解，一般而言皆認為行政院院長是總統的執行長，理由有四：[27]

1. 總統的民主正當性高於行政院院長

憲法第三次修改時，總統改為人民直接選舉產生，並於 1996 年選出第一任民選總統，民選產生的總統具有極高的民主正當性，特別在 2000 年初，總統已經由政黨輪替選出，而其時立法院尚未改選的情況下，曾有新民意 vs. 舊民意之論，代表新民意的總統即具備高度的民意支持，並展現出強烈的政治企圖心，此時沒有民意基礎的行政院院長很自然的被視為總統的執行長角色。更由於我國在傳統上，歷史文化的演變過程中，習於強人政治的領導，認為總統不應是虛位元首，而在總

---

[25]徐正戎、呂炳寬，〈論總統與行政院院長之權力關係〉，收錄於徐正戎所著《法國總統權限之研究》，元照出版有限公司，2002 年 11 月，初版 1 刷，頁 312-313。

[26]李惠宗，《憲法要義》，元照出版有限公司，2001 年，頁 440。

[27]同前徐正戎著，頁 313-317。

統改為全民直選之後，更認為若總統屬於虛位元首，那麼直選總統無異畫蛇添足。

2. 行政院院長由總統直接任命

憲法增修條文第 3 條第 1 項規定，行政院院長由總統任命之。既然此項規定一改之前行政院院長由總統提名，立法院同意後方得出任的規定，使得「行政院向立法院負責」逐漸傾斜於「行政院受立法院監督制衡」。而總統既然擁有單獨任命行政院院長之權限，其擁有實質之組閣權，在意義解釋上，也許可視為當然之事，但從憲法精神言，卻又可能有違「387」解釋惡夢之嫌。

3. 憲政慣例

依據我國行憲後多年來形成之憲政慣例觀察，除嚴家淦繼任總統期間，係由行政院院長蔣經國負責主導國家大政方針之外，其餘總統任期之內，行政院院長大體上都遵從總統之政策指示，負責執行。此項憲政慣例之形成，乃係因為總統往往兼任執政黨之黨主席，透過黨政運作而達到其強勢主導之目的。而非出自憲法的明文。

4. 總統主持國家安全會議

依據憲法增修條文第 2 條第 4 項之規定，總統擁有得以決定國家大政方針之權限，總統於主持國家安全會議之時，行政院院長僅是與會成員之一，行政權力於此時被總統所吸納。

二、行政院院長為國家最高行政首長

1. 行政院為國家最高行政首長

依據憲法第 53 條規定：「行政院為國家最高行政機關。」而於過去七次修憲中，均未修改此項規定，因此行政院長自然為國家最高行政首長無疑。

2. 行政院向立法院負責

依據憲法增修條文第 3 條第 2 項規定，行政院向立法院負責。若行政院院長並非由立法院中的多數黨所產生，應如何向其負責？

3. 法國左右共治的經驗

　　於 1997 年第四次修憲時，當時主要操作的兩大黨即是以法國第五共和憲法為依據版本，既以法國雙首長制為憲政運作實務的參考，組閣權自當屬國會多數黨。

第六章 我國歷年憲政體制改革與變遷之檢討（1991-2005）

第一節 學者對於當前政府體制瓶頸之看法

　　綜觀所述，我們可以明確的得知，當前的中央政府體制在修訂之前，乃是經過朝野政黨多次的協商談判，而各界的學者專家雖亦難能可貴的再三的提出很多寶貴意見以供朝野政黨參考。但朝野當局最後仍修出了較為接近法國第五共和的雙首長制，而雙首長制也無法真正的解決長久以來困惑著我們，甚而種下了當前種種憲政難題之重要因素[1]。亦就是說，修憲後我國現行的憲法體制定位為雙首長制，但在實際上的運作卻有向總統制傾斜之現象，很難落實雙首長制的精神。現行的憲政體制雖稱為雙首長制但卻又與法國第五共和的雙首長制有別，在實際運作上缺乏重要的調適機制，如總統任命閣揆必須考量國會之政治生態，任命行政院長，始能獲得立法院之信任投票，總統主動解散國會權，總統公民直選的絕對多數制（兩輪投票制）等機制之運作。這些問題都是值得朝野政黨有待加以反省，並應記取種瓜得瓜、種豆得豆之歷史教訓，因為政治是不能任意實驗的，其所付出的代價實在太大了。

　　胡佛教授認為中華民國憲法經過六次修訂，已將政體的結構弄亂，他認為能將統與治分開的內閣制，較適合臺灣，而這種體制就是原本憲法體制的設計，因此要檢討當前的中央憲政體制，最好的方法就是回歸憲法本文，才能讓憲政體制發展。

---

[1] 許志雄〈立法與行政的分際〉，收錄於李鴻禧等合著，《台灣憲法之縱剖橫切》，元照出版有限公司，2002 年 12 月，初版第 1 刷，頁 294-300。

蘇永欽教授主張全面移植法國雙首長制，才不會產生模糊的空間，因為從現行憲政體制衍生的問題，加上臺灣人民長期的認知，以為行政權是來自於定期投票的看法，也即是多元、民粹、多數的看法已形成，所以內閣制已經是不可能的選擇，但總統制似乎離臺灣太遙遠，在考量不大幅進行改變之下，全面填補雙首長制不足的缺口，才是正途。

　　大法官吳庚則認為憲法是成長的，不是創造的，要成長出優質的民主憲政，經濟條件及政治領導分子的態度非常重要。甚至比憲法設計是否完備還要緊，基於總統已經直接民選，要採內閣制是有困難，似乎總統制較符合臺灣人民的胃口，但事實上，臺灣又無法達到美國總統制條件，因此主張採法式雙首長制。沈富雄立委則主張採「總統總理合一制」，他認為憲法已去內閣制化，不可能再走回內閣制的回頭路，而美式的總統制，在臺灣又行不通，因此才主張「總統總理合一制」，也就是總統直選，政府首長向國會負責，總統和國會各有任期保障，互不解職，亦就是說，一個民選的總理，他的名字叫總統，如此才能讓總統與國會各自代表的民意融合在一起[2]。

　　而周育仁教授指出：「政府體制貴在明確，應儘量減低政黨政治運作負面影響，或其他因素對政府體制定位之影響。由於過去五十多年來，我國政府體制多偏向總統制特徵，致使民眾、政治人物與政黨多認為總統民選後，應具實權，以未來政府體制如完全調整為內閣制，恐怕不符眾人之期盼，至於往總統制方向調整，也未必合適。」[3]湯德宗教授指出我國中央政府體制之更迭，於憲法本文之規定是修正式內閣制，實施臨時

---

②請參閱胡佛、吳庚、蘇永欽、沈富雄，〈中央憲政體制的抉擇與配套〉，中國時報與范馨香法學基金會合辦研討會，中國時報，2004 年 2 月 16 日，6 版。
③周育仁，同前註，2001 年，初版，頁 20。

條款時代是屬於總統制，而於九七憲改後為貌似總統制的總統制[④]；吳烟村教授亦認為我國究應採那一種制度，本應依我國實際狀況及社會背景和需要詳細比較，在取得共識後，再選擇之，尤其總統既由人民直接選舉產生，因而應採總統制，以建構中央政府體制，將是比較實際的選擇[⑤]。

　　而陳愛娥教授則指出，依我國憲法的規定而論，總統任命不同政黨之人擔任行政院院長的「左右共治」，在複數政黨才能握有國會多數席次時，則可能是「左右共治」結合「聯合政府」的情形，乃至由總統任命未獲國會中占多數席次政黨支持者為行政院院長的少數政府，都是可能的選擇，憲法就此並未預為規定[⑥]。許志雄教授認為雙首長制有權責不符或權責不明的問題，顯然違背責任政府的原理，有關缺失，在我國體制的運作上早已陸續出現，此次總統大選後的政權輪替過程中，更加暴露無遺[⑦]。

　　陳隆志教授指出憲政文化建立在於權責分明合一的政府體制。政治權力與控制須適當分配，權責必須分明合一，有權力就有責任，有責任的政府才能尊重民意，為人民真正的福祉努力，也才能避免長期混亂政爭的現象[⑧]。而美國憲法以制衡為原理原則，亦是逐漸孕育成長，以維護基本人權，自農業社會

---

④湯德宗，《權力分立新論》，元照出版有限公司，2000 年 12 月，增訂 2 版，頁 75-127。

⑤參閱吳烟村，〈總統直選後我國中央政制修憲方向〉，收錄於高永光總編輯，許源派、張齊執行編輯，《民主與憲政論文彙編》，國立政治大學社會學研究所，2001 年 9 月出版，頁 150-151。

⑥陳愛娥，〈憲政體制下政黨與政府組成的關係〉，收錄於明居正、高朗主編，《憲政體制新走向》，新臺灣人文教基金會，2001 年 8 月出版，頁 145-147。

⑦許志雄，〈政黨輪替在我國憲政發展上的意義－從統治機構論的角度分析〉，陳隆志主編，《新世紀新憲政－憲政研討會論文集》，臺灣新世紀文教基金會，元照出版有限公司，2002 年 8 月，初版，頁 173。

⑧陳隆志，《臺灣憲法文化的建立與發展》，陳隆志主編，前衛出版社，1996 年 4 月，初版，頁 16。

經工業社會，至太空訊息的社會，憲法條文隨時代環境的變遷而富有新意義與人民意志，生活保持密切的關聯。在司法審查權（Judicial Review）的運用與輿論的監督下，人權的切實保障，連總統也無法超越憲法、法律之上，此種憲法文化使人民尊重憲法，珍惜憲法，依賴憲法，保護憲法，這是憲法文化的真諦[9]。

由以上筆者所舉例的學者論述之觀點，我們當可更加體認到我國憲政體制，的確有必要加以作一番徹底改革不可，而就體制的論點而言，每一位學者對我未來的中央政府體制之改革皆有其獨特的見解，而對內閣制、總統制或法式的雙首長制，亦皆各有其獨鍾嚮往。惟筆者更深深體會到無論是任何憲政體制的建構，皆必須符合權責相符之原則，誠如法國人權宣言第16 條所標示的「權利之保障未能確實，權力分立制度無法確立釐清的社會，不能稱為有憲法的社會」，亦正如陳慈陽教授所指出的「法國人權宣言，不僅是人權保障的綱領，還納入了國家權力及組成的正當性，如第 6 條提及法律一般共同意志的表達，以及第 16 條宣示了孟德斯鳩三權分立原理，是不可放棄的立憲國家基礎」[10]。

惟政府理想與實際運作往往是有其時空與現實環境的制約與限制，如內閣制固然有其獨特的優點，但以臺灣人民長期的認知與當前憲政體制產生之現實問題，以及臺灣的憲政體制面而論，內閣制似乎有其很難達成的目標，雙首長制亦有其缺口所在，甚至造成行政權割裂，行政與立法互動不良的後果，而採用總統制是否適合臺灣的政治土壤，亦遭到不少人士的疑惑，正如朱雲鵬教授所指出在我國現行的制度下對立法院負責

[9]參閱陳隆志，同前註，頁 12。
[10]陳慈陽著，《憲法學》，元照出版有限公司，2004 年 1 月，初版，頁 19。

的是行政院院長，不是總統，所以總統有權無責，形成所謂「超級總統制」，而不是美式的「三權分立」總統制，而美國雷格斯（F. W. Riggs）在〈第三世界政權的脆弱性〉一文中，統計四十個國家實施內閣制，二十七國成功，而總統制十國，成功率為零。因為「總統制有贏則全贏、輸則全輸、零和競局、濫權，常導致內戰紛擾，政治暗殺等亂局」⑪。

然依據許宗力教授所指出的：「雖有人批評總統制成功例子少，失敗例子多，並質疑臺灣引進總統制的可行性，不過中南美洲國家政局動盪不安，因素很多，很難歸咎於總統制，且與其說政局不安是總統制所引發，倒不如說是民主文化的欠缺所致，南亞國家如泰國、印度與巴基斯坦等國，同樣採用內閣制，政局同樣動盪不安，更可見總統制等於不安，內閣制代表安定的說法沒有根據。」⑫

第二節　透過憲政改革以建構真正權責相符的中央政府體制

俗云：「法與時移則治」，憲法固然有其固定性，且不能動則輕言修法，但當前的憲政體制的確存在有若干問題，尤其自總統改為公民直選後，總統與閣揆及國會之關係產生很大變化，加上政黨政治未能發揮應有的協商功能，諸如行政首長人選的方式，總統已是民選，而行政院長是否亦應由民選產生或由立法院選舉，或改由總統提名經立法院同意任命之，原則上

---

⑪朱雲鵬，〈重新檢討總統制以挽回競爭力與信心〉，中國時報，2004 年 4 月 26 日，二版。

⑫許宗力，〈發現雙首長制〉，收錄於陳隆志主編，《新世紀新憲政－憲政研討會論文集》，臺灣新世紀文教基金會，元照出版有限公司，2002 年 8 月，初版，頁 194-196。

總統直選後行政院長之定位如何？總統擁有相當實權，而修憲後與行政院長及國會之間又如何維持和諧互動關係？憲法先天的結構行政二元化的雙首長制所引伸的權責不相符現象至今仍無法解決。甚而繼續造成政治動盪不安，嚴重影響人民安定的生活。

而依筆者長年研究臺灣民主政治的發展及回顧過去我國立國制憲及政府播遷來臺後實施的憲政過程，深深的感到之所以會形成當前民主的憲政困境，實在是「冰凍三尺，非一日之寒」。而這一切問題之癥結，主要乃是出在我國的憲政體制之設計上，在中央政府體制之權責一直無法真正落實權責相符的問題。

因此，若要解決今日的政治僵局除了要進行朝野政黨之協商外，若欲求得一勞永逸且能為臺灣未來之政局帶來長治久安之計，則必須徹底的從憲改層面著手，同時朝野當局也應以更冷靜、理性；前瞻、務實的心情，並秉持相忍為國的胸懷，真心誠意的面對這一問題去加以立竿見影的解決之，否則頭痛醫頭腳痛醫腳，那無論是何黨來執政都是很難使臺灣政局穩定，以確保民眾安和樂利的生活。

按照我國現行憲法（含增修條文）規定之內容看來，我國中央政府體制的確兼具總統制與內閣制之精神與特質，究竟我國未來中央政府體制之走向是應採取總統制或內閣制或就現制加以改良，一直是朝野政黨及憲法學者專家們所爭議之議題，同時隨著民主化過程的演進，社會趨勢向開放式的多元化發展，在實際的運作中，有時會呈現總統制的特徵，有時會有內閣制的表象，造成困擾不已。甚至我國自 1991 年至 2005 年也進行了七次修憲工程，固然使我們國家的民主開放向前邁進了一個新的里程，但至今有關中央政府體制之權責劃分與運作卻仍有未能順暢之處。當然就民主憲政的原理及西方民主先進國

家實施民主化的過程經驗，無論是總統制或內閣制及法國的雙首長制皆有其自己國家的立憲歷史背景與特色，而政治制度亦沒有絕對的優劣標準，只能說哪一種憲政制度比較適合哪個國家那個時候的民意主流趨向與政治發展需要罷了。

第三節　國內學界對總統選舉制度相關意見

一、李國雄教授認為我國目前所採相對多數制可能選出「少數總統」，而絕對多數則可促進「政黨聯盟」，所以傾向支持絕對多數制。

二、李炳南教授認為，從制度面來看，總統有權解散國會，因此總統必須具備相當的民意基礎，而絕對多數制顯然較容易滿足此一需求。從政黨政治來看，絕對多數制提供小黨合理的生存空間。從政策訴求來看，絕對多數制的第二輪投票可促進政黨聯盟，此一制約的機制可使選民向中間靠攏，因此政黨政策訴求將趨於理性務實。故從以上三個面向來看，李炳南教授支持「絕對多數制」。

三、東吳大學郭正亮教授主張我國未來總統宜保持政治中立，可效法芬蘭，總統一旦當選立即退出政黨，而所謂「總統選舉方式」也必須與國會選舉制度一併討論為宜。

四、張台麟教授認為從技術面來看，二輪投票難以避免賄選、搓圓仔湯的不法現象。若國會中已有穩定的多數，那麼絕對多數選出的強勢總統，其角色又將如何？以我國目前各政黨黨紀不甚嚴明的情形，若真改採「絕對多數制」，其後果實難以樂觀。因此主張應維持現行「相對多數制」。

五、吳東野教授認為芬蘭憲政體制的設計，值得參採。在總統採直接民選的國家中，如西歐九國中有五個國家採直接民選，全部是採「絕對多數制」；東歐十五國中，十個總統直接民選的國家中有七個或八個是採「絕對多數制」，但在亞洲，像總統直選的國家如韓國、菲律賓、新加坡、我國均採「相對多數制」，而在非洲被評為民主的國家中，也大部分採「相對多數制」。可見憲政設計因各國國情不同而南轅北轍。

六、施正鋒教授指出在十五個總統直選的國家中有九個國家係採「絕對多數制」，顯示大部分直接民選的總統是由絕對多數制產生。惟施教授認為思考此一議題，絕對不能忽略「政黨政治」的因素。

七、彭錦鵬教授認為從制度面來看，比較可能為各黨派接受的是 40%或 45%的門檻。而鄭又平教授亦認為 40%或 45%是最可行的門檻標準。

八、周育仁教授指出：1.總統選舉方式應與「政黨政治」一併考慮，並先釐清我國總統的角色與其職權。2.國內學術界對總統選舉制度有研究的學者專家於 1998年 3 月 6 日所舉辦的座談會中，多數支持「絕對多數制」，惟第一回合之門檻宜調為 40%或 45%，以調和絕對多數制與相對多數制的優點[13]，而根據 Andre Blais，Louis Massicotte and Agnieszka Dobrzynska 的研究（1997：441 至 445）指出，當前在全世界一七〇個直選產生國會的國家中，有九十二個國家（54.12%）的元首也是由人民直接選舉產生，而在這些直選的國家

---

[13]中央選舉委員會，《總統、副總統選舉方式之研究－絕對多數與相對多數制之探討》，1999 年 6 月，頁 73-77。

元首當中，有十九個國家（20.65%）採用相對多數決制（Plurality system），而採取絕對多數制（Majority）的國家有六十四國（69.57%）[⑭]。

尤其是在第三波民主化的浪潮下絕對多數制更是成為有舉行總統選舉的新興民主國家的多數選擇，而在選擇總統制的國家中，為使民選總統的民意基礎具有較高的正當性，絕對多數制就成為這些國家較優先選項[⑮]，而總統制之改革，亦必須與國會的改革加以配合，依筆者的看法，立法委員的選舉制度如果仍維持目前的複數選區單記非讓渡投票制（single nontransferable vote under multimember districts，SNTV-MMD），基本上因採大選區，每位候選人除了要與他黨之候選人競爭外，同時亦必須與同黨之候選人相互競爭，同黨操戈競爭，致黑金派系及賄選盛行，而且目前立的職權既無調查灌，且罷免與彈劾權之門檻甚高，很難通過，故實際上制衡功能不彰，縱使可對行政院提不信任案，但總統任命行政院長不須立法院同意，而且總統又可利用立法院之倒閣權，乘機解散立法院，因此立法院始終不敢提不信任案，這種情形當無法從根本上消除且來改善行政與立法的互動關係，立法委員的選舉制度已改為單一選區兩票制，而採日本的並立制，不分區的名額最好能少一點，因為採用日本並立制比較容易導向兩黨政治，從根本上突破臺灣當前的憲政瓶頸，並修改總統之制衡機制，朝向長治久安的憲政裡奮進。

⑭王業立，〈總統直選與憲政運作〉，《理論與政策》，第 15 卷第 3 期，2001年 9 月出版，頁 14-16。
⑮同前註，頁 3-4。

誠如以上所述我國對總統、副總統的產生辦法，究採行絕對多數制或相對多數制朝野各界產生激烈爭議。而政治制度規劃雖說各有其優缺點，但是憲政制度的設計與制定，應以民意需要與國家長治久安為考量，否則很難達到鞏固民主保障人民權益的預期目標。考量目前我國所處的環境，筆者認為兩者之間，仍以採絕對多數制較為符合未來我國政治發展的需要。因為：

一、我國自第九任總統選舉，實施總統公民直選之結果，顯示多數民意皆希望能產生一個有實權的總統，來適應國內外面臨的各項變局，滿足人民強烈改革需求。若未來總統的選舉不採絕對多數決制，而仍採現在的相對多收數制，如果一旦選出一個未超過半數的「少數票」總統（以三組正副總統候選人為例，其得票比例若分別為：38%、35%以及 27%時），「死票」過多，形成反對者比贊成者多的情形，將缺乏堅實的民意基礎，其正當性、合法性必遭質疑，甚至造成政局紛擾。

二、當前我國政黨政治文化尚未成熟，且各黨派之間意識型態壁壘分明，若不採絕對多數決制，而以相對多數決制產生出的總統如果得票未超過半數，將使未能獲勝的政黨必然藉民意為由，對獲得少數票當選的總統或其政黨攻訐，使總統在推動政策時，處處受到掣肘，對政局的穩定性造成不利影響。

三、依據憲法增修條文第 2 條有關總統、副總統之罷免規定：總統、副總統之罷免案，須經全體立法委員四分之一之提議，全體立法委員三分之二之同意後提出，並經中華民國自由地區選舉人總額過半數之投票，有效票過半數同意罷免時，即為通過。因此，如以相對

多數決制產生總統、副總統,則有隨時被罷免的可能,此對政局亦會造成不安的情形。

四、依憲法增修條文規定於立法院對行政院長提出的不信任案通過後,行政院得同時呈請總統解散立法院,而此解散權依照法理必須有強大的民意基礎為後盾,如果採相對多數決制產生的總統,在民意基礎上恐有不足之嫌,而有可能造成政局之紛擾。

五、值此全球化知識經濟來臨、國家社會急遽變遷的大環境中,我國正面臨政治、經濟、教育、文化、外交與兩岸互動關係等問題嚴厲考驗之秋,尤其近年來,遭逢國際風暴 — 國際金融風暴、國際經濟嚴重衰退、失業率攀升等衝擊之際,因此,未來中華民國的總統產生方式,當以「絕對多數」較能適應當前國家面臨之新情勢的需要。試問若由一個相對多數而產生未過半數選票的總統,又如何統一國人步調,以迎接國家面臨的各項嚴格挑戰,確保國家安全與民眾福祉於不墜之地呢?因此筆者認為未來我國總統的選舉制度採絕對多數制乃是就總統在憲政制度之角色與地位之重要性與在職權行使之正當性及代表性衡量[16]。誠如呂謝爾(Francois Luchaire)以及柯納(Gerard Conac)憲法專家學者所指出的,如果總統以絕對多數直選產生,那他在行使若干職權之時,如緊急處分權等,較具有正當性及說服力[17]。

⑯張台麟,〈政黨的結盟與重組:法國經驗〉,收錄於蘇永欽主編,《政黨重組—臺灣民主政治的再出發》,新臺灣人文教基金會,2000 年出版,頁 86。
⑰請參閱同前註頁 86 至 87,Francois Luchaire et Gerard Conac, La constitution de la Republique Francaise Pairs economic 1987,pp358-359。

第七章　當前我國憲政體制之改革與展望

第一節　各類政府體制均有其特色

　　所謂總統制、內閣制或法國式的雙首長制，當各有其制度性的特色，而各國之所以採用任何以上一種制度，亦皆有其歷史文化背景與民意的需求取向，我們實在很難武斷的說哪一種制度是最好的，哪一種制度是最劣的，而只能說哪一種制度較適合哪一個國家的國情與民意罷了。

　　我國的政府體制原屬修正式的內閣制①，而當前依據憲法及增修條文所規定中央政府體制性質究為內閣制、總統制、或混合制？茲分析其特徵如次：

一、中央政府體制具有總統制之特徵

　　　　（一）總統由人民直接選舉，為國家元首，對外代表國家，立法院可提議罷免總統，並對總統行使彈劾權，總統在政治上對全民負責。

　　　　（二）行政院院長為國家最高行政首長，由總統直接任命之，對立法院負責。

　　　　（三）立法權與行政權分明，憲法並有立法委員不得兼任官吏之規定，故行政院長及政務委員，非由立法委員兼任。

　　　　（四）立法院對總統、副總統之彈劾案，須經全體

①張君勱，《中華民國民主憲政十講》，上海：商務印書館，1947 年 5 月初版，頁 71。

立法委員二分之一以上之提議，全體立法委員三分之二以上之決議，向國民大會提出。自國民大會廢除後，現改由立法院提議通過後聲請司法院大法官審理。

（五）行政院對立法院議決之各法案，如認為有窒礙難行時，得經總統之核可，移請立法院覆議。覆議時，立法院更可經出席立法委員二分之一維持原案，以推翻總統的覆議權。

二、中央政府體制具有內閣制之特徵

（一）行政院對立法院負責，行政權屬於行政院，行政院會議由行政院院長主持。行政院會議有議決法律案、預算案、戒嚴案、大赦案、宣戰案、媾和案、條約案及其他重要事項之權（憲法第 58 條）。

（二）總統公布法律、發布命令，須經行政院院長或行政院院長及有關部會首長之副署（憲法第 37 條）。

（三）行政院院長、各部會首長得出席立法院陳述意見，並得提出法案。

（四）立法院得經全體立法委員三分之一以上之連署，對行政院長提出不信任案，如經全體立法委員二分之一以上贊成，行政院長應辭職，並得同時呈請總統解散立法院（憲法增修條文第 3 條第 2 項第 3 款）。

（五）在憲法上，行政院院長並無一定任期，依以往慣例，僅係於每屆總統任期屆滿提出總辭，而依大法官 387 號解釋行政院長應在立

法院改選後，於次屆立法委員第一次集會前向總統提出總辭[2]。

是以，我國憲法上總統並非虛位元首，而享有某些政治實權，同時，由於過去國民黨一直同時掌握總統府、行政院與立法院，透過黨政運作的結果，比較接近總統制[3]。

記得在進行第六次修憲當中，無論是國民黨、民進黨、新黨或各界的法政學者專家對我國的中央政府體制之修改所提出的意見可說獻言無數，字字珠璣，皆能分別就各種制度的利弊得失加以深入的剖析。在國發會後國民黨乃依據國發會之共識研擬修憲條文，提出所謂的雙首長制，認為此乃根據五十年憲政的經驗最合理的修憲。而民進黨亦提出雙首長制，認為要吸取內閣制與總統制的優點，以總統作為國家領導中心，而行政院長向國會負責[4]。

臺灣大學政治學系盧瑞鍾教授在其所著的《內閣制優越論》乙書中，雖然列舉了三十三個總統制的缺點（盧瑞鍾，1995：P52-74），但其同書中亦提出總統制也有十項優點（盧瑞鍾，1995：P20-26）。

而新黨學者周陽山教授則力主採用內閣制，因為二次大戰後，在全世界有二十三個國家維持了五十年的憲政民主，二十三個國家中有二十個國家採取內閣制，而內閣制能夠構成國家的穩定，憲政的成長。過去五十年間，整個拉丁美洲國家都實

---

[2] 參閱董翔飛，《中國憲法與政府》，2005 年 9 月修訂 42 版，頁 316-338。謝瑞智，《憲政新視界》，文笙書局，2001 年 1 月初版，頁 99-100；《憲政體制與民主政治》，文笙書局，2002 年 3 月初版，頁 148-150。陳新民，《憲法學釋論》，三民書局，2011 年 9 月修正 7 版，頁 577-578。

[3] 周育仁，〈憲政體制何去何從？建構總統制與內閣制換軌機制〉，收錄於明居正、高朗主編，《憲政體制新走向》，新臺灣人文教基金會，2001 年，初版，頁 7。

[4] 姚嘉文、張俊宏、林濁水、郭正亮聯合執筆，民進黨主席許信良定稿〈不要成為反改革的歷史罪人〉之憲政萬言書，聯合報，1997 年 5 月 30 日，4 版。

施總統制，沒有一個國家建立了穩定的民主，但哥斯大黎加則為例外。同時從 1988 年蘇聯解體後，東歐以及前蘇聯，絕大多數國家實施雙首長制，但沒有一個國家可以建立最基本的民主體制[5]。

的確，內閣制合乎憲政原理並有不少的實施成功例證，而我國的憲法不但有總統制的精神，也有內閣制之色彩，但在實際運作上，尤其是政府播遷來臺後五十多年來，總統一直擁有實質上的權力，這是制訂動員戡亂時期臨時條款及透過政黨政治運作的結果，修憲後總統自第九任開始改為公民直選，民意的趨向亦是希望有一個實權的總統，來解決國家所面臨的多項改革或兩岸關係等諸問題，因此若要將現行憲法調整為純內閣制，是否符合近幾年來我國之政治文化與實際政治之運作及臺灣的民意主流趨勢，亦有待商確。

林子儀教授認為在雙首長制之下，如果總統與國會是屬於多數同一政黨，總統基本上不直接向其政策負責，躲在後面，若總統與國會不屬於同一政黨，會造成行政分裂，因此，總統制是比較適當的選擇。而政府要修憲的理由，其重點亦是擔心權責不清，政府無效率[6]。

而當時由李鴻禧教授所領導的民間監督憲改聯盟成員顏厥安、金恒煒、黃昭元等共同聯合執筆－〈臺灣人民的歷史選擇－我們不要民選皇帝〉一文中即已明確的指出：當時國、民兩黨的主流憲改方案即所謂的雙首長制不可行，因為這一制度根本無法改變臺灣的惡質政治體質，而且雙首長制造成行政權分裂的「雙頭馬車制」，有權無責的「藏鏡人」制度，雙首長制

⑤周陽山著，〈何種憲政體制適合臺灣國情及實際需要〉，自由時報主辦，TVBS協辦的修憲辯論會，自由時報，1997 年 6 月 2 日，2 版。
⑥林子儀，同前註，會中意見，自由時報，1997 年 6 月 2 日，2 版。

可說充滿人治色彩，它會因為選舉結果而改變總統與國會的權力結構，亦就是說在總統與國會之選舉結果若同屬一個政黨勝利，則總統之權力便會超凌一切，成為所謂超級的巨無霸總統。而若總統與國會之選舉分由不同政黨獲勝，則總統的權力必然受到相當節制，雙方若無法妥協難免會成為政治僵局，如目前臺灣的政局發展就頗為類似，況且臺灣也沒有實施雙首長制的充分政治社會條件。因此，主張建構總統制的中央政府體制。因為總統制比雙首長制更符合權力分立與制衡的原則，總統比較有能力團結國家處理內外的危機。

第二節　我國中央政府體制的屬性

關於我國憲法中中央政府體制的屬性，各家學者說法不一，大體上來說，可分為「修正的內閣制」、「總統制」及「雙首長制」等三大類，以上各種說法皆有其立論根據，然作者認為此乃是隨著時代的變遷與政治環境的不同所致，茲分述如下：

第一項　屬於修正式的內閣制（1947 年以前）

依制憲學者張君勱所述，我國憲法中有關中央政府體制的設計，是屬於「修正的內閣制」。他認為當時在中國的狀況，無論是採美國的總統制，或是採英國的責任內閣制，都不甚適合。因此，他以為我國必須折衷二者，而走出第三條路。其中，他對於中央政府體制設計中，最核心的主張，便是為了避免一個不合學理之「間接的直接民權」之國民大會的存在，以免其成為一個「太上國會」，造成憲政危機。

而後在制憲的過程中，雖與國民黨折衝下同意國民大會有形化，但卻力主國民大會除了選舉與罷免總統、副總統及修憲

外，不得有任何的權力，否則不惜與國民黨決裂，讓中華民國憲政體制難產。在另一方面他的主張，則是行政院對立法院負責，避免當時的國民政府與立法院的兩層樓政府，縱使最後的結果，立法院的倒閣權完全被取消，代之以美國總統制的「否決權」之設計，他還是強調採取美國總統制行政部門穩定的長處，但行政院仍必須對立法院負責。結果中央政府體制與他在〈國憲草案〉的設計相仿，謂之雙首長制[7]。但從「行政院仍必須對立法院負責」的精神來研判，嚴格的區分，還是屬於修正的內閣制。

第二項　屬於總統制（1947-1997 年）

國民政府雖於 1947 年頒布了中華民國憲法，但在抗日戰爭剛結束的時候，中國共產黨軍隊的勢力逐漸擴大。於是蔣中正先生在同年 7 月 4 日向南京政府第六次「國務會議」提交了「厲行全國總動員，以戡共匪叛亂」的動員令，並於次日公布，從此全國進入了「動員戡亂時期」。

1948 年 4 月為擴大總統權力，召開第一屆國民大會第一次會議時，許多國大代表提議要修改剛剛生效不到四個月的憲法，但修改憲法又怕失掉民心，磋商的結果認為最好的辦法莫過於「為於暫不變憲法的範圍內，予政府以臨時應變之權力」。於是近 771 名國大代表聯名提出了「制定《動員戡亂時期臨時條款》」一案。於宣告動員戡亂期間，就國家實施緊急權之程序給予特別之規定，使之不受《憲法》本文規定之限制。同年的 4 月 18 日，大會正式通過該案，並於 5 月 10 日實行，並規定有效期為兩年半。

---

[7]薛化元，《民主憲政與民族主義的辯證發展－張君勱思想研究》，臺北：稻禾，1993 年 2 月，頁 60-62。

《動員戡亂時期臨時條款》的具體內容規定，總統在動員戡亂時期，為避免國家或人民遭遇緊急危難，或應付財政經濟上重大變故，得經行政院會議之決議，為緊急處分，不受憲法第 39 條或第 43 條所規定程序之限制。其條文中關於「總統緊急處分權」、「總統、副總統得連選連任」、「動員戡亂機構之設置」及「中央行政人事機構組織之調整」等規定，如此一來，乃將我國中央政府體制推向總統制的方向發展靠攏。

第三項　屬於雙首長制（1997 年以後至今）

1989 年 7 月，國民大會決定第五次修訂臨時條款，但由於第一屆國代抗退者眾，並且又提案擴大國民大會的職權。1990 年 3 月，臺北爆發學生運動，提出廢除《臨時條款》和召開國是會議等訴求[8]。1990 年 5 月 22 日，總統李登輝先生在總統就職記者會上，表示計畫在一年內完成動員戡亂時期的終止；12 月 25 日行憲紀念日上，李總統再度明確宣告將在 1991 年 5 月前宣告終止動員戡亂時期，並在 1992 年完成憲政改革。

為配合終止動員戡亂時期的政策，1991 年 4 月第一屆國民大會第二次臨時會時，計有代表李啟元、鍾鼎文、楊公邁等 245 人提出廢止動員戡亂時期臨時條款之提案，該項提案經主席團決定依照修憲之三讀及審查會程序進行處理，於 1991 年 4 月 22 日，進行三讀作成決議：廢止動員戡亂時期臨時條款三

---

[8]三月學運，發生自 1990 年 3 月 16 日起至 1990 年 3 月 22 日結束，又稱臺北學運或野百合學運。在該次運動中，人數最多時曾經有將近 6,000 名來自臺灣南北各地的大學生，集結在中正紀念堂廣場上靜坐抗議，他們提出「解散國民大會」、「廢除臨時條款」、「召開國是會議」以及「政經改革時間表」等四大訴求。這不但是國民政府遷臺以來規模最大的一次學生抗議行動，同時也對臺灣的民主政治有著相當程度的影響。在該次學生運動後，總統李登輝一方面依照其對學生的承諾，在不久後召開國是會議，另一方面也在 1991 年廢除動員戡亂時期臨時條款，並結束所謂「萬年國會」的運作，臺灣的民主化工程從此進入另一個嶄新的紀元。

讀通過，咨請總統明令廢止，李登輝總統乃依照國民大會之咨請，於 1991 年 4 月 30 日明令宣告動員戡亂時期於 1991 年 5 月 1 日零時終止。

　　1991 年動員戡亂時期雖已宣告終止，鑑於國家尚未完成統一，原有憲法條文仍有窒礙難行之處，為因應國家統一前的憲政運作，第一屆國民大會第二次臨時會在不修改憲法本文、不變更五權憲法架構的原則下，於 1991 年 4 月議決通過「中華民國憲法增修條文」，直至 2000 年止歷經了六次增修，而其中有關中央政府體制修改為向法國的雙首長制靠攏部分，是在憲法第四次增修。

　　1997 年 6、7 月間，第三屆國民大會第二次會議將第三次憲法增修條文全盤調整，修正為第 1 條至第 11 條，於 7 月 18 日議決通過，同（1997）年 7 月 21 日由總統公布，是為第四次憲法增修條文，其有關內閣制主要內容為：

　　一、行政院院長由總統任命之，毋庸經立法院同意。

　　二、總統於立法院通過對行政院院長之不信任案後十日

　　　　內，經諮詢立法院院長後，得宣告解散立法院[9]。

　　至此，我國中央政府體制的精神，已明顯地向雙首長制緊密地靠攏[10]。

　　我國憲法的中央政府體制經過半個世紀歷史的洗滌與淬鍊，從修正的內閣制走向總統制，再由總統制走向雙首長制，誠如李鴻禧教授曾言，我國憲法的中央政府體制如一部「鴨嘴獸憲法」；他更進一步的描述這部「鴨嘴獸憲法」的型態，既

---

[9]總統府網頁，〈憲政改造〉，http://constitution.president.gov.tw/law/law.htm。

[10]憲法學者湯德宗認為，憲法本文所採取的「修正式內閣制」，實際上是「弱勢內閣制」，目前貌似半總制的「弱勢總統制」，實際上是「修正式總統制」。
　　－參閱〈新世紀憲改工程－弱總統改進方案〉，《臺灣法學新課題（三）》，社團法人臺灣法學會主編，臺北：元照出版有限公司，2003，頁 21。

不像是內閣制，又不像總統制，也不像是德國威瑪憲法的雙首長制，它像一部法國的「第五共和制」憲法，他認為：「憲法最好不要有這種鴨嘴獸形的憲法，尤其當一個國家的憲法文化很低時，千萬不要去學這種高難度的憲法政體制。……我們的憲政經驗才剛起步，就妄想駕馭這種高難度憲法，令人非常不安。過去，就是『因人設事』，把憲法弄得面目全非，……我認為，我們的憲法連鴨嘴獸都不是，鴨嘴獸我們至少看過，知道其形狀；我認為，我們的憲法不如說是『龍』的憲法更傳神」。⑪

惟筆者認為，這部憲法有總統制的精神和內閣制的混合精神，而它的制定是有時空的背景，當時在制定這部憲法，是歷經多黨的政治協商，並根據張君勱草擬之五五憲草的精神及綜合孫中山的權能區分所雕塑而成，就憲政體制的基礎，除了國民大會以外，大致上維持了二元型的內閣制之設計，以臺灣今日的政治環境及人民對於憲政主義的認知與民主素養，要單單學習西方國家其中一種的憲政制度來治理國家，就已經很困難，何況這部憲法是東拼西湊仿傚眾多學派的憲法呢。正如李教授於著作中所期盼的，他希望國內的學者和政治人物，不要再妄想發明憲法制度了，要麼採總統制，要麼採內閣制，國情不同，可以稍做修改，但有一定的限度，憲法文化若如此因人設事，我們何時才能建立民主憲政制度？

現行我國之憲政體制，的確是國、民兩黨透過修憲方式而修成的，問題出在我們的雙首長制。我國已轉型為自由民主開放的體系，但為何還會出現運作上處處不順暢之境，甚至造成國家永無寧日。而過去同樣是混合制的憲法，雖然憲法法理亦

⑪李鴻禧，《李鴻禧憲法教室》，北市：元照出版有限公司，1999，初版，頁88以下。

遭批判，但在實際的運作上，行政權方面卻仍能發揮相當的效率與功能。同樣的憲政體制，怎麼會造成「朝小野大」，立法與行政關係欠佳，甚至造成僵局？我國未來中央政府體制之走向，究竟應朝總統制、內閣制或是維持現行體制加以改良，乃是我們當前急需正視且必須從根本上加以去解決的答案，究竟是制度設置之錯誤，抑或總統自我即可任命行政院長所造成？

第二次世界大戰後，全世界有二十三個國家維持五十年的憲政民主，二十三個國家中，有二十個採內閣制，乃是因為內閣制能夠構成國家的穩定憲政的成長。然而在過去的五十年間，拉丁美洲國家卻都實施總統制，除了哥斯大黎加以外，沒有一個國家能夠建立穩定的民主。同時在 1988 年蘇聯解體之後，絕大部分的東歐國家及前蘇聯，均實施雙首長制與半總統制，但卻也都沒有一個國家可以建立最基本的民主體制。因此，總統制、內閣制、雙首長制或混合制皆有其特色，無法武斷地判斷任何一種制度的優劣，只能客觀的觀察該國的國情及民情，較為適合哪一種制度。

的確，內閣制合乎憲政原理，並有不少的成功例子。但帶有總統制的精神也兼具內閣制色彩的我國憲法，在實際的運作上並不順暢，尤其是在政府播遷來臺後五十年來，由於政黨政治運作及《動員戡亂時期臨時條款》的增訂頒布實施，因而總統一直有實質上的權力，在修憲後，第九任總統開始改為公民直選，民意趨向亦是希望有一個實權的總統來解決國家所面臨的多項改革及兩岸問題。

第三節　各界對中央政府體制的看法與建議

第一項　對雙首長制的看法與建議

王業立教授認為，國內部分支持「總統制」的人士在思考如何擴充總統行政權的同時有無樂見到一個健全的國會也能在臺灣出現？他進一步闡釋說到，國內支持「總統制」的人士，如果只是意在總統如何擺脫國會的掣肘，而不願意賦予立法院完整的國會權力，諸如「人事同意權」、「調查權」、「彈劾權」、「聽證權」……，則我國的中央政府體制，將不可能走向真正的總統制。另外對於走向「內閣制」的困難部分，他也認為，如果臺灣要走向「內閣制」，則我們社會首先會遇到一個難題，我們還要不要直選總統呢？當前的政治文化是否容許我們選出來的國家元首是一個虛位的總統呢？如果這個問題沒有取得共職，則議會內閣制將只是不切實際的空談。

他更進一步提出對於現行雙首長制可行性的看法，他認為，2005 年 6 月 7 日任務型國大所完成的第七次修憲，替未來修憲樹立了非常高的門檻，因此未來進行任何的憲改，雖非完全不可能，但也是十分的困難。如此一來，欲進行憲政改革使我國成為「總統制」或走向「內閣制」，都將變成空談。較務實的作法，應在現行的「半總統制」憲政運作下，在不修憲的前提，透過憲政的慣例之建立而進一步落實憲改的理想。他同時相信，除非未來出現重大的關鍵轉折，我國的憲政改革，仍將可能只是「半總統制」的各種次類型之間進行微調而已[12]。

---

[12] 王業立，2002 年 8 月，〈再造憲政運作的理想環境：選舉制度、國會運作與政黨協商機制的改革芻議〉，收錄於陳隆志主編，《新世紀新憲政——憲政研討會論文集》，新世紀智庫叢書(3)，臺北：元照出版有限公司，頁 331-349。

王教授的理論，國內亦有多位學者贊同，如周育仁教授即認為國內的政治環境及現有憲政體制，實施「內閣制」並不可行，而若實施「總統制」則又比現行體制缺乏化解僵局的機制。透過強制換軌的機制，讓行政、立法由同一政黨或聯盟掌握，一方面能徹底解決現有的政治僵局，另一方面應也能有效提升政府與國會之效能。

　　周育仁教授強調，透過強制換軌的機制，確保多數政府乃是當前憲政改革的最佳選擇。他提到，要化解現行行政立法衝突與對立的困境，根本之計是讓相同的政黨或聯盟同時掌握行政與立法。為落實貫徹此一目標，解決之道是透過建立換軌的機制，讓我國的政府體制在「總統制」與「雙首長制」之間換軌，確保行政立法由同一政黨或聯盟掌握，而其對策是建議未來憲法修改時，應在憲法中明定行政院長由總統任命國會之多數黨推薦者出任，其次憲法要賦予總統有一次主動解散立法院的權力，使其有機會化解府會不一致的情況。

　　再者，為避免換軌成內閣制時，民選總統淪為虛位總統，應於憲法中明確賦予總統國防、外交及兩岸事務的專屬權，最後總統的選舉制度可改為絕對多數當選制，俾使總統能有充分的民意基礎，強化其解散國會的正當性。如此一來，在政府換軌的過程中，無論是內閣制也好，總統制也好，皆能呈現多數政府的結構，而現在的行政立法分立、對立的困境，也絕對不會出現[13]。

　　黃秀端教授亦認為，從過去的幾次修憲歷程來看，我國的政治體制逐漸在遠離內閣制，1992年第一次修憲將原先於動員戡亂時期臨時條款賦予總統的緊急命令權以及總統府所屬的國家安全會議、國家安全局正式合憲化。使得原本在憲法上並無

---

[13]周育仁，〈建構多數政府的憲政基礎〉，《國政研究報告》，憲政(研)094-15號，2005年7月11日。

真正權力的總統，至少可以於國家安全及兩岸關係中使力。接下來的第四次修憲的結果，法國的雙首長制是我國模仿學習的對象，然 1999 年的修憲，卻與法國第五共和所設計之削減國會權力有所不同，似乎有意往總統制的國會方向前進。2000 年政黨輪替後，面對國會在野黨的勢力還是遠勝於執政黨的局面，鑑於總統無主動權解散國會，而國會又因選舉的代價太高，不願意倒閣，以至於衝突不斷。在檢視了我國中央政府改革的不同走向，以及不同走向所遇到的問題，黃教授認為未來中央政府體制要往純內閣制走，恐怕不太容易，而最簡單的就是將目前的雙首長制加以修正，然而雙首長制是否能夠建構有效的政府，黃教授認為應該在現行的憲政體制下修正下列事項：1.總統主持部長會議，2.總統擁有主動解散立法院的權限，3.將公民投票法制化⑭。

在另一方面，李鴻禧教授及黃昭元教授等二人對目前我國的「雙首長制」有不同的見解，他們說：現在我國所謂的「雙首長制」，並不是總統「擴權」，而是總統「有權無責」，他們指出，總統已經直選的今日，我們不怕也不反對給總統權力，我們反對的是總統「有權力而沒有責任」、「有權力不受制衡」，基於這樣的堅持，他們認為現行我國的所謂「雙首長制」，絕對不可行。

此外，他們更進一步的提出，對於目前我國中央政府體制採行的「雙首長制」，並不是一個良善制度的看法，他們認為「雙首長制」不但會造成行政權內在的分裂，形成政爭的溫床；又會造成「有權無責」的現象⑮。

---

⑭黃秀端，〈我國未來中央政府體制何去何從〉，《新世紀臺灣憲政研討會論文集》，頁 11 以下。

⑮參閱民間監督憲政聯盟，〈臺灣人民的歷史選擇，我們不要[民選皇帝]〉第三部分，李鴻禧、黃昭元聯合執筆《所謂雙首長制為何不可行》，自由時報，1997 年 5 月 23 日，第 6 頁。

第二項　對內閣制的看法與建議

　　學者陳慈陽認為，美國式的總統制有優良的憲政運作基礎，它內涵了英式優良的民主傳統，但這個美國的總統制是幾乎近於「獨裁」，雖有憲法或是憲政慣例上之制衡，但如無優良民主傳統的背景，總統之統治權將無所節制，例如菲律賓在第二次世界大戰後逐漸走向獨裁及中南美洲各國等等，就是最好的例子。

　　他認為西歐普遍適用的國會內閣制的優點，可避免上述總統制的缺失，雖然行政與立法之制衡作用喪失，但國內許多學者針對此缺點亦提出許多種類型權力制衡的模式，使得內閣制出現的缺點逐漸填平。故他認為未來政府體制，應朝將現有之憲政體制改成內閣制之方向[16]。

　　另外亦有《世代論壇》執行長周奕成等五十五名法政學者所發起的「五五內閣制民間推動聯盟」（Alliance for Parliamentalism: 5 YES and 5 NO）亦認為，我國中央政府體制未來應修正為內閣制，他們更提出口號說明內閣制的優點，例如「要權責分明！不要有權無責！我們主張議會內閣制」等等。這些學者主張：中央政府應採取議會內閣制，因為議會內閣制擁有許多解決政治僵局的機制，現制則不斷出現行政立法對立的困境；議會內閣制強調和解共治，現制則是勝者全拿，鼓勵相互對立；議會內閣制虛位元首為社會超然領袖，現制實權總統則帶頭進行政黨鬥爭；議會內閣制公職與人民權力距離較小，現制沿襲帝王獨裁概念，形成宮廷政治；議會內閣制講求團隊，形成集體共議領導，現制講究個人，形成強人政治；議會內閣

---

[16] 陳慈陽，〈憲改工程另類思考：由準總統制向內閣制的制度安排〉，《國家政策季刊》，4卷2期，2005年6月，頁104以下。

制政黨必須重視其團體形象，政黨紀律性高，現制只需突顯個人，導致譁眾取寵、爭相作秀；議會內閣制採內閣團體領導，個別領導人配偶較難干政影響，現制獨尊總統，親信家人容易介入；議會內閣制行政首長失去執政正當性則立即下臺，現制總統獲得任期保障，即使貪污濫權也能做滿任期。以上種種的優缺之比較，內閣制顯然勝出，較有利於國家未來的生存與發展。

　　另外，此派連署的學者，同時進一步建議主張以聯立式兩票制及降低修憲門檻等等措施，革除我們憲法中不合法理的問題與現象，並有效的促進內閣制的運作，以革除我國政黨政治的亂象[17]。

　　此派學者認為，在國會改造部分，採用單一選區兩票聯立制，也就是當政黨獲得某比例的選票，也將獲得同樣比例的國會席次。現時的制度抹殺所有弱小政黨或新興勢力生存的可能性，也就是保障現有兩大黨瓜分政治資源的畸形體制。新的世代、新的社會力量沒有辦法進入國會，鼓勵兩大黨繼續升高對抗，讓人民對政治疏離，也將嚴重危害臺灣的民主政治。聯立式兩票制將讓社會各種多元聲音在國會中獲得代表，創造多元合作政治，讓人民重拾對民主政治的信心與熱情。

　　對於憲法修改門檻過高問題，他們也提出看法，他們認為，第七次修憲訂下了舉世無雙的不合理超高修憲門檻，幾乎剝奪了人民行使修憲權的基本權力，憲法若無法與時俱進，變成為一攤死水，也將成為後代子孫的負擔。因此主張將憲法修訂的立法院門檻改為三分之二立法委員出席、三分之二同意，將公民投票門檻改為超過選舉人總數的二分之一有效票，其中過半數以上同意，使得未來的世代也有機會依照他們的意志來

[17] 〈五五內閣制民間推動聯盟〉，http://caps55.pbwiki.com/。

修改憲法，以確保憲法能夠適時的順應世界的潮流及人民的需求。

此外，學者孫善豪亦有見解認為，臺灣確實較適合內閣制[18]，他駁斥陳一新教授對於：「相信總統制一定能為臺灣帶來政治安定，固然不正確，但相信內閣制就必能為臺灣帶來長治久安，也不切實際」的說法。他指出，內閣制雖然不能說是百利而無一害，但是相較於總統制來說，內閣制的弊害較總統制為小，而利處較總統制為多，在弊害參酌之間，仍然有可以商量討論之空間的，至於選民似乎無法接受一個「虛位的總統」之揣測之詞，他亦同時認為太低估了臺灣真正的輿情，加上臺灣本身的政治環境及將來所推行的「單一選區兩票制」的選舉制度，係只能在「內閣制」的環境下來生存發展，因此，他認為臺灣確實較適合內閣制的中央政府體制。

值得一提的是，有執政民進黨背景的學者陳明通教授等人，對於提倡改為內閣制更是不遺餘力，他們更提出《中華民國第二共和憲法》為藍圖，試圖改革現在憲法的不足之處，他強調，制定第二共和的考量，在於現行憲法面臨種種的困境，無法有效的處理臺灣民主化過程中所涉及的國家與國家機關兩個層次的解構與重建問題，制定第二共和是比較務實的考量。

在《中華民國第二共和憲法》中，陳教授亦強調內閣制的精神，同時規劃將行政院改為國務院，而國務院是國家最高行政機關，國務院總理由總統提名，經國會全體議員二分之一以上同意任命之。被提名人未獲同意時，總統不再提名，國會應於十四日內自行選舉，以獲得全體議員二分之一以上得票者為當選，提請總統任命為國務院總理。若未有當選者，總統應於七日內解散國會⋯⋯。

---

[18]孫善豪，〈時論廣場〉，中國時報，2004 年 8 月 14 日，A15 版。

而此部內閣制憲法草案的設計，國會席次增加為兩百席，同時國會享有調查權，可經由全體議員三分之一以上提議，設置由議員組成的特別調查委員會。這種以議會—總統為權力與制衡為架構，企圖改良現行府、會的不良關係，亦是用內閣制為基礎架構來企圖改革目前我國中央政府制度的窘態[19]。

第三項　對總統制的看法與建議

針對以上問題，有若干學者專家認為，朝總統制規劃，是一個值得我們思考的方向。因為自第九任總統由公民直選後，總統應負責任更形重大，例如財經、治安等等問題，皆有賴總統領導政府以結合全民共同解決。尤其是兩岸關係，一直以來存著高度不安的狀況，若能實施總統制以強化政治運作之能力，以適應當前國家面臨的各項改革與挑戰，此乃任何政黨人士當選總統後全國人民的最大期望，否則憲法若無法賦予總統適當的權力，就是請天上神仙來做總統，亦很難推展各項施政。

美國是實施總統制的代表，按美國憲法規定，總統就是國家元首亦是最高行政首長。若我國未能憲改將中央政府體制改為總統制，則有關行政院院長、各部會首長及不管部之政務委員等，均由總統任免之，總統依法公布法律，發布命令，不需行政院長及相關部會人員之副署，總統應隨時向立法院報告國家情勢，並將個人所認為適合國家施政的政策咨送於國會以備審議，以求得國會的配合與支持。如此一來，總統在任命重要官員時，亦需像美國總統一樣，遵照所謂參議員禮貌，充分尊重立法院之意見。立法院對於總統意見不贊同時，得以決議移

---

[19]參閱：陳明通等撰著，〈中華民國第二共和國憲法草案全文〉，發表於1997年3月18日，中華亞太精英交流協會與臺灣智庫共同主辦之審議式民主：[中華民國第二共和憲法草案]研討會。

請總統變更之，但總統對於立法院亦應有覆議權以為制衡。行政院之政務會議改為國務會議，由總統親自主持，其成員包括副總統、行政院長等各部會首長，會議閣員仿造美國總統制，其只對總統負責，不必對國會負責，但總統施政必須依照立法院所定的法律施政。

如此一來，行政部門與立法部門則既分權又制衡，方符合總統制的精神。國內亦有許多的學者認為，實施總統制，才能符合臺灣目前的現況及未來的發展。亦有論者指出，總統直接民選後，實權有增無減，如採內閣制，總統變為虛位元首，非國人所能接受，他強調，依國情及人民期望，未來應朝總統制發展，制定完善新憲法，才能立下長治久安的國家政體。學者陳春生更強調，面對中共威脅，強有力的國家領導人才能保障國家安全，如實施內閣制，國家一旦遭受危機，讓人擔心國會與內閣仍將為政策爭辯不休，臺灣民主尚未成熟，如實施內閣制，部會首長由立委兼任，國會選舉競爭激烈，黑金政治將更嚴重，恐步入法國第三、第四共和之覆轍。同時立委黃適卓更進一步的表示，兩岸關係緊張逐年增加，為因應中共可能的威脅，政府政策制定須有效率，在內閣制與總統制相較之下，總統有做出緊急判斷的能力，因此應採總統制，尤其是在野黨對國家定位仍不清楚，內閣制恐怕會有危險。

另外，以總統制建構臺灣的中央政府體制，論者認為總統制比雙首長制更符合權力分立與制衡的原則。在總統制下，總統會更有能力團結國家去處理內外危機，加上我國向來地方政治實務已很接近總統制的運作等等因素，所以建議我國中央政府體制應採總統制。同時更進一步的說明，在實務上，總統制下的行政權較為優越，行政權優越，更可發揮行政效率，一個設計完善運作良好的總統制，不僅行政權強大，立法權也是十分的強大，也就是說，總統制是靠一個強大的行政權與一個強

大的立法權——甚至再加上一個強大的司法權——相互對抗、監督與制衡來維持權力平衡。論者以為，目前憲政體制造成政府無效率的原因主要來自代議政治未能真正代表民意、立法與行政權的衝突及總統和行政院長對政府指揮權的混亂。而要解決這個問題，最好的辦法就是三權分立的總統制，目前經常有人指出批判，總統不得干預行政的論點，造成行政院和總統府間運作的困難，從這個角度來看，我們似應該建立明確總統制的新憲法，不能再以各式他國經驗拼裝而成，卻隨著政局變化而屢屢有因人設事的修憲倡議。

而汪平雲、施正峰等法政專家學者在民主進步黨於 2006 年 9 月 24 日所舉辦的一場座談會中[20]，也是支持總統制的，同時亦對總統制提出了他們的看法。他們認為由於現行憲政體制國會與總統皆由人民選舉產生，且選舉的時間不同，容易造成民選總統與民選國會的衝突。簡言之，如何由憲政制度上，妥當處理民選總統和民選國會合理關係，就是解決當前憲政困境的關鍵。他們更進一步的闡述，當國內仍有國家認同的分歧時，總統仍然有必要繼續由人民直選，才能確保具有臺灣主體意識的政府產生。

在兩岸關係詭譎和全球化競爭激烈的此刻，我們需要的是一個直接面對臺灣人民、向臺灣人民直接負責，並且擁有施政效能、權責相符的憲政體制，那就是總統制。他更進一步說明，從「臺灣主體意識」、「行政民主化」、「權力分立制衡」、「面對中國壓力」等等幾個面向來建立權責相符的總統制，都應該是比較能夠確保臺灣人民權益與主體性的正確方向。他們亦提出廢除五院制、總統與國會任期相同、增加國家

---

[20]民進黨憲政改造系列研討會，〈臺灣憲政的困境與重生－總統制與內閣制的決擇〉，臺北國際會議中心，2006 年 9 月 24 日。

行政效能、規定總統為最高行政首長、擴大國會職能、強化對總統的制衡權力、選舉制度的改革等等憲改措施來增加總統制的可行性。

陳春生教授亦指出：「主張我國應採行內閣制者，認為世界各國實施內閣制國家，其政治民主且政局穩定；實施總統制國家，除美國外，多走向獨裁，且政局不穩定，吾人認為這是偏見，因為事實上政治民主與否，政局穩定與否，和經濟文化有關，如中南美洲的軍事政變頻仍，並非實施總統制之故，而是沒有民主文化和健全的政黨政治使然，如果有健全的政黨政治與民族文化傳統，不論總統制或內閣制，都能展現民主精神。」[21]李酉潭教授亦認為總統制乃是較適合臺灣的政府體制，因為我國政府自退守臺灣後，因實施動員戡亂時期臨時條款與戒嚴統治，以致原具議會色彩的憲政體制並未實行，形成超級總統制；目前我國民眾普遍認知總統既是國家元首，也是最高行政首長，如果總統無法擁有實際的權限，那在政治運作與政務推動上，將會面臨相當程度的困難。

目前總統的權力看似很大，但卻只集中在人事任命權上，缺乏行政指揮權，造成行政部門與立法機關之間的制衡失序，且當前我國仍面臨中共嚴重的武力威脅，亟需有一個強而有力的領導中心，以因應國家遭逢各種緊急危機，我國雖已歷經多次的憲改，但政府體制尚未發展成熟，尤其行政與立法部門互動欠佳，造成政局不穩與嚴重內耗，因此必須加以解決[22]。

但在另一方面，學者盧瑞鍾教授也指出，美國總統制的成功條件有二：其一是關於重要的制度性因素，它包括了開放且

---

[21]陳春生，《憲法》，臺北：翰蘆圖書出版有限公司，2003 年 10 月，初版，頁598-599。

[22]李酉潭，〈臺灣憲政工程較適當的選擇：總統制〉，發表於臺灣新憲法國際研討會，2004 年 11 月 27-28 日，頁 165。

向心的政黨制度、選舉制度、聯邦制度、資本主義等等，以上這四種制度對於總統制的維持顯然十分重要，其中頗隱含「權力平衡」、「比例性權力分配」以及「反對中央集權」的實質意義。避免受挫的全國性政黨在政治權力的分配上一無所有，而有「比例性平等」的分配正義。另外自由投票制、國會資深制及遊說制度等，皆是美國總統制在重要制度上的成功因素。而其二之因素，更有地理、歷史、文化、經濟、社會結構、幅員遼闊人口比例較少、深遠及普及的民主精神等等之因素[23]。在如此眾多因素之條件下，方成就了美國實施總統制的成功。反觀我國的人文、政治環境及歷史演變的各項條件，是否已成熟至足以成就總統制實施，實有賴時間的考驗。

第四節　我國現行憲政制度變遷之剖析

　　首先，就我國的制憲歷史而言，中華民國的開國元勳孫中山先生，他所主張的建國理想本來就是提倡建設成一個像美國或法國那樣分權與制衡的政府，來保障人民的基本人權，以落實主權在民的理想。因此在民國初年制定的臨時政府組織大綱，亦就是中華民國開國的第一部成文憲法，係仿傚美國總統制，但後來國民黨人為了防止袁世凱的野心，又以臨時約法取代組織大綱，主張責任內閣制及後來的天壇憲法所採用的議會內閣制，均因袁世凱的反對而遭廢棄，另由袁世凱又重新制定中華民國約法──中央政府又改用總統制，後因袁氏心中根本沒有民主憲政之理念終因稱帝自取而敗亡。至 1936 年雖有五五憲草之擬訂，但因抗日戰爭而停擺，直至抗戰勝利後國民黨、共產黨、民社黨、青年黨、民主同盟及社會賢達共同舉行

[23]盧瑞鍾，《內閣制優越論》，臺北：三民書局，1995 年 6 月，頁 103-109。

政治協商會議，並就「五五憲草」之內容提出修正且據以制定現行中華民國憲法。其中央政府之體制，正如制憲先賢張君勱先生所指出的，我國中央政府體制乃是屬於一種「修正式的內閣制」，這可說已遠離了孫中山先生制憲的理想，且更是世界上絕無僅有的中央政府體制，而依據這部新創的憲法，就憲政原理而言就種下了各界解說紛爭不已的根源，且在運作上往往又與實際政治環境扞格不已。

蔣故總統中正亦發現若照這部憲法之規定，總統在憲法上之權力是有限而真正的實權乃在行政院院長，因此有意敦請胡適之先生出來競選總統。後來國民大會因國共戰爭關係，於憲法本文之後增訂動員戡亂時期臨時條款，凍結了部分的憲法條文，使總統真正享有政治的實權，而至李總統登輝先生雖然廢除了動員戡亂時期臨時條款，但因總統與國民大會及立法院隸屬同一政黨，因此中央政府體制有如總統制，而李總統可以在其任內進行了六次憲政改革，經過修憲後的憲法實際上是雙首長制。改制後總統雖由公民直選，除非總統與立法院多數黨是同黨，否則總統亦難施展其實權。

2000 年 3 月 18 日由陳水扁先生、呂秀蓮女士當選為中華民國第十任正副總統，在臺灣正式開創了政黨輪替的時代，而社會大眾對此一政治新局亦懷有熱切無比的新希望，不意又因核四續建問題及之後 2004 年的軍購預算公投事件，導致行政與立法發生始料未及之衝突，而這一國人所不願意見到的政治紛爭，乃是造成爾後朝野政黨惡鬥、國力內耗不已之最大根源。

今後，無論任何政黨取得執政權，皆應遵守憲政體制與良性的政黨政治運作之原則。尤其立法院的運作更應遵守議會議事規則，否則，要求提升議會政治之品質無異於緣木求魚矣。同時，筆者亦認為要解決當前的政治困境，當從修憲的方式重建一個權力分立與權責相符，且能真正發揮憲政功能之中央政

府體制，並建立良性的政黨競爭體系，停止政黨間之惡鬥，否則任何政黨的人士當選總統或擔任閣揆後皆會遭遇同樣的問題。民國初年孫中山先生主張總統制當有其先見之明，而先前兩位蔣總統因為有動員戡亂時期臨時條款才享有實權，而李前總統主政的時代因身兼國民黨主席，無論是行政院長、立法院、國民大會或其他重要的政治機構，大多數是屬於國民黨黨員，所謂在「以黨領政」剛性政黨之紀律下，總統怎能說會沒有實權呢？就是憲法沒有明定是總統制，但就政治實況而言，已可說不遜於美國等國家實施總統制下，其總統享有的政治實權。

　　反觀 2000-2008 年陳水扁總統之處境，就無法享有像以前的兩位蔣總統及李前總統的政治優勢了，因憲法規定陳總統固然是國家的元首，但當時民進黨並不主張以黨領政，同時在立法院民進黨的立委處於少數，而陳總統又背負實踐對選民的政治承諾，當然熟諳憲法的陳總統瞭解少數政府所面臨的困境。少數政府的組成亦可能是陳總統在政治理念與政治現實之間不得已的抉擇，而歐洲亦有不少民主國家實施少數政府，其政治運作亦能順暢，但在當前的臺灣卻無法如他們一樣，這可能與我們的政治文化有關，因此我們必須深切地體認「法與時轉則治」的道理，因此，筆者認為，為求突破當前臺灣民主憲政之困境，我國的中央政府體制已面臨非加以改革不可之時刻。

　　現行主張憲政改革者，可分為幾派，一派為主張改良的雙首長制，一派為主張改良選舉制度，修正政黨法，一派為主張改成純粹的總統制，而另外一派則建議改革為內閣制。內閣制以英國為首，在世界各國實施多年，均有良好的成效，雙首長制在歐洲的法國、德國威瑪憲法及芬蘭等國均有實施成功的案例，而我國的憲法，有內閣制的精神，也有總統制的雛形，但當前則是雙首長制的制度。

惟目前我國政黨政治的狀況與歐、美、日大不相同，加上民眾對國家的認同、意識型態的對立等等問題，單單採取任何一種制度，而無制衡之配套措施，都有可能會造成重大的憲政危機，使國家整體的進步停滯不前。

第五節　建立有效的制衡機制

世界上民主先進國家所採用的中央政府體制，大致可分為總統制、內閣制、法國式雙首長制或瑞士的委員制，都有其制度性的特色，而每一個國家之所以採用任何一種制度，亦皆各有其歷史背景、憲政文化與民意的需求，所以我們很難武斷地說，何種制度是最好的或是最劣的，而只能說哪一種制度較適合哪一個國家之政治運作與發展而已；因為憲法是具有高度政治性之法律，充滿政治力量的妥協與調適，同樣一種體制適合甲者未必適合乙，憲法是隨時代變遷而成長的，不是強行移植而可得的，世界上亦很難找到一個十全十美的憲政體制。內閣制合乎憲政原則，而實施內閣制並有不少的成功例證，惟我國之憲政實施一向傾向總統制，尤其是自 1996 年總統選舉方式改為公民直選後，總統一向享有高度的行政實權，以目前臺灣的政治生態觀之，若朝向內閣制之方向改革，是否能達到憲政學理與政治實施結合，且能建構出長治久安之憲政體制亦有待加以商榷。

按世界各國無論中央政府體制採用何種制度，均須在權力分立與制衡基礎上，取得合理的平衡點，如此才能真正契合權責相符的憲政原理，使國政得以順暢推動。而最重要者，乃是其國民均能具有守憲、護憲之精神，如此國家的憲政運作才能步上正軌，進而確保國家安全與民眾福祉。關於此點，從歐美先進民主國家實施民主憲政的經驗中，即可得到很好的印證。

我國憲法自 1947 年公布實施以來，中央政府體制原本乃屬於修正式的內閣制，遽於 1948 年，國民政府為了實施戡亂，經由國民大會依據憲法第 174 條之規定，制訂了動員戡亂時期臨時條款，而該臨時條款亦經四次修正，凍結了部分憲法原文之規定，並擴大了總統在行政上的實權，例如總統得連選連任、得依臨時條款之規定調整中央政府機構及人事、行使緊急處分無須受憲法原文第 43 條之限制，並增設國家安全會議，由總統兼國家安全會議主席。且該臨時條款變更了憲法原文第 58 條規定，另訂行政院會議議決之各項法案，必須先送國家安全會議議決後再提出於立法院。如此一來，總統享有之實權，已凌駕原總統制所規範的權限。而在動員戡亂時期，我國憲政體制實際運作，除蔣故總統經國先生擔任行政院院長的期間外，我國總統均享有行政上的實權，當中，又由於該臨時條款之規定及政黨政治運作之關係，加上執政之國民黨長期一黨執政，遂使我國中央政府體制實際運作，係朝著總統制傾斜的。

　　回顧李前總統登輝先生執政十二年中，也一直享有政治實權，其在任期內推動了六次憲改，改革內容包括中央民意代表全面改選及中央政府體制的變動，尤其在 1997 年第四次的憲改，將行政院院長的任命，改成無須立法院同意，如此一來，造成了我國中央政府體制的重大改變，而成為向總統制傾斜的雙首長制（一般學者稱半總統制；semi-presidential system），惟此種雙首長制的設計又與法國雙首長制不盡相同。因法國的雙首長制在制衡方面的設計，確實較為完善，例如法國總統得主動解散國會，而我國憲法上的設計，總統只有被動解散權，另外，法國的總統得主持部長會議及最高國防會議，而我國憲法在這方面的設計亦付之闕如。而法國的總統所新任命的總理，必須到國會做施政計畫報告，再由國會投票通過後予以任

命，若由多數黨組閣的總理，在新任命後亦須至國會做施政報告，惟由國會自行決定是否投票。而依我國現行憲法及增修條文之規定，對行政院院長之產生，由總統逕行任命，總統對行政院院長決定，完全掌握主導之優勢，如此一來，國會對於行政權之制衡，更顯得弱勢。

2000年我國發生首次政黨輪替，陳水扁先生與呂秀蓮女士當選第十任總統、副總統；2004年競選連任成功，再次當選中華民國第十一任總統、副總統，但在野的國民黨仍占國會多數，形成朝小野大的政局。雖然我國在現行的憲法體制下，總統仍享有相當的實權，如總統任命行政院院長無須經由立法院同意，但總統卻不是憲法體制中的最高行政首長，總統如要推動相關的決策，依憲法及增修條文規定，只能透過行政院來實施與執行。審視憲法本文 53 條規定，行政院是全國最高行政機關並須向立法院負責，而憲法增修條文第 3 條又規定，實際掌權的總統，卻不必向立法院負責。因此，在目前這種朝小野大的政局下，行政權和立法權必然容易形成對立陷入僵局，此時總統卻無法像法國總統般可主動解散國會重新改選，以化解憲政僵局，只能被動地啟動這個權力。再者，現行立法部門雖亦有倒閣的制衡方式，然而就我國的現行的憲政體制及政治環境，卻未曾使用該制衡方式過而將其束之高閣，因此似乎難以發揮有效地制衡作用。加上立法權對於行政權所發動制衡門檻又過高，例如立法院對總統罷免權的行使，即使在立法院通過後，更須再經高門檻的公民複決；而如對總統彈劾案的發動，更須經過司法院大法官的審理等等，使得行政及立法的互動欠佳，運作失衡，無法有效協調與制衡。如此一來，容易造成政治上的紛擾不斷及憲政危機的發生，導致國家整體的進步停滯不前，同時也大大妨礙了國家的生存與永續發展。

復觀我國憲法自 1947 年公布實施，至 1948 年動員戡亂時

期臨時條款制訂及修改，加上 1991 年至 2005 年的七次修憲，至今還未徹底地解決中央政府體制權責失衡的狀況。因此各界又紛紛再提出憲政改革的主張，而我國憲法究竟何去何從，業已成為社會現今各界關切的重要課題。因此，我國未來中央政府體制運作如要獲得順暢，必須從憲政原理及臺灣當前的政治現況及國家未來發展的需要來進行改革，如此才能為國家奠定長治久安之根基。

由臺大李鴻禧教授領銜的「新憲工作室」於 2007 年 1 月 27 日公布「臺灣憲法草案」，在政府體制部分，把過去多數人主張的內閣制改為總統制，李教授表示：「他過去長期主張內閣制，但以臺灣目前的選舉文化來看，內閣制未必合適，要從中挑選一個好的制度是一項『痛苦抉擇』，他並強調臺灣過去已習慣總統制的政治文化，總統直接民選是臺灣人民長期努力爭取所獲得的成果，倘若驟然取消總統直選，改採內閣制，可能每選完一次國會議員，各黨派為籌組內閣並開始相互挖角，造成選後就是政局動盪的開始，恐與人民期待的民主不符。」[24] 因此，筆者認為基於憲法權力分立與制衡原理，及我國實施憲政之歷程來加以衡量其利弊得失，未來我國之中央政府體制，若要真正落實權力分立與制衡之功能，並建立優質的民主政體且朝向總統制來規劃改革，誠屬為一個學理上值得思考的方向。但若欲採行總統制，亦應建制配套措施，才能達成政治運作之預期效能。

按實施總統制的國家，總統與國會議員皆由人民直接選舉產生，總統無權解散國會，國會議員不能對總統提出不信任案，其彼此制衡之設計，即國會可透過法案審查權、預算審查權、人事同意權及對總統的彈劾權等方式來制衡總統；而總統

---

[24] 參見中國時報，2007 年 1 月 28 日，A4 版。

亦可行使否決權對國會所通過的法案加以否決㉕。對於總統不簽署而退回的法案，除非國會仍能維持三分之二多數，否則該法案是無法成立的。同時美國的最高法院亦可透過違憲審查權（Judicial Review）之行使，對總統所發布的命令或國會通過的法案加以審查是否有違憲。因此，筆者認為我國若採總統握有實權之總統制，首應確立的是健全的制衡機制。以當前我國憲法本文及增修條文之規定，有關部門對總統之制衡是甚為困難且幾乎無法啟動，如對總統的罷免案、彈劾案之提出，其門檻很高，即使通過立法院這一關，再送請公民複決或是大法官審理亦是困難重重。依憲法增修條文第 2 條第 9 項規定：「總統、副總統之罷免案，須經全體立法委員四分之一之提議，全體立法委員三分之二之同意後提出，並經中華民國自由地區選舉人總額過半數之投票，有效票過半數同意罷免時，即為通過」，以當前立法院朝野政治生態，任何政黨所提之罷免案，在如此高的門檻，罷免案在立法院是很難通過的，即使立委已減半為 113 席，且採用「單一選區兩票制」之選制下，當可預見亦是兩大黨對立之態勢，在立法院要超過三分之二以上的多數罷免門檻是極其不易的。即使過了立法院這一關，依憲法增修條文規定，尚須經中華民國自由地區選舉人總額過半數之投票，有效票過半數同意罷免時，方為通過。所謂「選舉人數總額」，乃係指所有合格的公民都須計算，從上次的總統選舉來計算，選舉人數總額大約是 1,650 多萬，則「總額過半」至少必須 825 萬以上人站出來投票，而有效票則需要 412 萬以上才能過過，而 2008 年總統選舉符合資格的選舉人共 1732 萬 1622 人，因此，如此的罷免制度是不易實施，即形同虛設。

㉕周繼祥，《政治學－21 世紀的觀點》，臺北：威仕曼文化事業公司，2005 年，頁 71-72。

再就彈劾權而論，依憲法增修條文第 4 條及第 5 條規定：「立法院對於總統、副總統之彈劾案，須經全體立法委員二分之一以上之提議，全體立法委員三分之二以上之決議，聲請司法院大法官審理。……司法院大法官組成憲法法庭審理總統、副總統之彈劾案」，另依憲法增修條文第 2 條第 10 項：「立法院提出總統、副總統彈劾案，聲請司法院大法官審理，經憲法法庭判決成立時，被彈劾人應即解職。」按彈劾案是追究違法責任的措施與追究政治責任的罷免案雖性質有所不同，但彈劾案想要成功，在立法院須通過兩個關卡，亦即提案須經全體立委過半數之提議及三分之二以上之決議。以目前立法院政治生態，朝野陣營之對峙，幾乎無法達成。即使在立法院通過兩個關卡，尚須依憲法增修條文交由大法官審理，而現行《司法院大法官審理案件法》尚未配套制定有關總統彈劾案之審理程序，因此如有彈劾案在立法院提出，一時亦尚無法可依循審理之。

以上有關憲法增修條文對總統、副總統之罷免與彈劾案之規定程序，已能很清楚地瞭解到當前我國總統是位高權重而責輕，但在罷免與彈劾制度之設計卻嚴重失衡，尤其當前我國總統選舉乃係採用「相對多數制」，並沒有「選舉人總額過半」之投票門檻。依總統副總統選舉罷免法第 63 條第 1 項規定，選舉結果以候選人得票最多之一組當選，得票相同時，應自投票之日起三十日內重行投票。第 63 條第 2 項規定，候選人僅有一組時，其得票數須達選舉人總數百分之二十以上，始為當選。這與總統之罷免必須要有 825 萬以上出來投票而有效票則需要412 萬以上才能通過來比較，就很容易看出當選容易而罷免難，甚而罷免或彈劾要推動之困難度之高，幾乎不可行。在這種先天本來就不甚合理且又造成憲政嚴重失衡的現象，乃是有待加以改革的。而行政院卻有責無權，行政院基於憲法第 53

條規定雖為國家最高行政機關，但在 1997 年第四次修憲後，我國行政院長改為總統逕行任命，中央政府體制已變成向總統制傾斜之雙首長制，一切行政大權惟總統馬首是瞻，行政院長既要聽命於總統，又依憲法本文或增修條文之規定，仍需向立法院負責，真是「兩大之間為難小，順了姑意又違了嫂意」。

第六節　總統的產生方式似應改為絕對多數

　　國內對總統、副總統的產生辦法，採行絕對多數決制或相對多數決制產生激烈爭議。政治制度的規劃雖說各有其優缺點，但是憲政制度的設計與制定，應以民意需要與國家長治久安為考量，否則很難達到鞏固民主與保障民眾權益的預期目標。考量目前我國所處的環境，筆者認為兩者之間，似仍以採絕對多數決制較為符合未來我國政治發展的需要。理由如下：

一、當前我國政黨政治文化尚未成熟，且各黨派之間意識型態壁壘分明，若不採絕對多數決制，而以相對多數決制產生的總統如果得票未超過半數，將使未能獲致的政黨必然藉民意為由，攻訐得少數票當選的總統或其政黨，使總統在推動政策時，處處受到掣肘，對政局的穩定性造成不利影響。

二、依據憲法增修條文第 2 條有關總統、副總統之罷免規定：總統、副總統之罷免案，須經全體立法委員四分之一之提議，全體立法委員三分之二之同意後提出，並經中華民國自由地區選舉人總額過半數之投票，有效票過半數同意罷免時，即為通過。因此，如以相對多數決制產生總統、副總統，則有隨時被罷免的可能，此對政局亦會造成不安的情形。

三、依憲法增修條文第 3 條第 2 項第 3 款規定，立法院對

行政院長提出不信任案通過後，行政院長應於十日內提出辭職，行政院長並得同時呈請總統解散立法院，由此可知，總統此項解散立法院之權，乃是屬於被動解散權，與法國總統能主動解散國會之權有所不同。因此，此解散權必須有強大的民意基礎為後盾，如果採相對多數決制產生的總統，在民意基礎上恐有不足之嫌，且在理論上將較無說服力㉖。

第七節　培育優質的憲政文化

大凡要研究一個國家的政治，除了探討其憲政體制外，尚須進一步對其選舉制度、政黨制度之運作及其憲政文化發展之風貌加以深入研究，否則是很難窺其國家實際政治之堂奧。誠如法國名政治學者杜瓦傑（Maurice Duverger）在其政治學名著政黨論（Political Parties）所指出的，政黨的緣起是與議會政治及人民選舉權的擴大，有著密切的關係。儘管政黨的選舉關係會隨著選民自由意願的高漲，新生代選民的自我認同，新的社會與環境問題等而式微。但無庸置疑地，在一個政治體系中，直到目前為止，常無其他組織可以取代政黨去扮演這一個角色與功能，而惟有透過良好選舉制度與政黨競爭體系，才能真正落實國家的憲政體制。

第一項　選舉制度攸關政黨發展

而依照杜瓦傑所提出的所謂選舉制度對政黨制度發展影響

㉖見黃炎東，《新世紀臺灣憲政體制與政黨政治發展趨勢》，臺北：正中書局，2004，頁 370-376。及〈新世紀臺灣憲政體制發展之研究〉，《新世紀智庫論壇》，28 期，財團法人臺灣新世紀文教基金會，2004 年 12 月 30 日，頁100-103。

的三大規律（The Duverger's Law）or（The true sociological law），即：

一、單一選區相對多數投票制會導向兩黨制，如英、美國家之政黨制度。

二、政黨比例代表制會導向多數嚴密的獨立和穩定的多黨制，如歐陸的多黨制國家。

三、絕對多數選舉制（即二輪投票制）會導向多數彈性、互為依賴而相當穩定的多黨制[27]。

但杜瓦傑這一個法則雖被西方學者雷伊（Douglas W. Rae）認定是禁得起驗證，而稱其為「真正社會學法則的公式」，但由於這三大規律只有設計的關聯性，缺乏因果關係的論證，而招致若干政治學者如義大利的政治學者沙多里（Giovanni Sartori）（曾任美國哥倫比亞大學教授）之批評與修改，但他們基本上是肯定杜瓦傑的三大規律之正確性[28]。

而不同選舉制度對政黨發展會造成不同的影響。就以德、日兩國所採用的單一選區兩票制即一般通稱的混合制（Mixed or Hybrid System）為例，所謂德國制或日本制的計票方式亦皆各有其優缺點，但不可否認的其對各該國家政黨政治發展的影響與憲政體制的運作是有很大的關係的，如 2005 年 9 月 18 日德國大選結果，不但未能選出一個得票過半數的總理，反而引爆組閣過程的困難重重，梅克爾女士領導的基督聯盟以 35.2% 的得票率，險勝現任總理施若德所屬的社會黨 34.3%的得票

---

[27] 參閱：Maurice Duverger, Political Parties: Their organization and activity in the modern state, trans Barbara and Robert North（New Yory John Wiley & Sons, Inc, 1963), pp. 217-239。

[28] Maurice Duverger, op. cit., p.245. "But it is certain that Porportional Representation always coincide with a multi-party system; in no country in the world has Proportional Representation given rise to a two party system or keep one in existence." 及雷競旋，前揭書，頁 148。

率，亦就是只以 0.9%稍微的選票差距，贏得本次選舉，最後
歷經三個多星期的談判協商，得勝的政黨黨魁梅克爾確定出任
德國有史以來第一位女性總理，而其所領導的「基民黨」與
「社會民主黨」也決定合組大執政聯盟，實施左右共治㉙。

　　其中梅克爾為了總理寶座，作了很大的讓步，必須允諾社
民黨在聯邦政府中占有八位部長職位，包括外交及財經兩個重
要部長，總額超過基民黨六個。從這次德國大選我們由其所採
用的單一選區兩票聯立制產生之各黨席次，的確是容易產生多
黨的局面，而又由各黨因不易形成國會多數，而順利組閣的過
程，在在的顯現其中組合聯合政府之艱難狀況，但畢竟德國乃
是一個深具民主素養的國家，其朝野亦能深體沒有溫和與妥協
就沒有政黨政治，而沒有良性的政黨競爭，就沒有健全的民主
憲政的政治哲理，朝野以理性冷靜的高度智慧，克服了政治上
的難題，惟梅克爾是否能在上任後順利因應朝野執政的障
礙，有效推動經濟改革與企業重整，皆是梅克爾面對的最大
考驗㉚。

　　而日本的單一選區兩票並立制，主要以區域代表為主，比
較容易形成兩黨政治。以日本第四十四屆眾議員大選為例，於
2005 年 9 月 11 日投票結果揭示，執政的小泉純一郎所屬的政黨
日本自民黨得 296 席，民主黨 113 席，公明黨 31 席，社民黨 7
席，共產黨 9 席，國民新黨 4 席，新黨日本 1 席，政治團體大
地 1 席，無黨派 18 席。日本的眾議員總額有 480 席，單一選區
選出 300 席，比例代表選出 180 席，此次小泉首相為郵政民營
化法案解散國會時自民黨之席次為 212 席，增加 82 席，民主黨
由 177 席減少 64 席，公明黨減少 4 席，共產黨維持現狀，社民

㉙《臺灣日報》，2005 年 9 月 20 日，三版；聯合報，2005 年 9 月 20 日，A14 版。
㉚《中國時報》，2005 年 10 月 11 日，A13 版。

黨增加 2 席[31]，按本次大選執政的自民黨本身就已贏得了超過半數之國會席次，如加上其友黨公明黨，則其席次可得三分之二以上的席次，已達到足以修憲的席次，其實本次的選舉，自民黨和公明黨的得票率是 49%，而卻能夠取得三分之二以上的席次。這正可說明選舉制度對政黨獲得席次的影響力。

第二項　候選人民主風範是百姓之福

在 2000 年美國總統大選，布希與高爾亦因佛羅里達州計票問題引起了民主與共和黨之間激烈的爭執，最後由最高法院做出布希勝選的判決，高爾立即向布希表達恭賀與支持之意，共同為明日更有美麗願景的美國人民而奮鬥，高爾於 2007 年榮獲諾貝爾和平獎，其貢獻更是獲得美國及世界人類所推崇與景仰，古人所說：「失之東隅，收之桑榆」，人世間一切之得失實無須太過於計較，此乃高爾良好的民主風範，更能彰顯美國人民充分尊重民主法治的高尚情操。

因此，筆者認為每位候選人，當秉持一切以國家與民眾福祉為前提，共同塑造一個理性、溫和、安寧、優質而良好的選舉大環境，以爭取為國家與民眾服務的機會，因為「選舉的勝負是一時的，而國家的安康與民眾的幸福生活之維護是永遠的」，畢竟為國家與民眾服務的機會是多方面的。

第三項　建構優質憲政深化民主根基

不同的選制會產生不同的結果，也可供檢驗選制是否公平。因此，在實施新制選舉後，國人應以更冷靜的心情來思考我們所採用的單一選區兩票制是否能為臺灣帶來更為優質的憲政文化，諸如 5%之門檻是否過高，以致扼殺了小黨的生存空

---

[31]陳鵬仁，〈小泉創造日本歷史性大勝選〉，《民眾日報》，2005 年 9 月 13 日，4 版。

間；是否「票票不等值」及未來立法委員的問政品質是否能真正達到我們改革選舉制度的預期效果，而目前憲政體制的運作是否能符合權責相符與人民對民主改革的殷切期盼等等，這些都是朝野上下全民應加以審慎思辨的重要課題。

同時我們亦應體認現在雖是一個政黨政治來臨的時代，但「政黨政治」並不是「仇敵」的政治，而是建立在公平公正的既合作又競爭的基礎上，因為執政黨與在野黨雖然在政治理念上有所不同，但他們對國家與人民的貢獻是殊途同歸的，國人若能具有如此包容與溫和理性的理念，則我們的民主政治當能朝向更為健全的方向發展。有關這點，老牌的歐美民主先進國家，其高尚典雅的憲政文化，選舉時各政黨與候選人之間那種良好的君子風範，尤其是一般國民，在選舉時亦皆能秉持高品質的道德情操，以善盡社會責任，共同為維護良好選風而做出最佳表現之精神，殊值我們參考借鏡。

第八節　當前我國憲政體制改革之途徑

若僅以各自所屬政黨利益來看待中央政府體制的改良芻議，或在每次選舉結果產生之後再依照當時的政治現實來考量，決定應該採取什麼制度才符合執政者的最高利益，對國家的長遠發展都有不利的因素。制度並沒有優劣之分，往往在制度成為個人權位的絆腳石時，政黨才會以改革之名，行擴權之實。

憲法的解釋有許多見仁見智的方法，但若是因政治人物各自心中已存之定見，透過形式的解釋方式而展現出來，充其量僅是一種包裝和濫用。各憲法條文中皆有其「相互依存性」[32]，在解釋時不能僅藉由個別規範，須從憲法整體秩序原則加

[32]李惠宗，《憲法要義》，元照出版有限公司，2001年，頁31-32。

以思考，如遇有條文間的彼此矛盾之時，則須檢驗條文在現實政治運作上，是否可被有效操作，若因條文間的相互扞格，反而造成憲法的窒礙難行，則須透過修憲一途，或政治人物透過自我的權力節制，形成新的憲政慣例加以解決。

在實際憲政運作過程中，若透過比較憲法的觀察，可察知法國的左右共治已提供我們在憲政上一個可操作的絕佳參照途徑。亦即由國會中的多數黨決定總統與行政院院長的權力運作關係，當總統屬於多數黨，可以掌控國會中的多數議員意向時，總統自然可以透過其黨政影響力，而享有較多的權力空間；反之，若總統無法透過黨政影響力控制國會中的多數議員時，則應尊重國會多數黨對於政策的決定權力，此即俗稱「換軌」[33]機制。

同時，總統之權力行使，於平時亦不應直接涉入日常政務之行政執行，亦即平日由行政院長擔負政策的主導、制定與執行，以及負完全的政治責任，若出現了行政立法兩院之間的衝突與扞格時，抑或社會上出現了許多紛擾及重大爭議時，即可由總統出面作為爭端調解之處理機制。一方面可使總統回歸國家元首高度，另一方面亦可使總統遠離政爭，作為必要時協調者的角色擔當。

第一項　賦予行政院長完整組閣權

憲法增修條文第 3 條規定，行政院院長由總統任命之；憲法第 56 條則規定，副院長、各部會首長及不管部會之政務委員由行政院院長提請總統任命之。此處總統之任命權應予限

---

[33]徐正戎、呂炳寬，〈論總統與行政院院長之權力關係〉，收錄於徐正戎所著《法國總統權限之研究》，元照出版有限公司，2002 年 11 月，初版 1 刷，頁 321。

縮，其人事任命權所包含之範圍應僅包含行政院院長一人，於任命後之組閣權力，則由行政院院長全權負責，如此可使政策成敗責任歸屬明確，釐清權責分際。

第二項　賦予總統主動解散國會權

憲法增修條文第 3 條之關於解散國會之規定，似可考慮研擬由現制之被動提出，改為賦予總統主動解散國會之權力，俾使總統得以權衡社會情勢以及政治現實運作各層面的因素，作出適當的政治抉擇。

第三項　制定政黨法規範政黨運作

現代民主政治即是政黨政治，我國行憲以來，先有一黨優勢制度，後進入政黨競爭時期，政黨重組階段。而今儼然形成兩大黨模式，然而關於政黨法的制定，各式對於政黨內部運作、選舉提名、政治獻金流向等至關重大事務，則尚付之闕如。此故，政黨法的制定，應是當務之急。

以法律明確規範政黨運作的空間與作為，將更能夠端正選風、使政黨之間由惡性競爭走向理性合作，例如有關政黨財務、補助及政治獻金等規範、以及明確規範政黨不得干預司法，司法人員應退出政黨活動等，使司法得以保持中立，而杜絕政治力干預司法的可能性，另外，立法院的協商機制應更加透明化、制度化，使民眾得以與聞得知，監督國會問政。

第四項　落實換軌制形成憲政慣例

若欲在採行雙首長制的現制存續之下，對憲政制度作漸進改革，最迫切需要的配套措施應為換軌制度的落實及確立。總統在任命行政院長時，須尊重國會多數黨，以國會多數黨所推舉的人選為閣揆，此制度若無法經修憲予以處理，則有賴政治

人物對憲法的忠誠及自我權力節制，逐漸形成憲政慣例。

我國體制若要朝總統制改變，就須取消閣揆，或是把閣揆對國會負責的條文取消，其政策成敗應由總統負責；若要朝內閣制改進，便應取消總統直選，完全落實內閣制的特徵。不過，這兩種方式的制度誘因都不高，想要在現狀下進行憲政改革的可能性較難。為今之計，似乎只有在目前我國所採行的半總統制之下，加入國內許多學者所主張的，朝法國雙首長制的換軌制加以改革採納，以建立在未來若出現選舉結果是府會不一致的情況下，由國會多數黨組閣的憲政慣例。

然而，雙首長制的換軌制的最大困難在於多數人民往往感到困惑，為什麼透過全民一票一票直選出來的總統並非最高行政首長，也不負政策的最終責任。然而，由於現實上存在著修憲困難，要全面轉向改成總統制或內閣制均屬不易；若從道德文化層面出發，抱著僥倖的樂觀期待，希望總統主政能自我節制的憲政文化也不可能。國人只能從選舉制度與選舉期程上，減少府會的不一致，讓半總統制的先天弱點不致顯露。

第五項　制定「總統職權行使法」[34]

此外，亦可制定「總統職權行使法」，明確規範總統職權的職掌範圍，特別是在現今憲法修改程序艱難，但總統與閣揆彼此間權責不清之狀況又亟待解決，似乎可透過總統職權行使法的制定，從法律層面予以補充憲法的缺漏與不足。

由於現行憲法之修正門檻於增修條文中之規定極難到達，而現實上又有總統和閣揆之權責不清之問題有待解決商權，因

---

[34]學者胡佛曾提出制定總統職權行使法的可能性，參見：中國時報 2012-12-26，網址：http://news.chinatimes.com/focus/501012538/112012122122600515.html，於 2013/04/22 點閱。顏厥安教授亦提出制定總統職權行使法主張，參見自由時報 2013 年 10 月 14 日，A14。

此朝野其實可以避開修憲議題，直接以法律層次制定一部「總統職權行使法」，將總統職權之行使要件、範圍、發動時機、禁制項目等均明確列出，如此將可使總統權責公開、透明化，並釐清總統與行政院長之間的權責歸屬，充分發揮雙首長制或半總統制憲政體制在行政權之運作中，總統與行政院互補之作用，有效提升行政團隊施政的效率與品質，為國家與人民做出最佳之奉獻。

　　總統職權行使法當中，亦可將總統提名行政院長時所應遵循的基本要求及要件納入。此一要求可使權力行使的範圍能夠清楚，比方說，當總統提名考試院長、考試委員、司法院長、大法官、監察院長、監察委員、審計長之時，本有相關人選資格的積極與消極資格之限制，因此，即便總統提名行政院長無須立法院同意，但仍可透過立法的限制，對於人選的資格作適度限縮。

第九節　結論與展望

　　　順應自由、民主、人權、法治、普世價值之潮流趨勢，落實真正權責相符的憲政體制

　　綜觀各國政府體制，無論係採行總統制、內閣制、雙首長制，並無絕對的優劣之分，未來我國的中央政府體制走向，無論係採上述何者，均應在政治文化、制度精神、以及實質憲法條文上作適度且及時的調整。且參諸各國修憲及憲政改造過程，不難看出憲政工程的運作絕非一蹴可幾，亦非一黨可獨力推動，憲政改革的工作，需要朝野對話及民間參與，捨棄過往由上而下，精英修憲或一黨獨力、兩黨合力修憲等方式，由下而上的透過公民對話、公民參與的過程，使得憲法的精神得以

落實滲透於一般人民的法律觀念之中。

此外，與政治制度所產生連帶關聯的選舉制度、政黨體系等結構性因素，更應一併建立完整的立法措施，用以適應新產生的憲政架構。而有關選舉制度與國會政黨體系的關係，最有名的說法當推杜瓦傑法則（Duverger's Law），該法則係指在無嚴重社會分歧的情況下，單一選區制相對多數決法會導致兩黨制的產生，而杜瓦傑假設（Duverger's Hypothesis）則指比例代表制容易傾向多黨制的產生。

於第七次修憲前，中華民國所採行的 MMD-SNTV 選制對政黨數目的縮減效果不如單一選區相對多數選制，且因為此種選制容易產生同黨相伐、派系政治、黨紀不彰、黑金政治等缺點，不利政黨政治的發展。更甚者由於缺乏黨紀，總統的同黨議員不見得完全配合總統的施政理念而影響政治的運作。所以，透過現行國會選舉制度的改革當可強化國會政黨體系的穩定，以加強國會對行政部門的監督能力。此點在 2001 年立委選前及選後均已引起朝野人士的熱烈討論，顯見國會選舉制度的改革將是影響未來中華民國維持現行半總統制政治體制運作較為有利的要素。

如前所述，而今若論及政府體制的分類，「總統制」（presidential system）與「議會內閣制」（parliamentary system）應為當世多數政府所採之中央政制；倘若一個國家的政府體制中，兼採部分總統制與議會制特徵，一般說法則稱之為「混合制」（hybrid systems），學術界亦以「半總統制」（semi-presidential system）」或「雙（重行政）首長制」（two-headed executive）稱之。

雙首長制係由德國 1919 年威瑪憲法首創，最知名的範例則是法國 1958 年第五共和憲法。法國憲法最重要的制度特徵乃係：總統由人民直選產生、有權主動解散國會，總理由總統

任命並對國會負責。在制度設計上，總統與內閣總理皆享有憲法規範的行政權力；在實際的憲政運作上，當總統所屬政黨為國民議會多數黨時，制度偏向總統制；不同黨時，則由總統主導國防、外交權，其他權力由總理主導，二者分享行政權，形成雙首長制。

1946 年制訂的中華民國憲法，吸納了總統制與內閣制的制度而設計，如第 37 條的副署制度，即為議會內閣制最重要的形式與精神；然立法委員不得兼任官吏（第 75 條）、行政院不能解散立法院、立法院無法對行政院長提出不信任案，卻又不符議會內閣制中行政權與立法權融合為一的要件。又如行政權可發動的覆議權，則為總統制特色，故稱其為「混和制」實屬妥適。憲法起草人張君勱先生雖曾明確指出我國憲法的精神是「修正式的內閣制」，然而此一見解，卻從未徵成中央政府體制定位的共識，亦非憲政運作的基本原則。

中國國民黨與民主進步黨在 1997 年合作修憲，於制度設計上，除了參考法國第五共和憲法，通過了憲法第四次增修條文，一方面同時引進了內閣制的不信任投票與解散國會機制，另一方面則效法總統制賦予總統任命行政院院長不需立法院同意之權力，即所謂的「改良式雙首長制」：當總統所屬政黨為立法院多數黨時，政府體制為「偏向總統制的雙首長制」，不同黨時，則為「偏向內閣制的雙首長制」。但自 1997 年第四次修憲後，我國憲政體制之運作迄今（2013 年）並未實施過如法國式雙首長制的「換軌」憲政慣例。

在 2000 年 5 月 20 日就職的陳水扁總統，並未任命國會多數黨支持的行政院長，使政府體制為「偏向內閣制的雙首長制」，而堅持以「全民總統」為訴求組成「少數政府」。2000年底爆發「停建核四」政治風暴後，行政立法之間從此陷入嚴重對峙，導致政策空轉。由於立法院多數黨從未提出對行政院

院長的不信任案，且總統無權主動解散立法院，以致無法化解政治僵局。直到 2008 年，中國國民黨再度贏得總統及立法院的選舉，才讓政府體制回到「偏向總統制的雙首長制」運作模式，政治運作稍趨穩定。但由於藍綠政黨間的惡鬥現象，仍是延續不斷，嚴重造成國家內耗，當今有識之士深感臺灣民主之前途堪慮也！此亦有待朝野全民加以正視、用心，並進一步思考有效解決方案之嚴重課題。

運作良好的總統制，需有同時具備可制衡總統的強大國會；而運作良好的內閣制，必須具備有效整合同黨議員之強力政黨。然而，我國現制卻是缺乏可制衡總統的強大國會，亦缺乏有效整合同黨議員之強力政黨。以現制而言，缺乏雙首長制的雙軌機制以及遵守憲政慣例的憲政文化，因而使得實質上憲政運作時易予人窒礙難行之感，這也是長期以來我國政制所面臨的困境與待改革的難題。如何改進？何時改進？這絕非一黨一人可以量身定作的朝夕之功，而是有賴國人的共識與參與，各界共同攜手謀求國家未來憲改走向的長期任務。

憲法並非政黨或個人謀私的工具，而應係全國人民賴以生存的制度與價值，並使基本人權獲得保障。衡諸當前我國內外政經情勢險峻，面臨國際性經濟衰退浪潮之衝擊與兩岸關係急遽變遷之形勢，社會內部對國家認同的分歧以及政黨惡鬥的疲乏亦已達至頂峰，此亦為當前國內主要的困境。

關於中央政府該採行何種憲政體制，其實並無絕對的優劣之別，亦不存在著一旦移植了他國運行有年之上軌道政制之後，便可完全適用於我國國情之完美設計。究其原因，實乃政治制度之優劣根本不在於人治，而在於制度設置的長久運作可能性，以及監督制衡機制的內、外在相輔相成之規劃。

我國政治體制有其歷史脈絡可循，於行憲後，因國家動盪，進入內戰時期，為求穩定，故有強人統治之總統制之施

行，其時之憲法本文遭到凍結，制定動員戡亂時期臨時條款以茲因應。惟憲法歷經多次修正改革之後，已逐漸朝向總統制與內閣制兼採之雙首長制傾斜。

然而，我國政府體制之設置，於民主化初期，為彰顯國家主權之存在，以維繫全體國民情感之主體性之建立，仍不免強化總統職能，使之具備總統制下總統之實權。致使在制度設計上，雖有雙首長制之精神，然而實質運作上，由於總統是由直接民主所選出來，行政院長又為其單獨任命，因此仍易向總統制傾斜。

憲法誠然有其固定性，且不能動輒輕言修法，但當目前的憲政體制之運作若經朝野一再地協商，卻無法有效地去突破政治的瓶頸，甚而繼續造成政治動盪不安，嚴重影響人民安定的生活時，那就必須考慮到修憲的層面了。

當然就民主憲政的原理及西方民主先進國家實施民主化的過程經驗，無論是總統制或內閣制及法國的雙首長制，皆有其自己國家的立憲歷史背景與特色，而政治制度亦沒有絕對的優劣標準，只能說那一種憲政制度比較適合那個國家當時的民意主流趨向與政治發展需要罷了，而為了突破當前憲政瓶頸以落實主權在民的理想，建構真正權責相符的中央政府體制。

值此國是正處於蜩螗沸羹之際，朝野政黨尤其是居高位者，當更能以天下蒼生為念，千萬不可為了自己黨派之利益而置人民之福祉於不顧，以犧牲國家與民眾的廣大利益，而去成就自己與所屬政黨之利益，這當不是一個負責任的政治家應有的風範。而筆者認為既然朝野政黨皆異口同聲的主張要回歸憲政體制，就表示一切的國是要依憲法的法理與規定，就事論事的來解決問題，而不是進行政黨間的惡鬥，所謂黨爭可也，但千萬不可有意氣之爭。

而論及現行我國之憲政體制，的確是國、民兩黨透過修憲

方式達成的。但問題是目前的所謂雙首長制，在我國已轉型為自由民主開放的政治體系中，為何往往會出現運作上處處不順暢之境，甚而造成行政與立法部門互動不良，國會議事效率與品質不彰，朝野政黨之惡鬥，造成國力嚴重之內耗不已呢？而過去同樣是混合制的憲法，雖然就憲政法理而言亦迭遭批判有加，但在實際的運作上各界卻又能順利運作，而同樣的憲政體制現在怎麼又行不通呢？我國未來的中央政府體制之走向，究竟應朝向總統制或內閣制或維持現行體制或就現行體制加以改良，亦是我們必須正視且必須加以從根本上去加以解決的問題。

筆者認為，我國當前正處於憲政改革的十字路口，歷年來朝野政黨惡鬥多由於未建立良好的政黨協商機制所造成，以致行政與立法互動欠佳，而修憲之門檻又極高，除非朝野政黨能以國家安定大局為重，徹底捐棄南轅北轍的意識型態，共謀國是合理的解決，否則未來不管是走修憲或制憲之改革方式，皆是困難重重。因此，恢復朝野政黨良性的互動關係，乃是憲政改革成功之不二法門。

未來我國若改採總統制，則總統不但是國家元首，亦是國家最高行政首長，則行政院院長及有關部會首長之產生，則仿傚美國總統任命國務卿或有關部會首長之方式行之，即由總統提名，經立法院同意任命之，如美國所謂「參議院之禮貌」，只要總統所提名人選沒有任何品德或能力上嚴重瑕疵，一般上都會予以通過任命。

若未來改為內閣制則總統仍為國家元首，則由國會選舉勝利的多數黨組成政府，若無任何政黨在國會中超過半數，可考量如歐洲等多黨制國家透過政黨協商組聯合內閣或執政聯盟，各政黨以廓然大公、顧全大局精神，共同推動國政。

惟若朝野一時尚未能達成修改憲政體制之共識，而仍維持雙首長制度，則行政院長當恢復由總統提名經由立法院同意後

任命或由立法院多數黨推舉之制度，如此方能真正達成民主政治權責相符與制衡的功能。

　　蓋如行政院長若恢復由立法院同意後任命或由立法院多數黨推舉之制度，不但能增加行政院長的間接民意基礎，強化民主正當性，亦可徹底釐清總統與行政院長的權責歸屬，貫徹憲法規定行政院向立法院負責的精神，從根本上提升效率，並能有效改善與立法院互動的關係。

　　憲法是國家根本大法、人民權利之保障書，也就是說，它是國家最高之法律規範，是萬法之法。凡是政府或人民，無論是政府官員抑或一般百姓，皆應遵守憲法。我們考諸歐美先進〈民主憲政上軌道〉之國家，凡是遵行國家憲法者，無不富強興盛。此乃因為政府與人民遵守憲法，國家才得以強盛，人民才得以過著幸福美滿的生活。

　　按世界上各國的憲政體制之類型不外乎總統制、內閣制、雙首長制、委員制，國家元首無論稱呼為國王或總統之政治實權乃繫乎其憲政體制之設計及其憲政之實際運作。如：內閣制的國家，其國家元首乃是統而不治，他只是國家統治的象徵，屬於虛位元首，真正的政治實權掌握在內閣，並且由內閣向國會負責。而總統制的國家，總統既是國家的元首，亦是國家最高行政首長，其直接向人民負責，不必向國會負責，但國會可以透過彈劾來加以制衡，總統亦可對國會通過之法案加以否決。而雙首長制的國家如法國，國家的行政大權乃由總統與總理掌握，惟總理是由總統提名，但不需經國會同意即可逕行任命，但若遇到國會選舉，總統所屬之政黨未能掌握國會之多數時，則總統就會任命勝過的政黨之人士為總理，實施所謂〔左右共治〕；同時，總統也可主動解散國會。

　　我國之憲政體制就憲法原文與增修條文的規定，既有總統制的精神，又兼具內閣制的特色。憲法自 1947 年公布實施迄

今（2013年），已屆六十六年，歷經行憲、戡亂戒嚴、播遷來臺、解嚴、開放黨禁和報禁、開放大陸探親等一連串政治改革。並且歷經七次憲政改革〈1991-2005〉、兩次政黨輪替，已落實了主權在民的理想。這一部五權憲法在臺灣的運作，雖然不能說是十全十美，但它卻創造了經濟奇蹟，繼而創造了政治奇蹟，為華人世界創造了民主政治的典範。

在憲政變遷中，國家元首總統所扮演的角色功能乃是值得探討之憲政課題。誠如英國公爵艾克頓（Lord Acton, 1834-1902）所說：「權力使人腐化，絕對的權力，絕對的腐化！（Power tends to corrupt, and absolute power corrupts absolutely.）」[35]之警世名言。而美國制憲先賢麥迪遜（James Madison）在其所著的《聯邦論》乙書中亦明確指出：「人類若是天使，就不需要任何政府的統治。而如果是由天使來統治人類，也不需要對政府有任何外在的或內在的控制了。」[36]也就是說，人類不是天使，故要設置官吏來管理；又因為管理人民的官吏也不是天使，所以要設置內外控制的機制來加以管理。誠哉斯言，因此，筆者認為身為國家元首的我國總統固然要恪遵憲法的精神來治理國家，更需要深體民主政治乃是民意政治、法治政治、政黨政治之政治哲理，在憲政運作上，拿捏總統與行政院長之分工合作協和五院、深體民意之主流趨勢，領導全民共同為國家與人民的幸福生活開創更為理想之新境界。

---

[35] Randy E; Barnett 1998. The Structure of Library: Justice and Rule of Law, Oxford, UK:Clarendon Press. P.246.

[36] James Madison, The Federalist No. 51.—"If men were angels, no government would be necessary. If angles were to govern men, neither external nor internal controls on government would be necessary."

附錄

附錄一　中華民國憲法

中華民國 35 年 12 月 25 日國民大會通過
中華民國 36 年 1 月 1 日國民政府公布
中華民國 36 年 12 月 25 日施行

中華民國國民大會受全體國民之付託，依據孫中山先生創立中華民國之遺教，為鞏固國權、保障民權、奠定社會安寧、增進人民福利，制定本憲法，頒行全國，永矢咸遵。

第一章　總　綱

第 1 條　中華民國基於三民主義，為民有、民治、民享之民主共和國。

第 2 條　中華民國之主權屬於國民全體。

第 3 條　具有中華民國國籍者，為中華民國國民。

第 4 條　中華民國領土依其固有之疆域，非經國民大會之決議，不得變更之。

第 5 條　中華民國各民族一律平等。

第 6 條　中華民國國旗為紅地，左上角青天白日。

第二章　人民之權利與義務

第 7 條　中華民國人民，無分男女、宗教、種族、階級、黨派，在法律上一律平等。

第 8 條　人民身體之自由應予保障，除現行犯之逮捕由法律另定外，非經司法或警察機關依法定程序，不得逮捕拘禁。

非由法院依法定程序，不得審問處罰。非依法定程序之逮捕、拘禁、審問、處罰，得拒絕之。

人民因犯罪嫌疑被逮捕拘禁時，其逮捕拘禁機關應將逮捕拘禁原因，以書面告知本人及其本人指定之親友；並至遲於二十四小時內移送該管法院審問，本人或他人亦得聲請該管法院，於二十四小時內向逮捕之機關提審。

法院對於前項聲請不得拒絕，並不得先令逮捕拘禁之機關查覆。

逮捕拘禁之機關對於法院之提審，不得拒絕或遲延。

人民遭受任何機關非法逮捕拘禁時，其本人或他人得向法院聲請追究，法院不得拒絕。並應於二十四小時內向逮捕拘禁之機關追究，依法處理。

第 9 條　人民除現役軍人外，不受軍事審判。

第 10 條　人民有居住及遷徙之自由。

第 11 條　人民有言論、講學、著作及出版之自由。

第 12 條　人民有秘密通訊之自由。

第 13 條　人民有信仰宗教之自由。

第 14 條　人民有集會及結社之自由。

第 15 條　人民之生存權、工作權及財產權應予保障。

第 16 條　人民有請願、訴願及訴訟之權。

第 17 條　人民有選舉、罷免、創制、複決之權。

第 18 條　人民有應考試、服公職之權。

第 19 條　人民有依法律納稅之義務。

第 20 條　人民有依法律服兵役之義務。

第 21 條　人民有受國民教育之權利與義務。

第 22 條　凡人民之其他自由及權利，不妨害社會秩序及公共利益者，均受憲法之保障。

第 23 條　以上各條列舉之自由權利，除為防止妨礙他人自由、避免緊急危難、維持社會秩序、或增進公共利益所必要者外，不得以法律限制之。

第 24 條　凡公務員違法侵害人民之自由或權利者，除依法律受懲戒外，應負刑事及民事責任。被害人民就其所受損害，並得依法律向國家請求賠償。

第三章　國民大會

第 25 條　國民大會依本憲法之規定，代表全國國民行使政權。

第 26 條　國民大會以下列代表組織之：

　　一、每縣市及其同等區域各選出代表一人。但其人口逾五十萬人者，每增加五十萬人增選代表一人。縣市同等區域以法律定之。

　　二、蒙古選出代表，每盟四人，每特別旗一人。

　　三、西藏選出代表，其名額以法律定之。

　　四、各民族在邊疆地區選出代表，其名額以法律定之。

　　五、僑居國外之國民選出代表，其名額以法律定之。

　　六、職業團體選出代表，其名額以法律定之。

　　七、婦女團體選出代表，其名額以法律定之。

第 27 條　國民大會之職權如下：

　　一、選舉總統、副總統。

　　二、罷免總統、副總統。

　　三、修改憲法。

　　四、複決立法院所提之憲法修正案。

關於創制、複決兩權，除前項第 3 第 4 兩款規定外，俟全國有半數之縣市曾經行使創制、複決兩項政權時，由國民大會制定辦法並行使之。

第 28 條　國民大會代表每六年改選一次。

　　　　每屆國民大會代表之任期，至次屆國民大會開會之日為止。

　　　　現任官吏不得於其任所所在地之選舉區，當選為國民大會代表。

第 29 條　國民大會於每屆總統任滿前九十日集會，由總統召集之。

第 30 條　國民大會遇有下列情形之一時，召集臨時會：

　　　　一、依本憲法第 49 條之規定，應補選總統、副總統時。

　　　　二、依監察院之決議，對於總統、副總統提出彈劾案時。

　　　　三、依立法院之決議，提出憲法修正案時。

　　　　四、國民大會代表五分之二以上請求召集時。

　　　　國民大會臨時會如依前項第 1 款或第 2 款應召集時，由立法院院長通告集會。

　　　　依第 3 款或第 4 款應召集時，由總統召集之。

第 31 條　國民大會之開會地點在中央政府所在地。

第 32 條　國民大會代表在會議時所為之言論及表決，對會外不負責任。

第 33 條　國民大會代表除現行犯外，在會期中非經國民大會許可，不得逮捕或拘禁。

第 34 條　國民大會之組織，國民大會代表之選舉、罷免，及國民大會行使職權之程序，以法律定之。

第四章　總　統

第 35 條　總統為國家元首，對外代表中華民國。

第 36 條　總統統率全國陸海空軍。

第 37 條　總統依法公布法律、發布命令，須經行政院院長之

副署，或行政院院長及有關部會首長之副署。

第38條　總統依本憲法之規定，行使締結條約及宣戰媾和之權。

第39條　總統依法宣布戒嚴，但須經立法院之通過或追認，立法院認為必要時，得決議移請總統解嚴。

第40條　總統依法行使大赦、特赦、減刑及復權之權。

第41條　總統依法任免文武官員。

第42條　總統依法授與榮典。

第43條　國家遇有天然災害、癘疫，或國家財政經濟上有重大變故，須為急速處分時，總統於立法院休會期間，得經行政院會議之決議，依緊急命令法發布緊急命令，為必要之處置。但須於發布命令後一個月內，提交立法院追認，如立法院不同意時，該緊急命令立即失效。

第44條　總統對於院與院間之爭執，除本憲法有規定者外，得召集有關各院院長會商解決之。

第45條　中華民國國民年滿四十歲者，得被選為總統、副總統。

第46條　總統、副總統之選舉，以法律定之。

第47條　總統、副總統之任期為六年，連選得連任一次。

第48條　總統應於就職時宣誓，誓詞如下：

「余謹以至誠，向全國人民宣誓，余必遵守憲法，盡忠職務，增進人民福利，保衛國家，無負國民付託，如違誓言，願受國家嚴厲之制裁，謹誓。」

第49條　總統缺位時，由副總統繼任，至總統任期屆滿為止。總統、副總統均缺位時，由行政院院長代行其職權，並依本憲法第30條之規定，召集國民大會臨時會，補選總統、副總統，其任期以補足原任總統未滿之任期為止。

總統因故不能視事時，由副總統代行其職權。總

統、副總統均不能視事時，由行政院院長代行其職權。

第 50 條　總統於任滿之日解職。如屆期次任總統尚未選出，或選出後總統、副總統均未就職時，由行政院院長代行總統職權。

第 51 條　行政院院長代行總統職權時，其期限不得逾三個月。

第 52 條　總統除犯內亂或外患罪外，非經罷免或解職，不受刑事上之訴究。

第五章　行　政

第 53 條　行政院為國家最高行政機關。

第 54 條　行政院設院長、副院長各一人，各部會首長若干人，及不管部會之政務委員若干人。

第 55 條　行政院院長由總統提名，經立法院同意任命之。

立法院休會期間，行政院院長辭職或出缺時，由行政院副院長代理其職務，但總統須於四十日內咨請立法院召集會議，提出行政院院長人選，徵求同意。

行政院院長職務，在總統所提行政院院長人選未經立法院同意前，由行政院副院長暫行代理。

第 56 條　行政院副院長、各部會首長及不管部會之政務委員，由行政院院長提請總統任命之。

第 57 條　行政院依下列規定，對立法院負責：

一、行政院向立法院提出施政方針及施政報告之責，立法委員在開會時，有向行政院院長及行政院各部會首長質詢之權。

二、立法院對於行政院之重要政策不贊同時，得以決議移請行政院變更之。行政院對於立法院之決

議，得經總統之核可，移請立法院覆議。

覆議時，如經出席委員三分之二維持原決議，行政院院長應即接受該決議或辭職。

三、行政院對立法院決議之法律案、預算案、條約案，如認為有窒礙難行時，得經總統之核可，於該決議案送達行政院十日內，移請立法院覆議。

覆議時，如經出席委員三分之二維持原案，行政院院長應即接受該決議或辭職。

第58條　行政院設行政院會議，由行政院院長、副院長、各部會首長及不管部會之政務委員組織之，以院長為主席。

行政院院長、各部會首長，須將應行提出於立法院之法律案、預算案、戒嚴案、大赦案、宣戰案、媾和案、條約案及其他重要事項，或涉及各部會共同關係之事項，提出於行政院會議議決之。

第59條　行政院於會計年度開始三個月前，應將下半年度預算案提出於立法院。

第60條　行政院於會計年度結束後四個月內，應提出決算於監察院。

第61條　行政院之組織，以法律定之。

第六章　立　法

第62條　立法院為國家最高立法機關，由人民選舉之立法委員組織之，代表人民行使立法權。

第63條　立法院有議決法律案、預算案、戒嚴案、大赦案、宣戰案、媾和案、條約案及國家其他重要事項之權。

第64條　立法院立法委員依下列規定選出之：

一、各省、各直轄市選出者。其人口在三百萬以下者
　　五人；其人口超過三百萬者，每滿一百萬人增選
　　一人。

二、蒙古各盟旗選出者。

三、西藏選出者。

四、各民族在邊疆地區選出者。

五、僑居國外之國民選出者。

六、職業團體選出者。

立法委員之選舉及前項第2款至第6款立法委員名額
之分配，以法律定之。

婦女在第1項各款之名額，以法律定之。

第 65 條　立法委員之任期為三年，連選得連任，其選舉於每
　　　　　屆任滿前三個月內完成之。

第 66 條　立法院設院長、副院長各一人，由立法委員互選之。

第 67 條　立法院得設各種委員會。

各種委員會得邀請政府人員及社會上有關係人員到
會備詢。

第 68 條　立法院會期每年兩次，自行集會。第一次自二月至
　　　　　五月底，第二次自九月至十二月底，必要時得延長之。

第 69 條　立法院遇有下列情事之一者，得開臨時會：

一、總統之咨請。

二、立法委員四分之一以上之請求。

第 70 條　立法院對於行政院所提預算案，不得為增加支出之
　　　　　提議。

第 71 條　立法院開會時，關係院院長及各部會首長得列席陳
　　　　　述意見。

第 72 條　立法院法律案通過後，移送總統及行政院，總統應
　　　　　於收到後十日內公布之，但總統得依照本憲法第 57

條之規定辦理。

第 73 條　立法委員在院內所為之言論及表決，對院外不負責任。

第 74 條　立法委員除現行犯外，非經立法院許可，不得逮捕或拘禁。

第 75 條　立法委員不得兼任官吏。

第 76 條　立法院之組織，以法律定之。

第七章　司　法

第 77 條　司法院為國家最高司法機關，掌理民事、刑事、行政訴訟之審判，及公務員之懲戒。

第 78 條　司法院解釋憲法，並有統一解釋法律及命令之權。

第 79 條　司法院設院長、副院長各一人，由總統提名，經監察院同意任命之。

司法院設大法官若干人，掌理本憲法第 78 條規定事項，由總統提名，經監察院同意任命之。

第 80 條　法官須超出黨派以外，依據法律獨立審判，不受任何干涉。

第 81 條　法官為終身職，非受刑事或懲戒處分或禁治產之宣告，不得免職，非依法律，不得停職、轉任或減俸。

第 82 條　司法院及各法院之組織，以法律定之。

第八章　考　試

第 83 條　考試院為國家最高考試機關，掌理考試、任用、銓敘、考績、級俸、陞遷、保障、褒獎、撫卹、退休、養老等事項。

第 84 條　考試院設院長、副院長各一人，考試委員若干人，

由總統提名，經監察院同意任命之。

第85條　公務人員之選拔，應實行公開競爭之考試制度，並應按省區分別規定名額，分區舉行考試，非經考試及格者，不得任用。

第86條　下列資格，應經考試院依法考選銓定之：

一、公務人員任用資格。

二、專門職業及技術人員執業資格。

第87條　考試院關於所掌事項，得向立法院提出法律案。

第88條　考試委員須超出黨派以外，依據法律獨立行使職權。

第89條　考試院之組織，以法律定之。

第九章　監　察

第90條　監察院為國家最高監察機關，行使同意、彈劾、糾舉及審計權。

第91條　監察院設監察委員，由各省市議會、蒙古西藏地方議會及華僑團體選舉之。其名額分配依下列之規定：

一、每省五人。

二、每直轄市二人。

三、蒙古各盟旗共八人。

四、西藏八人。

五、僑居國外之國民八人。

第92條　監察院設院長、副院長各一人，由監察委員互選之。

第93條　監察委員之任期為六年，連選得連任。

第94條　監察院依本憲法行使同意權時，由出席委員過半數之議決行之。

第95條　監察院為行使監察權時，得向行政院及其各部會調閱其所發布之命令及各種有關文件。

第 96 條 監察院得按行政院及其各部會之工作，分設若干委員會，調查一切設施，注意其是否違法或失職。

第 97 條 監察院經各該委員會之審查及決議，得提出糾正案，移送行政院及其有關部會，促其注意改善。監察院對於中央及地方公務人員，認為有失職或違法情事，得提出糾舉案或彈劾案，如涉及刑事，應移送法院辦理。

第 98 條 監察院對於中央及地方公務人員之彈劾案，須經監察委員一人以上之提議，九人以上之審查及決定，始得提出。

第 99 條 監察院對於司法院或考試院人員失職或違法之彈劾，適用本憲法第95條、第97條及第98條之規定。

第 100 條 監察院對於總統、副總統之彈劾案，須有全體監察委員四分之一以上之提議，全體監察委員過半數之審查及決議，向國民大會提出之。

第 101 條 監察委員在院內所為之言論及表決，對院外不負責任。

第 102 條 監察委員除現行犯外，非經監察院許可，不得逮捕或拘禁。

第 103 條 監察委員不得兼任其他公職或執行業務。

第 104 條 監察院設審計長，由總統提名，經立法院同意任命之。

第 105 條 審計長應於行政院提出決算後三個月內，依法完成其審核，並提出審核報告於立法院。

第 106 條 監察院之組織以法律定之。

第十章　中央與地方之權限

第 107 條 下列事項，由中央立法並執行之：

一、外交。

二、國防與國防軍事。

三、國籍法及刑事、民事、商事之法律。

四、司法制度。

五、航空、國道、國有鐵路、航政、郵政及電政。

六、中央財政與國稅。

七、國稅與省稅、縣稅之劃分。

八、國營經濟事業。

九、幣制及國家銀行。

十、度量衡。

十一、國際貿易政策。

十二、涉外之財政經濟事項。

十三、其他依本憲法所定關於中央之事項。

第108條 下列事項，由中央立法並執行之，或交由省縣執行之：

一、省縣自治通則。

二、行政區劃。

三、森林、工礦及商業。

四、教育制度。

五、銀行及交易所制度。

六、航業及海洋漁業。

七、公用事業。

八、合作事業。

九、二省以上之水陸交通運輸。

十、二省以上之水利、河道及農牧事業。

十一、中央及地方官吏之銓敘、任用、糾察及保障。

十二、土地法。

十三、勞動法及其他社會立法。

十四、公用徵收。

十五、全國戶口調查及統計。

十六、移民及墾殖。

十七、警察制度。

十八、公共衛生。

十九、賑濟、撫卹及失業救濟。

二十、有關文化之古籍、古物及古蹟之保存。

前項各款，省於不牴觸國家法律內，得制定單行法規。

第 109 條　下列事項，由省立法並執行之，或交由縣執行之：

一、省教育、衛生、實業及交通。

二、省財產之經營及處分。

三、省市政。

四、省公營事業。

五、省合作事業。

六、省農林水利、漁牧及工程。

七、省財政及省稅。

八、省債。

九、省銀行。

十、省警政之實施。

十一、省慈善及公益事項。

十二、其他依國家法律賦予之事項。

前項各款，有涉及二省以上者，除法律別有規定外，得由有關各省共同辦理。

各省辦理第 1 項各項事務，其經費不足時，經立法院議決，由國庫補助之。

第 110 條　下列事項，由縣立法並執行之：

一、縣教育、衛生、實業及交通。

二、縣財產之經營及處分。

三、縣公營事業。

四、縣合作事業。

五、縣農林、水利、漁牧及工程。

六、縣財政及縣稅。

七、縣債。

八、縣銀行。

九、縣警衛之實施。

十、縣慈善及公益事項。

十一、其他依國家法律及省自治法賦予之事項。

前項各款，有涉及二縣以上者，除法律別有規定外，得由有關各縣共同辦理。

第 111 條　除第 107 條、第 108 條、第 109 條及第 110 條列舉事項外，如有未列舉事項發生時，其事務有全國一致之性質者屬於中央，有全省一致之性質者屬於省，有一縣之性質者屬於縣。遇有爭議時，由立法院解決之。

第十一章　地方制度

第一節　省

第 112 條　省得召集省民代表大會，依據省縣自治通則，制定省自治法，但不得與憲法牴觸。

省民代表大會之組織及選舉，以法律定之。

第 113 條　省自治應包含下列各款：

一、省設省議會，省議會議員由省民選舉之。

二、省設省政府，置省長一人，省長由省民選舉之。

三、省與縣之關係。

屬於省之立法權，由省議會行之。

第 114 條　省自治法制定後，須即送司法院，司法院如認為有

違憲之處，應將違憲條文宣布無效。

第 115 條　省自治法施行中，如因其中某條發生重大障礙，經司法院召集有關方面陳述意見後，由行政院院長、立法院院長、司法院院長、考試院院長與監察院院長組織委員會，以司法院院長為主席，提出方案解決之。

第 116 條　省法規與國家法律牴觸者無效。

第 117 條　省法規與國家法律有無牴觸發生疑義時，由司法院解釋之。

第 118 條　直轄市之自治，以法律定之。

第 119 條　蒙古各盟旗地方自治制度，以法律定之。

第 120 條　西藏自治制度，應予以保障。

第二節　縣

第 121 條　縣實行縣自治。

第 122 條　縣得召集縣民代表大會，依據省縣自治通則，制定縣自治法，但不得與憲法及省自治法牴觸。

第 123 條　縣民關於縣自治事項，依法律行使創制、複決之權。對於縣長及其他縣自治人員，依法律行使選舉、罷免之權。

第 124 條　縣設縣議會，縣議會議員由縣民選舉之。
屬於縣之立法權，由縣議會行之。

第 125 條　縣單行規章與國家法律或省法規牴觸者無效。

第 126 條　縣設縣政府，置縣長一人，縣長由縣民選舉之。

第 127 條　縣長辦理縣自治，並執行中央及省委辦事項。

第 128 條　市準用縣之規定。

第十二章　選舉、罷免、創制、複決

第 129 條　本法所規定之各種選舉，除本憲法別有規定外，以
　　　　　　普通、平等、直接及無記名投票之方法行之。

第 130 條　中華民國國民年滿二十歲者，有依法選舉之權，除
　　　　　　本憲法及法律別有規定者外，年滿二十三歲者，有
　　　　　　依法被選舉之權。

第 131 條　本憲法所規定各種選舉之候選人，一律公開競選。

第 132 條　選舉應嚴禁威脅利誘，選舉訴訟，由法院審判之。

第 133 條　被選舉人得由原選舉區依法罷免之。

第 134 條　各種選舉應規定婦女當選名額，其辦法以法律定之。

第 135 條　內地生活習慣特殊之國民代表名額及選舉，其辦法
　　　　　　以法律定之。

第 136 條　創制、複決兩權之行使，以法律定之。

第十三章　基本國策

第一節　國　防

第 137 條　中華民國之國防，以保衛國家安全，維護世界和平
　　　　　　為目的。
　　　　　　國防之組織，以法律定之。

第 138 條　全國陸海空軍，須超出於個人、地域及黨派關係以
　　　　　　外，效忠國家，愛護人民。

第 139 條　任何黨派及個人，不得以武裝力量為政爭之工具。

第 140 條　現役軍人不得兼任文官。

第二節　外　交

第 141 條　中華民國之外交應本獨立自主之精神，平等互惠之
　　　　　　原則，敦睦邦交，尊重條約及聯合國憲章，以保護
　　　　　　僑民權益，促進國際合作，提倡國際正義，確保世
　　　　　　界和平。

第三節　國民經濟

第 142 條　國民經濟，應以民生主義為基本原則，實施平均地
　　　　　　權，節制資本，以謀國計民生之均足。

第 143 條　中華民國領土內之土地屬於國民全體，人民依法取
　　　　　　得之土地所有權，應受法律之保障與限制。私有土
　　　　　　地應照價納稅，政府並得照價收買。
　　　　　　附著於土地之礦，及經濟上可供公眾利用之天然
　　　　　　力，屬於國家所有，不因人民取得土地所有權而受
　　　　　　影響。
　　　　　　土地價值非因施以勞力資本而增加者，應由國家徵
　　　　　　收土地增值稅，歸人民共享之。
　　　　　　國家對於土地之分配與整理，應以扶植自耕農及自
　　　　　　行使用土地人為原則，並規定其適當經營之面積。

第 144 條　公用事業及其他獨占性之企業，以公營為原則，其
　　　　　　經法律許可者，得由國民經營之。

第 145 條　國家對於私人財富及私營事業，認為有妨害國計民
　　　　　　生之平衡發展者，應以法律限制之。
　　　　　　合作事業應受國家之獎勵與扶助。
　　　　　　國民生產事業及對外貿易，應受國家之獎勵、指導
　　　　　　及保護。

第 146 條　國家應運用科學技術以興修水利、增進地方、改善

農業環境、規劃土地利用、開發農業資源、促成農業之工業化。

第 147 條　中央為謀省與省間之經濟平衡發展，對於貧瘠之省，應酌予補助。

省為謀縣與縣間之經濟平衡發展，對於貧瘠之縣，應酌予補助。

第 148 條　中華民國領域內，一切貨物應許自由流通。

第 149 條　金融機關，應依法受國家之管理。

第 150 條　國家應普設平民金融機構，以救濟失業。

第 151 條　國家對於僑居國外之國民，應扶助並保護其經濟事業之發展。

第四節　社會安全

第 152 條　人民具有工作能力者，國家應予以適當之工作機會。

第 153 條　國家為改良勞工及農民之生活，增進其生產技能，應制定保護勞工及農民之法律，實施保護勞工及農民之政策。婦女、兒童從事勞動者，應按其年齡及身體狀態，予以特別保護。

第 154 條　勞資雙方應本協調合作原則，發展生產事業。勞資糾紛之調解與仲裁，以法律定之。

第 155 條　國家為謀社會福利，應實施社會保險制度，人民之老弱殘廢，無力生活，及受非常災害者，國家應予以適當之扶助與救濟。

第 156 條　國家為奠定民族生存發展之基礎，應保護母性，並實施婦女兒童福利政策。

第 157 條　國家為增進民族健康，應普遍推行衛生保健事業及公醫制度。

第五節　教育文化

第 158 條　教育文化，應發展國民之民族精神、自治精神、國
　　　　　民道德、健全體格、科學及生活智能。

第 159 條　國民受教育之機會一律平等。

第 160 條　六歲至十二歲之學齡兒童，一律受基本教育，免納
　　　　　學費，其貧苦者，由政府供給書籍。
　　　　　已逾學齡未受基本教育之國民，一律受補習教育，
　　　　　免納學費，其書籍亦由政府供給。

第 161 條　各級政府應廣設獎學金名額，以扶助學行俱優無力
　　　　　升學之學生。

第 162 條　全國公私立之教育文化機關，依法律受國家之監督。

第 163 條　國家應注重各地區教育之均衡發展，並推行社會教
　　　　　育，以提高一般國民之文化水準，邊遠及貧瘠地區
　　　　　之教育文化經費，由國庫補助之。其重要之教育文
　　　　　化事業，得由中央辦理或補助之。

第 164 條　教育、科學、文化之經費，在中央不得少於其預算總
　　　　　額百分之十五，在省不得少於其預算總額百分之二十
　　　　　五，在市、縣不得少於其預算總額百分之三十五，其
　　　　　依法設置之教育文化基金及產業，應予保障。

第 165 條　國家應保障教育、科學、藝術工作者之生活，並依
　　　　　國民經濟之進展，隨時提高其待遇。

第 166 條　國家應獎勵科學之發明與創造，並保護有關歷史文
　　　　　化藝術之古蹟、古物。

第 167 條　國家對於左列事業或個人，予以獎勵或補助：
　　　　　一、國內私人經營之教育事業成績優良者。
　　　　　二、僑居國外國民之教育事業成績優良者。
　　　　　三、於學術或技術有發明者。

四、從事教育久於其職而成績優良者。

第六節　邊疆地區

第 168 條　國家對於邊疆地區各民族之地位，應予以合法之保
　　　　　障，並於其地方自治事業，特別予以扶植。

第 169 條　國家對於邊疆地區各民族之教育、文化、交通、水
　　　　　利、衛生及其他經濟、社會事業，應積極舉辦，並
　　　　　扶助其發展。對於土地使用應依其氣候、土壤性質
　　　　　及人民生活習慣之所宜，予以保障及發展。

第十四章　憲法之施行及修改

第 170 條　本憲法所稱之法律，謂經立法院通過，總統公布之
　　　　　法律。

第 171 條　法律與憲法牴觸者無效。
　　　　　法律與憲法有無牴觸發生疑義時，由司法院解釋之。

第 172 條　命令與憲法或法律牴觸者無效。

第 173 條　憲法之解釋，由司法院為之。

第 174 條　憲法之修改依下列程序之一為之：
　　　　　一、由國民大會代表總額五分之一之提議，三分之二
　　　　　　　之出席，及出席代表四分之三之決議得修改之。
　　　　　二、由立法院立法委員四分之一之提議，四分之三之
　　　　　　　出席，及出席委員四分之三之決議，擬定憲法修
　　　　　　　正案，提請國民大會複決。此項憲法修正案，應
　　　　　　　於國民大會開會前半年公告之。

第 175 條　本憲法規定事項，有另定實施程序之必要者，以法
　　　　　律定之。
　　　　　本憲法施行之準備程序，由制定憲法之國民大會議
　　　　　定之。

附錄二　動員戡亂時期臨時條款

公布日期：民國 37 年 05 月 10 日

廢止日期：民國 80 年 05 月 01 日

1. 中華民國 37 年 5 月 10 日國民政府制定公布

   中華民國 43 年 3 月 11 日第一屆國民大會第二次會議第七次

   　　　大會決議繼續有效

2. 中華民國 61 年 3 月 22 日總統令修正公布全文 11 條

3. 中華民國 80 年 5 月 1 日總統令公布廢止

第 1 條（總統緊急處分權）

　　　　總統在動員戡亂時期，為避免國家或人民遭遇緊急
危難，或應付財政經濟上重大變故，得經行政院會
議之決議，為緊急處分，不受憲法第 39 或第 43 條所
規定程序之限制。

第 2 條（立法院緊急處分之變更或廢止權）

　　　　前項緊急處分，立法院得依憲法第 57 條第 2 款規定
之程序變更或廢止之。

第 3 條（總統、副總統得連選連任）

　　　　動員戡亂時期，總統副總統得連選連任，不受憲法
第 47 條連任一次之限制。

第 4 條（動員戡亂機構之設置）

　　　　動員戡亂時期，本憲政體制授權總統得設置動員戡
亂機構，決定動員戡亂有關大政方針，並處理戰地
政務。

第 5 條（中央行政人事機構組織之調整）

　　　　總統為適應動員戡亂需要，得調整中央政府之行政

機構、人事機構及其組織。

第 6 條（中央民意代表之增補選）

　　動員戡亂時期，總統得依下列規定，訂頒辦法充實中央民意代表機構，不受憲法第 26 條、第 64 條及第 91 條之限制：

　　一、在自由地區增加中央民意代表名額，定期選舉，其須由僑居國外國民選出之立法委員及監察委員，事實上不能辦理選舉者，得由總統訂定辦法遴選之。

　　二、第一屆中央民意代表，係經全國人民選舉所產生，依法行使職權，其增選、補選者亦同。

　　　　大陸光復地區次第辦理中央民意代表之選舉。

　　三、增加名額選出之中央民意代表，與第一屆中央民意代表，依法行使職權。

　　　　增加名額選出之國民大會代表，每六年改選，立法委員每三年改選，選監察委員每六年改選。

第 7 條（創制複決辦法之制定）

　　動員戡亂時期，國民大會得制定辦法，創制中央法律原則與複決中央法律，不受憲法第 27 條第 2 項之限制。

第 8 條（國民大會臨時會之召集）

　　在戡亂時期，總統對於創制案或複決案認為有必要時，得召集國民大會臨時會討論之。

第 9 條（憲政研究機構之設置）

　　國民大會於閉會期間，設置研究機構，研討憲政有關問題。

第 10 條（動員戡亂時期之終止）

　　動員戡亂時期之終止，由總統宣告之。

第 11 條（臨時條款之修廢）

　　臨時條款之修訂或廢止，由國民大會決定之。

附錄三　中華民國憲法增修條文（第一次）

中華民國 85 年 5 月 1 日總統華總（一）義字第 2124 號令公布增修條文第 1 條至第 10 條為因應國家統一前之需要，依照憲法第 27 條第 1 項第 3 款及第 174 條第 1 款之規定，增修本憲法條文如下：

第 1 條　國民大會代表依下列規定選出之，不受憲法第 26 條及第 135 條之限制：

　　　　一、自由地區每直轄市、縣市各二人，但其人口逾十萬人者，每增加十萬人增一人。

　　　　二、自由地區平地山胞及山地山胞各三人。

　　　　三、僑居國外國民二十人。

　　　　四、全國不分區八十人。

　　　　前項第 1 款每直轄市、縣市選出之名額及第 3 款、第 4 款各政黨當選之名額，在五人以上十人以下者，應有婦女當選名額一人，超過十人者，每滿十人應增婦女當選名額一人。

第 2 條　立法院立法委員依下列規定選出之，不受憲法第 64 條之限制：

　　　　一、自由地區每省、直轄市各二人，但其人口逾二十萬人者，每增加十萬人增一人；逾一百萬人者，每增加二十萬人增一人。

　　　　二、自由地區平地山胞及山地山胞各三人。

　　　　三、僑居國外國民六人。

四、全國不分區三十人。

前項第 1 款每省、直轄市選出之名額及第 3 款、第 4 款各政黨當選之名額，在五人以上十人以下者，應有婦女當選名額一人，超過十人者，每滿十人應增婦女當選名額一人。

第 3 條　監察院監察委員由省、市議會依下列規定選出之，不受憲法第 91 條之限制：

一、自由地區臺灣省二十五人。

二、自由地區每直轄市各十人。

三、僑居國外國民二人。

四、全國不分區五人。

前項第 1 款臺灣省、第 2 款每直轄市選出之名額及第 4 款各政黨當選之名額，在五人以上十人以下者，應有婦女當選名額一人，超過十人者，每滿十人應增加婦女當選名額一人。

省議員當選為監察委員者，以二人為限；市議員當選為監察委員者，以一人為限。

第 4 條　國民大會代表、立法院立法委員、監察院監察委員之選舉罷免，依公職人員選舉罷免法之規定辦理之。僑居國外國民及全國不分區名額，採政黨比例方式選出之。

第 5 條　國民大會第二屆國民大會代表應於中華民國 80 年 12 月 31 日前選出，其任期自中華民國 81 年 1 月 1 日起至中華民國 85 年國民大會第三屆於第八任總統任滿前依憲法第 29 條規定集會之日止，不受憲法第 28 條第 1 項之限制。

依動員戡亂時期臨時條款增加名額選出之國民大會代表，於中華民國 82 年 1 月 31 日前，與國民大會第

二屆國民大會代表共同行使職權。

立法院第二屆立法委員及監察院第二屆監察委員應於中華民國82年1月31日前選出,均自中華民國82年2月1日開始行使職權。

第6條　國民大會為行使憲法第27條第1項第3款之職權,應於第二屆國民大會代表選出後三個月內由總統召集臨時會。

第7條　總統為避免國家或人民遭遇緊急危難或應付財政經濟上重大變故,得經行政院會議之決議發布緊急命令,為必要之處置,不受憲法第43條之限制。

但須於發布命令後十日內提交立法院追認,如立法院不同意時,該緊急命令立即失效。

第8條　動員戡亂時期終止時,原僅適用於動員戡亂時期之法律,其修訂未完成程序者,得繼續適用至中華民國81年7月31日止。

第9條　總統為決定國家安全有關大政方針,得設國家安全會議及所屬國家安全局。

行政院得設人事行政局。

前2項機關之組織均以法律定之,在未完成立法程序前,其原有組織法規得繼續適用至中華民國82年12月31日止。

第10條　自由地區與大陸地區間人民權利義務關係及其他事務之處理,得以法律為特別之規定。

中華民國憲法增修條文（第二次）

中華民國 81 年 5 月 28 日總統華總（一）義字第 2656 號令公布
增修條文第 11 條至第 18 條

第 11 條　國民大會之職權，除依憲法第 27 條之規定外，並依
　　　　　增修條文第 13 條第 1 項、第 14 條第 2 項及第 15 條第
　　　　　2 項之規定，對總統提名之人員行使同意權。

　　　　　前項同意權之行使，由總統召集國民大會臨時會為
　　　　　之，不受憲法第 30 條之限制。

　　　　　國民大會集會時，得聽取總統國情報告，並檢討國
　　　　　是，提供建言；如一年內未集會，由總統召集臨時
　　　　　會為之，不受憲法第 30 條之限制。

　　　　　國民大會代表自第三屆國民大會代表起，每四年改
　　　　　選一次，不適用憲法第 28 條第 1 項之規定。

第 12 條　總統、副總統由中華民國自由地區全體人民選舉
　　　　　之，自中華民國 85 年第九任總統、副總統選舉實
　　　　　施。

　　　　　前項選舉之方式，由總統於中華民國 84 年 5 月 20 日
　　　　　前召集國民大會臨時會，以憲法增修條文定之。

　　　　　總統、副總統之任期，自第九任總統、副總統起為
　　　　　四年，連選得連任一次，不適用憲法第 47 條之規定。

　　　　　總統、副總統之罷免，依左列規定：

　　　　　一、由國民大會代表提出之罷免案，經代表總額四分之
　　　　　　　一之提議，代表總額三分之二之同意，即為通過。

　　　　　二、由監察院提出之彈劾案，國民大會為罷免之決議
　　　　　　　時，經代表總額三分之二之同意，即為通過。副

　　　　　總統缺位時，由總統於三個月內提名候選人，召集
　　　　　國民大會臨時會補選，繼任至原任期屆滿為止。

　　　　總統、副總統均缺位時，由立法院院長於三個月內
　　　通告國民大會臨時會集會補選總統、副總統，繼任
　　　至原任期屆滿為止。

第 13 條　司法院設院長、副院長各一人，大法官若干人，由
　　　總統提名，經國民大會同意任命之，不適用憲法第
　　　79 條之有關規定。

　　　司法院大法官，除依憲法第 78 條之規定外，並組成
　　　憲法法庭審理政黨違憲之解散事項。

　　　政黨之目的或其行為，危害中華民國之存在或自由
　　　民主之憲政秩序者為違憲。

第 14 條　考試院為國家最高考試機關，掌理左列事項，不適
　　　用憲法第 83 條之規定：

　　一、考試。

　　二、公務人員之銓敘、保障、撫卹、退休。

　　三、公務人員任免、考績、級俸、陞遷、褒獎之法制
　　　事項。

　　　考試院設院長、副院長各一人，考試委員若干人，
　　　由總統提名，經國民大會同意任命之，不適用憲法
　　　第 84 條之規定。

　　　憲法第 85 條有關按省區分別規定名額，分區舉行考
　　　試之規定，停止適用。

第 15 條　監察院為國家最高監察機關，行使彈劾、糾舉及審
　　　計權，不適用憲法第 90 條及第 94 條有關同意權之規
　　　定。

　　　監察院設監察委員二十九人，並以其中一人為院
　　　長、一人為副院長，任期六年，由總統提名，經國

民大會同意任命之。憲法第91條至第93條、增修條文第3條，及第4條、第5條第3項有關監察委員之規定，停止適用。

監察院對於中央、地方公務人員及司法院、考試院人員之彈劾案，須經監察委員二人以上之提議，九人以上之審查及決定，始得提出，不受憲法第98條之限制。

監察院對於監察院人員失職或違法之彈劾，適用憲法第95條、第97條第2項及前項之規定。

監察院對於總統、副總統之彈劾案，須經全體監察委員過半數之提議，全體監察委員三分之二以上之決議，向國民大會提出，不受憲法第100條之限制。

監察委員須超出黨派以外，依據法律獨立行使職權。

憲法第101條及第102條之規定，停止適用。

第16條　增修條文第15條第2項之規定，自提名第二屆監察委員時施行。

第二屆監察委員於中華民國82年2月1日就職，增修條文第15條第1項及第3項至第7項之規定，亦自同日施行。

增修條文第13條第1項及第14條第2項有關司法院、考試院人員任命之規定，自中華民國82年2月1日施行。中華民國82年1月31日前之提名，仍由監察院同意任命，但現任人員任期未滿前，無須重新提名任命。

第17條　省、縣地方制度，應包含左列各款，以法律定之，不受憲法第108條第1項第1款、第112條至第115條及第122條之限制：

　　一、省設省議會，縣設縣議會，省議會議員、縣議會

議員分別由省民、縣民選舉之。

二、屬於省、縣之立法權，由省議會、縣議會分別行之。

三、省設省政府，置省長一人，縣設縣政府，置縣長一人，省長、縣長分別由省民、縣民選舉之。

四、省與縣之關係。

五、省自治之監督機關為行政院，縣自治之監督機關為省政府。

第18條　國家應獎勵科學技術發展及投資，促進產業升級，推動農漁業現代化，重視水資源之開發利用，加強國際經濟合作。

經濟及科學技術發展，應與環境及生態保護兼籌並顧。

國家應推行全民健康保險，並促進現代和傳統醫藥之研究發展。

國家應維護婦女之人格尊嚴，保障婦女之人身安全，消除性別歧視，促進兩性地位之實質平等。

國家對於殘障者之保險與就醫、教育訓練與就業輔導、生活維護與救濟，應予保障，並扶助其自立與發展。

國家對於自由地區山胞之地位及政治參與，應予保障；對其教育文化、社會福利及經濟事業，應予扶助並促其發展。對於金門、馬祖地區人民亦同。

國家對於僑居國外國民之政治參與，應予保障。

中華民國憲法增修條文（第三次）

中華民國83年8月1日總統華總（一）義字第4488號令公布
修正增修條文第1條至第18條為第1條至第10條為因應國家
統一前之需要，依照憲法第27條第1項第3款及第174條第1
款之規定，增修本憲法條文如下：

第1條　　國民大會代表依左列規定選出之，不受憲法第26條
　　　　　及第135條之限制：

　　　　　一、自由地區每直轄市、縣市各二人，但其人口逾十
　　　　　　　萬人者，每增加十萬人增一人。

　　　　　二、自由地區平地原住民及山地原住民各三人。

　　　　　三、僑居國外國民二十人。

　　　　　四、全國不分區八十人。

　　　　　前項第3款及第4款之名額，採政黨比例方式選出
　　　　　之。第1款每直轄市、縣市選出之名額及第3款、第
　　　　　4款各政黨當選之名額，在五人以上十人以下者，應
　　　　　有婦女當選名額一人，超過十人者，每滿十人應增
　　　　　婦女當選名額一人。

　　　　　國民大會之職權如左，不適用憲法第27條第1項第
　　　　　1款、第2款之規定：

　　　　　一、依增修條文第2條第7項之規定，補選副總統。

　　　　　二、依增修條文第2條第9項之規定，提出總統、副
　　　　　　　總統罷免案。

　　　　　三、依增修條文第2條第10項之規定，議決監察院
　　　　　　　提出之總統、副總統彈劾案。

　　　　　四、依憲法第27條第1項第3款及第174條第1款

之規定，修改憲法。

五、依憲法第 27 條第 1 項第 4 款及第 174 條第 2 款之規定，複決立法院所提之憲法修正案。

六、依增修條文第 4 條第 1 項、第 5 條第 2 項、第 6 條第 2 項之規定，對總統提名任命之人員，行使同意權。

國民大會依前項第 1 款及第 4 款至第 6 款規定集會，或有國民大會代表五分之二以上請求召集會議時，由總統召集之；依前項第 2 款及第 3 款之規定集會時，由國民大會議長通告集會，國民大會設議長前，由立法院院長通告集會，不適用憲法第 29 條及 30 條之規定。

國民大會集會時，得聽取總統國情報告，並檢討國是，提供建言；如一年內未集會，由總統召集會議為之，不受憲法第 30 條之限制。

國民大會代表自第三屆國民大會代表起，每四年改選一次，不適用憲法第 28 條第 1 項之規定。

國民大會第二屆國民大會代表任期至中華民國 85 年 5 月 19 日止，第三屆國民大會代表任期自中華民國 85 年 5 月 20 日開始，不適用憲法第 28 條第 2 項之規定。

國民大會自第三屆國民大會起設議長、副議長各一人，由國民大會代表互選之。議長對外代表國民大會，並於開會時主持會議。

國民大會行使職權之程序，由國民大會定之，不適用憲法第 34 條之規定。

第 2 條　總統、副總統由中華民國自由地區全體人民直接選舉之，自中華民國 85 年第九任總統、副總統選舉實

施。總統、副總統候選人應聯名登記，在選票上同列一組圈選，以得票最多之一組為當選。在國外之中華民國自由地區人民返國行使選舉權，以法律定之。

總統發布依憲法經國民大會或立法院同意任命人員之任免命令，無須行政院院長之副署，不適用憲法第 37 條之規定。

行政院院長之免職命令，須新提名之行政院院長經立法院同意後生效。

總統為避免國家或人民遭遇緊急危難或應付財政經濟上重大變故，得經行政院會議之決議發布緊急命令，為必要之處置，不受憲法第 43 條之限制。

但須於發布命令後十日內提交立法院追認，如立法院不同意時，該緊急命令立即失效。

總統為決定國家安全有關大政方針，得設國家安全會議及所屬國家安全局，其組織以法律定之。

總統、副總統之任期，自第九任總統、副總統起為四年，連選得連任一次，不適用憲法第 47 條之規定。

副總統缺位時，由總統於三個月內提名候選人，召集國民大會補選，繼任至原任期屆滿為止。

總統、副總統均缺位時，由行政院院長代行其職權，並依本條第 1 項規定補選總統、副總統，繼任至原任期屆滿為止，不適用憲法第 49 條之有關規定。

總統、副總統之罷免案，須經國民大會代表總額四分之一之提議，三分之二之同意後提出，並經中華民國自由地區選舉人總額過半數之投票，有效票過半數同意罷免時，即為通過。

監察院向國民大會提出之總統、副總統彈劾案，經

國民大會代表總額三分之二同意時，被彈劾人應即解職。

第3條 立法院立法委員依左列規定選出之，不受憲法第64條之限制：

一、自由地區每省、直轄市各二人，但其人口逾二十萬人者，每增加十萬人增一人；逾一百萬人者，每增加二十萬人增一人。

二、自由地區平地原住民及山地原住民各三人。

三、僑居國外國民六人。

四、全國不分區三十人。

前項第3款、第4款名額，採政黨比例方式選出之。第1款每省、直轄市選出之名額及第3款、第4款各政黨當選之名額，在五人以上十人以下者，應有婦女當選名額一人，超過十人者，每滿十人應增婦女當選名額一人。

第4條 司法院設院長、副院長各一人，大法官若干人，由總統提名，經國民大會同意任命之，不適用憲法第79條之有關規定。

司法院大法官，除依憲法第78條之規定外，並組成憲法法庭審理政黨違憲之解散事項。

政黨之目的或其行為，危害中華民國之存在或自由民主之憲政秩序者為違憲。

第5條 考試院為國家最高考試機關，掌理左列事項，不適用憲法第83條之規定：

一、考試。

二、公務人員之銓敘、保障、撫卹、退休。

三、公務人員任免、考績、級俸、陞遷、褒獎之法制事項。

考試院設院長、副院長各一人，考試委員若干人，由總統提名，經國民大會同意任命之，不適用憲法第84條之規定。

憲法第85條有關按省區分別規定名額，分區舉行考試之規定，停止適用。

第6條　監察院為國家最高監察機關，行使彈劾、糾舉及審計權，不適用憲法第90條及第94條有關同意權之規定。

監察院設監察委員二十九人，並以其中一人為院長、一人為副院長，任期六年，由總統提名，經國民大會同意任命之。憲法第91條至第93條之規定停止適用。

監察院對於中央、地方公務人員及司法院、考試院人員之彈劾案，須經監察委員二人以上之提議，九人以上之審查及決定，始得提出，不受憲法第98條之限制。

監察院對於監察院人員失職或違法之彈劾，適用憲法第95條、第97條第2項及前項之規定。

監察院對於總統、副總統之彈劾案，須經全體監察委員過半數之提議，全體監察委員三分之二以上之決議，向國民大會提出，不受憲法第100條之限制。

監察委員須超出黨派以外，依據法律獨立行使職權。憲法第101條及第102條之規定，停止適用。

第7條　國民大會代表及立法委員之報酬或待遇，應以法律定之。除年度通案調整者外，單獨增加報酬或待遇之規定，應自次屆起實施。

第8條　省、縣地方制度，應包含左列各款，以法律定之，不受憲法第108條第1項第1款、第112條至第115條及第122條之限制：

一、省設省議會，縣設縣議會，省議會議員、縣議會議員分別由省民、縣民選舉之。

二、屬於省、縣之立法權，由省議會、縣議會分別行之。

三、省設省政府，置省長一人，縣設縣政府，置縣長一人，省長、縣長分別由省民、縣民選舉之。

四、省與縣之關係。

五、省自治之監督機關為行政院，縣自治之監督機關為省政府。

第9條　國家應獎勵科學技術發展及投資，促進產業升級，推動農漁業現代化，重視水資源之開發利用，加強國際經濟合作。

經濟及科學技術發展，應與環境及生態保護兼籌並顧。

國家對於公營金融機構之管理，應本企業化經營之原則；其管理、人事、預算、決算及審計，得以法律為特別之規定。

國家應推行全民健康保險，並促進現代和傳統醫藥之研究發展。

國家應維護婦女之人格尊嚴，保障婦女之人身安全，消除性別歧視，促進兩性地位之實質平等。

國家對於殘障者之保險與就醫、教育訓練與就業輔導、生活維護與救濟，應予保障，並扶助其自立與發展。

國家對於自由地區原住民之地位及政治參與，應予保障；對其教育文化、社會福利及經濟事業，應予扶助並促其發展。對於金門、馬祖地區人民亦同。

國家對於僑居國外國民之政治參與，應予保障。

第10條　自由地區與大陸地區間人民權利義務關係及其他事務之處理，得以法律為特別之規定。

中華民國憲法增修條文（第四次）

中華民國86年7月21日總統華總（一）義字第8600167020號令公布修正增修條文第1條至第10條為第1條至第11條為因應國家統一前之需要，依照憲法第27條第1項第3款及第174條第1款之規定，增修本憲法條文如下：

第 1 條　國民大會代表依左列規定選出之，不受憲法第 26 條及第 135 條之限制：

　　　　一、自由地區每直轄市、縣市各二人，但其人口逾十萬人者，每增加十萬人增一人。

　　　　二、自由地區平地原住民及山地原住民各三人。

　　　　三、僑居國外國民二十人。

　　　　四、全國不分區八十人。

前項第 1 款每直轄市、縣市選出之名額，在五人以上十人以下者，應有婦女當選名額一人，超過十人者，每滿十人，應增婦女當選名額一人。第 3 款及第 4 款之名額，採政黨比例方式選出之，各政黨當選之名額，每滿四人，應有婦女當選名額一人。

國民大會之職權如左，不適用憲法第 27 條第 1 項第 1 款、第 2 款之規定：

　　　　一、依增修條文第 2 條第 7 項之規定，補選副總統。

　　　　二、依增修條文第 2 條第 9 項之規定，提出總統、副總統罷免案。

　　　　三、依增修條文第 2 條第 10 項之規定，議決立法院提出之總統、副總統彈劾案。

　　　　四、依憲法第 27 條第 1 項第 3 款及第 174 條第 1 款

之規定，修改憲法。

五、依憲法第 27 條第 1 項第 4 款及第 174 條第 2 款
之規定，複決立法院所提之憲法修正案。

六、依增修條文第 5 條第 1 項、第 6 條第 2 項、第 7
條第 2 項之規定，對總統提名任命之人員，行使
同意權。

國民大會依前項第 1 款及第 4 款至第 6 款規定集會，
或有國民大會代表五分之二以上請求召集會議時，
由總統召集之；依前項第 2 款及第 3 款之規定集會
時，由國民大會議長通告集會，不適用憲法第 29 條
及第 30 條之規定。

國民大會集會時，得聽取總統國情報告，並檢討國
是，提供建言；如一年內未集會，由總統召集會議
為之，不受憲法第 30 條之限制。

國民大會代表每四年改選一次，不適用憲法第 28 條
第 1 項之規定。

國民大會設議長、副議長各一人，由國民大會代表
互選之。議長對外代表國民大會，並於開會時主持
會議。

國民大會行使職權之程序，由國民大會定之，不適
用憲法第 34 條之規定。

第 2 條　總統、副總統由中華民國自由地區全體人民直接選
舉之，自中華民國 85 年第九任總統、副總統選舉
實施。總統、副總統候選人應聯名登記，在選票上
同列一組圈選，以得票最多之一組為當選。在國外
之中華民國自由地區人民返國行使選舉權，以法律
定之。

總統發布行政院院長與依憲法經國民大會或立法院

同意任命人員之任免命令及解散立法院之命令，無
須行政院院長之副署，不適用憲法第 37 條之規定。

總統為避免國家或人民遭遇緊急危難或應付財政經
濟上重大變故，得經行政院會議之決議發布緊急命
令，為必要之處置，不受憲法第 43 條之限制。

但須於發布命令後十日內提交立法院追認，如立法
院不同意時，該緊急命令立即失效。

總統為決定國家安全有關大政方針，得設國家安全
會議及所屬國家安全局，其組織以法律定之。

總統於立法院通過對行政院院長之不信任案後十日
內，經諮詢立法院院長後，得宣告解散立法院。但
總統於戒嚴或緊急命令生效期間，不得解散立法
院。立法院解散後，應於六十日內舉行立法委員選
舉，並於選舉結果確認後十日內自行集會，其任期
重新起算。

總統、副總統之任期為四年，連選得連任一次，不
適用憲法第 47 條之規定。

副總統缺位時，由總統於三個月內提名候選人，召
集國民大會補選，繼任至原任期屆滿為止。

總統、副總統均缺位時，由行政院院長代行其職
權，並依本條第 1 項規定補選總統、副總統，繼任至
原任期屆滿為止，不適用憲法第 49 條之有關規定。

總統、副總統之罷免案，須經國民大會代表總額四
分之一之提議，三分之二之同意後提出，並經中華
民國自由地區選舉人總額過半數之投票，有效票過
半數同意罷免時，即為通過。

立法院向國民大會提出之總統、副總統彈劾案，經
國民大會代表總額三分之二同意時，被彈劾人應即

解職。

第 3 條　行政院院長由總統任命之。行政院院長辭職或出缺時，在總統未任命行政院院長前，由行政院副院長暫行代理。憲法第 55 條之規定，停止適用。

行政院依左列規定，對立法院負責，憲法第 57 條之規定，停止適用：

一、行政院有向立法院提出施政方針及施政報告之責。立法委員在開會時，有向行政院院長及行政院各部會首長質詢之權。

二、行政院對於立法院決議之法律案、預算案、條約案，如認為有窒礙難行時，得經總統之核可，於該決議案送達行政院十日內，移請立法院覆議。立法院對於行政院移請覆議案，應於送達十五日內作成決議。

如為休會期間，立法院應於七日內自行集會，並於開議十五日內作成決議。覆議案逾期未議決者，原決議失效。覆議時，如經全體立法委員二分之一以上決議維持原案，行政院院長應即接受該決議。

三、立法院得經全體立法委員三分之一以上連署，對行政院院長提出不信任案。不信任案提出七十二小時後，應於四十八小時內以記名投票表決之。如經全體立法委員二分之一以上贊成，行政院院長應於十日內提出辭職，並得同時呈請總統解散立法院；不信任案如未獲通過，一年內不得對同一行政院院長再提不信任案。

國家機關之職權、設立程序及總員額，得以法律為準則性之規定。

各機關之組織、編制及員額，應依前項法律，基於

政策或業務需要決定之。

第4條　立法院立法委員自第四屆起二百二十五人，依左列
　　　　規定選出之，不受憲法第64條之限制：

　　一、自由地區直轄市、縣市一百六十八人。每縣市至
　　　　少一人。

　　二、自由地區平地原住民及山地原住民各四人。

　　三、僑居國外國民八人。

　　四、全國不分區四十一人。

前項第3款、第4款名額，採政黨比例方式選出之。
第1款每直轄市、縣市選出之名額及第3款、第4款
各政黨當選之名額，在五人以上十人以下者，應有
婦女當選名額一人，超過十人者，每滿十人應增婦
女當選名額一人。

立法院經總統解散後，在新選出之立法委員就職
前，視同休會。

總統於立法院解散後發布緊急命令，立法院應於三
日內自行集會，並於開議七日內追認之。但於新任
立法委員選舉投票日後發布者，應由新任立法委員
於就職後追認之。如立法院不同意時，該緊急命令
立即失效。

立法院對於總統、副總統犯內亂或外患罪之彈劾
案，須經全體立法委員二分之一以上之提議，全體
立法委員三分之二以上之決議，向國民大會提出，
不適用憲法第90條、第100條及增修條文第7條第1
項有關規定。

立法委員除現行犯外，在會期中，非經立法院許可，
不得逮捕或拘禁。憲法第74條之規定，停止適用。

第5條　司法院設大法官十五人，並以其中一人為院長、一

人為副院長，由總統提名，經國民大會同意任命之，自中華民國92年起實施，不適用憲法第79條之有關規定。

司法院大法官任期八年，不分屆次，個別計算，並不得連任。但並為院長、副院長之大法官，不受任期之保障。

中華民國 92 年總統提名之大法官，其中八位大法官，含院長、副院長，任期四年，其餘大法官任期為八年，不適用前項任期之規定。

司法院大法官，除依憲法第 78 條之規定外，並組成憲法法庭審理政黨違憲之解散事項。

政黨之目的或其行為，危害中華民國之存在或自由民主之憲政秩序者為違憲。

司法院所提出之年度司法概算，行政院不得刪減，但得加註意見，編入中央政府總預算案，送立法院審議。

第6條　考試院為國家最高考試機關，掌理左列事項，不適用憲法第83條之規定：

一、考試。

二、公務人員之銓敘、保障、撫卹、退休。

三、公務人員任免、考績、級俸、陞遷、褒獎之法制事項。

考試院設院長、副院長各一人，考試委員若干人，由總統提名，經國民大會同意任命之，不適用憲法第84條之規定。

憲法第 85 條有關按省區分別規定名額，分區舉行考試之規定，停止適用。

第7條　監察院為國家最高監察機關，行使彈劾、糾舉及審計

權，不適用憲法第 90 條及第 94 條有關同意權之規定。

監察院設監察委員二十九人，並以其中一人為院長、一人為副院長，任期六年，由總統提名，經國民大會同意任命之。憲法第 91 條至第 93 條之規定停止適用。

監察院對於中央、地方公務人員及司法院、考試院人員之彈劾案，須經監察委員二人以上之提議，九人以上之審查及決定，始得提出，不受憲法第 98 條之限制。

監察院對於監察院人員失職或違法之彈劾，適用憲法第 95 條、第 97 條第 2 項及前項之規定。

監察委員須超出黨派以外，依據法律獨立行使職權。憲法第 101 條及第 102 條之規定，停止適用。

第 8 條　國民大會代表及立法委員之報酬或待遇，應以法律定之。除年度通案調整者外，單獨增加報酬或待遇之規定，應自次屆起實施。

第 9 條　省、縣地方制度，應包括左列各款，以法律定之，不受憲法第 108 條第 1 項第 1 款、第 109 條、第 112 條至第 115 條及第 122 條之限制：

一、省設省政府，置委員九人，其中一人為主席，均由行政院院長提請總統任命之。

二、省設省諮議會，置省諮議會議員若干人，由行政院院長提請總統任命之。

三、縣設縣議會，縣議會議員由縣民選舉之。

四、屬於縣之立法權，由縣議會行之。

五、縣設縣政府，置縣長一人，由縣民選舉之。

六、中央與省、縣之關係。

七、省承行政院之命，監督縣自治事項。

第十屆臺灣省議會議員及第一屆臺灣省省長之任期至中華民國 87 年 12 月 20 日止，臺灣省議會議員及臺灣省省長之選舉自第十屆臺灣省議會議員及第一屆臺灣省省長任期之屆滿日起停止辦理。

臺灣省議會議員及臺灣省省長之選舉停止辦理後，臺灣省政府之功能、業務與組織之調整，得以法律為特別之規定。

第 10 條　國家應獎勵科學技術發展及投資，促進產業升級，推動農漁業現代化，重視水資源之開發利用，加強國際經濟合作。

經濟及科學技術發展，應與環境及生態保護兼籌並顧。

國家對於人民興辦之中小型經濟事業，應扶助並保護其生存與發展。

國家對於公營金融機構之管理，應本企業化經營之原則；其管理、人事、預算、決算及審計，得以法律為特別之規定。

國家應推行全民健康保險，並促進現代和傳統醫藥之研究發展。

國家應維護婦女之人格尊嚴，保障婦女之人身安全，消除性別歧視，促進兩性地位之實質平等。

國家對於身心障礙者之保險與就醫、無障礙環境之建構、教育訓練與就業輔導及生活維護與救助，應予保障，並扶助其自立與發展。

教育、科學、文化之經費，尤其國民教育之經費應優先編列，不受憲法第 164 條規定之限制。

國家肯定多元文化，並積極維護發展原住民族語言及文化。

國家應依民族意願，保障原住民族之地位及政治參

與，並對其教育文化、交通水利、衛生醫療、經濟土地及社會福利事業予以保障扶助並促其發展，其辦法另以法律定之。對於金門、馬祖地區人民亦同。

國家對於僑居國外國民之政治參與，應予保障。

第 11 條　自由地區與大陸地區間人民權利義務關係及其他事務之處理，得以法律為特別之規定。

中華民國憲法增修條文（第五次）

中華民國 88 年 9 月 15 日總統華總一義字第 8800213390 號令公布修正增修條文第 1 條、第 4 條、第 9 條及第 10 條

第 1 條　　國民大會代表第四屆為三百人，依左列規定以比例代表方式選出之。並以立法委員選舉，各政黨所推薦及獨立參選之候選人得票數之比例分配當選名額，不受憲法第 26 條及第 135 條之限制。比例代表之選舉方法以法律定之。

　　　　一、自由地區直轄市、縣市一百九十四人，每縣市至少當選一人。

　　　　二、自由地區原住民六人。

　　　　三、僑居國外國民十八人。

　　　　四、全國不分區八十二人。

　　　　國民大會代表自第五屆起為一百五十人，依左列規定以比例代表方式選出之。並以立法委員選舉，各政黨所推薦及獨立參選之候選人得票數之比例分配當選名額，不受憲法第 26 條及第 135 條之限制。比例代表之選舉方法以法律定之。

　　　　一、自由地區直轄市、縣市一百人，每縣市至少當選一人。

　　　　二、自由地區原住民四人。

　　　　三、僑居國外國民六人。

　　　　四、全國不分區四十人。

　　　　國民大會代表之任期為四年，但於任期中遇立法委員改選時同時改選，連選得連任。

第三屆國民大會代表任期至第四屆立法委員任期屆滿之日止，不適用憲法第28條第1項之規定。

第1項及第2項之第1款各政黨當選之名額，在五人以上十人以下者，應有婦女當選名額一人。第3款及第4款各政黨當選之名額，每滿四人，應有婦女當選名額一人。

國民大會之職權如左，不適用憲法第27條第1項第1款、第2款之規定：

一、依增修條文第2條第7項之規定，補選副總統。

二、依增修條文第2條第9項之規定，提出總統、副總統罷免案。

三、依增修條文第2條第10項之規定，議決立法院提出之總統、副總統彈劾案。

四、依憲法第27條第1項第3款及第174條第1款之規定，修改憲法。

五、依憲法第27條第1項第4款及第174條第2款之規定，複決立法院所提之憲法修正案。

六、依增修條文第5條第1項、第6條第2項、第7條第2項之規定，對總統提名任命之人員，行使同意權。

國民大會依前項第1款及第4款至第6款規定集會，或有國民大會代表五分之二以上請求召集會議時，由總統召集之；依前項第2款及第3款之規定集會時，由國民大會議長通告集會，不適用憲法第29條及第30條之規定。

國民大會集會時，得聽取總統國情報告，並檢討國是，提供建言；如一年內未集會，由總統召集會議為之，不受憲法第30條之限制。

國民大會設議長、副議長各一人，由國民大會代表
互選之。議長對外代表國民大會，並於開會時主持
會議。

國民大會行使職權之程序，由國民大會定之，不適
用憲法第 34 條之規定。

第 4 條　立法院立法委員自第四屆起二百二十五人，依左列
規定選出之，不受憲法第 64 條之限制：

　　一、自由地區直轄市、縣市一百六十八人。每縣市至
　　　　少一人。

　　二、自由地區平地原住民及山地原住民各四人。

　　三、僑居國外國民八人。

　　四、全國不分區四十一人。

前項第 3 款、第 4 款名額，採政黨比例方式選出之。
第 1 款每直轄市、縣市選出之名額及第 3 款、第 4 款
各政黨當選之名額，在五人以上十人以下者，應有
婦女當選名額一人，超過十人者，每滿十人應增婦
女當選名額一人。

第四屆立法委員任期至中華民國 91 年 6 月 30 日止。
第五屆立法委員任期自中華民國 91 年 7 月 1 日起為
四年，連選得連任，其選舉應於每屆任滿前或解散
後六十日內完成之，不適用憲法第 65 條之規定。

立法院經總統解散後，在新選出之立法委員就職
前，視同休會。

總統於立法院解散後發布緊急命令，立法院應於三
日內自行集會，並於開議七日內追認之。但於新任
立法委員選舉投票日後發布者，應由新任立法委員
於就職後追認之。如立法院不同意時，該緊急命令
立即失效。

立法院對於總統、副總統犯內亂或外患罪之彈劾案，須經全體立法委員二分之一以上之提議，全體立法委員三分之二以上之決議，向國民大會提出，不適用憲法第90條、第100條及增修條文第7條第1項有關規定。

立法委員除現行犯外，在會期中，非經立法院許可，不得逮捕或拘禁。憲法第74條之規定，停止適用。

第9條　省、縣地方制度，應包括左列各款，以法律定之，不受憲法第108條第1項第1款、第109條、第112條至第115條及第122條之限制：

一、省設省政府，置委員九人，其中一人為主席，均由行政院院長提請總統任命之。

二、省設省諮議會，置省諮議會議員若干人，由行政院院長提請總統任命之。

三、縣設縣議會，縣議會議員由縣民選舉之。

四、屬於縣之立法權，由縣議會行之。

五、縣設縣政府，置縣長一人，由縣民選舉之。

六、中央與省、縣之關係。

七、省承行政院之命，監督縣自治事項。

臺灣省政府之功能、業務與組織之調整，得以法律為特別之規定。

第10條　國家應獎勵科學技術發展及投資，促進產業升級，推動農漁業現代化，重視水資源之開發利用，加強國際經濟合作。

經濟及科學技術發展，應與環境及生態保護兼籌並顧。

國家對於人民興辦之中小型經濟事業，應扶助並保護其生存與發展。

國家對於公營金融機構之管理，應本企業化經營之

原則；其管理、人事、預算、決算及審計，得以法律為特別之規定。

國家應推行全民健康保險，並促進現代和傳統醫藥之研究發展。

國家應維護婦女之人格尊嚴，保障婦女之人身安全，消除性別歧視，促進兩性地位之實質平等。

國家對於身心障礙者之保險與就醫、無障礙環境之建構、教育訓練與就業輔導及生活維護與救助，應予保障，並扶助其自立與發展。

國家應重視社會救助、福利服務、國民就業、社會保險及醫療保健等社會福利工作；對於社會救助和國民就業等救濟性支出應優先編列。

國家應尊重軍人對社會之貢獻，並對其退役後之就學、就業、就醫、就養予以保障。

教育、科學、文化之經費，尤其國民教育之經費應優先編列，不受憲法第164條規定之限制。

國家肯定多元文化，並積極維護發展原住民族語言及文化。

國家應依民族意願，保障原住民族之地位及政治參與，並對其教育文化、交通水利、衛生醫療、經濟土地及社會福利事業予以保障扶助並促其發展，其辦法另以法律定之。對於澎湖、金門、馬祖地區人民亦同。

國家對於僑居國外國民之政治參與，應予保障。

中華民國憲法增修條文（第六次）

中華民國 89 年 4 月 25 日華總一義字第 8900108350 號令公布第三屆國民大會第五次會議通過修正中華民國憲法增修條文為因應國家統一前之需要，依照憲法第 27 條第 1 項第 3 款及第 174 條第 1 款之規定，增修本憲法條文如下：

第 1 條　國民大會代表三百人，於立法院提出憲法修正案、領土變更案，經公告半年，或提出總統、副總統彈劾案時，應於三個月內採比例代表制選出之，不受憲法第 26 條、第 28 條及第 135 條之限制。比例代表制之選舉方式以法律定之。

國民大會之職權如左，不適用憲法第 4 條、第 27 條第 1 項第 1 款至第 3 款及第 2 項、第 174 條第 1 款之規定：

一、依憲法第 27 條第 1 項第 4 款及第 174 條第 2 款之規定，複決立法院所提之憲法修正案。

二、依增修條文第 4 條第 5 項之規定，複決立法院所提之領土變更案。

三、依增修條文第 2 條第 10 項之規定，議決立法院提出之總統、副總統彈劾案。國民大會代表於選舉結果確認後十日內自行集會，國民大會集會以一個月為限，不適用憲法第 29 條及第 30 條之規定。

國民大會代表任期與集會期間相同，憲法第 28 條之規定停止適用。第三屆國民大會代表任期至中華民國 89 年 5 月 19 日止。國民大會職權調整後，國民大會組織法應於二年內配合修正。

第 2 條　　總統、副總統由中華民國自由地區全體人民直接選舉之，自中華民國 85 年第九任總統、副總統選舉實施。總統、副總統候選人應聯名登記，在選票上同列一組圈選，以得票最多之一組為當選。在國外之中華民國自由地區人民返國行使選舉權，以法律定之。

總統發布行政院院長與依憲法經立法院同意任命人員之任免命令及解散立法院之命令，無須行政院院長之副署，不適用憲法第 37 條之規定。

總統為避免國家或人民遭遇緊急危難或應付財政經濟上重大變故，得經行政院會議之決議發布緊急命令，為必要之處置，不受憲法第 43 條之限制。

但須於發布命令後十日內提交立法院追認，如立法院不同意時，該緊急命令立即失效。

總統為決定國家安全有關大政方針，得設國家安全會議及所屬國家安全局，其組織以法律定之。

總統於立法院通過對行政院院長之不信任案後十日內，經諮詢立法院院長後，得宣告解散立法院。但總統於戒嚴或緊急命令生效期間，不得解散立法院。立法院解散後，應於六十日內舉行立法委員選舉，並於選舉結果確認後十日內自行集會，其任期重新起算。

總統、副總統之任期為四年，連選得連任一次，不適用憲法第 47 條之規定。

副總統缺位時，總統應於三個月內提名候選人，由立法院補選，繼任至原任期屆滿為止。

總統、副總統均缺位時，由行政院院長代行其職權，並依本條第 1 項規定補選總統、副總統，繼任至

原任期屆滿為止，不適用憲法第 49 條之有關規定。

總統、副總統之罷免案，須經全體立法委員四分之一之提議，全體立法委員三分之二之同意後提出，並經中華民國自由地區選舉人總額過半數之投票，有效票過半數同意罷免時，即為通過。

立法院向國民大會提出之總統、副總統彈劾案，經國民大會代表總額三分之二同意時，被彈劾人應即解職。

第 3 條　行政院院長由總統任命之。行政院院長辭職或出缺時，在總統未任命行政院院長前，由行政院副院長暫行代理。憲法第 55 條之規定，停止適用。

行政院依左列規定，對立法院負責，憲法第 57 條之規定，停止適用：

一、行政院有向立法院提出施政方針及施政報告之責。立法委員在開會時，有向行政院院長及行政院各部會首長質詢之權。

二、行政院對於立法院決議之法律案、預算案、條約案，如認為有窒礙難行時，得經總統之核可，於該決議案送達行政院十日內，移請立法院覆議。立法院對於行政院移請覆議案，應於送達十五日內作成決議。

如為休會期間，立法院應於七日內自行集會，並於開議十五日內作成決議。覆議案逾期未議決者，原決議失效。覆議時，如經全體立法委員二分之一以上決議維持原案，行政院院長應即接受該決議。

三、立法院得經全體立法委員三分之一以上連署，對行政院院長提出不信任案。不信任案提出七十二

小時後，應於四十八小時內以記名投票表決之。如經全體立法委員二分之一以上贊成，行政院院長應於十日內提出辭職，並得同時呈請總統解散立法院；不信任案如未獲通過，一年內不得對同一行政院院長再提不信任案。

國家機關之職權、設立程序及總員額，得以法律為準則性之規定。

各機關之組織、編制及員額，應依前項法律，基於政策或業務需要決定之。

第4條　立法院立法委員自第四屆起二百二十五人，依左列規定選出之，不受憲法第64條之限制：

一、自由地區直轄市、縣市一百六十八人。每縣市至少一人。

二、自由地區平地原住民及山地原住民各四人。

三、僑居國外國民八人。

四、全國不分區四十一人。

前項第3款、第4款名額，採政黨比例方式選出之。第1款每直轄市、縣市選出之名額及第3款、第4款各政黨當選之名額，在五人以上十人以下者，應有婦女當選名額一人，超過十人者，每滿十人應增婦女當選名額一人。

立法院於每年集會時，得聽取總統國情報告。

立法院經總統解散後，在新選出之立法委員就職前，視同休會。

中華民國領土，依其固有之疆域，非經全體立法委員四分之一之提議，全體立法委員四分之三之出席，及出席委員四分之三之決議，並提經國民大會代表總額三分之二之出席，出席代表四分之三之複

決同意，不得變更之。

總統於立法院解散後發布緊急命令，立法院應於三日內自行集會，並於開議七日內追認之。但於新任立法委員選舉投票日後發布者，應由新任立法委員於就職後追認之。如立法院不同意時，該緊急命令立即失效。

立法院對於總統、副總統之彈劾案，須經全體立法委員二分之一以上之提議，全體立法委員三分之二以上之決議，向國民大會提出，不適用憲法第 90 條、第 100 條及增修條文第 7 條第 1 項有關規定。

立法委員除現行犯外，在會期中，非經立法院許可，不得逮捕或拘禁。憲法第 74 條之規定，停止適用。

第 5 條　　司法院設大法官十五人，並以其中一人為院長、一人為副院長，由總統提名，經立法院同意任命之，自中華民國 92 年起實施，不適用憲法第 79 條之規定。司法院大法官除法官轉任者外，不適用憲法第 81 條及有關法官終身職待遇之規定。

司法院大法官任期八年，不分屆次，個別計算，並不得連任。但並為院長、副院長之大法官，不受任期之保障。

中華民國 92 年總統提名之大法官，其中八位大法官，含院長、副院長，任期四年，其餘大法官任期為八年，不適用前項任期之規定。

司法院大法官，除依憲法第 78 條之規定外，並組成憲法法庭審理政黨違憲之解散事項。政黨之目的或其行為，危害中華民國之存在或自由民主之憲政秩序者為違憲。

司法院所提出之年度司法概算，行政院不得刪減，

但得加註意見，編入中央政府總預算案，送立法院
審議。

第6條　考試院為國家最高考試機關，掌理左列事項，不適
用憲法第83條之規定：

一、考試。

二、公務人員之銓敘、保障、撫卹、退休。

三、公務人員任免、考績、級俸、陞遷、褒獎之法制
　　事項。

考試院設院長、副院長各一人，考試委員若干人，
由總統提名，經立法院同意任命之，不適用憲法第
84條之規定。

憲法第85條有關按省區分別規定名額，分區舉行考
試之規定，停止適用。

第7條　監察院為國家最高監察機關，行使彈劾、糾舉及審計
權，不適用憲法第90條及第94條有關同意權之規定。

監察院設監察委員二十九人，並以其中一人為院
長、一人為副院長，任期六年，由總統提名，經立
法院同意任命之。憲法第91條至第93條之規定停止
適用。

監察院對於中央、地方公務人員及司法院、考試院
人員之彈劾案，須經監察委員二人以上之提議，九
人以上之審查及決定，始得提出，不受憲法第98條
之限制。

監察院對於監察院人員失職或違法之彈劾，適用憲
法第95條、第97條第2項及前項之規定。

監察委員須超出黨派以外，依據法律獨立行使職權。

憲法第101條及第102條之規定，停止適用。

第8條　立法委員之報酬或待遇，應以法律定之。除年度通

案調整者外，單獨增加報酬或待遇之規定，應自次屆起實施。國民大會代表集會期間之費用，以法律定之。

第 9 條　省、縣地方制度，應包括左列各款，以法律定之，不受憲法第 108 條第 1 項第 1 款、第 109 條、第 112 條至第 115 條及第 122 條之限制：

　　　　一、省設省政府，置委員九人，其中一人為主席，均由行政院院長提請總統任命之。

　　　　二、省設省諮議會，置省諮議會議員若干人，由行政院院長提請總統任命之。

　　　　三、縣設縣議會，縣議會議員由縣民選舉之。

　　　　四、屬於縣之立法權，由縣議會行之。

　　　　五、縣設縣政府，置縣長一人，由縣民選舉之。

　　　　六、中央與省、縣之關係。

　　　　七、省承行政院之命，監督縣自治事項。臺灣省政府之功能、業務與組織之調整，得以法律為特別之規定。

第 10 條　國家應獎勵科學技術發展及投資，促進產業升級，推動農漁業現代化，重視水資源之開發利用，加強國際經濟合作。

　　　　經濟及科學技術發展，應與環境及生態保護兼籌並顧。

　　　　國家對於人民興辦之中小型經濟事業，應扶助並保護其生存與發展。

　　　　國家對於公營金融機構之管理，應本企業化經營之原則；其管理、人事、預算、決算及審計，得以法律為特別之規定。

　　　　國家應推行全民健康保險，並促進現代和傳統醫藥之研究發展。

國家應維護婦女之人格尊嚴，保障婦女之人身安全，消除性別歧視，促進兩性地位之實質平等。

國家對於身心障礙者之保險與就醫、無障礙環境之建構、教育訓練與就業輔導及生活維護與救助，應予保障，並扶助其自立與發展。

國家應重視社會救助、福利服務、國民就業、社會保險及醫療保健等社會福利工作，對於社會救助和國民就業等救濟性支出應優先編列。

國家應尊重軍人對社會之貢獻，並對其退役後之就學、就業、就醫、就養予以保障。教育、科學、文化之經費，尤其國民教育之經費應優先編列，不受憲法第164條規定之限制。

國家肯定多元文化，並積極維護發展原住民族語言及文化。

國家應依民族意願，保障原住民族之地位及政治參與，並對其教育文化、交通水利、衛生醫療、經濟土地及社會福利事業予以保障扶助並促其發展，其辦法另以法律定之。對於澎湖、金門及馬祖地區人民亦同。

國家對於僑居國外國民之政治參與，應予保障。

第 11 條　自由地區與大陸地區間人民權利義務關係及其他事務之處理，得以法律為特別之規定。

中華民國憲法增修條文（第七次）

中華民國 94 年 6 月 10 日華總一義字第 09400087551 號令公布任務型國民大會複決會議通過立法院所提中華民國憲法增修條文修正案

中華民國憲法增修條文修正第 1 條、第 2 條、第 4 條、第 5 條、第 8 條及增訂第 12 條條文，增修本憲法條文如下：

第 1 條　中華民國自由地區選舉人於立法院提出憲法修正案、領土變更案，經公告半年，應於三個月內投票複決，不適用憲法第 4 條、第 174 條之規定。

憲法第 25 條至第 34 條及第 135 條之規定，停止適用。

第 2 條　總統、副總統由中華民國自由地區全體人民直接選舉之，自中華民國 85 年第九任總統、副總統選舉實施。總統、副總統候選人應聯名登記，在選票上同列一組圈選，以得票最多之一組為當選。在國外之中華民國自由地區人民返國行使選舉權，以法律定之。

總統發布行政院院長與依憲法經立法院同意任命人員之任免命令及解散立法院之命令，無須行政院院長之副署，不適用憲法第 37 條之規定。

總統為避免國家或人民遭遇緊急危難或應付財政經濟上重大變故，得經行政院會議之決議發布緊急命令，為必要之處置，不受憲法第 43 條之限制。

但須於發布命令後十日內提交立法院追認，如立法院不同意時，該緊急命令立即失效。

總統為決定國家安全有關大政方針，得設國家安全

會議及所屬國家安全局，其組織以法律定之。

總統於立法院通過對行政院院長之不信任案後十日內，經諮詢立法院院長後，得宣告解散立法院。但總統於戒嚴或緊急命令生效期間，不得解散立法院。立法院解散後，應於六十日內舉行立法委員選舉，並於選舉結果確認後十日內自行集會，其任期重新起算。

總統、副總統之任期為四年，連選得連任一次，不適用憲法第 47 條之規定。

副總統缺位時，總統應於三個月內提名候選人，由立法院補選，繼任至原任期屆滿為止。

總統、副總統均缺位時，由行政院院長代行其職權，並依本條第 1 項規定補選總統、副總統，繼任至原任期屆滿為止，不適用憲法第 49 條之有關規定。

總統、副總統之罷免案，須經全體立法委員四分之一之提議，全體立法委員三分之二之同意後提出，並經中華民國自由地區選舉人總額過半數之投票，有效票過半數同意罷免時，即為通過。

立法院提出總統、副總統彈劾案，聲請司法院大法官審理，經憲法法庭判決成立時，被彈劾人應即解職。

第 4 條　立法院立法委員自第七屆起一百一十三人，任期四年，連選得連任，於每屆任滿前三個月內，依左列規定選出之，不受憲法第 64 條及第 65 條之限制：

一、自由地區直轄市、縣市七十三人。每縣市至少一人。

二、自由地區平地原住民及山地原住民各三人。

三、全國不分區及僑居國外國民共三十四人。

前項第 1 款依各直轄市、縣市人口比例分配，並按應選名額劃分同額選舉區選出之。第 3 款依政黨名

單投票選舉之，由獲得百分之五以上政黨選舉票之政黨依得票比率選出之，各政黨當選名單中，婦女不得低於二分之一。

立法院於每年集會時，得聽取總統國情報告。

立法院經總統解散後，在新選出之立法委員就職前，視同休會。

中華民國領土，依其固有疆域，非經全體立法委員四分之一之提議，全體立法委員四分之三之出席，及出席委員四分之三之決議，提出領土變更案，並於公告半年後，經中華民國自由地區選舉人投票複決，有效同意票過選舉人總額之半數，不得變更之。

總統於立法院解散後發布緊急命令，立法院應於三日內自行集會，並於開議七日內追認之。但於新任立法委員選舉投票日後發布者，應由新任立法委員於就職後追認之。如立法院不同意時，該緊急命令立即失效。

立法院對於總統、副總統之彈劾案，須經全體立法委員二分之一以上之提議，全體立法委員三分之二以上之決議，聲請司法院大法官審理，不適用憲法第90條、第100條及增修條文第7條第1項有關規定。

立法委員除現行犯外，在會期中，非經立法院許可，不得逮捕或拘禁。憲法第74條之規定，停止適用。

第5條　司法院設大法官十五人，並以其中一人為院長、一人為副院長，由總統提名，經立法院同意任命之，自中華民國92年起實施，不適用憲法第79條之規定。司法院大法官除法官轉任者外，不適用憲法第81條及有關法官終身職待遇之規定。

司法院大法官任期八年，不分屆次，個別計算，並

不得連任。但並為院長、副院長之大法官，不受任
期之保障。

中華民國 92 年總統提名之大法官，其中八位大法
官，含院長、副院長，任期四年，其餘大法官任期
為八年，不適用前項任期之規定。

司法院大法官，除依憲法第 78 條之規定外，並組成
憲法法庭審理總統、副總統之彈劾及政黨違憲之解
散事項。

政黨之目的或其行為，危害中華民國之存在或自由
民主之憲政秩序者為違憲。

司法院所提出之年度司法概算，行政院不得刪減，
但得加註意見，編入中央政府總預算案，送立法院
審議。

第 8 條　立法委員之報酬或待遇，應以法律定之。除年度通
案調整者外，單獨增加報酬或待遇之規定，應自次
屆起實施。

第 12 條　憲法之修改，須經立法院立法委員四分之一之提
議，四分之三之出席，及出席委員四分之三之決
議，提出憲法修正案，並於公告半年後，經中華民國
自由地區選舉人投票複決，有效同意票過選舉人總額
之半數，即通過之，不適用憲法第 174 條之規定。

附錄四～一、德國威瑪憲法（Die Weimarer Verfassung）[①]（1919 年 8 月 11 日）

德意志國民團結各族、一心一德、共期改造帝國[②]，永存於自由正義之境，維持國內外之和平，促進社會之進化，茲制訂本部憲法。

第一編　帝國之組織及其職責

第一章　帝國及各邦

第 1 條　德意志帝國為共和政體。

　　　　國家權力源自全民。

第 2 條　帝國領土，由德意志各邦所組成。其他地方，如其人民依據自決原則願歸屬者，得依帝國法律予以接受，使其歸入於帝國版圖。

第 3 條　帝國旗色為黑紅金三色，商旗為黑白紅三色，其上端角落鑲有帝國國旗。

---

①威瑪憲法（Die Weimarer Verfassung），亦稱威瑪帝國憲法（Die Weimarer Reichsverfassung，簡稱 WRV），官方正式稱呼為德意志帝國憲法（Die Verfassung des Deutschen Reichs）。雖然威瑪憲法的官方正式稱呼與前身之德意志第二帝國憲法名稱並無二致，但威瑪憲法所代表的意義是德國歷史上首次「去帝制化」的民主憲政德國。威瑪憲法同時也是全球首創「半總統制」原型之憲政設計。中文原版為張君勱先生譯，筆者作部分修飾與註解。

②德國威瑪憲法之「帝國（Das Reich）」，乃指共和（Die Republik）之民主政體。如同前註，威瑪共和政體之國名仍續沿用前朝帝國名稱，並未改變。兩者政體意義上之「德意志帝國」，完全迥異。

第4條　已公認之國際法各法規，得視為德意志帝國法律，具裁決約束力。

第5條　國家權力之關於帝國事務者，由帝國機關，依照帝國憲法行使之。

關於各邦事務者，由各邦機關，依照帝國憲法行使之。

第6條　下列各立法權為帝國所專有：

一、外交。

二、殖民制度。

三、國籍、自由遷居之移民、引渡。

四、兵役法。

五、貨幣制度。

六、關稅制度、賦稅及貿易區域之整合，以及貨物流通之自由。

七、郵政、電報及電信制度。

第7條　帝國對於下列各項，有立法權：

一、民法。

二、刑法。

三、訴訟法及刑罰執行，及官署間之互助法。

四、護照制度及外事員警。

五、救貧制度及遊民之救護。

六、出版、結社、集會制度。

七、人口政策、孕婦、嬰兒、幼童及青年之保護。

八、公眾衛生制度、獸醫制度及對於植物病害之保護。

九、勞工法、工人及傭工之保險與職業介紹。

十、全國職業代表機關之設立。

十一、軍職人員及其家屬之保護。

十二、公用徵收法。

十三、天然寶藏、經濟企業之社會化、公共經濟貨物

之生產、供給、分配、定價，按照集體主義之
規範組織之。

十四、商業、度量衡制度、發行紙幣、銀行與交易所
制度。

十五、飲食用品、奢侈品及日用必需品之交易。

十六、營業法及礦業法。

十七、保險制度。

十八、航海法，海洋及沿海之漁業法。

十九、鐵路、內河航業、陸上、水上、空中之動力機
具，及關於國防道路之建築。

二十、戲院及電影制度。

第 8 條　帝國除上述之立法權外，對於租稅以及其他之全部
或一部為充實國庫而取得之收入，具有立法權。如
帝國欲將以前歸各邦管轄之賦稅及其多餘收入歸諸
自用時，對於各邦之條件能力，應優先列入考量。

第 9 條　在發佈統一法規之必要限度內，帝國對於下列各項
具有立法權：

一、公共福利之維護。

二、公共秩序與安寧之保護。

第 10 條　帝國對於下列各事項，得以立法手續規定其章則：

一、宗教團體之權利與義務。

二、學校制度，包括高等學校制度及學術圖書館制度。

三、各種公共團體之公務員法規。

四、土地法、土地分配、居住地及家園制度、土地所
有權之限制、住宅制度及人口分配。

五、殯葬制度。

第 11 條　帝國對於各邦賦稅之徵收與徵收之種類，如認為有
必要時，得以立法手續，以章則規定其性質及徵收

方法，使保有重要之社會利益及免除下列弊端：

一、有害於帝國稅源或帝國商業者。

二、雙重賦稅。

三、苛稅、或使用公共交通要道，及足以增加運輸負擔之不應有稅捐。

四、各邦間或同邦各地間貿易之稅捐，其足以使輸入貨物較境內製貨物難銷售者。

五、輸出獎勵金。

第 12 條　對於聯邦具有立法權並在帝國不行使其立法權時，各邦得保有之。但對於帝國專有之立法權，則不在此列。

關於第 7 條第十三項，如各邦法律有損害聯邦全體利益時，帝國有抗議權。

第 13 條　帝國法律可廢止各邦法律。

各邦法律與帝國法律發生疑義或有衝突時，帝國或各邦之中央主管官署得依照聯邦法律之詳細規定，由帝國最高法院判決之。

第 14 條　帝國法律無其他特別規定時，由各邦官署執行之。

第 15 條　帝國政府對於帝國有立法權事項，並行使監督權。

帝國法律，由各邦官署執行時，帝國政府得發佈命令，帝國政府為監督各邦中央官署及其下級官署之執行帝國法律，具派遣委員於各邦中央官署之權，並在取得各邦中央官署同意時，得派遣委員於各邦下級官署。

各邦政府對於執行帝國法律有缺點時，經帝國政府請求，有除去此缺點之義務。彼此意見不同時，不論帝國或各邦，除帝國法律已特效指定由其他法院判決外，得要求高等法院判決之。

第 16 條　在各邦內直接執行帝國任務之行政官吏，應以該邦人民充任之。

帝國行政上之官吏、雇員、工役，在可能範圍內，並與此等人員之教員及職務上所需條件不相衝突時，應依照個人志願，留在本籍地服務。

第 17 條　各邦須有自由邦之憲法，其人民代表應以具有德國國籍之人民，不分男女，依照比例選舉之原則，使用普遍、平等、直接、秘密選舉方法選出。各邦政府應獲人民代表信任。人民代表之選舉章程得適用於地方團體選舉。但各邦法律得以居住本地一年以上為條件，以限制選舉權。

第 18 條　帝國架構內之各邦應顧慮各該地人民之意見，以求發展其最高經濟及文化能力為目的。

在帝國內變更各邦領土及組織新邦，應依照帝國法律修正憲法之程序行之。

如直接具關聯之各邦均同意時，得依照簡易之聯邦法律行之。

如有關聯之一邦，對於各邦領土變更或組織新邦不同意時，得由民意之要求，或因對於帝國有極大利益時，仍得依照簡易之法律行之。

民事以投票方法徵求。如行將劃分區域之居民，其有帝國國會選舉權者三分之一以上要求時，帝國政府應即下令舉行全民公投。

對於領土變更或組織新邦之決議，應有五分之三之投票數，並代表具有選舉權者之過半數之贊同，始得決定之。其僅關於普魯士行政區巴伐利亞邦之一部分或其他各邦相當行政區之一部分的劃分，亦須徵求各該區全部人民意見。劃分之區域若與全區域

不相關聯者，得依照特別帝國法律，根據劃分區域居民之意見行使之。

人民表決之後，帝國政府應提出各該法律案於帝國議會③決議。

領土之合併或分裂，對於財產分割有爭執時，得由當事者一方之提議請求德意志帝國高等法院裁決之。

第 19 條　在任何一邦內，有憲法上之爭議，而該邦無該管轄法院足以解決此爭議者，又各邦間或帝國與某一邦間具爭議時，除關於非私法問題外，得由當事者一方請求帝國高等法院判決之，但以不歸其他帝國法院管轄者為限，高等法院之判決，由帝國總統以命令執行之。

第二章　帝國議會④

第 20 條　帝國議會，以代表德國人民之議員組成之。

第 21 條　議員為全體人民之代表，惟服從其良心所主張，並不受其他請託之約束。

第 22 條　議員由年滿二十歲以上之男女，依照比例代表選舉制，以普遍、平等、直接、秘密之選舉法選出。選舉日須為星期日或公共休息日。其詳細辦法另以選舉法定之。

第 23 條　帝國議會以四年為任期。每屆任期滿後，其新選舉最遲應限於滿期後之第六十日舉行。帝國議會第一

---

③帝國議會（Der Reichstag），亦有以「帝國眾議院」稱之，其與現今之德意志聯邦共和國（Die Bundesrepublik Deutschland，簡稱 BRD）聯邦議會（Der Bundestag，或稱聯邦眾議院），均屬中央層級之國會，由人民直接選舉產生。

④同前註。

次集會，最遲應限於選舉後之第三十日行之。

第24條　帝國議會於每年十一月份之第一個星期三，自行集
　　　　會於帝國政府所在地⑤，惟帝國總統或帝國議會議員
　　　　三分之一有所要求時，帝國議會議長應將帝國議會
　　　　提前召集開會。

　　　　帝國議會決定其閉會與重行開會日期。

第25條　帝國總統得解散帝國議會，但出於同一原因，僅得
　　　　解散國會一次。

　　　　新的選舉最遲應限於帝國議會被解散後之第六十日
　　　　行之。

第26條　帝國議會自行選舉議長、副議長及秘書長，並自定
　　　　議事細則。

第27條　在休會或閉會時，由本次會期之議長及副議長繼續
　　　　執行其一切職務。

第28條　國會之議場權及員警權，由議長行使之。國會之內
　　　　部行政，屬於議長。議長並掌管國會內依照預算之
　　　　一切收支，其於行政上之一切法律行為及訴訟事件
　　　　皆代表帝國。

第29條　帝國議會之議事，須公開之。惟五十人以上之議員動
　　　　議，並經三分之二之多數贊成時，可改為秘密會議。

第30條　凡帝國議會、各邦議會及其議會內之委員會，於公
　　　　開議事中之言論、紀錄及報告，不產生責任問題。

第31條　帝國議會內設置選舉監察法庭。議員資格之存在或
　　　　喪失，由該法庭判決之。

　　　　選舉監察法庭成員來自本屆帝國議會議員，帝國總
　　　　統可給予提名建議，或經帝國行政法院院長呈請總

⑤帝國政府所在地―柏林（Berlin）。

統任命之。

帝國行政法院推事共同組織之。

選舉監察依照公開口頭辯論原則，以帝國議會議員三人及法官兩人共同宣告判決。

選舉監察法庭，除口頭辯論外，其訴訟程序，由帝國總統所任命之帝國委員一人主持之。此外一切程序，由選舉監察法庭規定之。

第 32 條　帝國議會之表決，除憲法規定其他投票比例外，應以過半數行之。

但帝國議會內所行使之選舉，得依照議事細則之規定。

決議能力，由議事細則規定之。

第 33 條　帝國議會及其委員會，得要求帝國總理及各部部長出席。帝國總理、各部部長及其所委託之人員，均得出席於帝國議會及其委員會之會議，各邦亦得派遣全權代表出席此會議，以陳述各該邦政府對於某議案意見。

各邦政府代表得於會議時請求發言。帝國政府代表並得於議事日程要求發言，帝國及各邦政府代表應服從主席之秩序權。

第 34 條　帝國議會有設置審查委員會之權。遇國會議員五分之一之動議時，有設置審查委員會之義務。審查委員會及提議設置此委員會者所認為必要之證據，審查委員會應公開搜集之。如審查委員會有三分之二以上人數贊同，得將辯論予以停止公開。至於該委員會之審理程序及委員人數，由議事細則規定之。

法院及行政官署，對於此委員會所請求搜查之證據，有遵照辦理之義務。如委員會調閱檔案，應即送交。關於此委員會及受此委員會請求之官署，於

其搜查證據時，得依照刑事訴諸規定適用之。但不得侵害書信、郵政、電報及電話之秘密。

第 35 條 帝國議會設置常任外交委員會，此委員會雖在國會閉會期間，或在國會任期屆滿，或國會被解散以至新國會集會之期間，仍照常執行職務。此委員會之會議並不公開，但有該委員會三分之二以上委員之多數決議時，准其公開。帝國議會為保持人民代表機關對於帝國政府之權利起見，得在國會閉會期間及國會任滿期間設置常任委員會。

此委員會具有審查委員會之所有權。

第 36 條 帝國議會及各邦議會議員，無論何時，不得因其投票或因行使其議員職權所發表之言論，受司法或紀律上之懲處，並不得於議會外，負任何責任。

第 37 條 帝國議會及各邦議會議員，在開會期間，非得其所屬之國會或議會許可，不得以犯法行為而受審問或被逮捕。惟現行犯當場拘捕或於犯案之翌日被捕者，不在此限。

足以限制人身自由，致使議員不能行使其職權者，須得經各該議員所屬之議會許可，始得為之。對於帝國議會或各邦議會議員之一切刑事訴訟、或拘留、及足以限制個人所有自由之管束，如經其所屬議會之要求時，應完全予以停止執行。

第 38 條 帝國議會及各邦議會議員以議員資格受人委託，或因執行議員職務而委託他人時，對於該人及該事，有拒絕作證之權。關於沒收事證，法律上允許某人有拒絕作證之權利者，議員亦同。

凡欲於帝國議會或各邦議會，進行任何搜索或沒收，非經議長許可，不得行之。

第 39 條　一切官吏及國防軍人，因被選舉為議員時，得准予所需任期之假期，應照給之。

第 40 條　凡帝國議會議員，對於在德意志帝國的所有鐵路具免費乘車權，並依照帝國法律標準，領受損害賠償，並得支領歲費。歲費由帝國法律定之。

第三章　帝國總統及帝國政府

第 41 條　帝國總統，由全體德意志人民選舉之。
　　　　凡年滿三十五歲以上之德意志人，皆有被選舉權。
　　　　其細則，另以帝國法律定之。

第 42 條　帝國總統於就職時，應對帝國議會作出下列之宣誓：
　　　　余誓竭諸餘力，謀人民之幸福，增進其利益，去除其弊病，遵守憲章法典，依照良心，盡忠義務，並以正義服務眾民，謹誓。
　　　　宣誓時，得附加宗教宣誓。

第 43 條　帝國總統任期為七年。如再當選，得連任。帝國總統於任期未滿前，得由帝國議會動議，以國民表決罷免之。帝國議會此項決議，須有三分之二之多數贊成，才能成立。決議成立後，帝國總統應即停止其執行職務，如國民表決拒絕罷免總統時，帝國總統得重新選舉，帝國議會應即解散。帝國總統，不受刑事上之追訴。

第 44 條　帝國總統不得同時為帝國議會議員。

第 45 條　帝國總統，在國際外交上，代表帝國，並得以帝國名義，與其他國家締結同盟、訂立條約、授受使節。
　　　　宣戰媾和，以帝國法律行之。

對外國締結同盟及訂立條約，有涉及帝國立法事項者，應得經帝國議會之同意。

第 46 條　帝國總統於法律上無特別規定時，得任免帝國文武官員，並得命其他官署行使此項任免權。

第 47 條　帝國總統掌握帝國一切國防軍之最高命令權。

第 48 條　帝國總統，對於帝國中之任何一邦如不依照帝國憲法或帝國法律所規定之義務時，得使用兵力強制之。

帝國總統於德意志帝國境內之公共安寧及秩序，視為有被擾亂或危害時，為恢復公共安寧及秩序起見，得使用必要之處置，必要時更得使用兵力，以求達此目的。

帝國總統得臨時將本法一百一十四，一百一十五，一百一十七，一百一十八，一百二十三，一百二十四及一百五十三各條所規定之基本權利之全部或一部停止之。本條第一及第二兩項規定之處置得經由帝國總統或帝國議會之請求而廢止之。

其細則，另以帝國法律規定之。

第 49 條　帝國總統代替帝國行使特赦權、帝國大赦，應依帝國法律行之。

第 50 條　帝國總統之一切命令、處分及關於國防軍範圍內之一切命令、處分，須得經帝國總理或該主管部長之副署，才發生效力，副署具有責任效力。

第 51 條　帝國總統因故不能行使職權時，由帝國總理代理之。如遇事故有延長之虞時，則依照帝國法律規定其代理。

帝國總統於任期未滿去職時，以及新總統尚未選出前，得依前項辦理。

第 52 條　帝國政府以帝國總理及各部部長組成之。

第 53 條　帝國總理及由帝國總理所推薦之各部部長，均由帝國總統任免之。

第 54 條　帝國總理及各部部長於行使其職權時，須得經帝國議會之信賴，如其中之一員，不論何人，受帝國議會之明顯決議不信任時，應即退職。

第 55 條　帝國總理領導帝國政府，按照帝國政府制定及經帝國總統認可之處理章程執行職務。

第 56 條　帝國總理規定政治大綱，並對帝國議會負責。在此政治大綱之範圍內，各部部長獨立執行其職司職務，並對帝國議會自行負責。

第 57 條　各部部長得將一切法案及憲法或法律所規定應行之公共政策事務，以及關於和多數部長有關之各內部意見不能一致的問題，提出共同討論。

第 58 條　帝國政府之決議以多數決取決之。表決之票數同等時，由主席投票決定之。

第 59 條　帝國議會對於帝國總統、帝國總理或帝國各部部長，認為違背帝國憲法或帝國法律時，得代表帝國向高等法院控告之。控告之動議須有帝國國會議員百人以上之連署，並須有為修憲而預作規定之人數相等之同意數。至於其細則，以高等法院之帝國法律規定之。

第四章　帝國參議院[6]

第 60 條　為代表德意志各邦參加聯邦之立法、行政，以組織聯邦參議院。

---

[6]帝國參議院（Der Reichsrat），其組成代表各邦。

第 61 條　各邦在帝國參議院，至少應有一票。大邦每人口七十萬（一百萬）有一票，其超過之餘數（最少須與最小邦之人口數相等），最少有三十五萬人口，作為（滿一百萬）七十萬算。無論何邦，不得有總票數五分之二以上之投票權。

　　　　奧地利在合併於德國之後，其參加帝國參議院之權利，亦得按人民數目，獲同等之投票權。未合併前，奧大利之代表，只有被諮詢之權。票數於每次普查調查人口後，由帝國參議院重新訂定之。

第 62 條　帝國參議院中所組織之各委員會，得有一票以上之投票權。

第 63 條　在帝國參議院中，各邦以其政府之成員為代表。但普魯士票數之一半，得按其各邦法律，由普魯士地方行政機關任命之。

　　　　各方得按照參議院所得之票數派遣代表。

第 64 條　帝國政府應帝國參議院議員三分之一之請求，應召開帝國參議院院會。

第 65 條　帝國參議院及其各委員會之主席，由帝國政府之各部部長充任。帝國政府之各部部長有列席帝國參議院會議之權利。如經帝國參議院之要求，有出席之義務，且在會議之中，得要求臨時發言。

第 66 條　帝國政府及帝國參議院之議員，在帝國參議院中，有提案權。帝國參議院，依照議事章程，訂其議事程序。

　　　　帝國參議院之會議屬公開性質，但亦得依照議事章程，於個別之會議事件，停止公開。

　　　　在表決時，以投票之簡單過半數為依據。

第 67 條　帝國參議院接受帝國政府各相關部會關於日常執行

政務之報告。討論重大事件時，帝國政府各相關部
會，應使帝國參議院之該主管委員會參與之。

第五章 帝國立法

第 68 條　法律案由帝國政府或帝國議會提出之。

帝國法律，由帝國議會議決之。

第 69 條　帝國政府提出法律案時，須得經帝國參議院同意，
如帝國政府及帝國參議院對於法律案之意見不一致
時，帝國政府得將法律案提出，但須將帝國參議院
之意見附加說明。

如帝國參議院議決之法律案帝國政府不同意時，帝
國政府應說明其立場，將此法律案提交帝國議會。

第 70 條　帝國總統應依照憲法制定法律，並於一個月內在帝
國法律公報中公佈之。

第 71 條　帝國法律，除有特別規定者外，自公佈於帝國議會
出版法律公報之日起，經過十四日，即發生效力。

第 72 條　如有帝國議會議員之三分之一要求時，帝國法律之
公佈得展期兩個月。但如帝國議會及帝國參議院認
為緊急時，帝國總統得不理此要求而公佈之。

第 73 條　凡經帝國議會議決之法律，如帝國總統於一個月內決
定交付公民表決者，得於其公佈前，交付公民表決。

法律之由帝國議會三分之一之動議，展期公佈者，
如得有投票權之人民二十分之一之提議，應交付公
民表決。

此外，有選舉權之人民十分之一請願提出法律案
時，亦當交公民公決之。此項公民請願，應備已繕
擬妥適之法律案，然後由政府附加意見，提交帝國

議會，若帝國議會對於此項請願法律案毫無更改而接受時，不必再交付公民表決。關於預算、賦稅法及俸給條例，帝國總統有提交公民表決之權。關於公民表決及公民請願，以帝國法律定之。

第 74 條　對於帝國議會所議決之法律案，帝國參議院得否決之。此項否決案，應於帝國議會投票議決後之兩星期內提交帝國政府，最遲限於兩星期內，將否決理由書送交國會。

否決案應重提帝國議會表決，如帝國議會及帝國參議院對於是項法律意見仍不一致時，帝國總統得將該法律案交付公民表決。如帝國總統不行使此權時，則此法律案視為不成立。如帝國議會以三分之二之多數議決，反對帝國參議院之否決時，則帝國總統應在三個月內，按照帝國議會所議決公佈或交付公民表決。

第 75 條　帝國議會之議決案，須有投票權者之多數參加表決，方得變更之。

第 76 條　憲法得用立法程序修改之，但帝國議會欲議決修改憲法，必須有法定人數三分之二出席及出席議員三分之二之贊成，其決議案始得成立。又帝國參議院對於修改憲法之議決，亦須有投票數三分之二之多數贊成。若由公民請願而由公民投票以議決修改憲法，須有多數選民之贊成。

如帝國議會對於帝國參議院之修改憲法議決提出抗議時，則帝國總統於兩星期內，如不接受帝國參議院之要求，不得將此法律公佈。

第 77 條　關於帝國法律實施上所必要之普通行政規範，除法律有特別規定外，由政府另訂之。

但如此項法律施行屬於各邦官署之許可權者，則須得經帝國參議院之同意。

第六章　帝國行政

第78條　外交事務，專屬於聯邦。

凡屬於各邦立法範圍內之事務，各邦與外國締結條約，惟此項條約須得經帝國之同意。關於與外國協定變更帝國國境事件，須得獲相關聯之各邦所同意，由帝國締結之。國境變更，除限於無居民地區之境界外，須依帝國法律行之。

各邦與外國有經濟上特殊關係或境地相關聯而發生利益問題者，關於此項利益之保護，帝國應得各邦之同意，採取一切應需之處置。

第79條　國防事務，專屬於帝國。德意志人民兵役制度，應根據各地居民特殊情形由帝國法律統一規定之。

第80條　殖民事務，專屬於帝國。

第81條　一切德意志商船合組為一商船隊。

第82條　德意志帝國在關稅及商業上為單一領土，以公共之邊界環繞之。

關稅境界與國界同。其在海上，以大陸海岸及所屬島嶼為關稅界。海上及其他水上之關稅界，得設例外之規定。

外國領土或領土之一部，得以條約或協定加入於德意志關稅界內。有特別必要時，得將某一部分摒除於關稅界以外，至於自由港之處於關稅界外者，僅得以變更憲法之法律撤銷之。

處於關稅界外之區域，得由於條約或協定加入外國

之關稅區。

一切天然物資工業品、美術品，在帝國境內可以自由交易者，得在各邦境內，各地方團體境內，輸入輸出或通過之。但亦得以帝國法律規定例外。

第 83 條　關稅及消費稅，由帝國官署管理之。

帝國官署，於管理帝國賦稅時，應設置各項設備，俾各邦能保障其農工商範圍內之各該邦特別利益。

第 84 條　下列各項，由帝國以法律規定之：

一、各邦財政機關之組織，務使帝國稅法在各邦均有劃一及公平之執行。

二、執行帝國稅法之監督機關的組織及其職權。

三、與各邦之清算。

四、執行帝國稅法所需行政費之撥還。

第 85 條　帝國之收支，應於每會計年度預先估計，並編入預算案。預算於會計年度之前，以法律定之。

支出之承認，在原則上，以一年為限，但遇特別情形，得稍為延長。此外，凡超越會計年度及無關於帝國之收支或其管理者，不得規定於帝國預算法內。

帝國議會，非經帝國參議院之同意，不得增加支出金額或新設款目於預算草案中。

帝國參議院之同意，得依照第 74 條各項所規定以補充之。

第 86 條　關於帝國一切收入之用途，應由帝國財政部長於下次會計年度提出決算於帝國議會及帝國參議院，以減輕帝國政府之責任。決算之審核，由帝國法律規定之。

第 87 條　帝國於預算外及為充實生產企業經費時，得以信用方法籌集款項，其籌募方式，帝國負擔義務及保證

品，惟需依據帝國法律行之。

第 88 條　郵政、電報、電話事業，專屬於帝國。

郵票全帝國一致。

帝國政府經帝國參議院之同意，得頒佈交通規則及使用交通設備應繳納之費用，並得將此權委託於帝國郵務部。

關於郵政、電報、電話之交通事務及其價目表，帝國政府經帝國參議院同意，得酌設顧問機關。

關於與外國訂立交通上的條約事件，專屬帝國。

第 89 條　帝國得將普通交通上所需要之鐵道，收歸帝國所有，並統一管理之。

各邦獲得私有鐵道之權利，如經帝國之要求，應即轉讓於帝國。

第 90 條　鐵道轉移予帝國所有時，其公用徵收權及關於鐵道上之一切公權，概由帝國接受之。

關於此項權利範圍有爭議時，由高等法院裁判之。

第 91 條　帝國政府得經帝國參議院之同意，發佈關於鐵道建築、經營及車務之命令，並得以帝國參議院之同意，委託此項職權予帝國之各主管部會。

第 92 條　帝國鐵道之預算、決算，雖包括於帝國總預算、決算內，但當視為經濟獨立之企業辦理支付利息償還鐵道債務，及籌措鐵道公積金，均在其內。此項償金及公積金之多寡及公積金之用途，另以單行法律規定之。

第 93 條　帝國政府得帝國參議院之同意，可設置鐵道顧問機關以備關於鐵道建設及運價之諮詢。

第 94 條　如帝國將某一特定區域內之公用設備之鐵道收歸管理時，在此特定區域內，如欲建築公用設備之新鐵

道，應由帝國自行建築，或由他人得經帝國之同意而建築之。若建築新鐵道、改變現有之鐵道，與各邦員警權有牴觸時，帝國鐵路管理機關在未決定前，應先諮詢各邦官署之意見。

在帝國尚未將鐵道移歸管理各地，帝國得根據帝國法律籌設經費，建築交通或國防所必需之鐵道，或委託他人建築，於必要時並得以使用公用徵收權。該鐵道所通過之各邦，應以不傷及該邦之權利為限。

各鐵道管理機關應許其他鐵道與本路接軌，惟接軌之設備經費，由其他路線負擔。

第 95 條　公用設備之鐵道尚未歸帝國管理者，應由帝國監督。在帝國監督下的鐵道，應按照帝國規定章則，為一致之建築及設備，且應維持其營業狀況，及按照交通需要擴張之。客運及貨運之設置，應適合需要。

關於運價之監督，應以達到全國一致性，以及低廉之價額為目的。

第 96 條　一切鐵道，不論為公用設備者與否，遇帝國為國防需用時，均應聽從帝國徵發。

第 97 條　帝國得將供公用設備而可以航行之水道，收歸國有，並收歸帝國管理。

此項水道收歸國有後，其公用設備，須由帝國或得經帝國同意，始得建設或擴張之。

管理擴張或新建航行水道時，應得經具關聯之各邦同意，俾地方文化及地方水利得以維持，其改良時亦然。

水道管理機關，遇其他國內水道自行經費請求連接時，應許可之。遇鐵道與水道相連接時，水道管理機關准予連接之義務，仍舊存在。

水道收歸國有後，其公用徵收權，擬訂運價權，水上及船舶員警權，均屬於帝國。

河流建設會掌有建設萊茵河、韋沙河及愛爾河等各流域天然水道之職權，屬於帝國。

第 98 條　帝國政府得以帝國參議院之同意，另定規章，設置帝國水道顧問會，以茲協助一切水道事務。

第 99 條　在天然水道上，惟限於為謀交通便利所設施之工事建築物及其他設備，始得徵收規費。

此項規費之徵收，其在國家或地方之設備方面，不得超過建築及維持必需費。若其設備不專為圖交通便利，而另有其他目的者，則其建設費及維持費，僅就其便利通航之部分，由航行規費收入項下支用。利息支付及償還債務之支出，均屬建設費。

關於人造水道以及人造水道上之設備及水岸等之稅則，得適用前條之規定。

國內水道之航行捐稅，得以航道、河流或支流所需全部費用為計算基礎。

前項規定，關於可通航水道上之漂流木筏亦適用之。

外國船舶及貨物之捐稅，比較德國船舶及貨物之捐稅或不同、或較高，由帝國規定之。

為籌集德國航道之維持及擴充費，帝國政府得以法律及其他方式，會合航行相關聯者分擔之。

第 100 條　為籌措內河航路之建設及維持費，帝國政府得以法律令因修理堰堤而獲通航以外之利益者納捐，但此項規定，以水道之通過數邦或由帝國單獨負擔建設者為限。

第 101 條　一切海上標幟如燈塔、燈船、浮標、礁標等，得由帝國收歸國有管理之。

此項標幟收歸國有後，其設立及整理由帝國經辦，
或須得經帝國之同意。

第七章　司法

第 102 條　法官獨立，只服從法律。

第 103 條　普通裁判，由帝國法院及各邦之法院行使之。

第 104 條　普通裁判之法官為終身職。惟依據法律規定之理由
　　　　　及形式，由司法機關決定，始得不顧法官情願，將
　　　　　其免職，停職，調任或退休。

　　　　　法官之退休年齡，以法律定之。

　　　　　因法律而生之暫行停職，不受前項規定限制。

　　　　　在法院組織及其管轄區域有變更時，各邦之司法行
　　　　　政部得不顧法官之情願，將其調任他處或令其退
　　　　　職，但須維持原俸。

　　　　　商事法官、參審員及陪審員，不得適用此等規定。

第 105 條　不得設置特別法院。無論何人，不得剝奪其受法定
　　　　　法官裁判之權利，但法律所定之軍事會議及戒嚴法
　　　　　院，不在此項規定之內。

　　　　　名譽軍事法庭，應撤銷之。

第 106 條　除戰時及軍艦內外，軍事審判權應撤銷之。其細
　　　　　則，另由聯邦法律規定之。

第 107 條　帝國及各邦應依據法律，成立行政法院，以保護個
　　　　　人權益不受行政官署命令及處分之侵害。

第 108 條　帝國應依照聯邦法律，設立德意志聯邦高等法院。

第二編　德國人民之基本權利及基本義務

第一章　個人

第 109 條　德國人民，在法律前一律平等。

　　　　　原則上，男女均有同等之公民權利及義務。

　　　　　公法特權及不平等待遇由出生或階級來看，概行廢
　　　　　止。貴族之御稱，僅視為姓氏之一部，以後不得再
　　　　　行頒給。

　　　　　譽稱，僅限於表官職及職業者，始得頒給，學位不
　　　　　在此限。

　　　　　國家不得頒給勳章及榮典。

　　　　　德國人民不得領受外國政府給與之譽稱或勳章。

第 110 條　帝國及各邦人民之國籍，得依照帝國法律規定而取
　　　　　得或喪失之。

　　　　　凡有一邦之國籍者，同時亦有帝國國籍。

　　　　　凡德國人民在帝國境內各邦所有之權利義務，與各
　　　　　該邦之原籍人民相同。

第 111 條　一切德國人民，在帝國境內享遷徙自由之權，無論
　　　　　何人，得隨意居留或居住於地國境內各地，並有取
　　　　　得不動產及自由營生之權。惟根據帝國法律，始得
　　　　　限制以上之規定。

第 112 條　德國人民有移住國外之權。

　　　　　此項移住，惟聯邦法律得限制之。

　　　　　在帝國領土內外之帝國人民，對於外國，有要求帝
　　　　　國保護之權。

德國人民不得被引渡於外國政府受追訴及處罰。

第 113 條 帝國居民有操外國語者，不得以立法及行政手續，妨害其民族性之自由發展。在教育上，內政及司法上使用其母語時，不得干涉。

第 114 條 人身之自由不得侵犯。凡使用公共權力以妨害或褫奪人身之自由者，惟依法律始得為之。

凡被褫奪自由之人，最遲應於翌日受通知，由何官署，以何理由下令將其自由褫奪，並應即予其人以機會，使對於被褫奪自由提出抗辯。

第 115 條 德國人民之住宅為其自由居處，不得侵犯，其例外應依法律為之。

第 116 條 無論何種行為，非在行為之前已有法律規定處罰者，不得科以刑罰。

第 117 條 書信秘密以及郵政、電報、電話之秘密，不得侵害，其例外惟依據帝國法律始得為之。

第 118 條 德國人民，在法律限制內，有用言語，文字，印刷，圖書或其他方法，自由發表其意見之權，並不得因勞動或雇傭關係，剝奪其此種權利。如其人使用此權利時，無論何人，亦不得妨害之。不得施行檢查。惟對於電影，得依據法律，酌設相當規定。又為防止淫褻文書之發行，及於公開展覽及演藝時為保護青年起見，得以法律處置之。

第二章　共同生活

第 119 條 婚姻為家族生命及民族生存增長之基礎，受憲法之特別保護，並以男女兩性平權為本。

家族之清潔康健及社會之改良，為國家與公共團體

之任務，其有兒童眾多之家庭，得享受相當之扶助以減輕負擔。

產婦得要求保護及扶助之。

第120條 教育子女，使之受身體上、精神上及社會上美格，為父母之最高義務及自然權利。關於其實行，由政治機關監督之。

第121條 私生子之身體上、精神上及社會上之進展，在立法上，與嫡生子同等待遇。

第122條 應保護青年，使勿受利用及防道德上、精神上及體力上之荒廢。

國家及公共團體對此亦應有必要之設備，以達其保護之目的。

出於強制之保護處置，惟依據法律始得為之。

第123條 德國人民（原文系無武器裝備）不必報告官署及得特別許可，有和平及無武器集會之權。

露天集會，依據聯邦法律，有報告官署之義務。其直接危害公共治安者，得禁止之。

第124條 德國人民，其目的若不違背刑法，有組織社團及法團之權。此項權利不得以預防方法限制之。

宗教上之社團及社團，得適用本條規定。

社團得依據民法規定，獲得權利能力。此項權利能力之獲得，不能因該社團為求達其政治上、社會上、宗教上目的而拒絕之。

第125條 選舉自由及選舉秘密應受保障，其細則另以選舉法規定之。

第126條 德國人民有以書面向該主管官署或議會請願或抗告之權利。此權利得由一人或由多人行使之。

第127條 自治區及行政區，在法律規定內，有行政自主權。

第 128 條　市民，不分差別，均得依法規定，按其才能及其勞績，准予充任官吏。反對女子服官職之例外規定，應完全廢止。

　　　　　官規大綱，以帝國法律定之。

第 129 條　官吏之任用，除法律有特別規定者外，皆為終身職。養老金及遺族撫養金，另以法律定之。官吏既得之權利，不得侵害。關於金錢上之權利，得向法院起訴。

　　　　　惟依法律規定及程式，始得將官吏暫行免職，停職或退職，或降任於薪俸較低之他職。

　　　　　官吏職務上之懲罰判決，得上訴可能時，應予再審。其在官吏人事檢查簿中，擬登記不利於該官吏事實時，應先予該官吏發表其對於此事實之意見之機會，而後始登記之。官吏之欲閱覽其本人之人事檢查簿者，亦應照准。

　　　　　既得權之不可侵犯及得向法院請求金錢上權利之救濟兩種權利，職業軍人一律享受之。

　　　　　職業軍人之地位，由帝國法律規定之。

第 130 條　官吏為全國之公僕，非一黨一派之傭役。

　　　　　官吏之政治志向自由及結社自由，應保障之。

　　　　　官吏得依據帝國法律規定，設立特別之官吏代表機關。

第 131 條　官吏行使所受委託之公權時，對於第三者違反其職務上義務，其責任應由該官吏所服役之國家及政治機關擔負，不得起訴官吏。

　　　　　但第三者對於該官吏之求償權，保留之。通常訴訟方法，於此亦可以適用。

　　　　　其細則，以法律規定之。

第 132 條　德國人民，按法律規定，有擔任名譽職之義務。

第 133 條 每一德國人民，依據法律，有為國家及自治區服役
之義務。

兵役義務，以帝國兵役法法定之。兵役法為貫徹軍
人任務及維持軍紀起見，得規定國防軍人之各個基
本權利及其受限制之程度。

第 134 條 國民，不分差別，應依據法律，稱其資力，負擔公
共費用。

第三章　宗教及宗教團體

第 135 條 帝國境內居民得享完全之信教自由及良心自由，並
由憲法保障及由國家保護之。但一般法律，不受本
條拘束。

第 136 條 民事上及公務上之權利義務，不以宗教自由之行使
而附帶條件或受限制。

民事上及公務權利之享受及就任公職之認許，與宗
教信仰上無關。無論何人、皆無宣告其宗教上信仰
之義務。但為隸屬某種宗教團體之故而有權利義務
之關係，或為法定統計上調查之必要，官署得在此
範圍內，有權詢問人民屬於何種宗教團體。

無論何人，皆不受強迫，使參加宗教儀式或宗教大
典，或參加宗教演習，或強用宗教宣誓儀式。

第 137 條 不立國教。

宗教團體設立之自由，應保障之。

在帝國領土內，宗教團體之聯合不受限制。

宗教團體，在對一般適用法律限制內，得獨立規定
管理其事務，並不必受國家或人民自治區之干涉，
得自行委用職員。

宗教團體得依據民法規定，取得法律能力。

宗教團體有公法上之性質者，仍為公法團體。其他宗教團體之組織及社員人數，得依其請求，給予同樣之權利。

其多數之公法上宗教團體聯合為大團體時，則此團體亦為公法社團。

宗教團體之為公法社團者，有依據人民稅冊，遵照聯邦法規規定標準，徵收租稅之權。

凡結社以從事共同世界觀念為任務者，得以宗教團體待遇之。

此項規定之施行細則，由各邦法律規定之。

第 138 條 根據法律契約或持別法律名義由國家付給之宗教團體資助金，以各邦法律廢止之。其章則，由帝國規定之。

宗教法團及宗教社團之為文化、教育、慈善各目的而設立機關、財團及其他財產之所有權，應保障之。

第 139 條 星期日及由國家所認可之休假日為工作休息日及精神修養日，以法律保護之。

第 140 條 國防軍人，應給予奉行其宗教義務之休假時間。

第 141 條 在軍營、病院、監獄及其他公共機關，有舉行禱拜及精神修養之必要者，准各宗教團體在內舉行教禮，但不得強制執行。

第四章 教育及學校

第 142 條 藝術、科學及其學理當為自由，國家應予以保護及培植。

第 143 條 青年教育，由公共機關任之。其設備，由帝國各邦

及自治區協力設置之。

教員之養成，依照高等教育一般適用之原則，須規定全國一致。公共學校之教員，有國家官吏之權利義務。

第 144 條 教育事務，在國家監督之下，國家亦得令自治區參與之。學校之監督，應由以教育為主要職業及具專門學識之官吏擔任。

第 145 條 受國民小學教育為國民普通義務。就學期限，至少八學年，次為完成學校至滿足十八歲為止，國民小學及完成學校之授課及教育用品，完全免費。

第 146 條 公共教育制度為有系統之組織，在為全民之基本教育制度內，設置中學及高等學校，此等學校之設置，以生活所需各種職業為標準，對於兒童之入一種特定學校之錄取，應視其才能及志向而定，不得以其父母之經濟及社會地位或宗教信仰為準則，定其去留。在一地方團體內，得依據享受教育權利者之動議，設立其所信仰宗教或世界觀之國民小學。但以不妨害已經規定之學校課程及本條第一項之意義者為限。然受教育者之志願，應顧及。其細則，由各邦立法機關遵照帝國法律原則規定之。

帝國及各邦及自治區，應於預算內準備公款，以資助窮困中學及高等學校者。適合受中學及高等學校教育之貧乏兒童之父母，應受獎學金資助，至其兒童畢業為止，使其兒童終得所學。

第 147 條 以私立學校補充公立學校時，須得國家之認可。在各邦法律上，如私立學校之教育目的及設備與教員學問不亞於公立學校者，又其待遇學生一律平等，不以學生父母之富貧而強分軒輊者，國家始得准許

其設立。若其教員之經濟及法律條件無充分保證者，不得准予設立。

私立國民小學必根據本憲法第一四六條第二項所規定。顧慮受教育權利者少數之意志，而在該自治區內無合乎彼等宗教信仰或哲學觀念之國民小學，或教育當局認為有特別教育上利益時，始得准予設立。

私立預備學校，概應廢止。

私立學校之不補充公立學校者，仍照現行法律規定辦理。

第 148 條　各學校應致力於道德教化，國民節操，使人民在德意志民族精神上及國際協和上，能造就人格及發展職業才能。公立學校授課時，當注意侵犯懷抱他種思想者之情感。國民常識及勞動課程為學校科目之一。學生於其就學義務完畢時，各得憲法印本一冊。國民教育及高等國民學校，應由帝國、各邦及各自治區振興之。

第 149 條　宗教課目為學校之通常學科。

但無宗教信仰（哲學觀念）之學校，不在此限。

關於宗教課程之教授，在學校立法範圍內規定之。宗教課程，於不妨害國家監督權範圍內，依各該宗教團體之典義教授之。宗教課程之教授、宗教儀式之預習，由學校教員之意見定之。宗教課程、宗教儀式之參與，由管轄兒童宗教教育者之意見定之。高等學校之神道科，依然存在。

第 150 條　美術、歷史及博物館之紀念品與天然風景，受國家之保護及維持。防止德國美術品轉移於外國之事務，屬於帝國權限。

第五章 經濟生活

第 151 條　經濟生活之組織，應與公平之原則及人類生存維持
　　　　　之目的相適應。在此範圍內，各人之經濟自由，應
　　　　　予保障。

　　　　　法律強制，僅得行使於恢復受害者之權利及維持公
　　　　　共幸福之緊急需要。

　　　　　工商業之自由，應依帝國法律之規定，予以保障。

第 152 條　經濟關係，應依照法律規定，為契約自由之原則所
　　　　　支配。重利，應禁止之。法律行為之違反善良風俗
　　　　　者，視為無效。

第 153 條　所有權，受憲法之保障。其內容及限制，以法律規
　　　　　定之。

　　　　　公用徵收，僅限於裨益公共福利及有法律根據時，
　　　　　始得行之。公用徵收，除帝國法律有特別規定外，
　　　　　應予相當賠償。賠償之多寡，如有爭執時，除帝國
　　　　　憲法有特別規定外，准其在普通法院提起訴訟。帝
　　　　　國對於各邦自治區及公益團體行使公用徵收權時，
　　　　　應給予賠償。

　　　　　所有權為義務，其使用應同時為公共福利之役務。

第 154 條　繼承權，應依照民法之規定受保障。國家對於繼承
　　　　　財產所應徵收之部分，以法律定之。

第 155 條　土地之分配及利用，應由聯邦監督，以防不當之使
　　　　　用，並加以監督，以期德國人均受保障，並有康健
　　　　　之住宅，德國家庭尤其人口繁多之家庭，得有家產
　　　　　住宅。此外，尤應特別照顧參戰人員。

　　　　　因應住宅之需要，獎勵拓殖開墾或發展農業，土地

所有權得徵收之。家族內之土地財產應廢止之。

土地之耕種及開拓，為土地所有者對於社會之義務。土地價值之增加非由投資或人工而來者，其福利應歸社會。

土地寶藏及經濟上可以利用之天然力，均在國家監督之下。私人特權，得以法律轉移於國家。

第156條 帝國得依據法律，照公用徵收之規定，將私人經濟企業之適合於社會化者，予以賠償收歸公有。各邦或自治區得參與此類經濟企業或組合之管理，或以其他方法，保持其一定之勢力。

帝國得於緊急需要時，為公共經濟計，依照法律，使經濟企業及組織相結合，立於自治基礎上，俾得保持一切生利之階級共同協力。雇主及勞工參加管理經濟財務之生產、製造、分配、消費、定價、輸出、輸入，依公共經濟原則規定。生產組合，經濟組合及其聯合邦之團體，如其自行提出要求時，得審查其組織及其特質，使併入於公共經濟中。

第157條 勞力，受國家特別保護。

帝國應制定一致的勞工法。

第158條 智識上之工作，著作權，發明權，美術權，同享受國家之扶持資助。

德國科學上、美術上、技術上之創作品，應依照國際條約，使其在國外亦享受保護。

第159條 為保護及增進勞工條件及經濟條件之結社自由，無論何人及何種職業，均應予以保障。

規定及契約之足以限制或妨礙此項自由者，均屬違法。

第160條 無論何人，或為雇員，或為勞工，在服務或勞動中，應有盡公民義務之餘暇。如職務不受重大妨害

時，並應有餘暇盡名譽公職。

所受之賠償及報酬，以法律規定之。

第 161 條 為保持健康及工作能力，保護產婦及預防因老病衰弱之生活經濟不生影響起見，帝國應制定概括之保險制度，且使被保險者與聞其事。

第 162 條 關於工作條件之國際法規，其足使世界全體勞動階級得最低限度之社會權利者，帝國應贊助之。

第 163 條 德國人民，不妨害其人身自由時，應公共福利之需要，應照精神上、體力上之能力，盡道德上之義務。德國人民應有可能之機會，從事經濟勞動，以維持生計。無相當勞動機會時，其必需生活應籌劃及之。其詳細，另以聯邦單行法律規定之。

第 164 條 農工商業之獨立中流社會，應由立法行政機關設法發展及保護之，使不負擔過重及被吞併。

第 165 條 勞動者及受雇者，得以同等權利會同企業家制定工作金勞動條件及生產力上之全部經濟發展之規章。雙方所組織之團體及其協定，均受認可。

勞動者，受雇者，為保持其社會上及經濟上之利益起見，得在企業工會及按照經濟區域組織之區工會與帝國工會，有法律上之代表。

區工會聯邦工會，為履行其全部之經濟任務，以及為執行社會法律之協助起見，得與企業家代表與其餘有關之人民各界代表，集會於地區經濟會議及帝國經濟會議。地區經濟會議及帝國經濟會議之組織，應使全國之重要職業團體，視其經濟上、社會上之重要關係，派選代表出席。

關係重大之社會或經濟法律草案，應由帝國政府於未提出議會前，提交帝國經濟會議審核之。帝國經

濟會議亦有自行提議此項法律之權。帝國政府不同意時，帝國經濟會議得說明其立場，提出於帝國議會。帝國經濟會議得派會員一人，代表出席帝國議會。

勞動會議及經濟會議，在該管轄範圍內，有監督及管理之權。

關於勞動會議及聯邦會議之組織及任務，及其對於他項自治團體之關係，專由帝國規定之。

第六章　過渡規定及終結規定

第 166 條　在帝國行政法院未設立之前，關於選舉監督法院之組織，以聯邦行政法院代行職務。

第 167 條　本憲法第 18 條第三項及第六項，於本憲法公佈兩年後始施行。

普魯士之上斯來西邦，於德意志官署將臨時占領地區之行政權收回兩個月內，應即依照本憲法第 18 條第四項第一句及第五項舉行投票，以解決應否組織上斯來西邦問題。

如投票贊成，即上斯來西邦得於其他聯邦法律頒佈前組織之，並適用下列各規定：

一、選出之邦議會，於所投票結果經官署確定後三日內召集之，使任命邦政府及議決邦憲法。此項選舉規則，由帝國總統按照帝國選舉法頒佈之，並指定選舉日期。

二、帝國總統得在上斯來西邦議會之同意，規定該邦何時成立。

三、上斯來西邦之邦籍，得依下列條件取得之：

1. 成年之帝國人民，於上斯來西邦之成立日，在該邦有不動產或永久之居所者，自此日起，取得邦籍。

2. 成年人有普魯士邦籍而在上斯來西州出生，及於該邦成立一年內而向邦政府聲請欲取得該邦邦籍者，自聲請到達之日起，取得該邦籍。

3. 帝國人民，由於出生、嫡出或婚姻，因隨前兩項所登記之一人而取得國籍者，取得該邦籍。

第 168 條　在本憲法第 63 條所規定之各邦法律未頒佈前，但最遲限至 1921 年 7 月 1 日止（一年為期），在帝國參議院之一切普魯士投票，由政府各部部長行使之。

第 169 條　本憲法第 83 條第一項之規定，其施行日期，由帝國政府規定之。在相當過渡時期中，關於消費稅及關稅之徵收及管理，得依各邦之請求，交各邦自行辦理。

第 170 條　巴燕及韋登堡之郵政及電信管理，最遲限於 1921 年 4 月 1 日轉移於帝國。如接收條件至 1920 年 9 月 1 日尚未解決時，由高等法院判決之。在未接收前，巴燕及韋登堡之舊有權利義務照舊保留之，但與鄰邦及外國有關郵電事務應專由帝國規定之。

第 171 條　鐵路、水道及海上標幟，最遲限於 1921 年 4 月 1 日轉移於帝國。

關於接收條件，若至 1920 年 10 月 1 日尚未解決時，由高等法院判決之。

第 172 條　關於高等法院之帝國法律，在未發生效力以前，高等法院之職權以由七人組成之評議會行使之。此評議會之組織，由帝國議會選出四人及帝國行政法院選出三人共同組織之，其訴訟程式，由該評議會自定之。

第 173 條　在依本憲法第 138 條應發佈之帝國法律未發佈前，
　　　　　　所有從前依舊法律契約及依據權利名義而給予各宗
　　　　　　教團體之政府資助，仍舊有效。

第 174 條　在本憲法第 146 條第 2 項所指定之帝國法律未發佈
　　　　　　前，其已有之法律地位仍繼續維持。此項法律對於
　　　　　　聯邦內，並無依宗教派別而設立之學校之各區域，
　　　　　　應特別注意。

第 175 條　本憲法第 109 條之規定，對於 1914 年至 1919 年戰爭
　　　　　　時期中所發給之勳章及榮典，不適用之。

第 176 條　一切公務人員及國防軍人，應對本憲法宣誓。其細
　　　　　　則，以總統命令定之。

第 177 條　按照現行法律宣誓，應有宗教宣誓形式時，宣誓者
　　　　　　得不用之，並得以代「餘誓」語，但法律規定之宣
　　　　　　誓內容，仍不更改。

第 178 條　1871 年 4 月 16 日之德意志之帝國憲法及 1919 年 1 月
　　　　　　10 日之帝國暫行政權法，均廢止之。此外，帝國之
　　　　　　一切法律及命令仍有效，但以不與本憲法牴觸者為
　　　　　　限。1919 年 6 月 28 日在凡爾賽簽訂之和平條約，不
　　　　　　得以憲法牴觸之。參照關於取得黑爾哥蘭島之談判
　　　　　　與為優待該島之人民起見，得頒發與本憲法第 17 條
　　　　　　第 2 項不符之章則。
　　　　　　官署之命令根據以前法律以合法手續頒發者，在未
　　　　　　用他項命令及法律以廢止之前，仍屬有效。

第 179 條　法律及命令所定之規定及機關，雖經本憲法廢止而
　　　　　　仍提及之者，以本憲法所定之相當規定及機關代替
　　　　　　之。如國民會議，以帝國議會代之。各邦委員會，
　　　　　　以帝國參議院代之。依據帝國暫行政權法所選出之
　　　　　　行政元首，以依本憲法所選出之總統代之。依照規

定，屬於各邦委員會之命令發佈權，此後應轉移於帝國政府。惟帝國政府應依照本憲法之規定，須得帝國參議院之同意，始得發佈命令。

第 180 條 在第一次帝國議會未集會以前，以國民大會代替帝國議會，第一次總統未就職以前，其職務以依據關於臨時帝國權力於法律所選出之帝國總統行使之。

第 181 條 德意志國民以其國民會議投票表決及制定本憲法。本憲法自公佈日施行。

附錄四~二（德國威瑪憲法原文）

Die Verfassung des Deutschen Reichs vom 11. August 1919-Die
Weimarer Verfassung
Das deutsche Volk, einig in seinen Stämmen und von dem Willen be-
seelt, sein Reich in Freiheit und Gerechtigkeit zu erneuern und zu fes-
tigen, dem inneren und dem äußeren Frieden zu dienen und den gesel-
lschaftlichen Fortschritt zu fördern, hat sich diese Verfassung gegeben.

Erster Hauptteil

Aufbau und Aufgabe des Reichs Erster Abschnitt Reich und Länder

Artikel 1 Das Deutsche Reich ist eine Republik. Die Staatsgewalt geht
vom Volke aus.

Artikel 2 Das Reichsgebiet besteht aus den Gebieten der deutschen
Länder. Andere Gebiete können durch Reichsgesetz in das Reich auf-
genommen werden, wenn es ihre Bevölkerung kraft des Selbstbes-
timmungsrechts begehrt.

Artikel 3 Die Reichsfarben sind schwarz-rot-gold. Die Handelsflagge
ist schwarz-weiß-rot mit den Reichsfarben in der oberen inneren Ecke.

Artikel 4 Die allgemein anerkannten Regeln des Völkerrechts gelten
als bindende Bestandteile des deutschen Reichsrechts.

Artikel 5 Die Staatsgewalt wird in Reichsangelegenheiten durch die
Organe des Reichs auf Grund der Reichsverfassung, in Landesange-
legenheiten durch die Organe der Länder auf Grund der Landesver-

fassungen ausgeübt.

Artikel 6 Das Reich hat die ausschließliche Gesetzgebung über: 1. die Beziehungen zum Ausland; 2. das Kolonialwesen; 3. die Staatsangehörigkeit, die Freizügigkeit, die Ein- und Auswanderung und die Auslieferung; 4. die Wehrverfassung; 5. das Münzwesen; 6. das Zollwesen sowie die Einheit des Zoll- und Handelsgebiets und die Freizügigkeit des Warenverkehrs; 7. das Post- und Telegraphenwesen einschließlich des Fernsprechwesens.

Artikel 7 Das Reich hat die Gesetzgebung über: 1. das bürgerliche Recht; 2. das Strafrecht; 3. das gerichtliche Verfahren einschließlich des Strafvollzugs sowie die Amtshilfe zwischen Behörden; 4. das Paßwesen und die Fremdenpolizei; 5. das Armenwesen und die Wandererfürsorge; 6. das Presse-, Vereins- und Versammlungswesen; 7. die Bevölkerungspolitik, die Mutterschafts-, Säuglings-, Kinder- und Jugendfürsorge; 8. das Gesundheitswesen, das Veterinärwesen und den Schutz der Pflanzen gegen Krankheiten und Schädlinge; 9. das Arbeitsrecht, die Versicherung und den Schutz der Arbeiter und Angestellten sowie den Arbeitsnachweis; 10. die Einrichtung beruflicher Vertretungen für das Reichsgebiet; 11. die Fürsorge für Kriegsteilnehmer und ihre Hinterbliebenen; 12. das Enteignungsrecht; 13. die Vergesellschaftung von Naturschätzen und wirtschaftlichen Unternehmungen sowie die Erzeugung, Herstellung, Verteilung und Preisgestaltung wirtschaftlicher Güter für die Gemeinwirtschaft; 14. den Handel, das Maß- und Gewichtswesen, die Ausgabe von Papiergeld, das Bauwesen sowie das Börsenwesen; 15. den Verkehr mit Nahrungs- und Genußmitteln sowie mit Gegenständen des täglichen Bedarfs; 16. das Gewerbe und den Bergbau; 17. das Versicherungswesen; 18. die Seeschiffahrt, die Hochsee- und die Küstenfischerei; 19. die Eisenbahnen, die Binnenschiffahrt, den Verkehr mit Kraftfahrzeugen zu Lande, zu Wasser und in der Luft, sowie den Bau von Landstraßen, soweit es sich um den allgemeinen Verkehr und die Landesverteidigung handelt; 20. das Theater- und Lichtspielwesen.

Artikel 8 Das Reich hat ferner die Gesetzgebung über die Abgaben und sonstigen Einnahmen, soweit sie ganz oder teilweise für seine Zwecke in Anspruch genommen werden. Nimmt das Reich Abgaben oder sonstige Einnahmen in Anspruch, die bisher den Ländern zustanden, so hat es auf die Erhaltung der Lebensfähigkeit der Länder Rücksicht zu nehmen.

Artikel 9 Soweit ein Bedürfnis für den Erlaß einheitlicher Vorschriften vorhanden ist, hat das Reich die Gesetzgebung über: 1. die Wohlfahrtspflege; 2. den Schutz der öffentlichen Ordnung und Sicherheit.

Artikel 10 Das Reich kann im Wege der Gesetzgebung Grundsätze aufstellen für: 1. die Rechte und Pflichten der Religionsgesellschaften; 2. das Schulwesen einschließlich des Hochschulwesens und das wissenschaftliche Büchereiwesen; 3. das Recht der Beamten aller öffentlichen Körperschaften; 4. das Bodenrecht, die Bodenverteilung, das Ansiedlungs- und Heimstättenwesen, die Bindung des Grundbesitzes, das Wohnungswesen und die Bevölkerungsverteilung; 5. das Bestattungswesen.

Artikel 11 Das Reich kann im Wege der Gesetzgebung Grundsätze über die Zulässigkeit und Erhebungsart von Landesabgaben aufstellen, soweit sie erforderlich sind, um 1. Schädigung der Einnahmen oder der Handelsbeziehungen des Reichs, 2. Doppelbesteuerungen, 3.

übermäßige oder verkehrshindernde Belastung der Benutzung öffentlicher Verkehrswege und Einrichtungen mit Gebühren, 4. steuerliche Benachteiligungen eingeführter Waren gegenüber den eigenen Erzeugnissen im Verkehre zwischen den einzelnen Ländern und Landesteilen oder 5. Ausfuhrprämien auszuschließen oder wichtige Gesellschaftsinteressen zu wahren.

Artikel 12 Solange und soweit das Reich von seinem Gesetzgebungsrecht keinen Gebrauch macht, behalten die Länder das Recht der Gesetzgebung. Dies gilt nicht für die ausschließliche Gesetzgebung des Reichs. Gegen Landesgesetze, die sich auf Gegenstände des Artikels 7 Ziffer 13 beziehen, steht der Reichsregierung, sofern dadurch das Wohl der Gesamtheit im Reiche berührt wird, ein Einspruchsrecht zu.

Artikel 13 Reichsrecht bricht Landrecht. Bestehen Zweifel oder Meinungsverschiedenheiten darüber, ob eine landesrechtliche Vorschrift mit dem Reichsrecht vereinbar ist, so kann die zuständige Reichs- oder Landeszentralbehörde nach näherer Vorschrift eines Reichsgesetzes die Entscheidung eines obersten Gerichtshofs des Reichs anrufen.

Artikel 14 Die Reichsgesetze werden durch die Landesbehörden ausgeführt, soweit nicht die Reichsgesetze etwas anderes bestimmen.

Artikel 15 Die Reichsregierung übt die Aufsicht in den Angelegenheiten aus, in denen dem Reiche das Recht der Gesetzgebung zusteht. Soweit die Reichsgesetze von den Landesbehörden auszufahren sind, kann die Reichsregierung allgemeine Anweisungen erlassen. Sie ist ermächtigt, zur Überwachung der Ausführung der Reichsgesetze zu den Landeszentralbehörden und mit ihrer Zustimmung zu den unteren Behörden Beauftragte zu entsenden. Die Landesregierungen sind verpflichtet, auf Ersuchen der Reichsregierung Mängel, die bei der Ausführung der Reichsgesetze hervorgetreten sind, zu beseitigen. Bei Meinungsverschiedenheiten kann sowohl die Reichsregierung als die Landesregierung die Entscheidung des Staatsgerichtshofs anrufen, soweit nicht durch Reichsgesetz ein anderes Gericht bestimmt ist.

Artikel 16 Die mit der unmittelbaren Reichsverwaltung in den Ländern betrauten Beamten sollen in der Regel Landesangehörige sein. Die Beamten, Angestellten und Arbeiter der Reichsverwaltung sind auf ihren Wunsch in ihren Heimatgebieten zu verwenden, soweit dies möglich ist und nicht Rücksichten auf ihre Ausbildung oder Erfordernisse des Dienstes entgegenstehen.

Artikel 17 Jedes Land muß eine freistaatliche Verfassung haben. Die Volksvertretung muß in allgemeiner, gleicher, unmittelbarer und geheimer Wahl von allen reichsdeutschen Männern und Frauen nach den Grundsätzen der Verhältniswahl gewählt werden. Die Landesregierung bedarf des Vertrauens der Volksvertretung. Die Grundsätze für die Wahlen zur Volksvertretung gelten auch für die Gemeindewahlen. Jedoch kann durch Landesgesetz die Wahlberechtigung von der Dauer des Aufenthalts in der Gemeinde bis zu einem Jahre abhängig gemacht werden.

Artikel 18 Die Gliederung des Reichs in Länder soll unter möglichster Berücksichtigung des Willens der beteiligten Bevölkerung der wirtschaftlichen und kulturellen Höchstleistung des Volkes dienen. Die Änderung des Gebiets von Ländern und die Neubildung von Ländern innerhalb des Reichs erfolgen durch verfassungsänderndes Reichsgesetz. Stimmen die unmittelbar beteiligten Länder zu, so bedarf es nur eines einfachen Reichsgesetzes. Ein einfaches Reichsgesetz genügt ferner, wenn eines der beteiligten Länder nicht zustimmt, die Gebietsänderung oder Neubildung aber durch den Willen der Bevölkerung gefordert wird und ein überwiegendes Reichsinteresse sie erheischt. Der Wille der Bevölkerung ist durch Abstimmung festzustellen. Die Reichsregierung ordnet die Abstimmung an, wenn ein Drittel der zum Reichstag wahlberechtigten Einwohner des abzutrennenden Gebiets es verlangt. Zum Beschluß einer Gebietsänderung oder Neubildung sind drei Fünftel der abgegebenen Stimmen, m indestens aber die Stimmenmehrheit der Wahlberechtigten erforderlich. Auch wenn es sich nur um Abtrennung eines Teiles eines preußischen Regierungsbezirks, eines bayerischen Kreises oder in anderen Ländern eines entsprechenden Verwaltungsbezirkes handelt, ist der Wille der Bevölkerung des ganzen in Betracht kommenden Bezirkes festzustellen. Wenn ein räumlicher Zusammenhang des abzutrennenden Gebiets mit dem Gesamtbezirke nicht besteht, kann auf Grund eines besonderen Reichsgesetzes der Wille der Bevölkerung des abzutrennenden Gebiets als ausreichend erklärt werden. Nach Feststellung der Zustimmung der Bevölkerung hat die Reichsregierung dem Reichstag ein entsprechendes Gesetz zur Beschlußfassung vorzulegen. Entsteht bei der Vereinigung oder Abtrennung Streit über die Vermögensauseinandersetzung, so entscheidet hierüber auf Antrag einer Partei der Staatsgerichtshof für das Deutsche Reich.

Artikel 19 Über Verfassungsstreitigkeiten innerhalb eines Landes, in dem kein Gericht zu ihrer Erledigung besteht, sowie über Streitigkeiten nichtprivatrechtlicher Art zwischen verschiedenen Ländern oder zwischen dem Reiche und einem Lande entscheidet auf Antrag eines der streitenden Teile der Staatsgerichtshof für das Deutsche Reich, soweit nicht ein anderer Gerichtshof des Reichs zuständig ist. Der Reichspräsident vollstreckt das Urteil des Staatsgerichtshofs.

Zweiter Abschnitt Der Reichstag

Artikel 20 Der Reichstag besteht aus den Abgeordneten des deutschen Volkes.

Artikel 21 Die Abgeordneten sind Vertreter des ganzen Volkes. Sie sind nur ihrem Gewissen unterworfen und an Aufträge nicht gebunden.

Artikel 22 Die Abgeordneten werden in allgemeiner, gleicher, unmittelbarer und geheimer Wahl von den über zwanzig Jahre alten Männern und Frauen nach den Grundsätzen der Verhältniswahl gewählt. Der Wahltag muß ein Sonntag oder öffentlicher Ruhetag sein. Das Nähere bestimmt das Reichswahlgesetz.

Artikel 23 Der Reichstag wird auf vier Jahre gewählt. Spätestens am sechzigsten Tage nach ihrem Ablauf muß die Neuwahl stattfinden. Der Reichstag tritt zum ersten Male spätestens am dreißigsten Tage nach der Wahl zusammen.

Artikel 24 Der Reichstag tritt in jedem Jahre am ersten Mittwoch des November am Sitz der Reichsregierung zusammen. Der Präsident des Reichstags muß ihn früher berufen, wenn es der Reichspräsident oder mindestens ein Drittel der Reichstagsmitglieder verlangt. Der Reichstag bestimmt den Schluß der Tagung und den Tag des Wiederzusammentritts.

Artikel 25 Der Reichspräsident kann den Reichstag auflösen, jedoch nur einmal aus dem gleichen Anlaß. Die Neuwahl findet spätestens am sechzigsten Tage nach der Auflösung statt.

Artikel 26 Der Reichstag wählt seinen Präsidenten, dessen Stellvertreter und seine Schriftführer. Er gibt sich seine Geschäftsordnung.

Artikel 27 Zwischen zwei Tagungen oder Wahlperioden führen Präsident und Stellvertreter der letzten Tagung ihre Geschäfte fort.

Artikel 28 Der Präsident übt das Hausrecht und die Polizeigewalt im Reichstagsgebäude aus. Ihm untersteht die Hausverwaltung; er verfügt über die Einnahmen und Ausgaben des Hauses nach Maßgabe des Reichshaushalts und vertritt das Reich in allen Rechtsgeschäften und Rechtsstreitigkeiten seiner Verwaltung.

Artikel 29 Der Reichstag verhandelt öffentlich. Auf Antrag von fünfzig Mitgliedern kann mit Zweidrittelmehrheit die Öffentlichkeit ausgeschlossen werden.

Artikel 30 Wahrheitsgetreue Berichte über die Verhandlungen in den öffentlichen Sitzungen des Reichstags, eines Landtags oder ihrer Ausschüsse bleiben von jeder Verantwortlichkeit frei.

Artikel 31 Bei dem Reichstag wird ein Wahlprüfungsgericht gebildet. Es entscheidet auch über die Frage, ob ein Abgeordneter die Mitgliedschaft verloren hat. Das Wahlprüfungsgericht besteht aus Mitgliedern des Reichstags, die dieser für die Wahlperiode wählt, und aus Mitgliedern des Reichsverwaltungsgerichts, die der Reichspräsident auf Vorschlag des Präsidiums dieses Gerichts bestellt. Das Wahlprüfungsgericht erkennt auf Grund öffentlicher mündlicher Verhandlung durch drei Mitglieder des Reichstags und zwei richterliche Mitglieder.

Außerhalb der Verhandlungen vor dem Wahlprüfungsgericht wird das Verfahren von einem Reichsbeauftragten geführt, den der Reichspräsident ernennt. Im übrigen wird das Verfahren von dem Wahlprüfungsgerichte geregelt.

Artikel 32 Zu einem Beschlusse des Reichstags ist einfache Stimmenmehrheit erforderlich, sofern die Verfassung kein anderes Stimmenverhältnis vorschreibt. Für die vom Reichstag vorzunehmenden Wahlen kann die Geschäftsordnung Ausnahmen zulassen. Die Beschlußfähigkeit wird durch die Geschäftsordnung geregelt.

Artikel 33 Der Reichstag und seine Ausschüsse können die Anwesenheit des Reichskanzlers und jedes Reichsministers verlangen. Der Reichskanzler, die Reichsminister und die von ihnen bestellten Beauftragten haben zu den Sitzungen des Reichstags und seiner Ausschüsse Zutritt. Die Länder sind berechtigt, in diese Sitzungen Bevollmächtigte zu entsenden, die den Standpunkt ihrer Regierung zu dem Gegenstande der Verhandlung darlegen. Auf ihr Verlangen müssen die Regierungsvertreter während der Beratung, die Vertreter der Reichsregierung auch außerhalb der Tagesordnung gehört werden. Sie unterstehen der Ordnungsgewalt des Vorsitzenden.

Artikel 34 Der Reichstag hat das Recht und auf Antrag von einem Fünftel seiner Mitglieder die Pflicht, Untersuchungsausschüsse einzusetzen. Diese Ausschüsse erheben in öffentlicher Verhandlung die Beweise, die sie oder die Antragsteller für erforderlich erachten. Die Öffentlichkeit kann vom Untersuchungsausschuß mit Zweidrittelmehrheit ausgeschlossen werden. Die Geschäftsordnung regelt das Verfahren des Ausschusses und bestimmt die Zahl seiner Mitglieder. Die

Gerichte und Verwaltungsbehörden sind verpflichtet, dem Ersuchen dieser Ausschüsse um Beweiserhebungen Folge zu leisten; die Akten der Behörden sind ihnen auf Verlangen vorzulegen. Auf die Erhebungen der Ausschüsse und der von ihnen ersuchten Behörden finden die Vorschriften der Strafprozeßordnung sinngemäße Anwendung, doch bleibt das Brief-, Post-, Telegraphen- und Fernsprechgeheimnis unberührt.

Artikel 35 Der Reichstag bestellt einen ständigen Ausschuß für auswärtige Angelegenheiten, der auch außerhalb der Tagung des Reichstags und nach der Beendigung der Wahlperiode oder der Auflösung des Reichstags bis zum Zusammentritte des neuen Reichstags tätig werden kann. Die Sitzungen dieses Ausschusses sind nicht öffentlich, wenn nicht der Ausschuß mit Zweidrittelmehrheit die Öffentlichkeit beschließt. Der Reichstag bestellt ferner zur Wahrung der Rechte der Volksvertretung gegenüber der Reichsregierung für die Zeit außerhalb der Tagungen und nach Beendigung einer Wahlperiode oder der Auflösung des Reichstags bis zum Zusammentritt des neuen Reichstags einen ständigen Ausschuß. Diese Ausschüsse haben die Rechte von Untersuchungsausschüssen. Absatz 2. Fassung des Gesetzes vom 15. Dezember 1923.

Artikel 36 Kein Mitglied des Reichstags oder eines Landtags darf zu irgendeiner Zeit wegen seiner Abstimmung oder wegen der in Ausübung seines Berufs getanen Äußerungen gerichtlich oder dienstlich verfolgt oder sonst außerhalb der Versammlung zur Verantwortung gezogen werden.

Artikel 37 Kein Mitglied des Reichstags oder eines Landtags kann ohne Genehmigung des Hauses, dem der Abgeordnete angehört, während der Sitzungsperiode wegen einer mit Strafe bedrohten Handlung zur Untersuchung gezogen oder verhaftet werden, es sei denn, daß das Mitglied bei Ausübung der Tat oder spätestens im Laufe des folgenden Tages festgenommen ist. Die gleiche Genehmigung ist bei jeder anderen Beschränkung der persönlichen Freiheit erforderlich, die die Ausübung des Abgeordnetenberufs beeinträchtigt. Jedes Strafverfahren gegen ein Mitglied des Reichstags oder eines Landtags und jede Haft oder sonstige Beschränkung seiner persönlichen Freiheit wird auf Verlangen des Hauses, dem der Abgeordnete angehört, für die Dauer der Sitzungsperiode aufgehoben.

Artikel 38 Die Mitglieder des Reichstags und der Landtage sind berechtigt, über Personen, die ihnen in ihrer Eigenschaft als Abgeordnete Tatsachen anvertrauen, oder denen sie in Ausübung ihres Abgeordnetenberufs solche anvertraut haben, sowie über diese Tatsachen selbst das Zeugnis zu verweigern. Auch in Beziehung auf Beschlagnahme von Schriftstücken stehen sie den Personen gleich, die ein gesetzliches Zeugnisverweigerungsrecht haben. Eine Durchsuchung oder Beschlagnahme darf in den Räumen des Reichstags oder eines Landtags nur mit Zustimmung des Präsidenten vorgenommen werden.

Artikel 39 Beamte und Angehörige der Wehrmacht bedürfen zur Ausübung ihres Amtes als Mitglieder des Reichstags oder eines Landtags keines Urlaubs. Bewerben sie sich um einen Sitz in diesen Körperschaften, so ist ihnen der zur Vorbereitung ihrer Wahl erforderliche Urlaub zu gewähren.

Artikel 40 Die Mitglieder des Reichstags erhalten das Recht zur freien

Fahrt auf allen deutschen Eisenbahnen sowie Entschädigung nach Maßgabe eines Reichsgesetzes.

Artikel 40 a Die Vorschriften der Artikel 36, 37, 38 Abs. 1 und 39 Abs. 1 gelten für den Präsidenten des Reichstags, seine Stellvertreter und die ständigen und ersten stellvertretenden Mitglieder der im Artikel 35 bezeichneten Ausschüsse auch für die Zeit zwischen zwei Tagungen (Sitzungsperioden) oder Wahlperioden des Reichstags. Das gleiche gilt für den Präsidenten eines Landtags, seine Stellvertreter und die ständigen und ersten stellvertretenden Mitglieder von Ausschüssen eines Landtags, wenn sie nach der Landesverfassung außerhalb der Tagung (Sitzungsperiode) oder Wahlperiode tätig werden können. Soweit Artikel 37 eine Mitwirkung des Reichstags oder eines Landtags vorsieht, tritt der Ausschuß zur Wahrung der Rechte der Volksvertretung an die Stelle des Reichstags und, falls Ausschüsse des Landtags fortbestehen, der vom Landtag bestimmte Ausschuß an die Stelle des Landtags. Die im Abs. 1 bezeichneten Personen haben zwischen zwei Wahlperioden die im Artikel 40 b ezeichneten Rechte. Gesetz zur Ergänzung der Reichsverfassung vom 22. Mai 1926, in Kraft getreten am 11. Juni 1926.

Dritter Abschnitt Der Reichspräsident und die Reichsregierung

Artikel 41 Der Reichspräsident wird vom ganzen deutschen Volke gewählt. Wählbar ist jeder Deutsche, der das fünfunddreißigste Lebensjahr vollendet hat. Das Nähere bestimmt ein Reichsgesetz.

Artikel 42 Der Reichspräsident leistet bei der Übernahme seines Amtes vor dem Reichstag folgenden Eid: Ich schwöre, daß ich meine Kraft dem Wohle des deutschen Volkes widmen, seinen Nutzen mehren, Schaden von ihm wenden, die Verfassung und die Gesetze des Reichs wahren, meine Pflichten gewissenhaft erfüllen und Gerechtigkeit gegen jedermann üben werde. Die Beifügung einer religiösen Beteuerung ist zulässig.

Artikel 43 Das Amt des Reichspräsidenten dauert sieben Jahre. Wiederwahl ist zulässig. Vor Ablauf der Frist kann der Reichspräsident auf Antrag des Reichstags durch Volksabstimmung abgesetzt werden. Der Beschluß des Reichstags erfordert Zweidrittelmehrheit. Durch den Beschluß ist der Reichspräsident an der ferneren Ausübung des Amtes verhindert. Die Ablehnung der Absetzung durch die Volksabstimmung gilt als neue Wahl und hat die Auflösung des Reichstags zur Folge. Der Reichspräsident kann ohne Zustimmung des Reichstags nicht strafrechtlich verfolgt werden.

Artikel 44 Der Reichspräsident kann nicht zugleich Mitglied des Reichstags sein.

Artikel 45 Der Reichspräsident vertritt das Reich völkerrechtlich. Er schließt im Namen des Reichs Bündnisse und andere Verträge mit auswärtigen Mächten. Er beglaubigt und empfängt die Gesandten. Kriegserklärung und Friedensschluß erfolgen durch Reichsgesetz. Bündnisse und Verträge mit fremden Staaten, die sich auf Gegenstände der Reichsgesetzgebung beziehen, bedürfen der Zustimmung des Reichstags.

Artikel 46 Der Reichspräsident ernennt und entläßt die Reichsbeamten und die Offiziere, soweit nicht durch Gesetz etwas anderes bestimmt ist. Er kann das Ernennungs- und Entlassungsrecht durch andere

Behörden ausüben lassen.

Artikel 47 Der Reichspräsident hat den Oberbefehl über die gesamte Wehrmacht des Reichs.

Artikel 48 Wenn ein Land die ihm nach der Reichsverfassung oder den Reichsgesetzen obliegenden Pflichten nicht erfüllt, kann der Reichspräsident es dazu mit Hilfe der bewaffneten Macht anhalten. Der Reichspräsident kann, wenn im Deutschen Reiche die öffentliche Sicherheit und Ordnung erheblich gestört oder gefährdet wird, die zur Wiederherstellung der öffentlichen Sicherheit und Ordnung nötigen Maßnahmen treffen, erforderlichenfalls mit Hilfe der bewaffneten Macht einschreiten. Zu diesem Zwecke darf er vorübergehend die in den Artikeln 114, 115, 117, 118, 123, 124 und 153 festgesetzten Grundrechte ganz oder zum Teil außer Kraft setzen. Von allen gemäß Abs. 1 oder Abs. 2 dieses Artikels getroffenen Maßnahmen hat der Reichspräsident unverzüglich dem Reichstag Kenntnis zu geben. Die Maßnahmen sind auf Verlangen des Reichstags außer Kraft zu setzen. Bei Gefahr im Verzuge kann die Landesregierung für ihr Gebiet einstweilige Maßnahmen der in Abs. 2 bezeichneten Art treffen. Die Maßnahmen sind auf Verlangen des Reichspräsidenten oder des Reichstags außer Kraft zu setzen. Das Nähere bestimmt ein Reichsgesetz.

Artikel 49 Der Reichspräsident übt für das Reich das Begnadigungsrecht aus. Reichsamnestien bedürfen eines Reichsgesetzes.

Artikel 50 Alle Anordnungen und Verfügungen des Reichspräsidenten, auch solche auf dem Gebiete der Wehrmacht, bedürfen zu ihrer Gültigkeit der Gegenzeichnung durch den Reichskanzler oder den zuständigen Reichsminister. Durch die Gegenzeichnung wird die

Verantwortung übernommen.

Artikel 51 Der Reichspräsident wird im Falle seiner Verhinderung zunächst durch den Reichskanzler vertreten. Dauert die Verhinderung voraussichtlich längere Zeit, so ist die Vertretung durch ein Reichsgesetz zu regeln. Das gleiche gilt für den Fall einer vorzeitigen Erledigung der Präsidentschaft bis zur Durchführung der neuen Wahl.

Artikel 52 Die Reichsregierung besteht aus dem Kanzler und den Reichsministern.

Artikel 53 Der Reichskanzler und auf seinen Vorschlag die Reichsminister werden vom Reichspräsidenten ernannt und entlassen.

Artikel 54 Der Reichskanzler und die Reichsminister bedürfen zu ihrer Amtsführung des Vertrauens des Reichstags. Jeder von ihnen muß zurücktreten, wenn ihm der Reichstag durch ausdrücklichen Beschluß sein Vertrauen entzieht.

Artikel 55 Der Reichskanzler führt den Vorsitz in der Reichsregierung und leitet ihre Geschäfte nach einer Geschäftsordnung, die von der Reichsregierung beschlossen und vom Reichspräsidenten genehmigt wird.

Artikel 56 Der Reichskanzler bestimmt die Richtlinien der Politik und trägt dafür gegenüber dem Reichstag die Verantwortung. Innerhalb dieser Richtlinien leitet jeder Reichsminister den ihm anvertrauten Geschäftszweig selbständig und unter eigener Verantwortung gegenüber dem Reichstag.

Artikel 57 Die Reichsminister haben der Reichsregierung alle Gesetzentwürfe, ferner Angelegenheiten, für welche Verfassung oder Gesetz dieses vorschreiben, sowie Meinungsverschiedenheiten über Fragen, die den Geschäftsbereich mehrerer Reichsminister berühren, zur Beratung und Beschlußfassung zu unterbreiten.

Artikel 58 Die Reichsregierung faßt ihre Beschlüsse mit Stimmenmehrheit. Bei Stimmengleichheit entscheidet die Stimme des Vorsitzenden.

Artikel 59 Der Reichstag ist berechtigt, den Reichspräsidenten, den Reichskanzler und die Reichsminister vor dem Staatsgerichtshof für das Deutsche Reich anzuklagen, daß sie schuldhafterweise die Reichsverfassung oder ein Reichsgesetz verletzt haben. Der Antrag auf Erhebung der Anklage muß von mindestens hundert Mitgliedern des Reichstags unterzeichnet sein und bedarf der Zustimmung der für Verfassungsänderungen vorgeschriebenen Mehrheit. Das Nähere regelt das Reichsgesetz über den Staatsgerichtshof.

Vierter Abschnitt Der Reichsrat

Artikel 60 Zur Vertretung der deutschen Länder bei der Gesetzgebung und Verwaltung des Reichs wird ein Reichsrat gebildet.

Artikel 61

Im Reichsrat hat jedes Land mindestens eine Stimme. Bei den größeren Ländern entfällt auf 700.000 Einwohner eine Stimme. Ein Überschuß von mindestens 350.000 Einwohnern wird 700.000 gleichgerechnet. Kein Land darf durch mehr als zwei Fünftel aller Stimmen vertreten sein. Deutschösterreich erhält nach seinem Anschluß an das

Deutsche Reich das Recht der Teilnahme am Reichsrat mit der seiner Bevölkerung entsprechenden Stimmenzahl. Bis dahin haben die Vertreter Deutschösterreichs beratende Stimme. Die Stimmenzahl wird durch den Reichsrat nach jeder allgemeinen Volkszählung neu festgesetzt. Absatz 1. Fassung des Gesetzes über die Vertretung der Länder im Reichsrat vom 24. März 1921. Absatz 2 ist durch Nichtigkeitsprotokoll d. Versailles 23. September 1919 für unwirksam erklärt.

Artikel 62 In den Ausschüssen, die der Reichsrat aus seiner Mitte bildet, führt kein Land mehr als eine Stimme.

Artikel 63 Die Länder werden im Reichsrat durch Mitglieder ihrer Regierungen vertreten. Jedoch wird die Hälfte der preußischen Stimmen nach Maßgabe eines Landesgesetzes von den preußischen Provinzialverwaltungen bestellt. Die Länder sind berechtigt, so viele Vertreter in den Reichsrat zu entsenden, wie sie Stimmen führen.

Artikel 64 Die Reichsregierung muß den Reichsrat auf Verlangen von einem Drittel seiner Mitglieder einberufen.

Artikel 65 Den Vorsitz im Reichsrat und in seinen Ausschüssen führt ein Mitglied der Reichsregierung. Die Mitglieder der Reichsregierung haben das Recht und auf Verlangen die Pflicht, an den Verhandlungen des Reichsrats und seiner Ausschüsse teilzunehmen. Sie müssen während der Beratung auf Verlangen jederzeit gehört werden.

Artikel 66 Die Reichsregierung sowie jedes Mitglied des Reichsrats sind befugt, im Reichsrat Anträge zu stellen. Der Reichsrat regelt seinen Geschäftsgang durch eine Geschäftsordnung. Die Vollsitzungen des Reichsrats sind öffentlich. Nach Maßgabe der Geschäftsordnung kann die Öffentlichkeit für einzelne Beratungsgegenstände ausgeschlossen werden. Bei der Abstimmung entscheidet die einfache Mehrheit der Abstimmenden.

Artikel 67 Der Reichsrat ist von den Reichsministerien über die Führung der Reichsgeschäfte auf dem Laufenden zu halten. Zu Beratungen über wichtige Gegenstände sollen von den Reichsministerien die zuständigen Ausschüsse des Reichsrats zugezogen werden.

Fünfter Abschnitt Die Reichsgesetzgebung

Artikel 68 Die Gesetzesvorlagen werden von der Reichsregierung oder aus der Mitte des Reichstags eingebracht. Die Reichsgesetze werden vom Reichstag beschlossen.

Artikel 69 Die Einbringung von Gesetzesvorlagen der Reichsregierung bedarf der Zustimmung des Reichsrats. Kommt eine Übereinstimmung zwischen der Reichsregierung und dem Reichsrat nicht zustande, so kann die Reichsregierung die Vorlage gleichwohl einbringen, hat aber hierbei die abweichende Auffassung des Reichsrats darzulegen. Beschließt der Reichsrat eine Gesetzesvorlage, welcher die Reichsregierung nicht zustimmt, so hat diese die Vorlage unter Darlegung ihres Standpunkts beim Reichstag einzubringen.

Artikel 70 Der Reichspräsident hat die verfassungsmäßig zustande gekommenen Gesetze auszufertigen und binnen Monatsfrist im Reichs-Gesetzblatt zu verkünden.

Artikel 71 Reichsgesetze treten, soweit sie nichts anderes bestimmen, mit dem vierzehnten Tage nach Ablauf des Tages in Kraft, an dem das

Reichs-Gesetzblatt in der Reichshauptstadt ausgegeben worden ist.

Artikel 72 Die Verkündigung eines Reichsgesetzes ist um zwei Monate auszusetzen, wenn es ein Drittel des Reichstags verlangt. Gesetze, die der Reichstag und der Reichsrat für dringlich erklären, kann der Reichspräsident ungeachtet dieses Verlangens verkünden.

Artikel 73 Ein vom Reichstag beschlossenes Gesetz ist vor seiner Verkündung zum Volksentscheid zu bringen, wenn der Reichspräsident binnen eines Monats es bestimmt. Ein Gesetz, dessen Verkündung auf Antrag von mindestens einem Drittel des Reichstags ausgesetzt ist, ist dem Volksentscheid zu unterbreiten, wenn ein Zwanzigstel der Stimmberechtigten es beantragt. Ein Volksentscheid ist ferner herbeizuführen, wenn ein Zehntel der Stimmberechtigten das Begehren nach Vorlegung eines Gesetzentwurfs stellt. Dem Volksbegehren muß ein ausgearbeiteter Gesetzentwurf zugrunde liegen. Er ist von der Regierung unter Darlegung ihrer Stellungnahme dem Reichstag zu unterbreiten. Der Volksentscheid findet nicht statt, wenn der begehrte Gesetzentwurf im Reichstag unverändert angenommen worden ist. Über den Haushaltplan, über Abgabengesetze und Besoldungsordnungen kann nur der Reichspräsident einen Volksentscheid veranlassen.
 Das Verfahren beim Volksentscheid und beim Volksbegehren regelt ein Reichsgesetz.

Artikel 74 Gegen die vom Reichstag beschlossenen Gesetze steht dem Reichsrat der Einspruch zu. Der Einspruch muß innerhalb zweier Wochen nach der Schlußabstimmung im Reichstag bei der Reichsregierung eingebracht und spätestens binnen zwei weiteren Wochen mit Gründen versehen werden. Im Falle des Einspruchs wird das Gesetz dem Reichstag zur nochmaligen Beschlußfassung vorgelegt. Kommt hierbei keine Übereinstimmung zwischen Reichstag und Reichsrat zustande, so kann der Reichspräsident binnen drei Monaten über den Gegenstand der Meinungsverschiedenheit einen Volksentscheid anordnen. Macht der Präsident von diesem Rechte keinen Gebrauch, so gilt das Gesetz als nicht zustande gekommen. Hat der Reichstag mit Zweidrittelmehrheit entgegen dem Einspruch des Reichsrats beschlossen, so hat der Präsident das Gesetz binnen drei Monaten in der vom Reichstag beschlossenen Fassung zu verkünden oder einen Volksentscheid anzuordnen.

Artikel 75 Durch den Volksentscheid kann ein Beschluß des Reichstags nur dann außer Kraft gesetzt werden, wenn sich die Mehrheit der Stimmberechtigten an der Abstimmung beteiligt.

Artikel 76 Die Verfassung kann im Wege der Gesetzgebung geändert werden. Jedoch kommen Beschlüsse des Reichstags auf Abänderung der Verfassung nur zustande, wenn zwei Drittel der gesetzlichen Mitgliederzahl anwesend sind und wenigstens zwei Drittel der Anwesenden zustimmen. Auch Beschlüsse des Reichsrats auf Abänderung der Verfassung bedürfen einer Mehrheit von zwei Dritteln der abgegebenen Stimmen. Soll auf Volksbegehren durch Volksentscheid eine Verfassungsänderung beschlossen werden, so ist die Zustimmung der Mehrheit der Stimmberechtigten erforderlich. Hat der Reichstag entgegen dem Einspruch des Reichsrats eine Verfassungsänderung beschlossen, so darf der Reichspräsident dieses Gesetz nicht verkünden, wenn der Reichsrat binnen zwei Wochen den Volksentscheid verlangt.

Artikel 77 Die zur Ausführung der Reichsgesetze erforderlichen allgemeinen Verwaltungsvorschriften erläßt, soweit die Gesetze nichts anderes bestimmen, die Reichsregierung. Sie bedarf dazu der Zustimmung des Reichsrats, wenn die Ausführung der Reichsgesetze den Landesbehörden zusteht.

Sechster Abschnitt Die Reichsverwaltung

Artikel 78 Die Pflege der Beziehungen zu den auswärtigen Staaten ist ausschließlich Sache des Reichs. In Angelegenheiten, deren Regelung der Landesgesetzgebung zusteht, können die Länder mit auswärtigen Staaten Verträge schließen; die Verträge bedürfen der Zustimmung des Reichs. Vereinbarungen mit fremden Staaten über Veränderung der Reichsgrenzen werden nach Zustimmung des beteiligten Landes durch das Reich abgeschlossen. Die Grenzveränderungen dürfen nur auf Grund eines Reichsgesetzes erfolgen, soweit es sich nicht um bloße Berichtigung der Grenzen unbewohnter Gebietsteile handelt. Um die Vertretung der Interessen zu gewährleisten, die sich für einzelne Länder aus ihren besonderen wirtschaftlichen Beziehungen oder ihrer benachbarten Lage zu auswärtigen Staaten ergeben, trifft das Reich im Einvernehmen mit den beteiligten Ländern die erforderlichen Einrichtungen und Maßnahmen.

Artikel 79 Die Verteidigung des Reichs ist Reichssache. Die Wehrverfassung des deutschen Volkes wird unter Berücksichtigung der besonderen landsmannschaftlichen Eigenarten durch ein Reichsgesetz einheitlich geregelt.

Artikel 80 Das Kolonialwesen ist ausschließlich Sache des Reichs.

Artikel 81 Alle deutschen Kauffahrteischiffe bilden eine einheitliche

Handelsflotte.

Artikel 82 Deutschland bildet ein Zoll- und Handelsgebiet, umgeben von einer gemeinschaftlichen Zollgrenze. Die Zollgrenze fällt mit der Grenze gegen das Ausland zusammen. An der See bildet das Gestade des Festlands und der zum Reichsgebiet gehörigen Inseln die Zollgrenze. Für den Lauf der Zollgrenze an der See und an anderen Gewässern können Abweichungen bestimmt werden. Fremde Staatsgebiete oder Gebietsteile können durch Staatsverträge oder Ubereinkommen dem Zollgebiete angeschlossen werden. Aus dem Zollgebiet können nach besonderem Erfordernis Teile ausgeschlossen werden. Für Freihäfen kann der Ausschluß nur durch ein verfassungsänderndes Gesetz aufgehoben werden. Zollausschlüsse können durch Staatsverträge oder Ubereinkommen einem fremden Zollgebiet angeschlossen werden. Alle Erzeugnisse der Natur, sowie des Gewerbe- und Kunstfleißes, die sich im freien Verkehr des Reichs befinden, dürfen über die Grenzen der Länder und Gemeinden ein-, aus- oder durchgeführt werden. Ausnahmen sind auf Grund eines Reichsgesetzes zulässig.

Artikel 83 Die Zölle und Verbrauchssteuern werden durch Reichsbehörden verwaltet. Bei der Verwaltung von Reichsabgaben durch Reichsbehörden sind Einrichtungen vorzusehen, die den Ländern die Wahrung besonderer Landesinteressen auf dem Gebiete der Landwirtschaft, des Handels, des Gewerbes und der Industrie ermöglichen.

Artikel 84 Das Reich trifft durch Gesetz die Vorschriften über: 1. die Einrichtung der Abgabenverwaltung der Länder, soweit es die einheitliche und gleichmäßige Durchführung der Reichsabgabengesetze erfordert; 2. die Einrichtung und Befugnisse der mit der Beaufsichtigung der Ausführung der Reichsabgabengesetze betrauten Behörden; 3. die Abrechnung mit den Ländern; 4. die Vergütung der Verwaltungskosten bei Ausführung der Reichsabgabengesetze.

Artikel 85 Alle Einnahmen und Ausgaben des Reichs müssen für jedes Rechnungsjahr veranschlagt und in den Haushaltsplan eingestellt werden. Der Haushaltsplan wird vor Beginn des Rechnungsjahrs durch ein Gesetz festgestellt. Die Ausgaben werden in der Regel für ein Jahr bewilligt; sie können in besonderen Fällen auch für eine längere Dauer bewilligt werden. Im übrigen sind Vorschriften im Reichshaushaltsgesetz unzulässig, die über das Rechnungsjahr hinausreichen oder sich nicht auf die Einnahmen und Ausgaben des Reichs oder ihre Verwaltung beziehen. Der Reichstag kann im Entwurfe des Haushaltsplans ohne Zustimmung des Reichsrats Ausgaben nicht erhöhen oder neu einsetzen. Die Zustimmung des Reichsrats kann gemäß den Vorschriften des Artikels 74 ersetzt werden.

Artikel 86 Über die Verwendung aller Reichseinnahmen legt der Reichsfinanzminister in dem folgenden Rechnungsjahre zur Entlastung der Reichsregierung dem Reichsrat und dem Reichstag Rechnung. Die Rechnungsprüfung wird durch Reichsgesetz geregelt.

Artikel 87 Im Wege des Kredits dürfen Geldmittel nur bei außerordentlichem Bedarf und in der Regel nur für Ausgaben zu werbenden Zwecken beschafft werden. Eine solche Beschaffung sowie die Übernahme einer Sicherheitsleistung zu Lasten des Reichs dürfen nur auf Grund eines Reichsgesetzes erfolgen.

Artikel 88 Das Post- und Telegraphenwesen samt dem Fernsprechwesen ist ausschließlich Sache des Reichs. Die Postwertzeichen sind für das ganze Reich einheitlich. Die Reichsregierung erläßt mit Zustimmung des Reichsrats die Verordnungen, welche Grundsätze und Gebühren für die Benutzung der Verkehrseinrichtungen festsetzen. Sie kann diese Befugnis mit Zustimmung des Reichsrats auf den Reichspostminister übertragen. Zur beratenden Mitwirkung in Angelegenheiten des Post-, Telegraphen- und Fernsprechverkehrs und der Tarife errichtet die Reichsregierung mit Zustimmung des Reichsrats einen Beirat. Verträge über den Verkehr mit dem Ausland schließt allein das Reich.

Artikel 89 Aufgabe des Reichs ist es, die dem allgemeinen Verkehre dienenden Eisenbahnen in sein Eigentum zu übernehmen und als einheitliche Verkehrsanstalt zu verwalten. Die Rechte der Länder, Privateisenbahnen zu erwerben, sind auf Verlangen dem Reiche zu übertragen.

Artikel 90 Mit dem Übergang der Eisenbahnen übernimmt das Reich die Enteignungsbefugnis und die staatlichen Hoheitsrechte, die sich auf das Eisenbahnwesen beziehen. Über den Umfang dieser Rechte entscheidet im Streitfall der Staatsgerichtshof.

Artikel 91 Die Reichsregierung erläßt mit Zustimmung des Reichsrats die Verordnungen, die den Bau, den Betrieb und den Verkehr der Eisenbahnen regeln. Sie kann diese Befugnis mit Zustimmung des Reichsrats auf den zuständigen Reichsminister übertragen.

Artikel 92 Die Reichseisenbahnen sind, ungeachtet der Eingliederung ihres Haushalts und ihrer Rechnung in den allgemeinen Haushalt und die allgemeine Rechnung des Reichs, als ein selbständiges wirtschaftliches Unternehmen zu verwalten, das seine Ausgaben einschließlich Verzinsung und Tilgung der Eisenbahnschuld selbst zu bestreiten und eine Eisenbahnrücklage anzusammeln hat. Die Höhe der Tilgung und der Rücklage sowie die Verwendungszwecke der Rücklage sind durch besonderes Gesetz zu regeln.

Artikel 93 Zur beratenden Mitwirkung in Angelegenheiten des Eisenbahnverkehrs und der Tarife errichtet die Reichsregierung für die Reichseisenbahnen mit Zustimmung des Reichsrats Beiräte.

Artikel 94 Hat das Reich die dem allgemeinen Verkehre dienenden Eisenbahnen eines bestimmten Gebiets in seine Verwaltung übernommen, so können innerhalb dieses Gebiets neue, dem allgemeinen Verkehre dienende Eisenbahnen nur vom Reiche oder mit seiner Zustimmung gebaut werden. Berührt der Bau neuer oder die Veränderung bestehender Reichseisenbahnanlagen den Geschäftsbereich der Landespolizei, so hat die Reichseisenbahnverwaltung vor der Entscheidung die Landesbehörden anzuhören. Wo das Reich die Eisenbahn noch nicht in seine Verwaltung genommen hat, kann es für den allgemeinen Verkehr oder die Landesverteidigung als notwendig erachtete Eisenbahnen kraft Reichsgesetzes auch gegen den Widerspruch der Länder, deren Gebiet durchschnitten wird, jedoch unbeschadet der Landeshoheitsrechte, für eigene Rechnung anlegen oder den Bau einem anderen zur Ausführung überlassen, nötigenfalls unter Verleihung des Enteignungsrechts. Jede Eisenbahnverwaltung muß sich den Anschluß und erer Bahnen auf deren Kosten gefallen lassen.

Artikel 95 Eisenbahnen des allgemeinen Verkehrs, die nicht vom Reiche verwaltet werden, unterliegen der Beaufsichtigung durch das Reich. Die der Reichsaufsicht unterliegenden Eisenbahnen sind nach den gleichen, vom Reiche festgesetzten Grundsätzen anzulegen und auszurüsten. Sie sind in betriebssicherem Zustand zu erhalten und entsprechend den Anforderungen des Verkehrs auszubauen. Personen- und Güterverkehr sind in Übereinstimmung mit dem Bedürfnis zu bedienen und auszugestalten. Bei der Beaufsichtigung des Tarifwesens ist auf gleichmäßige und niedrige Eisenbahntarife hinzuwirken.

Artikel 96 Alle Eisenbahnen, auch die nicht dem allgemeinen Verkehre dienenden, haben den Anforderungen des Reichs auf Benutzung der Eisenbahnen zum Zwecke der Landesverteidigung Folge zu leisten.

Artikel 97 Aufgabe des Reichs ist es, die dem allgemeinen Verkehre dienenden Wasserstraßen in sein Eigentum und seine Verwaltung zu übernehmen. Nach der Übernahme können dem allgemeinen Verkehre dienende Wasserstraßen nur noch vom Reiche oder mit seiner Zustimmung angelegt oder ausgebaut werden. Bei der Verwaltung, dem Ausbau oder dem Neubau von Wasserstraßen sind die Bedürfnisse der Landeskultur und der Wasserwirtschaft im Einvernehmen mit den Ländern zu wahren. Auch ist auf deren Förderung Rücksicht zu nehmen. Jede Wasserstraßenverwaltung hat sich den Anschluß anderer Binnenwasserstraßen auf Kosten der Unternehmer gefallen zu lassen. Die gleiche Verpflichtung besteht für die Herstellung einer Verbindung zwischen Binnenwasserstraßen und Eisenbahnen. Mit dem Übergänge der Wasserstraßen erhält das Reich die Enteignungsbefugnis, die Tarifhoheit sowie die Strom- und Schiffahrtspolizei. Die Aufgaben der Strombauverbände in bezug auf den Ausbau natürlicher Wasserstraßen im Rhein-, Weser- und Elbgebiet sind auf das Reich zu übernehmen.

Artikel 98 Zur Mitwirkung in Angelegenheiten der Wasserstraßen werden bei den Reichswasserstraßen nach näherer Anordnung der Reichsregierung unter Zustimmung des Reichsrats Beiräte gebildet.

Artikel 99 Auf natürlichen Wasserstraßen dürfen Abgaben nur für solche Werke, Einrichtungen und sonstige Anstalten erhoben werden, die zur Erleichterung des Verkehrs bestimmt sind. Sie dürfen bei staatlichen und kommunalen Anstalten die zur Herstellung und Unterhaltung erforderlichen Kosten nicht übersteigen. Die Herstellungs- und Unterhaltungskosten für Anstalten, die nicht ausschließlich zur Erleichterung des Verkehrs, sondern auch zur Förderung anderer Zwecke bestimmt sind, dürfen nur zu einem verhältnismäßigen Anteil durch Schiffahrtsabgaben aufgebracht werden. Als Herstellungskosten gelten die Zinsen und Tilgungsbeträge für die aufgewandten Mittel. Die Vorschriften des vorstehenden Absatzes finden Anwendung auf die Abgaben, die für künstliche Wasserstraßen sowie für Anstalten an solchen und in Häfen erhoben werden. Im Bereiche der Binnenschiffahrt können für die Bemessung der Befahrungsabgaben die Gesamtkosten einer Wasserstraße, eines Stromgebiets ode r eines Wasserstraßennetzes zugrunde gelegt werden. Diese Bestimmungen gelten auch für die Flößerei auf schiffbaren Wasserstraßen. Auf fremde Schiffe und deren Ladungen andere oder höhere Abgaben zu legen, als auf deutsche Schiffe und deren Ladungen, steht nur dem Reiche zu. Zur Beschaffung von Mitteln für die Unterhaltung und den Ausbau des deutschen Wasserstraßennetzes kann das Reich die Schiffahrtsbeteiligten auch auf andere Weise durch Gesetz zu Beiträgen heranziehen.

Artikel 100 Zur Deckung der Kosten für Unterhaltung und Bau von Binnenschiffahrtswegen kann durch ein Reichsgesetz auch herangezogen werden, wer aus dem Bau von Talsperren in anderer Weise als durch Befahrung Nutzen zieht, sofern mehrere Länder beteiligt sind oder das Reich die Kosten der Anlage trägt.

Artikel 101 Aufgabe des Reichs ist es, alle Seezeichen, insbesondere Leuchtfeuer, Feuerschiffe, Bojen, Tonnen und Baken in sein Eigentum und seine Verwaltung zu übernehmen. Nach der Übernahme können Seezeichen nur noch vom Reiche oder mit seiner Zustimmung hergestellt oder ausgebaut werden.

Siebenter Abschnitt Die Rechtspflege

Artikel 102 Die Richter sind unabhängig und nur dem Gesetz unterworfen.

Artikel 103 Die ordentliche Gerichtsbarkeit wird durch das Reichsgericht und durch die Gerichte der Länder ausgeübt.

Artikel 104 Die Richter der ordentlichen Gerichtsbarkeit werden auf Lebenszeit ernannt. Sie können wider ihren Willen nur kraft ricterlicher Entscheidung und nur aus den Gründen und unter den Formen, welche die Gesetze bestimmen, dauernd oder zeitweise ihres Amtes enthoben oder an eine andere Stelle oder in den Ruhestand versetzt werden. Die Gesetzgebung kann Altersgrenzen festsetzen, bei deren Erreichung Richter in den Ruhestand treten. Die vorläufige Amtsenthebung, die kraft Gesetzes eintritt, wird hierdurch nicht berührt. Bei einer Veränderung in der Einrichtung der Gerichte oder ihrer Bezirke kann die Landesjustizverwaltung unfreiwillige Versetzungen an ein anderes Gericht oder Entfernungen vom Amte, jedoch nur unter Belassung des vollen Gehalts, verfügen. Auf Handelsrichter, Schöffen und Geschworene finden diese Bestimmungen keine Anwendung.

Artikel 105 Ausnahmegerichte sind unstatthaft. Niemand darf seinem gesetzlichen Richter entzogen werden. Die gesetzlichen Bestimmungen über Kriegsgerichte und Standgerichte werden hiervon nicht berührt. Die militärischen Ehrengerichte sind aufgehoben.

Artikel 106 Die Militärgerichtsbarkeit ist aufzuheben, außer für Kriegszeiten und an Bord der Kriegsschiffe. Das Nähere regelt ein Reichsgesetz.

Artikel 107 Im Reiche und in den Ländern müssen nach Maßgabe der Gesetze Verwaltungsgerichte zum Schutze der einzelnen gegen Anordnungen und Verfügungen der Verwaltungsbehörden bestehen.

Artikel 108 Nach Maßgabe eines Reichsgesetzes wird ein Staatsgerichtshof für das Deutsche Reich errichtet.

Zweiter Hauptteil Grundrechte und Grundpflichten der Deutschen Erster Abschnitt Die Einzelperson

Artikel 109 Alle Deutschen sind vor dem Gesetze gleich. Männer und Frauen haben grundsätzlich dieselben staatsbürgerlichen Rechte und Pflichten. Öffentlich-rechtliche Vorrechte oder Nachteile der Geburt oder des Standes sind aufzuheben. Adelsbezeichnungen gelten nur als Teil des Namens und dürfen nicht mehr verliehen werden. Titel dürfen nur verliehen werden, wenn sie ein Amt oder einen Beruf bezeichnen;

akademische Grade sind hierdurch nicht betroffen. Orden und Ehrenzeichen dürfen vom Staat nicht mehr verliehen werden. Kein Deutscher darf von einer ausländischen Regierung Titel oder Orden annehmen.

Artikel 110 Die Staatsangehörigkeit im Reiche und in den Ländern wird nach den Bestimmungen eines Reichsgesetzes erworben und verloren. Jeder Angehörige eines Landes ist zugleich Reichsangehöriger. Jeder Deutsche hat in jedem Lande des Reichs die gleichen Rechte und Pflichten wie die Angehörigen des Landes selbst.

Artikel 111 Alle Deutschen genießen Freizügigkeit im ganzen Reiche. Jeder hat das Recht, sich an beliebigem Orte des Reichs aufzuhalten und niederzulassen, Grundstücke zu erwerben und jeden Nahrungszweig zu betreiben. Einschränkungen bedürfen eines Reichsgesetzes.

Artikel 112 Jeder Deutsche ist berechtigt, nach außerdeutschen Ländern auszuwandern. Die Auswanderung kann nur durch Reichsgesetz beschränkt werden. Dem Ausland gegenüber haben alle Reichsangehörigen inner- und außerhalb des Reichsgebiets Anspruch auf den Schutz des Reichs. Kein Deutscher darf einer ausländischen Regierung zur Verfolgung oder Bestrafung überliefert werden.

Artikel 113 Die fremdsprachigen Volksteile des Reichs dürfen durch die Gesetzgebung und Verwaltung nicht in ihrer freien, volkstümlicher Entwicklung, besonders im Gebrauch ihrer Muttersprache beim Unterricht, sowie bei der inneren Verwaltung und der Rechtspflege beeinträchtigt werden.

Artikel 114 Die Freiheit der Person ist unverletzlich. Eine Beeinträchtigung oder Entziehung der persönlichen Freiheit durch die öffentliche Gewalt ist nur auf Grund von Gesetzen zulässig. Personen, denen die Freiheit entzogen wird, sind spätestens am darauffolgenden Tage in Kenntnis zu setzen, von welcher Behörde und aus welchen Gründen die Entziehung der Freiheit angeordnet worden ist; unverzüglich soll ihnen Gelegenheit gegeben werden, Einwendungen gegen ihre Freiheitsentziehung vorzubringen.

Artikel 115 Die Wohnung jedes Deutschen ist für ihn eine Freistätte und unverletzlich. Ausnahmen sind nur auf Grund von Gesetzen zulässig.

Artikel 116 Eine Handlung kann nur dann mit einer Strafe belegt werden, wenn die Strafbarkeit gesetzlich bestimmt war, bevor die Handlung begangen wurde.

Artikel 117 Das Briefgeheimnis sowie das Post-, Telegraphen- und Fernsprechgeheimnis sind unverletzlich. Ausnahmen können nur durch Reichsgesetz zugelassen werden.

Artikel 118 Jeder Deutsche hat das Recht, innerhalb der Schranken der allgemeinen Gesetze seine Meinung durch Wort, Schrift, Druck, Bild oder in sonstiger Weise frei zu äußern. An diesem Rechte darf ihn kein Arbeits- oder Anstellungsverhältnis hindern, und niemand darf ihn benachteiligen, wenn er von diesem Rechte Gebrauch macht. Eine Zensur findet nicht statt, doch können für Lichtspiele durch Gesetz abweichende Bestimmungen getroffen werden. Auch sind zur Bekämpfung der Schund- und Schmutzliteratur sowie zum Schutze der Jugend bei öffentlichen Schaustellungen und Darbietungen gesetzliche Maßnahmen zulässig.

Zweiter Abschnitt Das Gemeinschaftsleben

Artikel 119 Die Ehe steht als Grundlage des Familienlebens und der Erhaltung und Vermehrung der Nation unter dem besonderen Schutz der Verfassung. Diese beruht auf der Gleichberechtigung der beiden Geschlechter. Die Reinerhaltung, Gesundung und soziale Förderung der Familie ist Aufgabe der Staats und der Gemeinden. Kinderreiche Familien haben Anspruch auf ausgleichende Fürsorge. Die Mutterschaft hat Anspruch auf den Schutz und die Fürsorge des Staats.

Artikel 120 Die Erziehung des Nachwuchses zur leiblichen, seelischen und gesellschaftlichen Tüchtigkeit ist oberste Pflicht und natürliches Recht der Eltern, über deren Betätigung die staatliche Gemeinschaft wacht.

Artikel 121 Den unehelichen Kindern sind durch die Gesetzgebung die gleichen Bedingungen für ihre leibliche, seelische und gesellschaftliche Entwicklung zu schaffen wie den ehelichen Kindern.

Artikel 122 Die Jugend ist gegen Ausbeutung sowie gegen sittliche, geistige oder körperliche Verwahrlosung zu schützen. Staat und Gemeinde haben die erforderlichen Einrichtungen zu treffen. Fürsorgemaßregeln im Wege des Zwanges können nur auf Grund des Gesetzes angeordnet werden.

Artikel 123 Alle Deutschen haben das Recht, sich ohne Anmeldung oder besondere Erlaubnis friedlich und unbewaffnet zu versammeln. Versammlungen unter freiem Himmel können durch Reichsgesetz anmeldepflichtig gemacht und bei unmittelbarer Gefahr für die öffentliche Sicherheit verboten werden.

Artikel 124 Alle Deutschen haben das Recht, zu Zwecken, die den Strafgesetzen nicht zuwiderlaufen, Vereine oder Gesellschaften zu bilden. Dies Recht kann nicht durch Vorbeugungsmaßregeln beschränkt werden. Für religiöse Vereine und Gesellschaften gelten dieselben Bestimmungen. Der Erwerb der Rechtsfähigkeit steht jedem Verein gemäß den Vorschriften des bürgerlichen Rechts frei. Er darf einem Vereine nicht aus dem Grunde versagt werden, daß er einen politischen, sozialpolitischen oder religiösen Zweck verfolgt.

Artikel 125 Wahlfreiheit und Wahlgeheimnis sind gewährleistet. Das Nähere bestimmen die Wahlgesetze.

Artikel 126 Jeder Deutsche hat das Recht, sich schriftlich mit Bitten oder Beschwerden an die zuständige Behörde oder an die Volksvertretung zu wenden. Dieses Recht kann sowohl von einzelnen als auch von mehreren gemeinsam ausgeübt werden.

Artikel 127 Gemeinden und Gemeindeverbände haben das Recht der Selbstverwaltung innerhalb der Schranken der Gesetze.

Artikel 128 Alle Staatsbürger ohne Unterschied sind nach Maßgabe der Gesetze und entsprechend ihrer Befähigung und ihren Leistungen zu den öffentlichen Ämtern zuzulassen. Alle Ausnahmebestimmungen gegen weibliche Beamte werden beseitigt. Die Grundlagen des Beamtenverhältnisses sind durch Reichsgesetz zu regeln.

Artikel 129 Die Anstellung der Beamten erfolgt auf Lebenszeit, soweit nicht durch Gesetz etwas anderes bestimmt ist. Ruhegehalt und Hinterbliebenenversorgung werden gesetzlich geregelt. Die wohlerworbenen

Rechte der Beamten sind unverletzlich. Für die vermögensrechtlichen Ansprüche der Beamten steht der Rechtsweg offen. Die Beamten können nur unter den gesetzlich bestimmten Voraussetzungen und Formen vorläufig ihres Amtes enthoben, einstweilen oder endgültig in den Ruhestand oder in ein anderes Amt mit geringerem Gehalt versetzt werden. Gegen jedes dienstliche Straferkenntnis muß ein Beschwerdeweg und die Möglichkeit eines Wiederaufnahmeverfahrens eröffnet sein. In die Nachweise über die Person des Beamten sind Eintragungen von ihm ungünstigen Tatsachen erst vorzunehmen, wenn dem Beamten Gelegenheit gegeben war, sich über sie zu äußern. Dem Beamten ist Einsicht in seine Personalnachweise zu gewähren. Die Unverletzlichkeit der wohlerworbenen Rechte und die Offenha ltung des Rechtswegs für die vermögensrechtlichen Ansprüche werden besonders auch den Berufssoldaten gewährleistet. Im übrigen wird ihre Stellung durch Reichsgesetz geregelt.

Artikel 130 Die Beamten sind Diener der Gesamtheit, nicht einer Partei. Allen Beamten wird die Freiheit ihrer politischen Gesinnung und die Vereinigungsfreiheit gewährleistet. Die Beamten erhalten nach näherer reichsgesetzlicher Bestimmung besondere Beamtenvertretungen.

Artikel 131 Verletzt ein Beamter in Ausübung der ihm anvertrauten öffentlichen Gewalt die ihm einem Dritten gegenüber obliegende Amtspflicht, so trifft die Verantwortlichkeit grundsätzlich den Staat oder die Körperschaft, in deren Dienste der Bcamte steht. Der Rückgriff gegen den Beamten bleibt vorbehalten. Der ordentliche Rechtsweg darf nicht ausgeschlossen werden. Die nähere Regelung liegt der zuständigen Gesetzgebung ob.

Artikel 132 Jeder Deutsche hat nach Maßgabe der Gesetze die Pflicht zur Übernahme ehrenamtlicher Tätigkeiten.

Artikel 133 Alle Staatsbürger sind verpflichtet, nach Maßgabe der Gesetze persönliche Dienste für den Staat und die Gemeinde zu leisten. Die Wehrpflicht richtet sich nach den Bestimmungen des Reichswehrgesetzes. Dieses bestimmt auch, wieweit für Angehörige der Wehrmacht zur Erfüllung ihrer Aufgaben und zur Erhaltung der Mannszucht einzelne Grundrechte einzuschränken sind.

Artikel 134 Alle Staatsbürger ohne Unterschied tragen im Verhältnis ihrer Mittel zu allen öffentlichen Lasten nach Maßgabe der Gesetze bei.

Dritter Abschnitt Religion und Religionsgesellschaften

Artikel 135 Alle Bewohner des Reichs genießen volle Glaubens- und Gewissensfreiheit. Die ungestörte Religionsübung wird durch die Verfassung gewährleistet und steht unter staatlichem Schutz. Die allgemeinen Staatsgesetze bleiben hiervon unberührt.

Artikel 136 Die bürgerlichen und staatsbürgerlichen Rechte und Pflichten werden durch die Ausübung der Religionsfreiheit weder bedingt noch beschränkt. Der Genuß bürgerlicher und staatsbürgerlicher Rechte sowie die Zulassung zu öffentlichen Ämtern sind unabhängig von dem religiösen Bekenntnis. Niemand ist verpflichtet, seine religiöse Überzeugung zu offenbaren. Die Behörden haben nur soweit das Recht, nach der Zugehörigkeit zu einer Religionsgesellschaft zu fragen, als davon Rechte und Pflichten abhängen oder eine gesetzlich angeordnete statistische Erhebung dies erfordert. Niemand darf zu einer kirchlichen Handlung oder Feierlichkeit oder zur Teilnahme an religiösen Übungen oder zur Benutzung einer religiösen Eidesform gezwungen werden.

Artikel 137 Es besteht keine Staatskirche. Die Freiheit der Vereinigung zu Religionsgesellschaften wird gewährleistet. Der Zusammenschluß von Religionsgesellschaften innerhalb des Reichsgebiets unterliegt keinen Beschränkungen. Jede Religionsgesellschaft ordnet und verwaltet ihre Angelegenheiten selbständig innerhalb der Schranken des für alle geltenden Gesetzes. Sie verleiht ihre Ämter ohne Mitwirkung des Staates oder der bürgerlichen Gemeinde. Religionsgesellschaften erwerben die Rechtsfähigkeit nach den allgemeinen Vorschriften des bürgerlichen Rechts. Die Religionsgesellschaften bleiben Körperschaften des öffentlichen Rechtes, soweit sie solche bisher waren. Anderen Religionsgesellschaften sind auf ihren Antrag gleiche Rechte zu gewähren, wenn sie durch ihre Verfassung und die Zahl ihrer Mitglieder die Gewähr der Dauer bieten. Schließen sich mehrere derartige öffentlich-rechtliche Religionsgesellschaften zu einem Verbande zusammen, so ist auch dieser Verband eine öffentlich-rechtliche Körperschaft. Die Religionsgesellschaften, welche Körperschaften des öffentlichen Rechtes sind, sind berechtigt, auf Grund der bürgerlichen Steuerlisten nach Maßgabe der landesrechtlichen Bestimmungen Steuern zu erheben. Den Religionsgesellschaften werden die Vereinigungen gleichgestellt, die sich die gemeinschaftliche Pflege einer Weltanschauung zur Aufgabe machen. Soweit die Durchführung dieser Bestimmungen eine weitere Regelung erfordert, liegt diese der Landesgesetzgebung ob.

Artikel 138 Die auf Gesetz, Vertrag oder besonderen Rechtstiteln beruhenden Staatsleistungen an die Religionsgesellschaften werden durch die Landesgesetzgebung abgelöst. Die Grundsätze hierfür stellt das Reich auf. Das Eigentum und andere Rechte der Religionsgesellschaften und religiösen Vereine an ihren für Kultus-, Unterrichts- und Wohlfahrtszwecke bestimmten Anstalten, Stiftungen und sonstigen Vermögen werden gewährleistet.

Artikel 139 Der Sonntag und die staatlich anerkannten Feiertage bleiben als Tage der Arbeitsruhe und der seelischen Erhebung gesetzlich geschützt.

Artikel 140 Den Angehörigen der Wehrmacht ist die nötige freie Zeit zur Erfüllung ihrer religiösen Pflichten zu gewähren.

Artikel 141 Soweit das Bedürfnis nach Gottesdienst und Seelsorge im Heer, in Krankenhäusern, Strafanstalten oder sonstigen öffentlichen Anstalten besteht, sind die Religionsgesellschaften zur Vornahme religiöser Handlungen zuzulassen, wobei jeder Zwang fernzuhalten ist.

Vierter Abschnitt Bildung und Schule

Artikel 142 Die Kunst, die Wissenschaft und ihre Lehre sind frei. Der Staat gewährt ihnen Schutz und nimmt an ihrer Pflege teil.

Artikel 143 Für die Bildung der Jugend ist durch öffentliche Anstalten zu sorgen. Bei ihrer Einrichtung wirken Reich, Länder und Gemeinden zusammen. Die Lehrerbildung ist nach den Grundsätzen, die für die höhere Bildung allgemein gelten, für das Reich einheitlich zu regeln. Die Lehrer an öffentlichen Schulen haben die Rechte und Pflichtteil der Staatsbeamten.

Artikel 144 Das gesamte Schulwesen steht unter der Aufsicht des Staates; er kann die Gemeinden daran beteiligen. Die Schulaufsicht wird durch hauptamtlich tätige, fachmännisch vorgebildete Beamte ausgeübt.

Artikel 145 Es besteht allgemeine Schulpflicht. Ihrer Erfüllung dient grundsätzlich die Volksschule mit mindestens acht Schuljahren und die anschließende Fortbildungsschule bis zum vollendeten achtzehnten Lebensjahre. Der Unterricht und die Lernmittel in den Volksschulen und Fortbildungsschulen sind unentgeltlich.

Artikel 146 Das öffentliche Schulwesen ist organisch auszugestalten. Auf einer für alle gemeinsamen Grundschule baut sich das mittlere und höhere Schulwesen auf. Für diesen Aufbau ist die Mannigfaltigkeit der Lebensberufe, für die Aufnahme eines Kindes in eine bestimmte Schule sind seine Anlage und Neigung, nicht die wirtschaftliche und gesellschaftliche Stellung oder das Religionsbekenntnis seiner Eltern maßgebend. Innerhalb der Gemeinden sind indes auf Antrag von Erziehungsberechtigten Volksschulen ihres Bekenntnisses oder ihrer Weltanschauung einzurichten, soweit hierdurch ein geordneter Schulbetrieb, auch im Sinne des Abs. 1, nicht beeinträchtigt wird. Der Wille der Erziehungsberechtigten ist möglichst zu berücksichtigen. Das Nähere bestimmt die Landesgesetzgebung nach den Grundsätzen eines Reichsgesetzes. Für den Zugang Minderbemittelter zu den mittleren und höheren Schulen sind durch Reich, Länder und Gemeinden öffentliche Mittel bereitzustellen, insbesonder e Erziehungsbeihilfen für die Eltern von Kindern, die zur Ausbildung auf mittleren und höheren Schulen für geeignet erachtet werden, bis zur Beendigung der Ausbildung.

Artikel 147 Private Schulen als Ersatz für öffentliche Schulen bedürfen der Genehmigung des Staates und unterstehen den Landesgesetzen. Die Genehmigung ist zu erteilen, wenn die Privatschulen in ihren Lehrzielen und Einrichtungen sowie in der wissenschaftlichen Ausbildung ihrer Lehrkräfte nicht hinter den öffentlichen Schulen zurückstehen und eine Sonderung der Schüler nach den Besitzverhältnissen der Eltern nicht gefördert wird. Die Genehmigung ist zu versagen, wenn die wirtschaftliche und restliche Stellung der Lehrkräfte nicht genügend gesichert ist. Private Volksschulen sind nur zuzulassen, wenn für eine Minderheit von Erziehungsberechtigten, deren Wille nach Artikel 146 Abs. 2 zu berücksichtigen ist, eine öffentliche Volksschule ihres Bekenntnisses oder ihrer Weltanschauung in der Gemeinde nicht besteht oder die Unterrichtsverwaltung ein besonderes pädagogisches Interesse anerkennt. Private Vorschulen sind aufzuheben. Für private Schulen, die nicht als Ersatz für öffentliche Schulen dienen, verbleibt es bei dem geltenden Recht.

Artikel 148 In allen Schulen ist sittliche Bildung, staatsbürgerliche Gesinnung, persönliche und berufliche Tüchtigkeit im Geiste des deutschen Volkstums und der Völkerversöhnung zu erstreben. Beim Unterricht in öffentlichen Schulen ist Bedacht zu nehmen, daß die Empfindungen Andersdenkender nicht verletzt werden. Staatsbürgerkunde und Arbeitsunterricht sind Lehrfächer der Schulen. Jeder Schüler erhält bei Beendigung der Schulpflicht einen Abdruck der Verfassung. Das Volksbildungswesen, einschließlich der Volkshochschulen, soll von Reich, Ländern und Gemeinden gefördert werden.

Artikel 149 Der Religionsunterricht ist ordentliches Lehrfach der Schulen mit Ausnahme der bekenntnisfreien (weltlichen) Schulen. Seine Erteilung wird im Rahmen der Schulgesetzgebung geregelt. Der Religionsunterricht wird in Übereinstimmung mit den Grundsätzen der betreffenden Religionsgesellschaft unbeschadet des Aufsichtsrechts des Staates erteilt. Die Erteilung religiösen Unterrichts und die Vornahme kirchlicher Verrichtungen bleibt der Willenserklärung der Lehrer, die Teilnahme an religiösen Unterrichtsfächern und an kirchlichen Feiern und Handlungen der Willenserklärung desjenigen überlassen, der über die religiöse Erziehung des Kindes zu bestimmen hat. Die theologischen Fakultäten an den Hochschulen bleiben erhalten.

Artikel 150 Die Denkmäler der Kunst, der Geschichte und der Natur sowie die Landschaft genießen den Schutz und die Pflege des Staates. Es ist Sache des Reichs, die Abwanderung deutschen Kunstbesitzes in das Ausland zu verhüten.

Fünfter Abschnitt Das Wirtschaftsleben

Artikel 151 Die Ordnung des Wirtschaftslebens muß den Grundsätzen der Gerechtigkeit mit dem Ziele der Gewährleistung eines menschenwürdigen Daseins für alle entsprechen. In diesen Grenzen ist die wirtschaftliche Freiheit des Einzelnen zu sichern. Gesetzlicher Zwang ist nur zulässig zur Verwirklichung bedrohter Rechte oder im Dienst überragender Forderungen des Gemeinwohls. Die Freiheit des Handels und Gewerbes wird nach Maßgabe der Reichsgesetze gewährleistet.

Artikel 152 Im Wirtschaftsverkehr gilt Vertragsfreiheit nach Maßgabe der Gesetze Wucher ist verboten. Rechtsgeschäfte, die gegen die guten Sitten verstoßen, sind nichtig.

Artikel 153 Das Eigentum wird von der Verfassung gewährleistet. Sein Inhalt und seine Schranken ergeben sich aus den Gesetzen. Eine Enteignung kann nur zum Wohle der Allgemeinheit und auf gesetzlicher Grundlage vorgenommen werden. Sie erfolgt gegen angemessene Entschädigung, soweit nicht ein Reichsgesetz etwas anderes bestimmt. Wegen der Höhe der Entschädigung ist im Streitfalle der Rechtsweg bei den ordentlichen Gerichten offen zu halten, soweit Reichsgesetze nichts anderes bestimmen. Enteignung durch das Reich gegenüber Ländern, Gemeinden und gemeinnützigen Verbänden kann nur gegen Entschädigung erfolgen. Eigentum verpflichtet. Sein Gebrauch soll zugleich Dienst sein für das Gemeine Beste.

Artikel 154 Das Erbrecht wird nach Maßgabe des bürgerlichen Rechtes gewährleistet. Der Anteil des Staates am Erbgut bestimmt sich nach den Gesetzen.

Artikel 155 Die Verteilung und Nutzung des Bodens wird von Staats wegen in einer Weise überwacht, die Mißbrauch verhütet und dem Ziele zustrebt, jedem Deutschen eine gesunde Wohnung und allen deutschen Familien, besonders den kinderreichen, eine ihren Bedürfnissen entsprechende Wohn- und Wirtschaftsheimstätte zu sichern. Kriegsteilnehmer sind bei dem zu schaffenden Heimstättenrecht besonders zu berücksichtigen. Grundbesitz, dessen Erwerb zur Befriedung des Wohnungsbedürfnisses, zur Förderung der Siedlung und Urbarmachung und zur Hebung der Landwirtschaft nötig ist, kann enteignet werden. Die Fideikommisse sind aufzulösen. Die Bearbeitung und Ausnutzung des Bodens ist eine Pflicht des Grundbesitzers gegenüber der Gemeinschaft. Die Wertsteigerung des Bodens, die ohne eine Arbeits- oder Kapitalaufwendung auf das Grundstück entsteht, ist für die Gesamtheit nutzbar zu machen. Alle Bodenschätze und alle wirtschaftlich nutzbaren Naturkräfte stehen unter Aufsicht des Staates. Private Regale sind im Wege der Gesetzgebung auf den Staat zu überführen.

Artikel 156 Das Reich kann durch Gesetz, unbeschadet der Entschädigung, in sinngemäßer Anwendung der für Enteignung geltenden Bestimmungen, für die Vergesellschaftung geeignete private wirtschaftliche Unternehmungen in Gemeineigentum überführen. Es kann sich selbst, die Länder oder die Gemeinden an der Verwaltung wirtschaftlicher Unternehmungen und Verbände beteiligen oder sich daran in anderer Weise einen bestimmenden Einfluß sichern. Das Reich kann ferner im Falle dringenden Bedürfnisses zum Zwecke der Gemeinwirtschaft durch Gesetz wirtschaftliche Unternehmungen und Verbände auf der Grundlage der Selbstverwaltung zusammenschließen mit dem Ziele, die Mitwirkung aller schaffenden Volksteile zu sichern, Arbeitgeber und Arbeitnehmer an der Verwaltung zu beteiligen und Erzeugung, Herstellung, Verteilung, Verwendung, Preisgestaltung sowie Ein- und Ausfuhr der Wirtschaftsgüter nach gemeinwirtschaftlichen Grundsätzen zu regeln. Die Erwerbs- und Wirtschaftsgenossenschaften und deren Vereinigungen sind auf ihr Verlangen unter Berücksichtigung ihrer Verfassung und Eigenart in die Gemeinwirtschaft einzugliedern.

Artikel 157 Die Arbeitskraft steht unter dem besonderen Schutz des Reichs. Das Reich schafft ein einheitliches Arbeitsrecht.

Artikel 158 Die geistige Arbeit, das Recht der Urheber, der Erfinder und der Künstler genießt den Schutz und die Fürsorge des Reichs. Den Schöpfungen deutscher Wissenschaft, Kunst und Technik ist durch zwischenstaatliche Vereinbarung auch im Ausland Geltung und Schutz zu verschaffen.

Artikel 159 Die Vereinigungsfreiheit zur Wahrung und Förderung der Arbeits- und Wirtschaftsbedingungen ist für jedermann und für alle Berufe gewährleistet. Alle Abreden und Maßnahmen, welche diese Freiheit einzuschränken oder zu behindern suchen, sind rechtswidrig.

Artikel 160 Wer in einem Dienst- oder Arbeitsverhältnis als Angestellter oder Arbeiter steht, hat das Recht auf die zur Wahrnehmung staatsbürgerlicher Rechte und, soweit dadurch der Betrieb nicht erheblich geschädigt wird, zur Ausübung ihm übertragener öffentlicher Ehrenämter nötige freie Zeit.

Wieweit ihm der Anspruch auf Vergütung erhalten bleibt, bestimmt das Gesetz.

Artikel 161 Zur Erhaltung der Gesundheit und Arbeitsfähigkeit, zum Schutz der Mutterschaft und zur Vorsorge gegen die wirtschaftlichen Folgen von Alter, Schwäche und Wechselfällen des Lebens schafft das Reich ein umfassendes Versicherungswesen unter maßgebender Mitwirkung der Versicherten.

Artikel 162 Das Reich tritt für eine zwischenstaatliche Regelung der Rechtsverhältnisse der Arbeiter ein, die für die gesamte arbeitende Klasse der Menschheit ein allgemeines Mindestmaß der sozialen Rechte erstrebt.

Artikel 163 Jeder Deutsche hat unbeschadet seiner persönlichen Freiheit die sittliche Pflicht, seine geistigen und körperlichen Kräfte so zu betätigen, wie es das Wohl der Gesamtheit erfordert. Jedem Deutschen soll die Möglichkeit gegeben werden, durch wirtschaftliche Arbeit seinen Unterhalt zu erwerben. Soweit ihm angemessene Arbeitsgelegenheit nicht nachgewiesen werden kann, wird für seinen notwendigen Unterhalt gesorgt. Das Nähere wird durch besondere Reichsgesetze bestimmt.

Artikel 164 Der selbständige Mittelstand in Landwirtschaft, Gewerbe und Handel ist in Gesetzgebung und Verwaltung zu fördern und gegen Überlastung und Aufsaugung zu schützen.

Artikel 165 Die Arbeiter und Angestellten sind dazu berufen, gleichberechtigt in Gemeinschaft mit den Unternehmern an der Regelung der Lohn- und Arbeitsbedingungen sowie an der gesamten wirtschaftlichen Entwicklung der produktiven Kräfte mitzuwirken. Die beiderseitigen Organisationen und ihre Vereinbarungen werden anerkannt. Die Arbeiter und Angestellten erhalten zur Wahrnehmung ihrer sozialen und wirtschaftlichen Interessen gesetzliche Vertretungen in Betriebsarbeiterräten sowie in nach Wirtschaftsgebieten gegliederten Bezirksarbeiterräten und in einem Reichsarbeiterrat. Die Bezirksarbeiterräte und der Reichsarbeiterrat treten zur Erfüllung der gesamten wirtschaftlichen Aufgaben und zur Mitwirkung bei der Ausführung der Sozialisierungsgesetze mit den Vertretungen der Unternehmer und sonst beteiligter Volkskreise zu Bezirkswirtschaftsräten und zu einem Reichswirtschaftsrat zusammen. Die Bezirkswirtschaftsräte und der

Reichswirtschaftsrat sind so zu gestalten, daß alle wi chtigen Berufsgruppen entsprechend ihrer wirtschaftlichen und sozialen Bedeutung darin vertreten sind. Sozialpolitische und wirtschaftliche Gesetzentwürfe von grundlegender Bedeutung sollen von der Reichsregierung vor ihrer Einbringung dem Reichswirtschaftsrat zur Begutachtung vorgelegt werden. Der Reichswirtschaftsrat hat das Recht, selbst solche Gesetzesvorlagen zu beantragen. Stimmt ihnen die Reichsregierung nicht zu, so hat sie trotzdem die Vorlage unter Darlegung ihres Standpunkts beim Reichstag einzubringen. Der Reichswirtschaftsrat kann die Vorlage durch eines seiner Mitglieder vor dem Reichstag vertreten lassen.

Den Arbeiter- und Wirtschaftsräten können auf den ihnen überwiesenen Gebieten Kontroll- und Verwaltungsbefugnisse übertragen werden. Aufbau und Aufgabe der Arbeiter- und Wirtschaftsräte sowie ihr Verhältnis zu anderen sozialen Selbstverwaltungskörpern zu regeln, ist ausschließlich Sache des Reichs.

Übergangs- und Schlußbestimmungen

Artikel 166 Bis zur Errichtung des Reichsverwaltungsgerichts tritt an seine Stelle für die Bildung des Wahlprüfungsgerichts das Reichsgericht.

Artikel 167 Die Bestimmungen des Artikels 18 Abs. 3 bis 6 treten erst zwei Jahre nach Verkündung der Reichsverfassung in Kraft. In der preußischen Provinz Oberschlesien findet innerhalb zweier Monate, nachdem die deutschen Behörden die Verwaltung des zurzeit besetzten Gebiets wieder übernommen haben, eine Abstimmung nach Artikel 18 Abs. 4 Satz 1 und Abs. 5 darüber statt, ob ein Land Oberschlesien gebildet werden soll. Wird die Frage bejaht, so ist das Land unverzüglich einzurichten, ohne daß es eines weiteren Reichsgesetzes bedarf. Dabei gelten folgende Bestimmungen: 1. Es ist eine Landesversammlung zu wählen, die binnen drei Monaten nach der amtlichen Feststellung des Abstimmungsergebnisses zur Einsetzung der Landesregierung und zur Beschlußfassung über die Landesverfassung einzuberufen ist. Der Reichspräsident erläßt die Wahlordnung nach den Grundsätzen des Reichswahlgesetzes und bestimmt den Wahltag. 2. Der Reichspräsident bestimmt im Benehmen mit der oberschlesischen Landesversammlung, wann das Land als eingerichtet gilt. 3. Die oberschlesische Staatsangehörigkeit erwerben: a) die volljährigen Reichsangehörigen, die am Tage der Einrichtung des Landes Oberschlesien (Nr. 2) in seinem Gebiete Wohnsitz oder ständigen Aufenthalt haben, mit diesem Tage; b) sonstige volljährige preußische Staatsangehörige, die im Gebiete der Provinz Oberschlesien geboren sind und innerhalb eines Jahres nach Einrichtung des Landes (Nr. 2) der Landesregierung erklären, daß sie die oberschlesische Staatsangehörigkeit erwerben wollen, am Tage des Eingangs dieser Erklärung; c) alle Reichsangehörigen, die durch Geburt, Legitimation oder Eheschließung der Staatsangehörigkeit einer der unter a und b bezeichneten Personen folgen. Absatz 2 und 3. Zusatz des Gesetzes vom 27. November 1920.

Artikel 168 Bis zum Erlaß des im Artikel 63 vorgesehenen Landesgesetzes, aber höchstens bis zum 1. Juli 1921, können die sämtlichen preußischen Stimmen im Reichsrat von Mitgliedern der Regierung abgegeben werden. Fassung des Gesetzes vom 6. August 1920.

Artikel 169 Der Zeitpunkt des Inkrafttretens der Bestimmung im Artikel 83 Abs. 1 wird durch die Reichsregierung festgesetzt. Für eine angemessene Übergangszeit kann die Erhebung und Verwaltung der Zölle und Verbrauchssteuern den Ländern auf ihren Wunsch belassen werden.

Artikel 170 Die Post- und Telegraphenverwaltungen Bayerns und Württembergs gehen spätestens am 1. April 1921 auf das Reich über. Soweit bis zum 1. Oktober 1920 noch keine Verständigung über die Bedingungen der Übernahme erzielt ist, entscheidet der Staatsgerichtshof. Bis zur Übernahme bleiben die bisherigen Rechte und Pflichten Bayerns und Württembergs in Kraft. Der Post- und Telegraphenverkehr mit den Nachbarstaaten des Auslandes wird jedoch ausschließlich vom Reiche geregelt.

Artikel 171 Die Staatseisenbahnen, Wasserstraßen und Seezeichen gehen spätestens am 1. April 1921 auf das Reich über. Soweit bis zum 1. Oktober 1920 noch keine Verständigung über die Bedingungen der Übernahme erzielt ist, entscheidet der Staatsgerichtshof.

Artikel 172 Bis zum Inkrafttreten des Reichsgesetzes über den Staatsgerichtshof übt seine Befugnisse ein Senat von sieben Mitgliedern aus, wovon der Reichstag vier und das Reichsgericht aus seiner Mitte drei wählt. Sein Verfahren regelt er selbst.

Artikel 173 Bis zum Erlaß eines Reichsgesetzes gemäß Artikel 138 bleiben die bisherigen auf Gesetz, Vertrag oder besonderen Rechtstiteln beruhenden Staatsleistungen an die Religionsgesellschaften bestehen.

Artikel 174 Bis zum Erlaß des in Artikel 146 Abs. 2 vorgesehenen Reichsgesetzes bleibt es bei der bestehenden Rechtslage. Das Gesetz hat Gebiete des Reichs, in denen eine nach Bekenntnissen nicht getrennte

Schule gesetzlich besteht, besonders zu berücksichtigen,

Artikel 175 Die Bestimmung des Artikels 109 findet keine Anwendung auf Orden und Ehrenzeichen, die für Verdienste in den Kriegsjahren 1914-1919 verliehen werden sollen.

Artikel 176 Alle öffentlichen Beamten und Angehörigen der Wehrmacht sind auf diese Verfassung zu vereidigen. Das Nähere wird durch Verordnung des Reichspräsidenten bestimmt.

Artikel 177 Wo in den bestehenden Gesetzen die Eidesleistung unter Benutzung einer religiösen Eidesform vorgesehen ist, kann die Eidesleistung rechtswirksam auch in der Weise erfolgen, daß der Schwörende unter Weglassung der religiösen Eidesform erklärt: "ich schwöre". Im übrigen bleibt der in den Gesetzen vorgesehene Inhalt des Eides unberührt.

Artikel 178 Die Verfassung des Deutschen Reichs vom 16. April 1871 und das Gesetz über die vorläufige Reichsgewalt vom 10. Februar 1919 sind aufgehoben. Die übrigen Gesetze und Verordnungen des Reichs bleiben in Kraft, soweit ihnen diese Verfassung nicht entgegensteht. Die Bestimmungen des am 28. Juni 1919 in Versailles unterzeichneten Friedensvertrages werden durch die Verfassung nicht berührt. Mit Rücksicht auf die Verhandlungen bei dem Erwerbe der Insel Helgoland kann zugunsten ihrer einheimischen Bevölkerung eine von Artikel 17 Abs. 2 abweichende Regelung getroffen werden. Anordnungen der Behörden, die auf Grund bisheriger Gesetze in rechtsgültiger Weise getroffen waren, behalten ihre Gültigkeit bis zur Aufhebung im Wege anderweiter Anordnung oder Gesetzgebung. Der Schlußsatz von Abs. 2 ist durch Gesetz vorn 6. August 1920 eingelegt.

Artikel 179 Soweit in Gesetzen oder Verordnungen auf Vorschriften und Einrichtungen verwiesen ist, die durch diese Verfassung aufgehoben sind, treten an ihre Stelle die entsprechenden Vorschriften und Einrichtungen dieser Verfassung. Insbesondere treten an die Stelle der Nationalversammlung der Reichstag, an die Stelle des Staatenausschusses der Reichsrat, an die Stelle des auf Grund des Gesetzes über die vorläufige Reichsgewalt gewählten Reichspräsidenten der auf Grund dieser Verfassung gewählte Reichspräsident. Die nach den bisherigen Vorschriften dem Staatenausschuß zustehende Befugnis zum Erlaß von Verordnungen geht auf die Reichsregierung über; sie bedarf zum Erlaß der Verordnungen der Zustimmung des Reichsrats nach Maßgabe dieser Verfassung.

Artikel 180 Bis zum Zusammentritt des ersten Reichstags gilt die Nationalversammlung als Reichstag. Der von der Nationalversammlung gewählte Reichspräsident führt sein Amt bis zum 30. Juni 1925. Satz 2. Fassung des Gesetzes vom 27. Oktober 1922.

Artikel 181 Das deutsche Volk hat durch seine Nationalversammlung diese Verfassung beschlossen und verabschiedet. Sie tritt mit dem Tage ihrer Verkündung in Kraft.

附錄五　法國憲法

Constitution of October 4, 1958

（2008 年 10 月 4 日增修版）

CONTENTSPREAMBLE

TITLE XVI - On Amendments to the Constitution (art. 89)

TITLE XVII (Repealed)

CHARTER FOR THE ENVIRONMENT

CONSTITUTION

The Government of the Republic, in accordance with the Constitutional statute of June 3rd 1958, has proposed, The French people have adopted, The President of the Republic hereby promulgates the Constitutional statute worded as follows :

PREAMBLE

The French people solemnly proclaim their attachment to the Rights of Man and the principles of national sovereignty as defined by the Declaration of 1789, confirmed and complemented by the Preamble to the Constitution of 1946, and to the rights and duties as defined in the Charter for the Environment of 2004.

By virtue of these principles and that of the self-determination of peoples, the Republic offers to the overseas territories which have expressed the will to adhere to them new institutions founded on the common ideal of liberty, equality and fraternity and conceived for the purpose of their democratic development.

ARTICLE 1. France shall be an indivisible, secular, democratic and social Republic. It shall ensure the equality of all citizens before the law, without distinction of origin, race or religion. It shall respect all beliefs. It shall be organised on a decentralised basis.

Statutes shall promote equal access by women and men to elective offices and posts as well as to professional and social positions.

4 T itle I

ON SOVEREIGNTY

ARTICLE 2. The language of the Republic shall be French.

The national emblem shall be the blue, white and red tricolour flag.

The national anthem shall be La Marseillaise.

The maxim of the Republic shall be "Liberty, Equality, Fraternity".

The principle of the Republic shall be: government of the people, by the people and for the people.

ARTICLE 3. National sovereignty shall vest in the people, who shall exercise it through their representatives and by means of referendum.

No section of the people nor any individual may arrogate to itself, or to himself, the exercise thereof.

Suffrage may be direct or indirect as provided for by the Constitution. It shall always be universal, equal and secret.

All French citizens of either sex who have reached their majority and are in possession of their civil and political rights may vote as provided for by statute.

ARTICLE 4. Political parties and groups shall contribute to the exercise of suffrage. They shall be formed and carry on their activities freely. They shall respect the principles of national sovereignty and democracy.

They shall contribute to the implementation of the principle set out in the second paragraph of article 1 as provided for by statute.

Statutes guarantee the pluralistic expression of opinions and the equitable participation of political parties and groups in the democratic life of the Nation.

Title II

THE PRESIDENT OF THE REPUBLIC

ARTICLE 5. The President of the Republic shall ensure due respect for the Constitution. He shall ensure, by his arbitration, the proper functioning of the public authorities and the continuity of the State.

He shall be the guarantor of national independence, territorial integrity and due respect for Treaties.

5

ARTICLE 6. The President of the Republic shall be elected for a term of five years by direct universal suffrage.

No one may carry out more than two consecutive terms of office.

The manner of implementation of this article shall be determined by an Institutional Act.

ARTICLE 7. The President of the Republic shall be elected by an absolute majority of votes cast. If such a majority is not obtained on the first ballot, a second ballot shall take place on the fourteenth day thereafter. Only the two candidates polling the greatest number of votes in the first ballot, after any withdrawal of better placed candidates, may stand in the second ballot.

The process of electing a President shall commence by the calling of said election by the Government.

The election of the new President shall be held no fewer than twenty days and no more than thirty-five days before the expiry of the term of the President in office.

Should the Presidency of the Republic fall vacant for any reason whatsoever, or should the Constitutional Council on a referral from the

Government rule by an absolute majority of its members that the President of the Republic is incapacitated,the duties of the President of the Republic, with the exception of those specified in articles 11 and 12, shall be temporarily exercised by the President of the Senate or, if the latter is in turn incapacitated, by the Government.

In the case of a vacancy, or where the incapacity of the President is declared to be permanent by the Constitutional Council, elections for the new President shall, except in the event of a finding by the Constitutional Council of force majeure, be held no fewer than twenty days and no more than thirty-five days after the beginning of the vacancy or the declaration of permanent incapacity.

In the event of the death or incapacitation in the seven days preceding the deadline for registering candidacies of any of the persons who, fewer than thirty days prior to such deadline, have publicly announced their decision to stand for election, the Constitutional Council may decide to postpone the election.

If, before the first round of voting, any of the candidates dies or becomes incapacitated, the Constitutional Council shall declare the election to be postponed.

In the event of the death or incapacitation of either of the two candidates in the lead after the first round of voting before any withdrawals, the Constitutional

Council shall declare that the electoral process must be repeated in full; the same shall apply in the event of the death or incapacitation of either of the two candidates still standing on the second round of voting.

All cases shall be referred to the Constitutional Council in the manner laid down in the second paragraph of article 61 or in that laid down for the registration of candidates in the Institutional Act provided for in article 6.

6

The Constitutional Council may extend the time limits set in paragraphs three and five above, provided that polling takes place no later than thirty-five days after the decision of the Constitutional Council. If the implementation of the provisions of this paragraph results in the postponement of the election beyond the expiry of the term of the President in office, the latter shall remain in office until his successor is proclaimed.

Neither articles 49 and 50 nor article 89 of the Constitution shall be implemented during the vacancy of the Presidency of the Republic or during the period between the declaration of the permanent incapacity of the President of the Republic and the election of his successor.

ARTICLE 8. The President of the Republic shall appoint the Prime Minister. He shall terminate the appointment of the Prime Minister when the latter tenders the resignation of the Government.

On the recommendation of the Prime Minister, he shall appoint the other members of the Government and terminate their appointments.

ARTICLE 9. The President of the Republic shall preside over the Council of Ministers.

ARTICLE 10. The President of the Republic shall promulgate Acts of Parliament within fifteen days following the final passage of an Act and its transmission to the Government.

He may, before the expiry of this time limit, ask Parliament to reopen debate on the Act or any sections thereof. Such reopening of debate shall not be refused.

ARTICLE 11. The President of the Republic may, on a recommendation from the Government when Parliament is in session, or on a joint motion of the two Houses, published in the Journal Officiel, submit to a referendum any Government Bill which deals with the organization of the public authorities, or with reforms relating to the economic, social or environmental policy1 of the Nation, and to the public services contributing thereto, or which provides for authorization to ratify a treaty which, although not contrary to the Constitution, would affect the functioning of the institutions.

1 The Constitutional Council has not had the opportunity to rule whether the text resulting from subparagraph 1 of Article 4 of Constitutional Law no. 2008-724 of 23 July 2008 will enter into force upon publication of this constitutional law (25 July 2008) or under the conditions laid down by paragraph I of Article 46 of this constitutional law.

7

Where the referendum is held on the recommendation of the Government, the latter shall make a statement before each House and the same shall be followed by a debate.

ARTICLE 11(1). The President of the Republic may, on a recommendation from the Government when Parliament is in session, or on a joint motion of the two Houses, published in the Journal Officiel, submit to a referendum any Government Bill which deals with the organization of the public authorities, or with reforms relating to the economic, social or environmental policy of the Nation, and to the public services contributing thereto, or which provides for authorization to ratify a treaty which, although not contrary to the Constitution, would affect the functioning of the institutions.

Where the referendum is held on the recommendation of the Government, the latter shall make a statement before each House and the same shall be followed by a debate.

A referendum concerning a subject mentioned in the first paragraph may be held upon the initiative of one fifth of the members of Parliament, supported by one tenth of the voters enrolled on the electoral lists. This initiative shall take the form of a Private Members' Bill and may not be applied to the repeal of a legislative provision promulgated for less than one year.

The conditions by which it is introduced and those according to which the Constitutional Council monitors the respect of the provisions of the previous paragraph, are set down by an Institutional Act.

If the Private Members' Bill has not been considered by the two Houses within a period set by the Institutional Act, the President of the Republic may submit it to a referendum.

Where the Private Members' Bill is not passed by the French people, no new referendum proposal on the same subject may be submitted before the end of a period of two years following the date of the vote.

Where the outcome of the referendum is favourable to the Government Bill or to the Private Members' Bill, the President of the Republic shall promulgate the resulting statute within fifteen days following the proclamation of the results of the vote.

ARTICLE 12. The President of the Republic may, after consulting the Prime Minister and the Presidents of the Houses of Parliament, declare the National Assembly dissolved.

(1) See Warning.

8

A general election shall take place no fewer than twenty days and no more than forty days after the dissolution.

The National Assembly shall sit as of right on the second Thursday following its election. Should this sitting fall outside the period prescribed for the ordinary session, a session shall be convened by right for a fifteen-day period.

No further dissolution shall take place within a year following said election.

ARTICLE 13. The President of the Republic shall sign the Ordinances and Decrees deliberated upon in the Council of Ministers.

He shall make appointments to the civil and military posts of the State. Conseillers d'État, the Grand Chancelier de la Légion d'Honneur, Ambassadors and Envoys Extraordinary, Conseillers Maitres of the Cour des Comptes, Prefects, State representatives in the overseas communities to which article 74 applies and in New Caledonia, highest-ranking Military Officers, Recteurs des Académies and Directors of Central Government Departments shall be appointed in the Council of Ministers.

An Institutional Act shall determine the other posts to be filled at meetings of the Council of Ministers and the manner in which the power of the President of the Republic to make appointments may be delegated by him to be exercised on his behalf.

An Institutional Act shall determine the posts or positions, other than those mentioned in the third paragraph, concerning which, on account of their importance in the guarantee of the rights and freedoms or the economic and social life of the Nation, the power of appointment of the President of the Republic shall be exercised after public consultation with the relevant standing committee in each assembly.

The President of the Republic may not make an appointment when the sum of the negative votes in each committee represents at least three fifths of the votes cast by the two committees. Statutes shall determine the relevant standing committees according to the posts or positions concerned.

ARTICLE 14. The President of the Republic shall accredit ambassadors and envoys extraordinary to foreign powers; foreign ambassadors and envoys extraordinary shall be accredited to him.

ARTICLE 15. The President of the Republic shall be Commander-in-Chief of the Armed Forces. He shall preside over the higher national defence councils and committees.

ARTICLE 16. Where the institutions of the Republic, the independence of the Nation, the integrity of its territory or the fulfilment of its international 9 commitments are under serious and immediate threat, and where the proper functioning of the constitutional public authorities is interrupted, the President of the Republic shall take measures required by these circumstances, after formally consulting the Prime Minister, the Presidents of the Houses of Parliament and the Constitutional Council.

He shall address the Nation and inform it of such measures.

The measures shall be designed to provide the constitutional public authorities as swiftly as possible, with the means to carry out their duties. The Constitutional Council shall be consulted with regard to such measures.

Parliament shall sit as of right.

The National Assembly shall not be dissolved during the exercise of such emergency powers.

After thirty days of the exercise of such emergency powers, the matter may be referred to the Constitutional Council by the President of the

National Assembly, the President of the Senate, sixty Members of the National Assembly or sixty Senators, so as to decide if the conditions laid down in paragraph one still apply. It shall make its decision by public announcement as soon as possible. It shall, as of right, carry out such an examination and shall make its decision in the same manner after sixty days of the exercise of emergency powers or at any moment thereafter.

ARTICLE 17. The President of the Republic is vested with the power to grant pardons in an individual capacity.

ARTICLE 18. The President of the Republic shall communicate with the two Houses of Parliament by messages which he shall cause to be read aloud and which shall not give rise to any debate.

He may take the floor before Parliament convened in Congress for this purpose. His statement may give rise, in his absence, to a debate without vote.

When not in session, the Houses of Parliament shall be convened especially for this purpose.

ARTICLE 19. Instruments of the President of the Republic, other than those provided for under articles 8 (paragraph one), 11, 12, 16, 18, 54, 56 and 61, shall be countersigned by the Prime Minister and, where required, by the ministers concerned.

10

Title III
THE GOVERNMENT

ARTICLE 20. The Government shall determine and conduct the policy of the Nation.

It shall have at its disposal the civil service and the armed forces.

It shall be accountable to Parliament in accordance with the terms and procedures set out in articles 49 and 50.

ARTICLE 21. The Prime Minister shall direct the actions of the Government. He shall be responsible for national defence. He shall ensure the implementation of legislation. Subject to article 13, he shall have power to make regulations and shall make appointments to civil and military posts.

He may delegate certain of his powers to Ministers.

He shall deputize, if the case arises, for the President of the Republic as chairman of the councils and committees referred to in article 15.

He may, in exceptional cases, deputize for him as chairman of a meeting of the Council of Ministers by virtue of an express delegation of powers for a specific agenda.

ARTICLE 22. Instruments of the Prime Minister shall be countersigned, where required, by the ministers responsible for their implementation.

ARTICLE 23. Membership of the Government shall be incompatible with the holding of any Parliamentary office, any position of professional representation at national level, any public employment or any professional activity.

An Institutional Act shall determine the manner in which the holders of such offices, positions or employment shall be replaced.

The replacement of Members of Parliament shall take place in accordance with the provisions of article 25.

11

Title IV
PARLIAMENT

ARTICLE 24. Parliament shall pass statutes. It shall monitor the action of the Government. It shall assess public policies.

It shall comprise the National Assembly and the Senate. Members of the National Assembly, whose number must not exceed five hundred and seventy-seven, shall be elected by direct suffrage.

The Senate, whose members must not exceed three hundred and forty-eight, shall be elected by indirect suffrage. The Senate shall ensure the representation of the territorial communities of the Republic.

French Nationals living abroad shall be represented in the National Assembly and in the Senate.

ARTICLE 25. An Institutional Act shall determine the term for which each House is elected, the number of its members, their allowances, the conditions of eligibility and the terms of disqualification and of incompatibility with membership.

It shall likewise determine the manner of election of those persons called upon to replace Members of the National Assembly or Senators whose seats have become vacant, until the general or partial renewal by election of the House in which they sat, or have been temporarily replaced on account of having accepted a governmental position.

An independent commission, whose composition and rules of organization and operation shall be set down by statute, shall express an opinion, by public announcement, on the Government and Private Members' Bills defining the constituencies for the election of members of the National Assembly, or modifying the distribution of the seats of members of the National Assembly or of Senators.

ARTICLE 26. No Member of Parliament shall be prosecuted, investigated, arrested, detained or tried in respect of opinions expressed or votes cast in the performance of his official duties.

No Member of Parliament shall be arrested for a serious crime or other major offence, nor shall he be subjected to any other custodial or semi-custodial measure, without the authorization of the Bureau of the House of which he is a member. Such authorization shall not be required in the case of a serious crime or other major offence committed flagrante delicto or when a conviction has become final.

12

The detention, subjecting to custodial or semi-custodial measures, or prosecution of a Member of Parliament shall be suspended for the duration of the session if the House of which he is a member so requires.

The House concerned shall meet as of right for additional sittings in order to permit the application of the foregoing paragraph should circumstances so require.

ARTICLE 27. No Member shall be elected with any binding mandate. Members' right to vote shall be exercised in person.

An Institutional Act may, in exceptional cases, authorize voting by proxy. In that event, no member shall be given more than one proxy.

ARTICLE 28. Parliament shall sit as of right in one ordinary session which shall start on the first working day of October and shall end on the last working day of June.

The number of days for which each House may sit during the ordinary session shall not exceed one hundred and twenty. The number of sitting weeks shall be determined by each House.

The Prime Minister, after consulting the President of the House concerned or the majority of the members of each House may decide that said House shall meet for additional sitting days.

The days and hours of sittings shall be determined by the rules of procedure of each House.

ARTICLE 29. Parliament shall meet in extraordinary session, at the request of the Prime Minister or of the majority of the members of the National Assembly, to

debate a specific agenda.

Where an extraordinary session is held at the request of members of the National Assembly, this session shall be closed by decree once all the items on the agenda for which Parliament was convened have been dealt with, or not later than twelve days after its first sitting, whichever shall be the earlier.

The Prime Minister alone may request a new session before the end of the month following the decree closing an extraordinary session.

ARTICLE 30. Except where Parliament sits as of right, extraordinary sessions shall be opened and closed by a Decree of the President of the Republic.

ARTICLE 31. Members of the Government shall have access to both Houses.

They shall address either House whenever they so request.

They may be assisted by commissaires du gouvernement.

13

ARTICLE 32 The President of the National Assembly shall be elected for the life of a Parliament. The President of the Senate shall be elected each time elections are held for partial renewal of the Senate.

ARTICLE 33. The sittings of the two Houses shall be public. A verbatim report of the debates shall be published in the Journal Officiel.

Each House may sit in camera at the request of the Prime Minister or of one tenth of its members.

T itle V

ON RELATIONS BETWEEN PARLIAMENT
AND THE GOVERNMENT

ARTICLE 34. Statutes shall determine the rules concerning:

- civic rights and the fundamental guarantees granted to citizens for the exercise of their civil liberties; freedom, pluralism and the independence of the media; the obligations imposed for the purposes of national defence upon the person and property of citizens.

- nationality, the status and capacity of persons, matrimonial property systems, inheritance and gifts - the determination of serious crimes and other major offences and the penalties they carry; criminal procedure; amnesty; the setting up of new categories of courts and the status of members of the Judiciary.

- the base, rates and methods of collection of all types of taxes; the issuing of currency Statutes shall also determine the rules governing:

- the system for electing members of the Houses of Parliament, local assemblies and the representative bodies for French nationals living abroad, as well as the conditions for holding elective offices and positions for the members of the deliberative assemblies of the territorial communities

- the setting up of categories of public legal entities

- the fundamental guarantees granted to civil servants and members of the Armed Forces

- nationalisation of companies and the transfer of ownership of companies from the public to the private sector.

Statutes shall also lay down the basic principles of:

- the general organisation of national defence

- the self-government of territorial communities, their powers and revenue

- education

- the preservation of the environment

- systems of ownership, property rights and civil and commercial obligations.

- Employment law, Trade Union law and Social Security Finance Acts shall determine the revenue and expenditure of the State in the conditions and with the reservations provided for by an Institutional Act.

Social Security Financing Acts shall lay down the general conditions for the financial equilibrium thereof, and taking into account forecasted revenue, shall determine expenditure targets in the conditions and with the reservations provided for by an Institutional Act.

Programming Acts shall determine the objectives of the action of the State.

The multiannual guidelines for public finances shall be established by Programming Acts. They shall be part of the objective of balanced accounts for public administrations.

The provisions of this article may be further specified and completed by an Institutional Act.

ARTICLE 34-1. The Houses of Parliament may adopt resolutions according to the conditions determined by the Institutional Act.

Any draft resolution, whose adoption or rejection would be considered by the Government as an issue of confidence, or which contained an injunction to the Government, shall be inadmissible and may not be included on the agenda.

ARTICLE 35. A declaration of war shall be authorized by Parliament.

The Government shall inform Parliament of its decision to have the armed forces intervene abroad, at the latest three days after the beginning of said intervention. It shall detail the objectives of the said intervention. This information may give rise to a debate, which shall not be followed by a vote.

Where the said intervention shall exceed four months, the Government shall submit the extension to Parliament for authorization. It may ask the National Assembly to make the final decision.

If Parliament is not sitting at the end of the four-month period, it shall express its decision at the opening of the following session.

ARTICLE 36. A state of siege shall be decreed in the Council of Ministers.

The extension thereof after a period of twelve days may be authorized solely by Parliament.

15

ARTICLE 37. Matters other than those coming under the scope of statute law shall be matters for regulation.

Provisions of statutory origin enacted in such matters may be amended by decree issued after consultation with the Conseil d'État. Any such provisions passed after the coming into force of the Constitution shall be amended by decree only if the Constitutional Council has found that they are matters for regulation as defined in the foregoing paragraph.

ARTICLE 37-1. Statutes and regulations may contain provisions enacted on an experimental basis for limited purposes and duration.

ARTICLE 38. In order to implement its programme, the Government may ask Parliament for authorization, for a limited period, to take measures by Ordinance that are normally the preserve of statute law.

Ordinances shall be issued in the Council of Ministers, after consultation with the Conseil d'État. They shall come into force upon publication, but shall lapse in the event of failure to table before Parliament the Bill to ratify them by the date set by the Enabling Act. They may only be ratified in explicit terms.

At the end of the period referred to in the first paragraph hereinabove Ordinances may be amended solely by an Act of Parliament in those areas governed by statute law.

ARTICLE 39. Both the Prime Minister and Members of Parliament shall have the right to initiate legislation.

Government Bills shall be discussed in the Council of Ministers after consultation with the Conseil d'État and shall be tabled in one or other of the two Houses. Finance Bills and Social Security Financing Bills shall be tabled first before the National Assembly. Without prejudice to the first paragraph of article 44, Bills primarily dealing with the organisation of territorial communities shall be tabled first in the Senate.

The presentation of Government Bills tabled before the National Assembly or the Senate, shall follow the conditions determined by an Institutional Act.

Government Bills may not be included on the agenda if the Conference of Presidents of the first House to which the bill has been referred, declares that the rules determined by the Institutional Act have been ignored. In the case of disagreement between the Conference of Presidents and the Government, the President of the relevant House or the Prime Minister may refer the matter to the Constitutional Council, which shall rule within a period of eight days.

16

Within the conditions provided for by statute, the President of either House may submit a Private Members' Bill tabled by a member of the said House, before it is considered in committee, to the Conseil d'État for its opinion, unless the member who tabled it disagrees.

ARTICLE 40. Private Members' Bills and amendments introduced by Members of Parliament shall not be admissible where their enactment would result in either a diminution of public revenue or the creation or increase of any public expenditure.

ARTICLE 41. If, during the legislative process, it appears that a Private Member's Bill or amendment is not a matter for statute or is contrary to a delegation granted under article 38, the Government or the President of the House concerned, may argue that it is inadmissible.

In the event of disagreement between the Government and the President of the House concerned, the Constitutional Council, at the request of one or the other, shall give its ruling within eight days.

ARTICLE 42. The discussion of Government and Private Members' Bills shall, in plenary sitting, concern the text passed by the committee to which the Bill has been referred, in accordance with article 43, or failing that, the text which has been referred to the House.

Notwithstanding the foregoing, the plenary discussion of Constitutional Revision Bills, Finance Bills and Social Security Financing Bills, shall concern, during the first reading before the House to which the Bill has been referred in the first instance, the text presented by the Government, and during the subsequent readings, the text transmitted by the other House.

The plenary discussion at first reading of a Government or Private Members' Bill may only occur before the first House to which it is referred, at the end of a period of six weeks after it has been tabled. It may only occur, before the second House to which it is referred, at the end of a period of four weeks, from the date of transmission.

The previous paragraph shall not apply if the accelerated procedure has been implemented according to the conditions provided for in article 45. It shall not apply either to Finance Bills, Social Security Financing Bills, or to bills concerning a state of emergency.

ARTICLE 43. Government and Private Members' Bills shall be referred to one of the standing committees, the number of which shall not exceed eight in each House.

17

At the request of the Government or of the House before which such a Bill has been tabled, Government and Private Members' Bills shall be referred for consideration to a committee specially set up for this purpose.

ARTICLE 44. Members of Parliament and the Government shall have the right of amendment. This right may be used in plenary sitting or in committee under the conditions set down by the Rules of Procedure of the Houses, according to the framework determined by an Institutional Act.

Once debate has begun, the Government may object to the consideration of any amendment which has not previously been referred to committee.

If the Government so requests, the House before which the Bill is tabled shall proceed to a single vote on all or part of the text under debate, on the sole basis of the amendments proposed or accepted by the Government.

ARTICLE 45. Every Government or Private Member's Bill shall be considered successively in the two Houses of Parliament with a view to the passing of an identical text. Without prejudice to the application of articles 40 and 41, all amendments which have a link, even an indirect one, with the text that was tabled or transmitted, shall be admissible on first reading.

If, as a result of a failure to agree by the two Houses, it has proved impossible to pass a Government or Private Member's Bill after two readings by each House or, if the Government has decided to apply the accelerated procedure without the two Conferences of Presidents being jointly opposed, after a single reading of such Bill by each House, the Prime Minister, or in the case of a Private Members' Bill, the Presidents of the two Houses acting jointly, may convene a joint committee, composed of an equal number of members from each House, to propose a text on the provisions still under debate.

The text drafted by the joint committee may be submitted by the Government to both Houses for approval. No amendment shall be admissible without the consent of the Government.

If the joint committee fails to agree on a common text, or if the text is not passed as provided in the foregoing paragraph, the Government may, after a further reading by the National Assembly and by the Senate, ask the National Assembly to reach a final decision. In such an event, the National Assembly may reconsider either the text drafted by the joint committee, or the last text passed by itself, as modified, as the case may be, by any amendment(s) passed by the Senate.

ARTICLE 46. Acts of Parliament which are defined by the Constitution as being Institutional Acts shall be enacted and amended as provided for hereinafter.

18

The Government or Private Member's Bill may only be submitted, on first reading, to the consideration and vote of the Houses after the expiry of the periods set down in the third paragraph of article 42. Notwithstanding the foregoing, if the accelerated procedure has been applied according to the conditions provided for in article 45, the Government or Private Member's Bill may not be submitted for consideration by the first House to which it is referred before the expiry of a fifteenday period after it has been tabled.

The procedure set out in article 45 shall apply. Nevertheless, failing agreement between the two Houses, the text may be passed by the National Assembly on a final reading only by an absolute majority of the Members thereof.

Institutional Acts relating to the Senate must be passed in identical terms by the two Houses.

Institutional Acts shall not be promulgated until the Constitutional Council has declared their conformity with the Constitution.

ARTICLE 47. Parliament shall pass Finance Bills in the manner provided for by an Institutional Act.

Should the National Assembly fail to reach a decision on first reading within forty days following the tabling of a Bill, the Government shall refer the Bill to the Senate, which shall make its decision known within fifteen days. The procedure set out in article 45 shall then apply.

Should Parliament fail to reach a decision within seventy days, the provisions of the Bill may be brought into force by Ordinance.

Should the Finance Bill setting out revenue and expenditure for a financial year not be tabled in time for promulgation before the beginning of that year, the Government shall as a matter of urgency ask Parliament for authorization to collect taxes and shall make available by decree the funds needed to meet commitments already voted for.

The time limits set by this article shall be suspended when Parliament is not in session.

ARTICLE 47-1. Parliament shall pass Social Security Financing Bills in the manner provided by an Institutional Act.

Should the National Assembly fail to reach a decision on first reading within twenty days of the tabling of a Bill, the Government shall refer the Bill to the Senate, which shall make its decision known within fifteen days. The procedure set out in article 45 shall then apply.

Should Parliament fail to reach a decision within fifty days, the provisions of the Bill may be implemented by Ordinance.

19

The time limits set by this article shall be suspended when Parliament is not in session and, as regards each House, during the weeks when it has decided not to sit in accordance with the second paragraph of article 28.

ARTICLE 47-2. The Cour des Comptes shall assist Parliament in monitoring

Government action. It shall assist Parliament and the Government in monitoring the implementation of Finance Acts and Social Security Financing Acts, as well in assessing public policies. By means of its public reports, it shall contribute to informing citizens.

The accounts of public administrations shall be lawful and faithful. They shall provide a true and fair view of the result of the management, assets and financial situation of the said public administrations.

ARTICLE 48. Without prejudice to the application of the last three paragraphs of article 28, the agenda shall be determined by each House.

During two weeks of sittings out of four, priority shall be given, in the order determined by the Government, to the consideration of texts and to debates which it requests to be included on the agenda.

In addition, the consideration of Finance Bills, Social Security Financing Bills and, subject to the provisions of the following paragraph, texts transmitted by the other House at least six weeks previously, as well as bills concerning a state of emergency and requests for authorization referred to in article 35, shall, upon Government request, be included on the agenda with priority.

During one week of sittings out of four, priority shall be given, in the order determined by each House, to the monitoring of Government action and to the assessment of public policies.

One day of sitting per month shall be given to an agenda determined by each House upon the initiative of the opposition groups in the relevant House, as well as upon that of the minority groups.

During at least one sitting per week, including during the extraordinary sittings provided for in article 29, priority shall be given to questions from Members of Parliament and to answers from the Government.

ARTICLE 49. The Prime Minister, after deliberation by the Council of Ministers, may make the Government's programme or possibly a general policy statement an issue of a vote of confidence before the National Assembly.

The National Assembly may call the Government to account by passing a resolution of no-confidence. Such a resolution shall not be admissible unless it is signed by at least one tenth of the members of the National Assembly. Voting may not take place within forty-eight hours after the resolution has been tabled. Solely

20

votes cast in favour of the no-confidence resolution shall be counted and the latter shall not be passed unless it secures a majority of the Members of the House. Except as provided for in the following paragraph, no Member shall sign more than three resolutions of no-confidence during a single ordinary session and no more than one during a single extraordinary session.

The Prime Minister may, after deliberation by the Council of Ministers, make the passing of a Finance Bill or Social Security Financing Bill an issue of a vote of confidence before the National Assembly. In that event, the Bill shall be considered passed unless a resolution of no-confidence, tabled within the subsequent twentyfour hours, is carried as provided for in the foregoing paragraph. In addition, the Prime Minister may use the said procedure for one other Government or Private Members' Bill per session.

The Prime Minister may ask the Senate to approve a statement of general policy.

ARTICLE 50. When the National Assembly passes a resolution of noconfidence, or when it fails to endorse the Government programme or general policy statement, the Prime Minister shall tender the resignation of the Government to the President of the Republic.

ARTICLE 50-1. The Government may, before either House, upon its own initiative or upon the request of a political group, as set down in article 51-1, make a declaration on a given subject, which leads to a debate and, if it so desires, gives rise to a vote, without making it an issue of confidence.

ARTICLE 51. The closing of ordinary or extraordinary sessions shall be automatically postponed in order to permit the application of article 49, if the case arises. Additional sittings shall be held automatically for the same purpose.

ARTICLE 51-1. The Rules of Procedure of each House shall determine the rights of the parliamentary groups set up within it. They shall recognize that opposition groups in the House concerned, as well as minority groups, have specific rights.

ARTICLE 51-2. In order to implement the monitoring and assessment missions laid down in the first paragraph of article 24, committees of inquiry may be set up within each House to gather information, according to the conditions provided for by statute.

Statutes shall determine their rules of organization and operation. The conditions for their establishment shall be determined by the Rules of Procedure of each House.

21

Title VI

ON TREATIES AND INTERNATIONAL AGREEMENTS

ARTICLE 52. The President of the Republic shall negotiate and ratify treaties.

He shall be informed of any negotiations for the conclusion of an international agreement not subject to ratification.

ARTICLE 53. Peace Treaties, Trade agreements, treaties or agreements relating to international organization, those committing the finances of the State, those modifying provisions which are the preserve of statute law, those relating to the status of persons, and those involving the ceding, exchanging or acquiring of territory, may be ratified or approved only by an Act of Parliament.

They shall not take effect until such ratification or approval has been secured.

No ceding, exchanging or acquiring of territory shall be valid without the consent of the population concerned.

ARTICLE 53-1 The Republic may enter into agreements with European States which are bound by undertakings identical with its own in matters of asylum and the protection of human rights and fundamental freedoms, for the purpose of determining their respective jurisdiction as regards requests for asylum submitted to them.

However, even if the request does not fall within their jurisdiction under the terms of such agreements, the authorities of the Republic shall remain empowered to grant asylum to any Foreigner who is persecuted for his action in pursuit of freedom or who seeks the protection of France on other grounds.

ARTICLE 53-2. The Republic may recognize the jurisdiction of the International

Criminal Court as provided for by the Treaty signed on 18 July 1998.

ARTICLE 54. If the Constitutional Council, on a referral from the President of the Republic, from the Prime Minister, from the President of one or the other Houses, or from sixty Members of the National Assembly or sixty Senators, has held that an international undertaking contains a clause contrary to the Constitution, authorization to ratify or approve the international undertaking involved may be given only after amending the Constitution.

22

ARTICLE 55. Treaties or agreements duly ratified or approved shall, upon publication, prevail over Acts of Parliament, subject, with respect to each agreement or treaty, to its application by the other party.

T itle VI I
THE CONSTITUTIONAL COUNCIL
ARTICLE 56. The Constitutional Council shall comprise nine memb-

ers, each of whom shall hold office for a non-renewable term of nine years. One third of the membership of the Constitutional Council shall be renewed every three years. Three of its members shall be appointed by the President of the Republic, three by the President of the National Assembly and three by the President of the Senate. The procedure provided for in the last paragraph of article 13 shall be applied to these appointments. The appointments made by the President of each House shall be submitted for consultation only to the relevant standing committee in that House.

In addition to the nine members provided for above, former Presidents of the Republic shall be ex officio life members of the Constitutional Council.

The President shall be appointed by the President of the Republic. He shall have a casting vote in the event of a tie.

ARTICLE 57. The office of member of the Constitutional Council shall be incompatible with that of Minister or Member of the Houses of Parliament. Other incompatibilities shall be determined by an Institutional Act.

ARTICLE 58. The Constitutional Council shall ensure the proper conduct of the election of the President of the Republic.

It shall examine complaints and shall proclaim the results of the vote.

ARTICLE 59. The Constitutional Council shall rule on the proper conduct of the election of Members of the National Assembly and Senators in disputed cases.

ARTICLE 60. The Constitutional Council shall ensure the proper conduct of referendum proceedings as provided for in articles 11 and 89 and in Title XV and shall proclaim the results of the referendum.

ARTICLE 61. Institutional Acts, before their promulgation, Private

Members' Bills mentioned in article 11 before they are submitted to referendum, and the rules 23 of procedure of the Houses of Parliament shall, before coming into force, be referred to the Constitutional Council, which shall rule on their conformity with the Constitution.

To the same end, Acts of Parliament may be referred to the Constitutional Council, before their promulgation, by the President of the Republic, the Prime Minister, the President of the National Assembly, the President of the Senate, sixty Members of the National Assembly or sixty Senators.

In the cases provided for in the two foregoing paragraphs, the Constitutional Council must deliver its ruling within one month. However, at the request of the Government, in cases of urgency, this period shall be reduced to eight days.

In these same cases, referral to the Constitutional Council shall suspend the time allotted for promulgation.

ARTICLE 61-1. If, during proceedings in progress before a court of law, it is

claimed that a legislative provision infringes the rights and freedoms guaranteed by the Constitution, the matter may be referred by the Conseil d'État or by the Cour de Cassation to the Constitutional Council which shall rule within a determined period.

An Institutional Act shall determine the conditions for the application of the present article.

ARTICLE 62. A provision declared unconstitutional on the basis of article 61 shall be neither promulgated nor implemented.

A provision declared unconstitutional on the basis of article 61-1 shall be repealed as of the publication of the said decision of the Constitutional Council or as of a subsequent date determined by said decision.

The Constitutional Council shall determine the conditions and the limits according to which the effects produced by the provision shall be liable to challenge.

No appeal shall lie from the decisions of the Constitutional Council. They shall be binding on public authorities and on all administrative authorities and all courts.

ARTICLE 63. An Institutional Act shall determine the rules of organization and operation of the Constitutional Council, the procedure to be followed before it and, in particular, the time limits allotted for referring disputes to it.

24

T itle VI I I
ON JUDICIAL AUTHORITY

ARTICLE 64. The President of the Republic shall be the guarantor of the independence of the Judicial Authority.

He shall be assisted by the High Council of the Judiciary.

An Institutional Act shall determine the status of members of the Judiciary.

Judges shall be irremovable from office.

ARTICLE 65. The High Council of the Judiciary shall consist of a section with jurisdiction over judges and a section with jurisdiction over public prosecutors.

The section with jurisdiction over judges shall be presided over by the Chief President of the Cour de cassation. It shall comprise, in addition, five judges and one public prosecutor, one Conseiller d'État appointed by the Conseil d'État and one barrister, as well as six qualified, prominent citizens who are not members of Parliament, of the Judiciary or of administration. The President of the Republic, the President of the National Assembly and the President of the Senate shall each appoint two qualified, prominent citizens. The procedure provided for in the last paragraph of article 13 shall be applied to the appointments of the qualified, prominent citizens. The appointments made by the President of each House of Parliament shall be submitted for consultation only to the relevant standing committee in that House.

The section with jurisdiction over public prosecutors shall be presided over by the Chief Public Prosecutor at the Cour de Cassation. It shall comprise, in addition, five public prosecutors and one judge, as well as the Conseiller d'État and the barrister, together with the six qualified, prominent citizens referred to in the second paragraph.

The section of the High Council of the Judiciary with jurisdiction over judges shall make recommendations for the appointment of judges to the Cour de cassation, the Chief Presidents of Courts of Appeal and the Presidents of the Tribunaux de grande instance. Other judges shall be appointed after consultation with this section.

The section of the High Council of the Judiciary with jurisdiction over public prosecutors shall give its opinion on the appointment of public prosecutors.

The section of the High Council of the Judiciary with jurisdiction over judges shall act as disciplinary tribunal for judges. When acting in such capacity, in addition to the members mentioned in the second paragraph, it shall comprise the judge belonging to the section with jurisdiction over public prosecutors.

25

The section of the High Council of the Judiciary with jurisdiction over public prosecutors shall give its opinion on disciplinary measures regarding public prosecutors. When acting in such capacity, it shall comprise, in addition to the members mentioned in paragraph three, the public prosecutor belonging to the section with jurisdiction over judges.

The High Council of the Judiciary shall meet in plenary section to reply to the requests for opinions made by the President of the Republic in application of article 64. It shall also express its opinion in plenary section, on questions concerning the deontology of judges or on any question concerning the operation of justice which is referred to it by the Minister of Justice. The plenary section comprises three of the five judges mentioned in the second paragraph, three of the five prosecutors mentioned in the third paragraph as well as the Conseiller d'État, the barrister and the six qualified, prominent citizens referred to in the second paragraph. It is presided over by the Chief President of the Cour de cassation who may be substituted by the Chief Public Prosecutor of this court.

The Minister of Justice may participate in all the sittings of the sections of the High Council of the Judiciary except those concerning disciplinary matters.

According to the conditions determined by an Institutional Act, a referral may be made to the High Council of the Judiciary by a person subject to trial.

The Institutional Act shall determine the manner in which this article is to be implemented.

ARTICLE 66. No one shall be arbitrarily detained.

The Judicial Authority, guardian of the freedom of the individual, shall ensure compliance with this principle in the conditions laid down by statute.

ARTICLE 66-1. No one shall be sentenced to death.

Title IX
THE HIGH COURT

ARTICLE 67. The President of the Republic shall incur no liability by reason of acts carried out in his official capacity, subject to the provisions of Articles 53-2 and 68 hereof.

Throughout his term of office the President shall not be required to testify before any French Court of law or Administrative authority and shall not be the object of any civil proceedings, nor of any preferring of charges, prosecution or investigatory measures. All limitation periods shall be suspended for the duration of said term of office.

26

All actions and proceedings thus stayed may be reactivated or brought against the President one month after the end of his term of office.

ARTICLE 68. The President of the Republic shall not be removed from office during the term thereof on any grounds other than a breach of his duties patently incompatible with his continuing in office. Such removal from office shall be proclaimed by Parliament sitting as the High Court.

The proposal to convene the High Court adopted by one or other of the Houses of Parliament shall be immediately transmitted to the other House which shall make its decision known within fifteen days of receipt thereof.

The High Court shall be presided over by the President of the National Assembly. It shall give its ruling as to the removal from office of the President, by secret ballot, within one month. Its decision shall have immediate effect.

Rulings given hereunder shall require a majority of two thirds of the members of the House involved or of the High Court. No proxy voting shall be allowed. Only votes in favour of the removal from office or the convening of the High Court shall be counted.

An Institutional Act shall determine the conditions for the application hereof.

T itle X
ON THE CRIMINAL LIABILITY
OF THE GOVERNMENT

ARTICLE 68-1. Members of the Government shall be criminally liable for acts performed in the holding of their office and classified as serious crimes or other major offences at the time they were committed.

They shall be tried by the Court of Justice of the Republic.

The Court of Justice of the Republic shall be bound by such definition of serious crimes and other major offences and such determination of penalties as are laid down by statute.

27

ARTICLE 68-2. The Court of Justice of the Republic shall consist of fifteen

members: twelve Members of Parliament, elected in equal number from among their ranks by the National Assembly and the Senate after each general or partial renewal by election of these Houses, and three judges of the Cour de cassation, one of whom shall preside over the Court of Justice of the Republic.

Any person claiming to be a victim of a serious crime or other major offence committed by a member of the Government in the holding of his office may lodge a complaint with a petitions committee.

This committee shall order the case to be either closed or forwarded to the Chief Public Prosecutor at the Cour de cassation for referral to the Court of Justice of the Republic.

The Chief Public prosecutor at the Cour de cassation may also make a referral ex officio to the Court of Justice of the Republic with the assent of the petitions committee. An Institutional Act shall determine the manner in which this article is to be implemented.

ARTICLE 68-3. The provisions of this title shall apply to acts committed before its entry into force.

T itle XI
THE ECONOMIC, SOCIAL AND ENVIRONMENTAL COUNCIL

ARTICLE 69. The Economic, Social and Environmental Council, on a referral from the Government, shall give its opinion on such Government Bills, draft Ordinances, draft Decrees, and Private Members' Bills as have been submitted to it.

A member of the Economic, Social and Environmental Council may be designated by the Council to present, to the Houses of Parliament, the opinion of the Council on such drafts, Government or Private Members' Bills as have been submitted to it.

A referral may be made to the Economic, Social and Environmental Council by petition, in the manner determined by an Institutional Act. After consideration of the petition, it shall inform the Government and Parliament of the pursuant action it proposes.

ARTICLE 70. The Economic, Social and Environmental Council may also be consulted by the Government or Parliament on any economic, social or environmental issue. The Government may also consult it on

Programming Bills 28 setting down the multiannual guidelines for public finances. Any plan or Programming Bill of an economic, social or environmental nature shall be submitted to it for its opinion.

ARTICLE 71. The composition of the Economic, Social and Environmental

Council, which must not exceed two hundred and thirty-three members, and its rules of proceeding shall be determined by an Institutional Act.

Title XI A

THE DEFENDER OF RIGHTS

ARTICLE 71-1. The Defender of Rights shall ensure the due respect of rights and freedoms by state administrations, territorial communities, public legal entities, as well as by all bodies carrying out a public service mission or by those that the Institutional Act decides fall within his remit.

Referral may be made to the Defender of Rights, in the manner determined by an Institutional Act, by every person who considers his rights to have been infringed by the operation of a public service or of a body mentioned in the first paragraph. He may act without referral.

The Institutional Act shall set down the mechanisms for action and powers of the Defender of Rights. It shall determine the manner in which he may be assisted by third parties in the exercise of certain of his powers.

The Defender of Rights shall be appointed by the President of the Republic for a six-year, non-renewable term, after the application of the procedure provided for in the last paragraph of article 13. This position is incompatible with membership of the Government or membership of

Parliament. Other incompatibilities shall be determined by the Institutional Act.

The Defender of Rights is accountable for his actions to the President of the Republic and to Parliament.

T itle XI I
ON TERRITORIAL COMMUNITIES

ARTICLE 72. The territorial communities of the Republic shall be the Communes, the Departments, the Regions, the Special-Status communities and the Overseas Territorial communities to which article 74 applies. Any other territorial 29 community created, if need be, to replace one or more communities provided for by this paragraph shall be created by statute.

Territorial communities may take decisions in all matters arising under powers that can best be exercised at their level.

In the conditions provided for by statute, these communities shall be selfgoverning through elected councils and shall have power to make regulations for matters coming within their jurisdiction.

In the manner provided for by an Institutional Act, except where the essential conditions for the exercise of public freedoms or of a right guaranteed by the Constitution are affected, territorial communities or associations thereof may, where provision is made by statute or regulation, as the case may be, derogate on an experimental basis for limited purposes and duration from provisions laid down by statute or regulation governing the exercise of their powers.

No territorial community may exercise authority over another. However, where the exercising of a power requires the combined action of several territorial communities, one of those communities or one of their associations may be authorised by statute to organise such combined action.

In the territorial communities of the Republic, the State representative, representing each of the Members of the Government, shall be responsible for national interests, administrative supervision and compliance with the law.

ARTICLE 72-1. The conditions in which voters in each territorial community may use their right of petition to ask for a matter within the powers of the community to be entered on the agenda of its Deliberative Assembly shall be determined by statute.

In the conditions determined by an Institutional Act, draft decisions or acts within the powers of a territorial community may, on the initiative of the latter, be submitted for a decision by voters of said community by means of a referendum

When the creation of a special-status territorial community or modification of its organisation are contemplated, a decision may be taken by statute to consult the voters registered in the relevant communities. Voters may also be consulted on changes to the boundaries of territorial communities in the conditions determined by statute.

ARTICLE 72-2. Territorial communities shall enjoy revenue of which they may dispose freely in the conditions determined by statute.

They may receive all or part of the proceeds of taxes of all kinds. They may be authorised by statute to determine the basis of assessment and the rates thereof, within the limits set by such statutes.

Tax revenue and other own revenue of territorial communities shall, for each category of territorial community, represent a decisive share of their revenue. The conditions for the implementation of this rule shall be determined by an Institutional Act.

Whenever powers are transferred between central government and the territorial communities, revenue equivalent to that given over to the exercise of those powers shall also be transferred. Whenever the effect of newly created or extended powers is to increase the expenditure to be borne by territorial communities, revenue as determined by statute shall be allocated to said communities.

Equalisation mechanisms intended to promote equality between territorial communities shall be provided for by statute.

ARTICLE 72-3. The Republic shall recognise the overseas populations within the French people in a common ideal of liberty, equality and fraternity.

Guadeloupe, Guyane, Martinique, La Réunion, Mayotte, Saint-Barthélemy, Saint-Martin, Saint-Pierre-et-Miquelon, the Wallis and Futuna Islands and French Polynesia shall be governed by article 73 as regards overseas departments and regions and for the territorial communities set up under the final paragraph of article 73, and by article 74 for the other communities.

The status of New Caledonia shall be governed by title XIII.

The legislative system and special organisation of the French Southern and Antarctic Territories and Clipperton shall be determined by statute.

ARTICLE 72-4. No change of status as provided for by articles 73 and 74 with respect to the whole or part of any one of the communities to which the second paragraph of article 72-3 applies, shall take place without the prior consent of voters in the relevant community or part of a community being sought in the manner provided for by the paragraph below. Such change of status shall be made by an Institutional Act.

The President of the Republic may, on a recommendation from the

Government when Parliament is in session or on a joint motion of the two Houses, published in either case in the Journal Officiel, decide to consult voters in an overseas territorial community on a question relating to its organisation, its powers or its legislative

system. Where the referendum concerns a change of status as provided for by the foregoing paragraph and is held in response to a recommendation by the Government, the Government shall make a statement before each House which shall be followed by debate.

ARTICLE 73. In the overseas departments and regions, statutes and regulations shall be automatically applicable. They may be adapted in the light of the specific characteristics and constraints of such communities.

Those adaptations may be decided on by the communities in areas in which their powers are exercised if the relevant communities have been empowered to that end by statute or by regulation, whichever is the case.

By way of derogation from the first paragraph hereof and in order to take account of their specific features, communities to which this article applies may be empowered by statute or by regulation, whichever is the case, to determine themselves the rules applicable in their territory in a limited number of matters that fall to be determined by statute or by regulation.

These rules may not concern nationality, civic rights, the guarantees of civil liberties, the status and capacity of persons, the organisation of justice, criminal law, criminal procedure, foreign policy, defence, public security and public order, currency, credit and exchange, or electoral law. This list may be clarified and amplified by an Institutional Act.

The two foregoing paragraphs shall not apply in the department and region of La Réunion.

The powers to be conferred pursuant to the second and third paragraphs hereof shall be determined at the request of the relevant territorial community in the conditions and subject to the reservations provided for by an Institutional Act. They may not be conferred where the essential conditions for the exercise of civil liberties or of a right guaranteed by the Constitution are affected.

The setting up by statute of a territorial community to replace an overseas department and region or a single Deliberative Assembly for the two communities shall not be carried out unless the consent of the voters registered there has first been sought as provided by the second paragraph of article 72-4.

ARTICLE 74. The Overseas territorial communities to which this article applies shall have a status reflecting their respective local interests within the Republic.

This status shall be determined by an Institutional Act, passed after consultation of the Deliberative Assembly, which shall specify:

- the conditions in which statutes and regulations shall apply there;

- the powers of the territorial community; subject to those already exercised by said community the transfer of central government powers may not involve any of the matters listed in paragraph four of article 73, as specified and completed, if need be, by an Institutional Act

- the rules governing the organisation and operation of the institutions of the territorial community and the electoral system for its Deliberative Assembly

- the conditions in which its institutions are consulted on Government or Private Members' Bills and draft Ordinances or draft Decrees containing provisions relating specifically to the community and to the ratification or approval of international undertakings entered into in matters within its powers

The Institutional Act may also, for such territorial communities as are selfgoverning, determine the conditions in which:

- the Conseil d'État shall exercise specific judicial review of certain categories of decisions taken by the Deliberative Assembly in matters which are within the powers vested in it by statute ;

- the Deliberative Assembly may amend a statute promulgated after the coming into effect of the new status of said territorial community where the Constitutional Council, acting in particular on a referral from the authorities of the territorial community, has found that statute law has intervened in a field within the powers of said Assembly ;

- measures justified by local needs may be taken by the territorial community in favour of its population as regards access to employment, the right of establishment for the exercise of a professional activity or the protection of land ;

- the community may, subject to review by the central government, participate in the exercise of the powers vested in it while showing due respect for the guaranties given throughout national territory for the exercising of civil liberties.

The other rules governing the specific organisation of the territorial communities to which this article applies shall be determined and amended by statute after consultation with their Deliberative Assembly.

ARTICLE 74-1. In the Overseas territorial communities referred to by Article 74 and in New Caledonia, the Government may, in matters which remain within its power, extend by Ordinance, with any necessary adaptations, the legislative provisions applying in mainland France, or adapt the legislative provisions applying, to the specific organization of the community in question, provided statute law has not expressly excluded the use of this procedure for the provisions involved. Such Ordinances shall be issued in the Council of Ministers after receiving the opinion of the relevant Deliberative Assemblies and the Conseil d'État. They shall come into force upon publication. They shall lapse if they are not ratified by Parliament within eighteen months of their publication.

ARTICLE 75. Citizens of the Republic who do not have ordinary civil status, the sole status referred to in Article 34, shall retain their personal status until such time as they have renounced the same.

ARTICLE 75-1. Regional languages are part of France's heritage.

Title XIII
TRANSITIONAL PROVISIONS PERTAINING
TO NEW CALEDONIA

ARTICLE 76. The population of New Caledonia is called upon to vote by 31 December 1998 on the provisions of the agreement signed at Nouméa on 5 May 1998, published in the Journal Officiel of the French Republic on 27 May 1998.

Persons satisfying the requirements laid down in article 2 of Act No. 88-1028 of 9 November 1988 shall be eligible to take part in the vote. The measures required to organize the voting process shall be taken by decree adopted after consultation with the Conseil d'État and discussion in the Council of Ministers.

ARTICLE 77. After approval of the agreement by the vote provided for in article 76, the Institutional Act passed after consultation with the Deliberative Assembly of New Caledonia shall determine, in order to ensure the development of New Caledonia in accordance with the guidelines set out in that agreement and in the manner required for its implementation:

- those of the State's powers which are to be definitively transferred to the institutions of New Caledonia, the applicable time frame and the manner in which said transfer shall be proceeded with, together with the apportionment of expenditure arising in connection therewith;

- the rules governing the organization and operation of the institutions of New Caledonia, in particular the circumstances in which certain kinds of decisions taken by the Deliberative Assembly of New Caledonia may be referred to the Constitutional Council for review before publication;

- the rules concerning citizenship, the electoral system, employment, and personal status as laid down by customary law;

- the conditions and the time limits within which the population concerned in New Caledonia is to vote on the attainment of full sovereignty.

Any other measures required to give effect to the agreement referred to in article 76 shall be determined by statute.

For the purpose of defining the body of electors called upon to elect members of the Deliberative Assemblies of New Caledonia and the provinces, the list referred to in the Agreement mentioned in Article 76 hereof and Sections 188 and 189 of Institutional Act n° 99-209 of March 19th 1999 pertaining to New Caledonia is the list drawn up for the ballot provided for in Article 76 hereinabove which includes those persons not eligible to vote.

T itle XIV
ON THE FRENCH-SPEAKING WORLD AND
ON ASSOCIATION AGREEMENTS

ARTICLE 87. The Republic shall participate in the development of solidarity and cooperation between States and peoples having the French language in common.

ARTICLE 88. The Republic may enter into agreements with States which wish to associate with it in order to develop their civilizations.

T itle XV
ON THE EUROPEAN UNION

ARTICLE 88-1. The Republic shall participate in the European Union constituted by States which have freely chosen to exercise some of their powers in common by virtue of the Treaty on European Union and of the Treaty on the Functioning of the European Union, as they result from the treaty signed in Lisbon on 13 December, 2007.

ARTICLE 88-2. Statutes shall determine the rules relating to the European arrest warrant pursuant to acts adopted by the institutions on the European Union.

ARTICLE 88-3. Subject to reciprocity and in accordance with the terms of the Treaty on European Union signed on 7 February 1992, the right to vote and stand as a candidate in municipal elections shall be granted only to citizens of the Union residing in France. Such citizens shall neither hold the office of Mayor or Deputy Mayor nor participate in the designation of Senate electors or in the election of Senators. An Institutional Act passed in identical terms by the two Houses shall determine the manner of implementation of this article.

ARTICLE 88-4. The government shall lay before the National Assembly and the Senate drafts of European legislative acts as well as other drafts of or proposals for acts of the European Union as soon as they have been transmitted to the council of the European Union.

In the manner laid down by the rules of procedure of each House, European resolutions may be passed, even if Parliament is not in session, on the drafts or proposals referred to in the preceding paragraph, as well as on any document issuing from a European Union Institution.

A committee in charge of European affairs shall be set up in each parliamentary assembly.

ARTICLE 88-5(1).. Any government bill authorizing the ratification of a treaty pertaining to the accession of a state to the European Union shall be submitted to referendum by the president of the republic.

Notwithstanding the foregoing, by passing a motion adopted in identical terms in each House by a three-fifths majority, Parliament may authorize the passing of the bill according to the procedure provided for in paragraph three of article 89.

ARTICLE 88-6. The National Assembly or the Senate may issue a reasoned opinion as to the conformity of a draft proposal for a European Act with the principle of subsidiarity. Said opinion shall be addressed by the President of the House involved to the Presidents of the European Parliament, the Council of the European Union and the European Commission. The Government shall be informed of said opinion.

Each House may institute proceedings before the Court of Justice of the European Union against a European Act for non-compliance with the principle of subsidiarity. Such proceedings shall be referred to the Court of Justice of the European Union by the Government.

For the purpose of the foregoing, resolutions may be passed, even if Parliament is not in session, in the manner set down by the Rules of Procedure of each House for the tabling and discussion thereof.

ARTICLE 88-7. Parliament may, by the passing of a motion in identical terms by the National Assembly and the Senate, oppose any modification of the rules governing the passing of Acts of the European Union in cases provided for under the simplified revision procedure for treaties or under judicial cooperation on civil matters, as set forth in the Treaty on European Union and the Treaty on the Functioning of the European Union, as they result from the treaty signed in Lisbon on December 13, 2007.

(1) See Warning.

T itle XVI

ON AMENDMENTS TO THE CONSTITUTION

ARTICLE 89. The President of the Republic, on the recommendation of the Prime Minister, and Members of Parliament alike shall have the right to initiate amendments to the Constitution.

A Government or a Private Member's Bill to amend the Constitution must be considered within the time limits set down in the third paragraph of article 42 and be passed by the two Houses in identical terms. The amendment shall take effect after approval by referendum.

However, a Government Bill to amend the Constitution shall not be submitted to referendum where the President of the Republic decides to submit it to Parliament convened in Congress; the Government Bill to amend the Constitution shall then be approved only if it is passed by a three-fifths majority of the votes cast. The Bureau of the Congress shall be that of the National Assembly.

No amendment procedure shall be commenced or continued where the integrity of national territory is placed in jeopardy.

The republican form of government shall not be the object of any amendment.

T itle XVI I
(REPEALED)
CHARTER FOR THE ENVIRONMENT

The French People,

Considering that :

Natural resources and equilibriums have conditioned the emergence of mankind;

The future and very existence of mankind are inextricably linked with its natural environment ; The environment is the common heritage of all mankind ; Mankind exerts ever-increasing influence over the conditions for life and its own evolution; Biological diversity, the fulfilment of the person and the progress of human societies are affected by certain types of consumption or production and by excessive exploitation of natural resources; Care must be taken to safeguard the environment along with the other fundamental interests of the Nation; In order to ensure sustainable development, choices designed to meet the needs of the present generation should not jeopardise the ability of future generations and other peoples to meet their own needs, Hereby proclaim :

ARTICLE 1. Everyone has the right to live in a balanced environment which shows due respect for health.

ARTICLE 2. Everyone is under a duty to participate in preserving and enhancing the environment.

ARTICLE 3. Everyone shall, in the conditions provided for by law, foresee and avoid the occurrence of any damage which he or she may cause to the environment or, failing that, limit the consequences of such damage.

ARTICLE 4. Everyone shall be required, in the conditions provided for by law, to contribute to the making good of any damage he or she may have caused to the environment.

ARTICLE 5. When the occurrence of any damage, albeit unpredictable in the current state of scientific knowledge, may seriously and irreversibly harm the environment, public authorities shall, with due respect for the principle of precaution and the areas within their jurisdiction, ensure the implementation of procedures for risk assessment and the adoption of temporary measures commensurate with the risk involved in order to preclude the occurrence of such damage.

ARTICLE 6. Public policies shall promote sustainable development. To this end they shall reconcile the protection and enhancement of the environment with economic development and social progress.

ARTICLE 7. Everyone has the right, in the conditions and to the extent provided for by law, to have access to information pertaining to the environment in the possession of public bodies and to participate in the public decision-taking process likely to affect the environment.

ARTICLE 8. Education and training with regard to the environment shall contribute to the exercising of the rights and duties set out in this Charter.

ARTICLE 9. Research and innovation shall contribute to the preservation and development of the environment.

ARTICLE 10 This Charter shall inspire France's actions at both European and international levels.

附錄六　美國憲法

1787 年 9 月 17 日憲法會議通過
1789 年 4 月 30 日批准生效

我們美國人民，為了建立一個更完善的聯邦，樹立公平的司法制度，保障國內的治安，籌設共同防衛，增進全民福利，使我們自己和後代子孫，永享自由的幸福，乃制定並確立了這一部美國憲法。

第 1 條＜立法＞
第一項（國會）

憲法所授與之立法權，均屬於參議院與眾議院所組成之美國國會。

第二項（眾議院）

眾議院以各州人民每二年選舉一次之議員組織之，各州選舉人應具該州眾議院議員選舉人所需之資格。

凡年齡未滿二十五歲，為美國國民未滿七年，及當選時非其選出州之居民者，不得為眾議院議員。

眾議院議員人數及直接稅稅額應按美國所屬各州人口分配之。各州人口，包括所有自由民及服役滿相當期間之人，以及其他人民數額五分之三，但未被課稅之印第安人不計算之。人口之統計，應於美國國會第一次會議後三年內及此後每十年，依法律之規定舉行之。議員人數以每三萬人中選出一人為限，但每州最少應有議員一人。在舉行前項人口統計前，新罕布什爾州（New Hampshire）得選出三

人，馬薩諸塞州（Massachusettes）八人，羅得島州（Rhode Island）及普洛威騰士墾殖地（今羅得州之省會）一人，康涅狄克州（Connecticut）五人，紐約州（New York）六人，新澤西州（New Jersey）四人，賓夕法尼亞州（Pennsylvania）八人，德拉瓦州（Delaware）一人，馬里蘭州（Maryland）六人，佛吉尼亞州（Virginia）十人，北卡羅來納州（North Carolina）五人，南卡羅來納州（South Carolina）五人，喬治亞州（Georgia）三人。

任何一州所選議員中遇有缺額時，該州之行政機關應頒布選舉令以補足該項缺額。

眾議院應選定該院議長及其他職員；並惟眾議院有提出彈劾之權。

第三項（參議院）

美國參議院由每州州議會選舉參議員二人組織之，參議員任期六年，每一參議員有一表決權。

參議員於第一次選舉後集會時，應儘可能平均分為三組。第一組參議員應於第二年年終出缺，第二組參議員於第四年年終出缺，第三組參議員於第六年年終出缺，俾每二年得有三分之一參議員改選。在任何一州議會休會期間，參議員如因辭職或其他情由而有缺額時，該州行政長官得於州議會下次集會選人補充該項缺額前，任命臨時參議員。

凡年齡未滿三十歲，為美國國民未滿九年，及當選時非其選出州之居民者，不得為參議員。

美國之副總統為參議院之議長，但除該院參議員可否同票時，無表決權。

參議院應選舉該院之其他職員，遇副總統缺席或行

使美國總統職權時，並應選舉臨時議長。

惟參議院有審判一切彈劾案之權，審判彈劾案時，全體參議員應宣誓或作代誓之宣言。美國總統受審時，最高法院院長應為主席。非經出席參議員三分之二之同意，不能判定任何人之罪責。

彈劾案之判決，以免職及剝奪享受美國政府榮譽或有責任，或有酬金之職位之資格為限。但被定罪者仍可受法律上之控訴、審訊、判決及處罰。

第四項（國會議員之選舉與國會之集會）

舉行參議員及眾議員選舉之時間、地點與方法，應由各州州議會規定之；但國會得隨時以法律制定或修改此類規定，關於選舉參議員之地點，不在此限。

國會每年至少應開會一次。除法律另定日期外，應於 12 月第一個星期一集會。

第五項（國會會議之進行）

各議院應自行審查各該院議員之選舉，選舉結果之報告，及議員之資格。每院議員出席過半數即構成決議之法定人數。但不滿法定人數時得延期開會，並得依照各該議院所規定之手續與罰則強迫缺席之議員出席。

各議院得規定各該院之議事規則，處罰各該院擾亂秩序之議員，並得經議員三分之二之同意，開除議員。

各議院應設置其議會之議事錄，並應隨時將其紀錄刊布之，但各議院認為應守秘密之部分，不在此限。各議員對於任何問題之贊成與反對投票，經出席議員五分之一之請求，應載入紀錄。

在國會開會期內，每議院如未經他議院之同意不得延會三日以上，亦不得將兩議院之開會地點移於他所。

第六項（議員之權利）

　　參議員與眾議員應得服務報酬，由法律規定其數額，並從美國國庫支付之。兩院議員，除犯有叛逆罪、重罪及妨害治安之罪者外，在各該院開會期間及往返於各該院之途中，不受逮捕，各該院議員不因其在議院內所發表之言論而於議院外受詢。

　　無論參議員或眾議員，於當選之任期內，均不得受任為美國政府所新設或當時增加薪俸之任何文官。

　　凡在美國政府下供職之人，於其任職時不得為國會議員。

第七項（法案與決議案）

　　徵稅法案應由眾議院提出，但參議院對之有提議權及修正權，與其對其他法案同。

　　凡眾議院及參議院所通過之法案，於成為法律前，應咨送美國總統，總統如批准該法案，應即簽署之，否則應附異議書，交還提出法案之議院。該院應將該項異議書詳載於議事錄，然後進行覆議。如經覆議後，該院議員有三分之二人數同意通過該項法案，應即將該法案及異議書送交其他一院，該院亦應加以覆議，如經該院議員三分之二人數亦認可時，該項法案即成為法律。但遇前項情形時，兩院應以贊成與反對之人數表決，贊成或反對該項法案之議員姓名並應登記於各該院之議事錄。如法案於送達總統後十日內（星期日除外）未經總統退還，即視為總統簽署，該項法案成為法律；惟國會因休會致該項法案不獲交還時，該項法案不得成為法律。

　　凡必須經參議院及眾議院同意之命令或決議或表決（休會之問題除外），應咨送美國總統。該項命令

或決議或表決於發生效力前，應經總統批准，如總統不批准，應依照與法案有關之規則與限制，由參議院及眾議院議員三分之二人數再通過之。

第八項（國會之權限）

國會有左列各項權限：

一、規定並徵收所得稅、間接稅、關稅與國產稅，用以償付國債，並籌劃合眾國之國防與公益。但所徵各種稅收，輸入稅與國產稅應全國劃一。

二、以美國之信用借貸款項。

三、規定美國與外國、各州間及與印第安種族間之通商。

四、規定全國一律之歸化法規及破產法。

五、鑄造貨幣，釐定國幣及外幣之價值，並規定度量衡之標準。

六、制定關於偽造美國證券及通用貨幣之罰則。

七、設立郵政局並建築郵政道路。

八、對於著作家及發明家保證某著作品及發明物於限定期間內享有專利權，以獎進科學文藝。

九、設立最高法院以下之法院。

十、明定及懲罰在公海上所犯之海盜罪與重罪，及違反國際法之犯罪。

十一、宣戰、頒發捕獲敵船許可證，並制定關於陸海捕獲之規則。

十二、徵召並供應陸軍，但充作該項用途之預算，不得超過二年。

十三、設立並供應海軍。

十四、制定陸軍海軍之組織及管理法則。

十五、規定招集國民兵以執行美國之法律，鎮壓內亂，並抵禦外侮。

十六、規定國民兵之組織、武裝與訓練，並指揮管理
　　　受召而服務於美國之國民兵團，惟任命長官及
　　　依照國會所定法律以訓練國民兵之權，由各州
　　　保留之。

十七、對於經州讓與且經國會承受，用充美國政府所
　　　在地之區域（其面積不得超過十平方英里）行
　　　使完全之立法權。對於經州議會許可而購得之
　　　地方，用以建築要塞、軍火庫、兵工廠、船廠
　　　及其他必要之建築物者，亦行使同樣權利。

十八、為執行以上各項權力，或為執行本憲法授與美
　　　國政府或政府中任何機關或官員之權力，國會得
　　　制訂一切必要而適當之法律。

第九項（禁止國會行使之權力）

　　　現有任何一州所允准予移入或准予販入之人，在
　　　1808 年之前，國會不得禁止之。但對於其入境，得
　　　課以每人不超過十元之稅金。

　　　人身保護令狀之特權不得停止之。惟遇內亂外患而
　　　公共治安有需要時，不在此限。

　　　公權剝奪令或溯及既往之法律不得通過之。

　　　人口稅或其他直接稅，除本憲法前所規定與人口調
　　　查統計相比例者外，不得賦課之。

　　　對於自各州輸出之貨物，不得課稅。

　　　任何商務條例或稅則之規定不得優惠某州商港而薄
　　　於他州商港。開往或來自某一州之船舶，不得強其
　　　進入或航出他州港口，或繳付關稅。

　　　除法律所規定之經費外，不得從國庫中支撥款項。

　　　一切公款之收支帳目及定期報告書應時常公布之。

　　　美國不得授與貴族爵位。凡在美國政府下受俸或任

職之人，未經國會之許可，不得接受外國國王或君
主所贈與之任何禮物、俸祿、官職或爵位。

第十項（禁止各州行使之權力）

任何州不得：加入任何條約、盟約或邦聯；頒發捕
獲敵船許可狀；鑄造貨幣；發行信用票據；使用金
銀幣以外之物，以作償還債務之法定貨幣；通過公
權剝奪令，溯及既往之法律，或損害契約義務之法
律，或授與貴族爵位。

無論何州，未經國會核准，不得對於進口貨或出口
貨，賦課進口稅或出口稅，惟執行檢查法律上有絕
對必要者，不在此限。任何一州，對於進口貨或出口
貨所課之一切進口稅或出口稅之純所得應充作美國國
庫之用；所有前項法律，國會得予修正與管理。

無論何州，未經國會核准，不得徵收船舶噸稅，不
得於平時設立軍隊或戰艦，不得與他州或外國締結
任何協定或契約，或交戰。但遭受實際侵犯或急迫
之危險時，不在此限。

第2條＜行政＞

第一項（總統）

行政權屬於美國總統。總統之任期為四年，副總統之
任期亦同。總統與副總統，應依照左列程序選舉之。
各州應依照各州州議會所定程序選派選舉人若干
名，其人數應與各該州所當選於國會之參議員與眾
議員之總數相等。但參議員或眾議員，或在合眾國
政府不受俸或任職之人，不得被派為選舉人。
選舉人應集合於本州，票選二人，其中至少應有一
人非選舉人同一州之居民。選舉人等應造具被選人
姓名及每人所得票數之名冊，署名並證明之，封印

後即以之送達美國政府所在地，逕交參議院議長。
參議院議長應當參議院與眾議院全體議員之前，開
拆所有證明書，然後計算票數。凡獲得選舉票最
多，且該票數超過選舉人總數之半數者，當選為總
統。如有一人以上獲得此項過半數並獲相等之票數
時，眾議院應即投票選舉其中一人為總統；如無人
獲得過半數，該院應以同樣方法從名單上票數最多
之五名中選舉一人為總統。但選舉總統時，應由各
州投票，每州之代表有一表決權。為此目的而舉行
之眾院會議，其法定人數須達三分之二州所選出之
眾議員出席，且須以諸州過半數為當選。凡於選出
總統後，獲得選舉人所投票數最多數者即當選為副
總統，但遇有兩人或兩人以上獲得相等之票數，參
議院應投票選舉其中一人為副總統。

國會得決定選舉選舉人之時間及選舉人投票之日
期。該日期須全國一律。

無論何人，除出生而為美國公民或在採行本憲法時
即為合眾國之公民者外，不得當選為總統。凡年齡
未滿三十五歲及居住於合眾國境內未滿十四年者，
亦不得當選為總統。

如遇總統因免職、亡故、辭職，或不能執行總統之
職權而去位時，由副總統執行總統職務。國會得以
法律規定關於總統與副總統皆免職、亡故、辭職或
無能力任職時，宣布應代行總統職權之官員，該官
員代行總統職權，至總統之能力恢復或新總統選出
時為止。

總統於任期內應受俸金，該項俸金於任期內不得增
加或減少之。總統於任期內不得收受美國或任何州

之其他俸金。

總統於執行職務前，應為左列之宣誓或代誓之宣言：「余謹誓（或宣言）以忠誠執行美國總統之職務，並盡余所能以維持愛護並保障美國之憲法。」

第二項（總統之權力）

總統為海陸軍大元帥，並為被徵至合眾國服務諸州國民兵之統帥；總統得令行政各部長官，以書面發表其與職務有關事項之意見。總統並有權對於違犯美國法律者頒賜減刑與赦免，惟彈劾案不在此限。

總統經參議院之咨議及同意，並得該院出席議員三分之二贊成時，有締結條約之權。總統提名大使、公使、領事、最高法院法官及其他未另作規定之美國官吏，經參議院之咨議及同意任命之。但國會如認為適當，得以法律將下級官員之任命權授與總統、法院或各部長官。

總統有權任命人員以補參議院休會期間所發生之缺額，惟該項任命應於參議院下次會議終結時滿期。

第三項（總統之立法權力）

總統應時時向國會報告美國國務情形，並以本人所認為必要而便宜之政策咨送於國會，以備審議。總統得於非常之時召集兩院或任何一院。遇兩議院對於休會期間意見不一致時，總統得命休會至其本人所認為適當之時間。總統接見大使及其他公使，注意一切法律之忠實執行，並任命美國政府一切官吏。

第四項（文官之彈劾）

總統、副總統及美國政府之文官，受叛逆罪、賄賂罪或其他重罪輕罪之彈劾而定讞時，應免除其職位。

第3條＜司法＞

第一項（聯邦法院與法官）

美國之司法權，屬於一最高法院及國會隨時制定與設立之下級法院。最高法院與下級法院之法官忠於職守者皆受保障，按期領受俸金，繼續服務期中並不得減少之。

第二項（聯邦法院之管轄權）

司法權所及之範圍：基於本憲法與美國各種法律，及根據美國各種權力所締結與將締結之條約而發生之通行法及衡平法案件；涉及大使、公使及領事之案件；關於海軍法及海事法管轄之案件；美國為當事人之訴訟；二州或諸州間之訴訟；一州與他州公民間之訴訟；不同州公民間之訴訟；同州公民間爭執不同州所讓與土地之訴訟；一州或其公民與外國或其公民或臣民間之訴訟。

關於大使、公使、領事及一州為當事人時之案件，最高法院有初審管轄權，對於前述其他一切案件，最高法院有關於法律及事實之上訴審管轄，但須依國會所定之例外與規則之規定。

一切罪案，除彈劾案外，應以陪審團審判之。該項審判應於發生該項罪案之州舉行之，但罪案非發生於任何州時，該項審判應在國會以法律所定之地點舉行之。

第三項（對美國之叛逆罪）

背叛美國，僅包括與合眾國或其州進行戰爭，或依附、幫助及慰藉合眾國之敵人。無論何人，非經該案證人二人證明或經其本人在公開法庭自首，不受叛國罪判決。

國會有宣告處罰叛國罪之權，但公權之剝奪，不牽

累犯罪者之後人，其財產之沒收，亦僅能於其生前為之。

第 4 條 ＜州與州之關係＞

第一項（「完全之信賴與尊重」條款）

　　　　各州對於他州之法律、紀錄與司法程序，應有完全之尊重與信任。國會得以一般法律規定該項法律，紀錄與司法程序之證明方法及其效力。

第二項（州際公民權）

　　　　每州人民得享受其他各州人民之一切特權與豁免。

　　　　凡在任何一州被控犯有叛逆罪、重罪或其他罪案之人，逃出法外而在他州被尋獲時，應因其人所由逃出之州行政當局之請求，即被交出並移解至對該項犯罪有管轄權之州。

　　　　凡根據一州之法律應在該州服務或服工役者，逃往他州時，不得因逃往州之任何法律或條例而解除其服務或勞役，應因有權要求服役之州之請求，將其人交出。

第三項（准許新州加入）

　　　　國會得准許新州加入本合眾國；但新州不得建立於他州轄境之內；未經關係州州議會及國會之許可，亦不得併含兩州或兩州以上或數州之一部分以建立新州。

　　　　國會有權處分並制定關於美國所有之領土或其他財產之必要規則與條例。本憲法之規定，不得為損害合眾國或某一州之權利之解釋。

第四項（保證共和政體）

　　　　美國應保證全國各州實行共和政體、保護各州不受外來之侵犯，並應因州議會或州行政機關（當州議

會不能召集時）之請求而平定州內暴亂。

第5條＜修憲程序＞

國會遇兩院議員三分之二人數認為必要時，或諸州三分之二之州議會之請求而召集修憲會議，得提出本憲法之修正案。以上兩種情形中之任何一種修正案，經各州四分之三之州議會或經修憲會議四分之三絕對多數批准時，即認為本憲法之一部而發生效力。至採用何種批准之方法，由國會提議之。惟在1808 年前所制定之修正案，無論如何，不得影響本憲法第1條第9項第1、第4兩款之規定，無論何州，如未經其同意，不得剝奪其在參議院中之相等之表決權。

第6條＜聯邦法律之最高性＞

本憲法通過前所訂之債務與所立之契約，本憲法承認其對美國之效力，與在邦聯時代相同。

本憲法與依據本憲法所制定之美國法律，及以美國之權力所締結或將締結之條約，均為全國之最高法律，縱與任何州之憲法或法律有所牴觸，各州法院之法官，均應遵守而受其約束。

前述之參議員與眾議員、各州州議會議員及合眾國與各州所有行政官與司法官應宣誓或宣言擁護本憲法；但宗教條件則永不能為美國政府下任何官職或公共職務之資格限制。

第7條＜憲法之批准＞

經九州州會議批准後，本憲法應即成立。在批准本憲法之各州內亦即發生效力。

附錄七　美國憲法增修條文

第 1 條（宗教、言論、出版、集會及請願自由。1791.12.15 生效）

國會不得制定關於下列事項之法律：設立宗教或禁止信教自由；限制或削奪人民言論及出版之自由；削奪人民和平集會及向政府請願救濟之權利。

第 2 條（備有及佩帶武器之權力。1791.12.15 生效）

紀律嚴明之民團，為保障每一自由州之治安所必需，故不得侵害人民攜帶武器之權利。

第 3 條（不得任意駐軍於民房。1791.12.15 生效）

未經屋主之許可，不得於平時駐紮軍隊於民房，除依法律所規定之手續外，亦不得於戰時在民房駐紮軍隊。

第 4 條（人民不受無理之搜索與扣押。1791.12.15 生效）

人民有保護其身體、住所、文件與財物之權，不受無理拘捕、搜索與扣押，並不得非法侵犯。除有正當理由，經宣誓或代誓宣言，並詳載搜索之地點、拘捕之人或收押之物外，不得頒發搜索票、拘票或扣押狀。

第 5 條（個人在民事與刑事案件上之權利。1791.12.15 生效）

非經大陪審團提起公訴，人民不受死罪或其他不名譽罪之審判，但戰時或國難時期服現役之陸海軍或國民兵所發生之案件，不在此限。同一罪案，不得令其受兩次生命或身體上之危險。不得強迫刑事罪犯自證其罪，亦不得未經正當法律手續剝奪其生命、自由或財產。非有公正賠償，不得將私產收為

公用。

第 6 條（聯邦刑事訴訟程序中被告之權利。1791.12.15 生效）

在一切刑事訴訟中，被告應享受下列之權利：發生罪案之州或區域之公正陪審團予以迅速之公開審判，其區域當以法律先確定之；要求通知告發事件之性質與理由；准與對造證人對質；要求以強制手段取得有利於本人之證人，並聘請律師為之辯護。

第 7 條（民事訴訟之陪審制。1791.12.15 生效）

在普通法上之訴訟，其訴訟標的超過二十元者，仍保留其由陪審團審判之權。陪審團所判定之事實，除依普通法之規則外，不得於美國任何法院中再加審理。

第 8 條（不得要求超額保證金或處以過重刑罰。1791.12.15 生效）

在一切案件中，不得需索過多之保證金，亦不得科以過重之罰金，或處以非常殘酷之刑罰。

第 9 條（人民所保留之權利。1791.12.15 生效）

本憲法列舉各種權利，不得解釋為否認或取消人民所保有之其他權利。

第 10 條（州權利之保留。1791.12.15 生效）

本憲法所未授與美國政府或未禁止各州行使之權限，皆保留於各州或其人民。

第 11 條（各州之訴訟豁免權。1795.2.7 生效）

美國之司法權，不得受理他州公民或外國公民或外國臣民控訴美國任何一州之普通法或衡平法之訟案。

第 12 條（總統選舉。1804.6.15 生效）

選舉人應集合於本州，投票選舉總統與副總統，其中至少應有一人非選舉人同住一州之居民；選舉人應於票上書明被選為總統之人名，並於另一票上書

明被選為副總統之人名。並分別造具被選為總統、
被選為副總統之人名及每人所得票數之名單，各該
項名單應由選舉人簽署並證明之，封印後即以之送
達美國政府所在地，逕交參議院議長。參議院議長
應當參議院與眾議院全體議員之前，開拆所有證明
書，然後計算票數。凡獲總統選舉票最多者即當選
為總統，惟其票數須為選舉人總數之過半數。無人
獲得此項過半數時，眾議院應從被選為總統之名單
上得票比較多數之前三名，投票選舉一人為總統。
依據此項手續選舉總統時，應由各州投票，每州代
表合投一票，選舉總統之法定人數，應有三分之二
州之眾議員出席。以各州之過半數為當選。如眾議
院有選舉總統之權而於次月四日尚未選出總統時，
則副總統執行總統職務，一如總統亡故或憲法所規
定其他不能視事之情形然。得副總統選舉票最多者
即當選為副總統，惟該項多數應為所有選舉人總數
之過半數。如無人獲得此項過半數，參議院應從名
單上得票比較多數之首二名，選舉一人為副總統。
選舉副總統之法定人數由參議員三分之二人數組
成，且須全體參議員之過半數為當選。憲法規定無
資格當選為總統者，亦不得當選為美國副總統。

第 13 條（奴隸制度。1865.12.6 生效）

第一項（禁止奴隸制度）

美國境內或屬美國管轄區域之內，不准有奴隸制度
或強迫勞役之存在。但因犯罪而被判強迫勞役者，
不在此限。

第二項（國會有權立法執行）

國會有制定適當法律，以執行本條之權。

第 14 條（公民之政治權利與民權。1868.7.9 生效）

第一項（公民之權利）

　　　　凡出生或歸化於美國並受其管轄之人，皆為美國及
　　　　其所居之州之公民。無論何州，不得制定或執行損
　　　　害美國公民特權或豁免權之法律；亦不得未經正當
　　　　法律手續使任何人喪失其生命、自由或財產；並不
　　　　得否定管轄區內任何人法律上平等保護之權利。

第二項（眾議員之比例分配）

　　　　各州之眾議員人數，應按其人口分配之，除不納稅
　　　　之印第安人外，此項人口數目包括每州人口之總
　　　　數。各州之男性居民，除因犯叛國或其他罪不計
　　　　外，年滿二十一歲且為美國公民者，其選舉美國總
　　　　統與副總統之選舉人，國會議員，一州之行政官，
　　　　或該州州議會議員之權利被否定時，該州眾議員人
　　　　數，應按該州男性公民總數與該州年達二十一歲之
　　　　男性公民人數之比例而核減之。

第三項（剝奪其擔任聯邦政府官員之資格）

　　　　凡為國會議員、美國官員、州議會議員或州之行政
　　　　官或司法官而曾宣誓擁護美國憲法者，如曾對美國
　　　　作亂謀叛，或幫助或慰藉美國之敵人時，不得為國
　　　　會參議員或眾議員，或總統與副總統之選舉人，或
　　　　在美國之政府或在任何一州政府任文官或武官官
　　　　職。但該項公權得由國會中每院三分之二之投票表
　　　　決恢復之。

第四項（公共債務之有效性）

　　　　凡經法律認可之美國公債，包括為支付有功於平定
　　　　內亂或叛逆者之養老金與獎勵金所負之國債，不得
　　　　否認之。但美國或任何一州皆不得承擔或償付為資

助對美國作亂或謀叛所負之債務；亦不得因奴隸解放而要求損失或補償；所有各該項債務與要求，應認為非法而不發生效力。

第五項（國會有權立法執行）

國會有制定適當法律以執行本條之權。

第 15 條（投票權。1870.2.3 生效）

第一項（黑人投票權）

美國或其任何一州，對於美國任何公民之投票權，不得以種族、膚色或曾為奴隸而否定或削奪之。

第二項（國會有權立法執行）

國會有制定適當之法律以執行本條之權。

第 16 條（國會有徵所得稅之權。1913.2.3 生效）

國會有權賦課並徵收任何收入之所得稅，該稅不必分配於各州，亦不必根據戶口調查或統計。

第 17 條（參議員之普選。1913.4.8 生效）

第一項（普選）

美國參議院以每州人民選舉二位參議員組織之。參議員各有一表決權，其任期為六年，各州選舉人應具州眾院議員選舉人所需之資格。

第二項（填補缺額）

任何一州所選參議院議員中遇有缺額時，該州之行政官長得頒布選舉令以補該項缺額。惟任何州州議會得授權於行政官長，在人民依州議會之命令舉行選舉前，任命臨時議員。

第三項（生效日期）

本增修案於本條被批准為美國憲法之一部分而發生效力前所選出各參議員之選舉或任期，不發生影響。

第 18 條（禁酒。1919.1.16 生效）

第一項（禁酒）

> 自本條批准一年後，凡在美國及其管轄之土地區域
> 內，製造、售賣或轉運酒類飲料者，均應禁止。其
> 輸入或輸出於美國及其管轄土地者，亦應禁止。

第二項（國會與州有權立法執行）

> 國會與各州均有制定適當法律以執行本條之權。

第三項（本條生效之時間限制）

> 本條除依照本憲法規定經各州州議會於國會將本條
> 提交各州之日起七年內，批准為本憲法之修正案
> 外，不發生效力。

第 19 條（婦女投票權。1920.8.18 生效）

第一項（婦女投票權）

> 美國或各州不得因性別關係而否定或剝奪美國國民
> 之投票權。

第二項（國會有權立法執行）

> 國會有制定適當法律以執行本條之權。

第 20 條（跛鴨官員之任期。1933.1.23 生效）

第一項（官員任期）

> 在本案未修改前，總統與副總統之任期，應於任期
> 屆滿之年 1 月 20 日午時終止，參議員與眾議員之任
> 期於原定任期屆滿之年 1 月 3 日午時終止。其繼任者
> 之任期即於同時開始。

第二項（國會之集會）

> 國會每年至少應開會一次。除國會以法律另定日期
> 外，該項會議應於 1 月 3 日午時開始。

第三項（總統職位之繼承）

> 如總統當選人在規定接任日期以前身故，副總統當
> 選人應繼任為總統。如規定之總統接任日期已屆而

總統尚未選出，或當選之總統不合資格，則當選之副總統應代行總統職權，至總統合格時為止。如當選之總統與當選之副總統均未能合格，國會得以法律宣布應行代理總統職權之人，或代行總統職權者之選舉方法。該人應即依法代理總統職務，至總統或副總統合格時為止。

第四項（缺位之處理）

國會得以法律規定下述情形發生時處理之辦法：眾議院於有權選舉總統而可選為總統之人中有人亡故時；參議院於有權選舉副總統而可選為副總統之人中有人死亡時。

第五項（生效日期）

第 1 與第 2 兩項，應於本案已獲批准後 10 月 15 日生效。

第六項（本條生效之時間限制）

本條除經各州四分之三議會於國會提出本條之日起七年內，批准為美國憲法之修正案外，不發生效力。

第 21 條（廢止禁酒。1933.12.5 生效）

第一項（廢除禁令）

美國憲法增修條文第 18 條應即廢止。

第二項（州之禁酒法令）

凡將酒類飲料輸入任何一個訂有禁酒法律之州、領土或屬地，違反其法律而在該地交付或供該地使用者均應禁止。

第三項（本條生效之時間限制）

本條除依照本憲法之規定，經各州議會於國會將本條提交各州之日起七年內批准為本憲法之修正案外，不發生效力。

第 22 條（總統任期。1951.2.27 生效）

第一項（兩任限制）

　　　　任何人被選為總統者，不得超過兩任。任何人繼任
　　　　為總統或代行總統之職權者，其期間如超過一任中
　　　　兩年以上，任滿後僅能獲選連任一次。本條對於國
　　　　會提出本修正案時之總統不適用之；本條對於施行
　　　　時已繼任為總統或代行總統職權而補足原任期間
　　　　者，亦不適用之。

第二項（本條生效之時間限制）

　　　　本條除經各州四分之三之議會於國會提出本條之日起
　　　　七年內批准為美國憲法之修正案外，不發生效力。

第 23 條（哥倫比亞特區選舉人票。1961.3.29 生效）

第一項（選舉人票之分配）

　　　　美國政府所在地哥倫比亞特區，應視同一州，依國
　　　　會規定之方式，選派總統與副總統之選舉人。選舉
　　　　人名額，相當於一州得選出國會參議員與眾議員之
　　　　總數，但不得超出人口最少之州所選出之名額。哥
　　　　倫比亞特區之選舉人，應視同州所選派之選舉人，
　　　　附合於各州所選派之選舉人，共同選舉總統與副總
　　　　統。特區之選舉人應於當地集會，以執行憲法修正
　　　　案第 12 條所規定之任務。

第二項（國會有權立法執行）

　　　　國會有權制定適當之法律以執行本條款。

第 24 條（聯邦選舉禁抽人頭稅。1964.1.23 生效）

第一項（聯邦選舉禁抽人頭稅）

　　　　美國或各州不得因未納人頭稅或其他捐稅，而否定
　　　　或剝奪美國國民在任何初選或選舉總統、副總統、
　　　　國會參議員或眾議員之其他選舉中之投票權。

第二項（國會有權立法執行）

　　國會有制定適當法律以執行本條之權。

第 25 條（總統不能視事時副總統之職務。1967.2.10 生效）

第一項（副總統繼任為總統）

　　總統免職、死亡或辭職時，副總統應為總統。

第二項（副總統之提名與任命）

　　副總統一旦出缺，總統應提名一人為副總統，經國
　會兩院過半數議員投票同意後就任副總統職位。

第三項（總統辭職時由副總統代理）

　　一旦總統以書面遞交參議院臨時主席及眾議院議長
　聲明不能行使權力與執行職務時，由副總統代理總
　統職權，至相反之書面聲明送交參議院臨時主席及
　眾議院議長時為止。

第四項（副總統與內閣聲明總統不能行使職權）

　　一旦副總統與行政部門或國會得為法律規定之其他
　機構中之過半數主要官員以書面遞交參議院臨時主
　席及眾議院議長，聲明總統不能行使權力與執行職
　務時，副總統應立即代理總統職權。

　　嗣後，如總統以書面遞交參議院臨時主席及眾議院
　議長，聲明其不能行使權力與執行職務之原因已不
　存在而應復行視事時，除非副總統與行政部門或國
　會得為法律規定之其他機構中過半數主要官員於四
　日內以書面遞交參議院臨時主席及眾議院議長，聲
　明總統不能行使權力與執行職務，若在開會期中，
　國會應於四十八小時內集會對此一問題予以裁決；
　如國會於收到後一書面聲明二十一日內，或國會如
　不在開會期中，在必須集會之二十一日內，經兩院
　三分之二議員投票裁決總統不能行使權力與執行職

務，由副總統繼續代理總統職權外；否則，總統應
復行視事。

第 26 條（十八歲以上之公民投票權。1971.7.1 生效）

第一項（十八歲以上之公民投票權）

美國或任何一州不得因年齡而否定或剝奪十八歲以
上美國公民之投票權。

第二項（國會有權立法執行）

國會有制訂適當法律以執行本條之權。

第 27 條（參眾議員報酬之限制。1789.9.25 國會通過，1992.5.7
批准生效）

變更參眾議員服務報酬之法律，在眾議員經過改選
之前，不生效力。

參考書目

中文書籍

David Marsh.Gerry Stoker 著，陳菁雯、葉銘元、許文伯譯，《政治學方法論》，臺北：韋伯文化事業出版社，1998 年 10 月，1 版。

G. Homans 著，楊念祖譯，《社會科學的本質》，臺北：桂冠圖書股份有限公司，1991 年，1 版。

M. J. C. 維爾，《憲政與分權》，香港：三聯書店，1997 年 10 月初版。

中央選舉委員會，《總統、副總統選舉方式之研究－絕對多數制與相對多數制之探討》，中央選舉委員會，1999 年 6 月，初版。

王甲乙、楊建華、鄭健才著，《民事訴訟法新論》，臺北：三民書局，2000 年 7 月。

王業立，〈總統直選與憲政運作〉，《理論與政策》，第 15 卷，第 4 期，2001。

王業立，《比較選舉制度》，臺北：五南圖書出版股份有限公司，2007 年。

王業立，《我國選舉制度的政治影響》，臺北：五南圖書出版股份有限公司，1996a。

王業立，〈相對多數 vs. 絕對多數：各國總統直選方式的比較研究〉，《「選舉制度、選舉行為與臺灣地區政治民主化」學術研討會論文》，臺北：政治大學選舉研究中心，1996b。

王躍生，《新制度主義》，臺北：揚智文化股份有限公司，1997 年 11 月。

左潞生，《比較憲法》，臺北：文化圖書公司，1974 年。

左潞生，《比較憲法》，臺北：文化圖書公司，1974 年 6 月，

　　再版。

任德厚，《政治學》，臺北：三民書局，1997 年 5 月，4 版。

朱諶著，《中華民國憲法理論與制度》，臺北：五南圖書股份
　　有限公司，1995 年 6 月。

亨利・馬爾賽文、格爾・范德唐合著，陳云生譯，《成文憲法
　　的比較研究》，臺北：桂冠圖書股份有限公司，1990 年 8
　　月，1 版。

何思因主編，《美國》，臺北：政治大學國際關係研究中心，
　　2002 年 5 月。

李炳南，《二〇〇〇臺灣憲改》，臺北，海峽學術，2004 年初
　　版。

汪子錫，《憲政體制與人權保障》，中央警察大學出版社，
　　2011。

吳玉山、吳重禮等人，《憲政改革─背景、運作與影響》，臺
　　北：五南圖書出版股份有限公司，2006 年 11 月。

沈有忠、吳玉山主編，《權力在哪裡？從多個角度看半總統
　　制》，臺北：五南圖書出版股份有限公司，2012 年 4 月。

吳東野，〈半總統制政府體系的理論與實際〉，《問題與研
　　究》，35（8）：37-49，1996 年。

吳庚，《行政法之理論與實用》，臺北：三民書局，1999 年 6
　　月。

吳重禮，《政黨與選舉：理論與實務》，臺北：三民書局，
　　2008 年。

Donald L. Horwitz，吳重禮、吳玉山主編，《憲政改革─背
　　景、運作與影響》，臺北：五南圖書出版股份有限公司，
　　2006 年。

賽班（Georgeo H. Sabine），李少軍、尚新建譯，《西方政治
　　思想史》，臺北：桂冠圖書股份有限公司，1991 年 10

月。

李步云，《憲法比較研究》，北京：法律出版社，1998 年 11
　　月。

李念祖，《憲政與國是》，臺北：永然文化公司，1991 年。

李建良，《憲法理論與實踐（1）》，臺北：學林文化事業有
　　限公司，1999 年 7 月。

李國雄，《比較政府與政治》，臺北：三民書局，2006 年。

李惠宗，《憲法要義》，臺北：敦煌書局，1999 年 4 月。

《李總統登輝先生七十九年言論選集》，臺北：行政院新聞局
　　編印，1991 年 8 月。

李鴻禧，《憲法、憲政之生理與病理》，臺北：前衛出版社，
　　1990 年 7 月 10 日。

李鴻禧，〈憲法與人權〉，《臺大法學叢書》，臺北，1995 年
　　3 月，8 版。

李鴻禧，《憲法與憲政》，臺北：臺灣大學法學叢書編輯委員
　　會，1996 年 3 月，初版。

李鴻禧等合著，《臺灣憲法之縱剖橫切》，臺北：元照出版有
　　限公司，2002 年 12 月，初版第 1 刷。

蘆部信喜著，李鴻禧譯，《憲法》，臺北：月旦出版社，1995
　　年。

卓播英，《均權制度研究》，臺北：國父遺教研究會編印，
　　1975 年 6 月 30 日。

周育仁，〈憲政體制何去何從？─建構總統制與內閣制換軌機
　　制〉，收於：明居正、高朗主編，《憲政體制新走向》，
　　臺北：新臺灣人文教基金會，頁 1-26，2001 年。

周繼祥，《政治學─21 世紀的觀點》，臺北：威仕曼文化事業
　　公司，2005 年 10 月。

明居正、高朗，《憲政體制新走向》，臺北，財團法人新臺灣

人文教基金會，2001 年 8 月。

林子儀，《權力分力與憲政發展》，臺北：月旦出版社，1993
　　年 4 月。

林子儀，《言論自由與新聞自由》，臺北：月旦出版社，1994
　　年 10 月。

林子儀、葉俊榮、黃昭元、張文貞，《憲法：權力分立》，臺
　　北：新學林出版股份有限公司，2006 年 10 月，1 版 4 刷。

林紀東，《中華民國憲法逐條釋義》第一至四冊，臺北：三民
　　書局，1993 年。

林紀東，《中華民國憲法釋論》，臺北：大中國圖書公司，
　　1980 年 9 月，改訂 39 版。

Andrew Heywood 著，林文斌、劉兆隆譯，《政治學（下
　　冊）》，臺北：韋伯文化 國際出版有限公司，2001 年。

林祖嘉，《重回經濟高點：兩岸經貿與臺灣未來》，臺北：英
　　屬維京群島高寶國際有限公司臺灣分公司，2008 年 12
　　月，初版。

林聰賢，《外國法制史》，臺北：五南圖書出版股份有限公
　　司，1993 年初版。

法治斌，〈大法官之選任及其背景之比較研究〉，收於氏著
　　《人權保障與釋憲法制，憲法專論（1）》，政大法學叢
　　書（23），1993 年。

法治斌、董保城，《中華民國憲法》，臺北：國立空中大學，
　　1999 年 1 月，再版 3 刷。

法治斌、董保城，《中華民國憲法》，臺北：國立空中大學，
　　2001 年 2 月，修訂 3 版。

高永光，《民主與憲政論文彙編》，臺北：政治大學中山人文
　　社會科學研究所，2001 年 9 月。

高朗、隋杜卿，《憲政體制與總統權力》，臺北：財團法人國

家政策研究基金會，2002 年 7 月。

高旭輝，《五權憲法與三權憲法之比較研究》，臺北：中央文物供應社，1981 年 7 月。

城仲模六秩華誕祝壽論文集編輯委員會，《憲法體制與法治行政至城仲模 6 秩華誕祝壽論文集》，臺北：三民書局，1998 年 8 月。

姚志剛、左雅玲、黃峻昇、劉淑惠、江大樹、巴登特、杜哈梅著，《法國第五共和的憲政運作》，臺北：業強出版社，1994 年 11 月。

姚嘉文，《制憲遙遠路—臺灣的制憲與建國》，姚嘉文辦公室，沛來出版社，1999 年。

胡佛、沈清松、周陽山、石之瑜合著，《中華民國憲法與立國精神》，臺北：三民書局，1995 年 8 月。

胡佛，《政治學的科學探究（五）—憲政結構與政府體制》，臺北：三民書局，2003 年 9 月。

Austin Ranney 著，胡祖慶譯，《政治學》，臺北：五南圖書出版股份有限公司，1992 年 5 月。

胡經明，《憲法司法論文集》，臺北：三民書局，1987 年 10 月。

苗永序，《各國政府制度及其類型》，臺北：專上圖書公司，1997 年 4 月。

紀俊臣，《精省與新地方制度》，臺北：時英出版社，2000 年 9 月。

孫中山，〈政黨之要義在為國家造幸福為人民謀樂利〉，《國父全集》，臺北：中央文物供應社，1981 年 8 月 1 日出版，第 2 冊。

孫文，〈三民主義與中國民族之前途〉，《國父全集》，第 2 冊。

孫哲，《新人權論》，臺北：五南圖書出版股份有限公司，
　　1995 年 1 月。

殷嘯虎，《近代中國憲政史》，上海：上海人民出版社，1997
　　年 11 月。

翁岳生，〈大法官功能演變之探討，法治國家之行政法與司
　　法〉，臺北，《臺大法學叢書（64）》，1994 年。

翁興利，《地方政府與政治》，臺北：商鼎文化出版社，1999
　　年。

耿雲卿，《中華民國憲法論》，臺北：華欣出版社，1989 年 9
　　月。

涂懷瑩，《中華民國憲法原理》，作者自刊，1977 年 9 月。

涂懷瑩，《現代憲法原理》，臺北：正中書局，1993 年 1 月。

許志雄，《權力分立之理論與現實——其構造與動態之分
　　析》，臺大法研所碩士論文，1982 年。

許志雄、陳銘祥、蔡茂寅、周志宏、蔡宗珍，《現代憲法
　　論》，臺北：元照出版有限公司，2000 年 9 月。

許志雄等著，《現代憲法論》，臺北：元照出版有限公司，
　　1999 年 9 月，初版。

許志雄，〈權力分立之理論與現實〉，收於：許志雄，《憲法
　　之基礎理論》，臺北：新臺灣人文基金會，臺北：稻禾，
　　1992b 初版。

許宗力，《法與國家權力》，臺北：月旦出版社，1996 年 2
　　月。

許宗力，《憲法與法治國行政》，臺北：元照出版公司，1999
　　年 3 月。

許慶雄，《社會權論》，臺北：眾文，1992 年 5 月。

許慶雄，《憲法入門》，臺北：月旦出版社，1997 年 11 月，3
　　版。

許慶雄，《憲法入門二——政府體制篇》，臺北：月旦出版
　　社，1998 年。

《國父地方自治之理論與實踐》，中國地方自治學會印行，
　　1965 年 11 月 12 日。

張臺麟，〈法國第五共和的政制發展〉，《中國論壇》，30 卷
　　7 期（355 期），1990 年。

張臺麟，《法國總統的權力》，臺北：志一出版社，1995 年。

Kurt Sontheimer，Wilhelm Bleek 著，張安藍譯，《德國政府與
　　政治》，臺北：五南圖書出版股份有限公司，1999 年。

張君勱，《中華民國民主憲政十講》，上海：商務印書館，
　　1948 年。

張君勱，《中華民國民主憲法十講》，臺北：臺灣商務印書
　　館，1971 年。

張君勱，《中華民國民主憲法十講》，臺北：宇宙，（1947 年
　　初版），1997 年。

張亞澐，《五權憲法與其他憲法之比較研究，比較憲法》，臺
　　北：臺灣商務印書館，1987 年，2 版。

張治安，《中華民國憲法最新釋義》，臺北：政大書城，1994
　　年 9 月。

張金鑑，《美國政府》，臺北：三民書局，1992 年 9 月。

曹興仁，《政治學概論》，臺北：五南圖書出版股份有限公
　　司，1990 年 8 月。

莊輝濤，《重建民主理論》，臺北：韋伯，1998 年。

陳水逢，《現代政黨政治論》，臺北：財團法人中日文教基金
　　會，1991 年 4 月，初版。

陳必照、江大樹、劉淑範，〈行政與立法之關係〉，收於《當
　　前憲政改革方案》，臺北：國家政策研究中心，1992 年。

陳春生，《臺灣憲政與民主發展》，臺北：月旦出版社，1996

年 9 月。

陳惠苓〈張君勱憲政思想之研究〉，國立臺灣大學三民主義研究所碩士論文，1991 年。

陳隆志主編，《新世紀新憲政——憲政研討會論文集》，臺灣新世紀文教基金會，臺北：元照出版有限公司，2002 年 8 月。

陳慈陽，《憲政體制與法治國家》，臺北：翰蘆圖書出版有限公司，2007 年 3 月。

陳滄海，《憲政改革與政治權力——九七憲改的例證》，臺北：五南圖書出版股份有限公司，1999 年 4 月。

傅肅良，《中國憲法論》，臺北：三民書局，1985 年。

彭懷恩，《臺灣政治發展與民主化》，臺北：風雲論壇有限公司，2005 年 5 月，修訂二版。

游盈隆，〈民主鞏固與臺灣憲政體制的選擇〉，收於游盈隆主編，《民主鞏固或崩潰》，臺北：月旦出版社，1997 年。

湯德宗，《權力分立新論》，臺北：元照出版有限公司，2000 年 12 月，增訂 2 版。

程敏道，《我國總統職權及其實際之運作》，臺北市中華少年雜誌社，1988 年。

黃炎東，《中華民國憲法新論》，五南圖書出版股份有限公司，2007 年，2 版 3 刷。

黃炎東，《新世紀臺灣憲政體制與政黨政治發展趨勢》，臺北：正中書局，2004 年。

黃炎東，《憲法、人權與國家發展》，臺北：五南圖書出版股份有限公司，2010 年。

黃炎東，〈新世紀臺灣憲政體制發展之研究〉，《新世紀智庫論壇》，28 期，財團法人臺灣新世紀文教基金會，2004 年 12 月 30 日。

黃炎東，《新世紀憲政思辨—兼論臺灣發展新未來》，臺北：

水牛圖書出版事業有限公司，2009 年。

黃炎東，《憲政思辨：我國中央政府體制發展方向之研究》，臺北：五南圖書出版股份有限公司，2008 年。

黃昭元，〈九七修憲後我國中央政府體制的評估〉，《臺大法學論叢》，27 卷 2 期：1-32，頁 183-216，1998。

黃琛瑜，《英國政府與政治》，臺北：五南圖書出版股份有限公司，2001 年 5 月。

黃榮村，《憲法之國家緊急權研究》，臺北：文笙書局，1990 年 5 月。

黃錦堂，〈臺灣雙首長制的內涵—向總統制或內閣制傾斜？〉，收於：明居正、高朗（主編），《憲政體制新走向》，臺北：新臺灣人文教基金會，頁 265-324，2001 年。

葉俊榮等，《憲改方向盤》，行政院研究發展考核委員會，臺北：五南圖書出版股份有限公司，2006 年 4 月，初版 1 刷。

葛永光，《政黨政治與民主發展》，臺北：國立空中大學，2002 年 8 月。

董翔飛，《中國憲法與政府》，臺北：三民書局總經銷，2005 年 9 月修訂第 42 版。

董翔飛，《董翔飛大法官回憶錄—細數五十年公務生涯》，臺北：國史館，2010 年 9 月。

詹同章，《政治學新義》，臺北：黎明文化出版社，1976 年 11 月。

鄒文海，《比較憲法》，臺北：三民書局，1980 年 5 月。

趙永茂，《中央與地方權限劃分的理論與實際—兼論臺灣地方政府的變革方向》，臺北：翰蘆出版社，1998 年 9 月。

趙守博，《法治與革新》，臺北：幼獅文化公司，1986 年。

盧瑞鍾，《內閣制優越論》，臺北：三民書局，1995 年 6 月。

薛曉源，《全球化與新制度主義》，北京：社會科學文獻出版社，2004 年。

謝瑞智，《中華民國憲法精義與立國精神》，臺北：文笙書局，1993 年 11 月。

謝瑞智，《憲政體制與民主政治：憲政與民主政治基礎知識》，臺北，文笙書局，2007 年 7 月。

蘇永欽，《走入新世紀的憲政主義》，臺北，元照出版有限公司，2002 年。

顧忠華、金恆煒，《憲改大對決 —九七修憲的教訓》，新店：桂冠圖書股份有限公司，2004 年 5 月。

中文期刊論文

法治斌，〈修憲問題研討會（引言）〉，《憲政時代》，19 卷 4 期，1994 年。

吳玉山，〈半總統制：全球發展與研究議程〉，《政治科學論叢》，47（三月）：頁 1-32，2011 年。

吳東野，〈半總統制之探討〉，《美歐月刊》，11 卷 1 期，1996 年，頁 72-85。

吳烟村，〈總統直選後我國中央政制修憲方向〉，收錄於高永光總編輯，許源派、張祐齊執行編輯，《民主與憲政論文彙編》，國立政治大學社會科學研究所，2001 年 9 月。

李國雄，〈我國的修憲過程與政治改革：從民主轉型到民主鞏固〉，《理論與政策》，11 卷 4 期，1997 年。

張特生、陳瑞堂，〈司法院大法官任期制度芻議〉，《司法周刊》，644 期，1993 年。

許志雄，〈政黨輪替在我國憲政發展上的意義—從統治機構論的角度分析〉，陳隆志主編，《新世紀新憲政—憲政研討

會論文集》，臺灣新世紀文教基金會，臺北：元照出版有限公司，2002 年 8 月，初版。

許志雄，〈從比較憲法觀點論「雙首長制」〉，《月旦法學雜誌》，26 期，1997 年。

許志雄，〈總統直選的民主效用—兼論中央政府體制的定位與問題〉，《月旦法學雜誌》，11 期，1996 年。

許陽明，〈從國民大會同意權行使看大法官會議的改革〉，《國家政策雙周刊》，95 期，1994 年。

陳春生，〈司法院大法官會議解釋制度之研究—「大法官任期制度之研究」〉，《憲政時代》，17 卷 1 期，1992 年。

賀德芬，〈評「政黨政治的迷思——從九七憲改的政黨運作論我國憲政體制下政黨的地位、發展及其危機」〉，《臺大法學論叢》，27 卷 2 期，1998 年 1 月。

黃昭元，〈社論：釐清修憲後中央政府體制的解釋爭議〉，《律師雜誌》，215 期，1997 年。

楊與齡，〈大法官任期制度之立法經過及其分析〉，《政大法學評論》，33 期，1973 年。

薛化元，〈中華民國憲政藍圖的歷史演變—行政權為中心的考察〉，《月旦法學雜誌》，26 期，1997 年。

蔣次寧，〈論釋憲制度及其運作〉，《司法周刊》，第 653 期，1993 年 12 月 22 日，3 版。

謝秉憲，〈地方自治立法權界限之探討〉，《立法院院聞月刊》，26 卷 9 期，1989 年 9 月。

朱雲漢，〈法國憲政體制對我國憲改的啟示〉，《國家政策雙週刊》，73 期，1993 年 11 月 16 日。

李鴻禧，〈限制中央民代言論免責權行不通〉，自立早報，1994 年 4 月 21 日，3 版。

周志宏，〈教育基本法的規範內容－幾個可能的思考方向〉，

《月旦法學雜誌》，5 期，1995 年 9 月。

周育仁，〈九七修憲後我國中央政府體制之定位〉，憲政（研）字第 089-014 號，2000 年 12 月 20 日，《國政研究報告》。

白文漳，〈法官自治與自律〉，《月旦法學雜誌》，7 期，1995 年 11 月。

吳重禮，〈憲政設計、政黨政治與權立分立：美國分立政府的運作及啟示〉，《問題與研究》，45 卷 3 期，1996 年 5、6 月。

李鴻禧，〈國家主權與國際社會淺說〉，《月旦法學雜誌》，20 期，1997 年 1 月。

郭應哲，〈簡介英國內閣制及其憲政精神〉，《新聞深度分析簡訊》，2 期，靜宜大學，通識教育中心編印，1997 年 6 月 14 日。

陳愛娥，〈國民大會作為第二院？〉，《月旦法學雜誌》，26 期，1997 年 7 月。

李建良，〈民主原則與國會議員任期的延長〉，《臺灣本土法學雜誌》，3 期，1999 年 8 月。

黃建輝，〈憲法第五次增修條文評釋〉，《臺灣本土法學雜誌》，4 期，1999 年 10 月。

許志雄，〈修憲之界限〉，《月旦法學雜誌》，54 期，1999 年 11 月。

葉俊榮，〈修憲程序：建立任務型國大後所帶動變革〉，《月旦法學雜誌》，61 期，2000 年 6 月。

蔡宗珍，〈論國民大會虛級化後立法院的地位〉，《月旦法學雜誌》，61 期，臺北：元照出版社有限公司 2000 年 6 月。

蔡茂寅，〈地方自治之基礎理論〉，《臺灣本土法學雜誌》，11 期，2000 年 6 月。

陳愛娥，〈憲政體制下政黨與政府組成的關係〉，收錄於明居
　　　正、高朗主編，《憲政體制新走向》，新臺灣人文教基金
　　　會，2001 年 8 月。

李酉潭，〈臺灣憲政工程較適當的選擇：總統制〉，發表於
　　　《臺灣新憲法國際研討會》，2004 年 11 月 27-28 日。

陳慈陽，〈憲改工程的另類思考：由準總統制邁向內閣制的制
　　　度安排〉，《國家政策季刊》，4 卷 2 期，2005 年 6 月。

周育仁，〈建構多數政府的憲政基礎，國政研究報告〉，憲政
　　　（研）094-15 號，2005 年 7 月 11 日，《國政研究報告》。

李登輝：〈一個好總統，會讓人民開心有信心〉，《新新
　　　聞》，1316 期，2012 年 5 月 23 日。

趙昌平，〈審計權的歸屬與範圍〉，《憲政時代》，19 卷 4
　　　期，頁 3-16，1994 年。

中文報紙

周陽山，〈論絕對多數產生的條件與利弊得失〉，聯合報，
　　　1994 年 1 月 29 日，11 版。

黃達業，〈美中經濟消長，信評見端倪〉，經濟日報，2011 年
　　　8 月 15 日，A16 版。

〈國際金融舊秩序 正在土崩瓦解〉，中國時報，時報廣場，
　　　2011 年 8 月 13 日，A18 版。

蘇起，〈美國怎麼了？美債風暴與美中臺關係〉，聯合報，
　　　2011 年 8 月 13 日，A4 版。

聯合報，1990 年 6 月 30 日，6、7 兩版。

耿雲卿，〈制憲與修憲的法理分析〉，青年日報，1991 年 8 月
　　　8 日，2 版專欄。

羅怡德，〈修憲是民主的保障、制憲是暴力的根源〉，青年日
　　　報，1991 年 11 月 27 日 2 版專欄。

胡佛，經濟日報，1991 年 12 月 13 日，3 版。

臺灣新生報，1991 年 12 月 14 日，2 版。

莊碩漢，〈李總統胸襟恢宏，按步驟推動政黨政治〉，臺灣日
報，1994 年 5 月 22 日，2 版。

楊泰順，〈總統直選對政治生態影響與衝擊〉，聯合報，1994
年 6 月 14 日。

〈要民主就要有更多的參與－我們對實施公民投票制度的看
法〉，自由時報，1997 年 4 月 13 日，3 版，社論。

鄭益俊，〈精省後省主席失權，地位等同部長〉，中時晚報，
1998 年 11 月 21 日，4 版。

林美芬，〈省府抬轎跨黨派，田單黨部忙滅火〉，自由時報，
1998 年 11 月 24 日。

中國時報，1999 年 5 月 22 日，初版。

中國時報，1999 年 7 月 9 日，2 版。

中國時報，〈焦點新聞〉，1999 年 9 月 9 日。

〈廣告費率審議權回歸地方—蘇正平同意研究〉，中國時報，
2001 年 1 月 9 日，6 版。

林世宗，〈延任修憲背離民意如何善後〉，中國時報，1999 年
9 月 9 日，時論廣場。

傅崑成，〈國大自肥、總統包—司法權該出來制服國大了〉，
新黨電子報，1999 年 9 月 1 日。

法治斌，〈修憲界限與聲請釋憲〉，中國時報，1999 年 9 月 13
日，時論廣場。

郝龍斌，〈國代延任案聲請釋憲文新聞稿〉，新黨電子報，
1999 年 10 月 19 日。

郝龍斌，〈國民大會代表能否自行延長任期特請大法官解釋聲
請書〉，新黨電子報，1999 年 10 月 29 日。

〈比例代表制的任務型國大〉，聯合報，2000 年 4 月 27 日，2

版，社論。

〈何謂比例代表制的任務型國大〉，聯合報，2000 年 4 月 27
　　日，2 版，社論。

中央日報，2000 年 5 月 15 日，2 版。

李鴻禧，〈淺談副總統在憲法上定位問題〉，自立晚報，2000
　　年 8 月 16 日。

張宗智，〈政黨法將明訂政黨解散條款〉，聯合報，2000 年
　　10 月 15 日。

胡佛、吳庚、蘇永欽、沈富雄，〈中央憲政體制的抉擇與配
　　套〉，中國時報，2004 年 2 月 16 日，6 版。

〈從「法國病」看「臺灣病」：改變的動力何在？〉，聯合報
　　社論，2007 年 5 月 8 日。

董翔飛，〈總統制衡？愚弄選民陷憲災？〉，2008 年 3 月 11
　　日，聯合報，A15 版。

廖坤榮，〈人民選擇了一致政府〉，2008 年 3 月 23 日，中國時
　　報，22 版。

英文期刊論文

Ackerman, Bruce, 1991. We the People: Foundations, Cambridge,
　　MA: Harvard University Press.

Almond, G. A. and G. B. Powell, 1978. *Comparative Politics: A De-
　　velopmental Approach*. Boston: Little, Brown and Company.

Almond, G. A. and G. B. Powell, 1978. *Comparative Politics: System,
　　Process, and Policy*. Boston: Little, Brown and Company.

Arend Lijphart. 1984, *Democracies: Patterns of Majoritarian and
　　Consensus Government in Twenty-One Countries*, New Haven,
　　Conn., Yale University Press.

Barnett, Randy E., 1998. *The Structure of Liberty: Justice and Rule of*

*Law,*Oxford, UK: Clarendon Press.

C. H. Mcllwain, *"Constitutenalism: Ancient and Modern."* Ithaca: Cornell University Press, 1947.

Carl J. Friedrich: *"Constitutional Government and Democracy,"* Blaisdell Publishing Company Tenth Rev.edit.1965.

Douglas, E. Ashford, *"Territorial Political and equality: Decentralization in the Modern State."* Political Study 27. No.1, Mar 1979.

Duverger, Maurice, 1954. *Political Parties*, Trans. Barbara and Robert North. London: Methuen.

E. Barker, ed., *"The Politics of Aristotle,"* Oxford: Clarendon Press, 1946.

Eckstein, H., *"On the Science of the Stare,"* Daedalus, 108 (Fall), 1979.

Fisher, Louis, 1997. Constitutional Conflicts between Congress and the President, Lawrence, KS: University of Kansas Press(4th ed.).

Giovanni Sartori, 1976. *Parties and Party Systems*, Cambridge University Press.

Hamilton, Alexander, Jay, John and Madison, James, 1961. *The Federalist Papers*, Ed. Clinton Rossiter. New York: Penguin.

Huntington, Samuel P., 1967. *Political Development and Political Decay,*in Claude E. Welch, ed., Political Modernization: A Reader in *Comparative Political Change.* CA:Wadsworth Publishing Company, Inc.

James L. Sunquist,1986. *Constitutional Reform and Effective Government.* The Brookings Insititution Washington D.C.

Kurt Sontheimer,1976. *Grundzuge des politischen Systems der Bunde srepublik Deutschland,* Munchen.

Matthew Soberg Shugart, 1995. *The Electoral Cycle and Institutional Sources of Divided Presidential Government,* American Political

Science Review, Vol, 89, No.2.

Magill, M. Elizabeth, 2000. *The Real Separation in Separation of Powers Law*, 86 Virginia Law Review 1127-1198.

Maurice Duverger, 1963. *Political Partie: Their organization and activity in the modern state,* New York: John Wiley & Sons, Inc.

NIC, 2004. Mapping the Global Future, *Report of the National Intelligence Council's 2020 Project.*

North, Douglass C, 1990. *Institutions, Institutional Change and Economic Performance,* New York: Cambridge University Press.

Peter Golding, Graham Murdock, and Philip Schlesinger, 1986. *Commu- nication Politics*, Leicester University Press.

Robert Elgie, 2000. *What is Divided Government?* in Robert Elgie (ed.), *Divided Government in Comparative Perspective,* New York: Oxford University Press.

Robert G. Meadow, 1980. *Politics as Commucication,* Norwood: Ables.

Rose, R., 1991. Comparing Forms of Comparative Analysis. *Political Studies*, 39.

Samuel P. Huntington, *Political Order in Changing Societies*. New Haven: Yale University Press, 1968.

Sigmund Neumann, *Toward a Comparative Study of Political Parties*, in Neumann, ed., *Modern Political Parties*. Chicago: University of Chicago Press, 1956.

Shugart, Matthew Soberg & Carey, John M., 1992. *Presidents and Assemblies*, Cambridge, UK: Cambridge University Press.

Vile, M.J.C., 1998. *Constitutionalism and the Separation of Powers*, New York, NY: Liberty Fund, Oxford University Press(2nd ed.; 1st ed. 1967).

大學叢書

憲政論：憲政變遷與體制改革

作者◆黃炎東

發行人◆施嘉明

總編輯◆方鵬程

主編◆葉幗英

責任編輯◆徐平

校對◆鄭秋燕

美術設計◆吳郁婷

出版發行：臺灣商務印書館股份有限公司
編輯部：10046 台北市中正區重慶南路一段三十七號
電話：(02)2371-3712　傳真：(02)2375-2201
營業部：10660 台北市大安區新生南路三段十九巷三號
電話：(02)2368-3616　傳真：(02)2368-3626
讀者服務專線：0800056196
郵撥：0000165-1　E-mail：ecptw@cptw.com.tw
網路書店網址：www.cptw.com.tw
網路書店臉書：facebook.com.tw/ecptwdoing
臉書：facebook.com.tw/ecptw 部落格：blog.yam.com/ecptw

局版北市業字第 993 號
初版一刷：2014 年 2 月
定價：新台幣 520 元

ISBN 978-957-05-2903-6

憲政論：憲政變遷與體制改革／黃炎東著. -- 初
版. -- 臺北市：臺灣商務，2014.2
面 ； 公分. --（大學叢書）

ISBN 978-957-05-2903-6（平裝）

1. 中華民國憲法 2. 憲法修改 3.憲政主義

581.25 102025726

10660
台北市大安區新生南路3段19巷3號1樓
臺灣商務印書館股份有限公司　收

請對摺寄回，謝謝！

傳統現代　並翼而翔
Flying with the wings of tradtion and modernity.

讀者回函卡

感謝您對本館的支持，為加強對您的服務，請填妥此卡，免付郵資寄回，可隨時收到本館最新出版訊息，及享受各種優惠。

■ 姓名：＿＿＿＿＿＿＿＿＿＿＿　　　　　性別：□ 男 □ 女

■ 出生日期：＿＿＿＿年＿＿＿＿月＿＿＿＿日

■ 職業：□學生 □公務(含軍警) □家管 □服務 □金融 □製造
　　　　□資訊 □大眾傳播 □自由業 □農漁牧 □退休 □其他

■ 學歷：□高中以下（含高中）□大專 □研究所（含以上）

■ 地址：＿＿＿＿＿＿＿＿＿＿＿＿＿＿＿＿＿＿＿＿＿
＿＿＿＿＿＿＿＿＿＿＿＿＿＿＿＿＿＿＿＿＿＿＿＿

■ 電話：(H)＿＿＿＿＿＿＿＿ (O)＿＿＿＿＿＿＿

■ E-mail：＿＿＿＿＿＿＿＿＿＿＿＿＿＿＿＿＿＿

■ 購買書名：＿＿＿＿＿＿＿＿＿＿＿＿＿＿＿＿＿

■ 您從何處得知本書？

　　□網路　□DM廣告　□報紙廣告　□報紙專欄　□傳單
　　□書店　□親友介紹　□電視廣播　□雜誌廣告　□其他

■ 您喜歡閱讀哪一類別的書籍？

　　□哲學・宗教　□藝術・心靈　□人文・科普　□商業・投資
　　□社會・文化　□親子・學習　□生活・休閒　□醫學・養生
　　□文學・小說　□歷史・傳記

■ 您對本書的意見？（A/滿意 B/尚可 C/須改進）

　　內容＿＿＿＿＿編輯＿＿＿＿校對＿＿＿＿翻譯＿＿＿＿
　　封面設計＿＿＿＿價格＿＿＿＿其他＿＿＿＿＿＿＿

■ 您的建議：＿＿＿＿＿＿＿＿＿＿＿＿＿＿＿＿＿

※ 歡迎您隨時至本館網路書店發表書評及留下任何意見

臺灣商務印書館　The Commercial Press, Ltd.

台北市106大安區新生南路三段19巷3號1樓　電話：(02)23683616
讀者服務專線：0800-056196　傳真：(02)23683626
郵撥：0000165-1號　E-mail：ecptw@cptw.com.tw
網路書店網址：www.cptw.com.tw　網路書店臉書：facebook.com.tw/ecptwdoing
臉書：facebook.com.tw/ecptw　部落格：blog.yam.com/ecptw